Also in the Variorum Collected Studies Series:

ROBERT FEENSTRA
Le droit savant au Moyen Age et sa vulgarisation

JEAN GAUDEMET
Droit de l'Eglise et vie sociale au Moyen Age

ANDRÉ GOURON
Droit et coutume en France aux XIIe et XIIIe siècles

PIERRE LEGENDRE
Ecrits juridiques du Moyen Age occidental

GÉRARD GIORDANENGO
Féodalités et droits savants dans le Midi médiéval

WALTER ULLMANN
Law and Jurisdiction in the Middle Ages

JAMES A. BRUNDAGE
Sex, Law and Marriage in the Middle Ages

ALFRED SOMAN
Sorcellerie et justice criminelle: Le Parlement de Paris (16e–18e siècles)

BRIAN TIERNEY
Church Law and Constitutional Thought in the Middle Ages

ANDRÉ GOURON
Etudes sur la diffusion des doctrines juridiques médiévales

STEPHAN KUTTNER
The History of Ideas and Doctrines of Canon Law in the Middle Ages

JANE E. SAYERS
Law and Records in Medieval England: Studies on the Medieval Papacy, Monasteries and Records

KENNETH PENNINGTON
Popes, Canonists and Texts, 1150–1550

ADAM VETULANI
Institutions de l'Eglise et canonists au Moyen Age:
De Strasbourg à Cracovie

STEPHAN KUTTNER
Medieval Councils, Decretals and Collections of Canon Law

COLLECTED STUDIES SERIES

Legal Scholarship and Doctrines of Private Law, 13th–18th Centuries

Robert Feenstra

Robert Feenstra

Legal Scholarship and Doctrines of Private Law, 13th–18th Centuries

Routledge
Taylor & Francis Group
LONDON AND NEW YORK

First published 1996 by Ashgate Publishing

Published 2016 by Routledge
2 Park Square, Milton Park, Abingdon, Oxon OX14 4RN
711 Third Avenue, New York, NY 10017, USA

Routledge is an imprint of the Taylor & Francis Group, an informa business

British Library CIP Data

Feenstra, Robert
Legal Scholarship and Doctrines of Private Law, 13th–18th Centuries. — (Variorum Collected Studies Series: 556)
1. Law—Europe—History. 2. Law—Europe—Philosophy. 3. Civil Law—Europe—History. I. Title.
340.5'5

US Library of Congress CIP Data

Feenstra, Robert
Legal Scholarship and Doctrines of Private Law, 13th–18th Centuries / Robert Feenstra.
p. cm. — (Variorum Collected Studies Series: CS556)
Includes indexes (cloth: alk. paper)
1. Civil Law—Europe—History. I. Title. II. Series: Collected Studies: CS556.
KJC955.F44 1996 96–20070
346.4–dc20 [344.06] CIP

Transferred to Digital Printing in 2012

ISBN 9780860786160 (hbk)

COLLECTED STUDIES SERIES CS556

CONTENTS

This volume contains x + 329 pages

PUBLISHER'S NOTE

The articles in this volume, as in all others in the Collected Studies Series, have not been given a new, continuous pagination. In order to avoid confusion, and to facilitate their use where these same studies have been referred to elsewhere, the original pagination has been maintained wherever possible.

Each article has been given a Roman number in order of appearance, as listed in the Contents. This number is repeated on each page and quoted in the index entries.

Corrections noted in the Addenda have been marked by an asterisk in the margin corresponding to the relevant text to be amended.

PREFACE

All but two of the sixteen articles selected for this volume have appeared since the publication of the author's previous volume in the Collected Studies Series (no. 236: *Le droit savant au moyen age et sa vulgarisation*, 1986). The title of the present volume indicates what have been my two main fields of research for almost half a century: 'legal scholarship' (with an accent on the history of texts and university teaching) and 'doctrines of private law' (mainly in Civil Law and Natural Law).

For 'legal scholarship' the period covered is wide: although the emphasis now lies on post-medieval developments – on the one hand, Hugo Grotius, his sources and his influence; on the other, the teaching at the law faculties of Dutch universities (Leyden and Franeker) – two studies concerned with the University of Orleans in the thirteenth and fourteenth centuries have been added as a continuation of those published in the previous volume.

As for 'doctrines of private law', the studies are mainly concerned with the sixteenth, seventeenth and eighteenth centuries. Here too Hugo Grotius is an important focus, but doctrines of some earlier and later authors are also dealt with. Property, contract, unjust enrichment and succession are the main topics; some of these studies were inspired by participation in groups constituted in the framework of the 'Comparative Studies in Continental and Anglo–American Legal History' (nos VIII, IX, and X).

An important criterion for selection has been a certain lack of accessibility; for that reason, for instance, some studies published in the *Tijdschrift voor Rechtsgeschiedenis* have been omitted. Other publications have been left aside because of the language in which they are written (in particular Dutch).

The order in which the sixteen articles are placed in this volume is roughly chronological by subject.

For permission to reproduce these studies, I would like to thank the editors and publishers of the periodicals, 'Festschriften' etc. in which they originally appeared. My thanks also go to all those who helped me to prepare the Addenda and Indexes. I owe particular gratitude to Mr John Barton (Oxford) for improvement of my English style and to Mrs M.A. van der Pas – van Hagen (Rotterdam) for taking upon herself the burden of typesetting. Dr Margreet Ahsmann (Leiden) and Dr John W. Cairns (Edinburgh) have kindly recommended some corrections and additions in matters for which they are particularly competent.

Finally, to Dr John Smedley, Variorum Publisher, I am greatly indebted for valuable suggestions as to the composition of the present volume and to Ruth Peters, Editorial Manager, for her kind assistance in preparing the proofs.

ROBERT FEENSTRA

Leiden
March, 1996

I

L'ECOLE DE DROIT D'ORLEANS AU TREIZIEME SIECLE ET SON RAYONNEMENT DANS L'EUROPE MEDIEVALE

C'est à juste titre, il nous semble, qu'à des journées d'étude consacrées à l'enseignement du droit en Europe une place d'honneur a été accordée à l'Ecole de droit d'Orléans et son rayonnement dans l'Europe médiévale. Nous nous permettons cependant de rappeler que la science juridique européenne, dont certains aspects historiques seront traités dans d'autres communications de ce colloque, n'est pas née à Orléans mais à Bologne et que, si l'on veut s'en tenir à la France, Bologne a exercé son influence d'abord en d'autres régions que celle d'Orléans. Nous y reviendrons plus bas. Il nous faut d'abord esquisser rapidement ce qui s'était passé à Bologne au XIIe siècle, parce que sans Bologne le rôle d'Orléans ne se laisse pas très bien comprendre. C'est à Bologne qu'on a commencé à interpréter les textes de la codification justinienne ; c'est là que se sont développées les méthodes et les formes d'un enseignement qui a dominé toutes les autres écoles de droit universitaires en Europe jusqu'au XVIe siècle.

Quelles étaient ces méthodes ?

Les textes de Justinien ressemblaient très peu à ce qu'on entend aujourd'hui par une codification (ce terme ne date d'ailleurs que du début du XIXe siècle). La systématique laisse beaucoup à désirer, à la différence des codifications modernes dont précisément la systématique est un des traits les plus importants. La méthode employée à Bologne pour interpréter ces textes ne tendait pas en premier lieu à établir un exposé systématique de ce qui se trouvait dans les différentes parties du *Corpus iuris civilis*. L'interprétation se concentrait sur les textes individuels. On s'efforçait d'abord à reconstituer les circonstances de fait, le *casus*, qui pourrait avoir été à la base des opinions des juristes ou des décisions impériales. On formulait ensuite quelques arguments qu'on pourrait tirer du texte en question, voire même des règles, aptes à être comparées à ce qu'on trouvait dans d'autres textes. Les antinomies qu'on constatait ainsi étaient résolues à l'aide de raisonnements d'harmonisation ; par des questions soulevées dans une dernière partie de l'exposé on essayait d'élargir le domaine d'application des arguments et des règles trouvés.

Cette méthode ressemblait beaucoup à celles employées dans d'autres disciplines à l'époque. L'enseignement du droit n'était pas orienté, en premier lieu, vers la formation de juristes de la pratique, par exemple de juges ou d'avocats. On s'employait surtout à éduquer de futurs enseignants universitaires.

Dès le milieu du XIIe siècle l'enseignement du droit à Bologne ne concernait d'ailleurs plus exclusivement la codification de Justinien, les *leges*, comme on disait. Des collections de textes d'origine ecclésiastique vinrent s'ajouter à celles du droit romain comme objet d'interprétation chez les maîtres bolonais et une nouvelle discipline, celles des *canones*, du droit canonique, naquit à côté de celle des *leges*. Il s'agissait d'abord du *Decretum* de Gratien, puis de collections de décrétales, finalement réunies dans le *Liber extra*, les Décrétales de Grégoire IX. L'une et l'autre collection étaient interprétées de la même façon que le Digeste et le Code. Il existe une liaison étroite entre les deux disciplines. Le *Decretum* s'est vite enrichi de textes du *Corpus* de Justinien et les Décrétales ont souvent été rédigées par des juristes formés au droit civil ; dès la fin du XIIe siècle l'interprétation des deux collections est faite à l'aide d'un grand nombre de textes de droit romain. Dans beaucoup de domaines on peut parler d'un droit romano-canonique ; *ius utrumque* fut longtemps un terme favori pour désigner l'unité que formaient les deux droits.

C'est cet enseignement du *ius utrumque*, né à Bologne, qui s'est répandu très vite dans toute l'Europe. Dès le XIIe siècle les étrangers sont venus nombreux à Bologne pour y faire leurs études. Mais on assiste en même temps déjà à un rayonnement dans un autre sens, c'est-à-dire que certains professeurs de droit quittent cette ville pour aller enseigner ailleurs.

Quant aux effets de ce rayonnement en France nous devons signaler avant tout les recherches, en même temps très neuves et très approfondies, de notre éminent collègue André Gouron (1). Il a reconstitué plusieurs écoles qui se sont formées en Dauphiné, en Provence et au Languedoc au cours du XIIe siècle. Nous ne donnerons pas les détails ; nous citerons seulement une conclusion de

(1) Nous renvoyons aux deux recueils de ses études qui ont paru sous les titres *La science du droit dans le Midi de la France au moyen âge* (London 1984) et *Etudes sur la diffusion des doctrines juridiques médiévales* (London 1987) dans la « Collected Studies Series » de Variorum Reprints, nos. 196 et 264 ; parmi les différentes études parues depuis 1987 nous citons encore « Le rôle des maîtres français dans la renaissance juridique du XIIe siècle », *Comptes rendus de l'Académie des inscriptions et belles lettres*, 1989, p. 198-207.

Gouron : « Si la science juridique française est en tout redevable à l'essor bolonais, elle en a ressenti l'effet bien plus tôt qu'on ne l'a toujours cru » (2). Mais Gouron souligne en même temps la courte durée de cette première diffusion du droit savant en France. Elle n'a pas pu constituer une menace durable pour l'Ecole de Bologne qui, vers la fin du XIIe siècle, semble bien avoir établi son autorité exclusive.

On peut dire que la première moitié du XIIIe siècle constitue le véritable apogée pour l'enseignement du droit à Bologne. Pour ce qui concerne le droit civil — et nous nous y bornerons dans les lignes qui suivent — c'est l'époque à laquelle naissent la *Summa* d'Azon et la Glose d'Accurse, ouvrages qui domineront la science juridique européenne jusqu'au début du XVIIe siècle.

Cette position prédominante de Bologne fut de nouveau menacée dans la deuxième moitié du XIIIe siècle. Cette fois-ci le rival le plus important en dehors de l'Italie est l'Ecole de droit d'Orléans.

Pour ce qui concerne les débuts de l'enseignement juridique à Orléans (3) il faut bien faire une distinction entre l'Université d'Orléans, qui ne fut créée que par des bulles de Clément V en 1306, et l'Ecole de droit, qui fonctionnait dès le deuxième tiers du XIIIe siècle.

---

(2) *La science du droit cit.*, XIV, p. 50.

(3) Pour les pages qui suivent nous avons emprunté beaucoup à notre étude récente « L'Ecole de droit d'Orléans au XIIIe siècle : un état de la question », *El dret comú i Catalunya, Actes del I.er Simposi Internacional, Barcelona, 25-26 de maig 1990*, Edició d'A. Iglesias Ferreirós, Barcelona 1991, p. 285-307. Cette étude repose à son tour sur des « états de la question » que nous avons publiés en 1962 et en 1985 : (1) « Influence de l'enseignement du droit romain [à Orléans] sur les nations étrangères », *Actes du congrès sur l'ancienne Université d'Orléans (XIIIe-XVIIe siècles), Recueil des conférences prononcées les 6 et 7 mai 1961 à l'occasion des Journées d'étude consacrées à l'ancienne Université d'Orléans*, [Orléans 1962], p. 43-61, réimprimé, avec des *addenda*, dans R. Feenstra, *Le droit savant au moyen âge et sa vulgarisation* [Collected Studies Series CS 236, Variorum Reprints], London 1986, no. II (même numérotation des pages que dans l'original ; *addenda* p. 4-12) ; (2) « L'enseignement du droit à Orléans, état des recherches depuis Meijers », *Etudes néerlandaises de droit et d'histoire présentées à l'Université d'Orléans pour le 750e anniversaire des enseignements juridiques* [= *Bulletin de la Société archéologique et historique de l'Orléanais*, Nouvelle série, tome IX, No. 68 (avril 1985), p. 3-201], p. 13-29, réimprimé également dans *Le droit savant au moyen âge*, comme no. III (même numérotation des pages, *addenda* p. 12-15). Les « Etudes néerlandaises » et « Le droit savant » sont munis de tables (noms de personnes, manuscrits) où l'on trouvera aussi des renvois à ce qui a été écrit sur les anciens professeurs d'Orléans tant par nous-même que par d'autres auteurs. Dans notre article de 1985 on trouvera mentionnés (p. 13 n. 3 et 4) quelques autres contributions de notre main sur l'ancienne Ecole de droit d'Orléans, qui n'ont plus beaucoup d'importance parce que la plupart des renseignements nouveaux qu'elles portent par rapport à l'article de 1962 ont été repris soit dans l'article de 1985, soit dans les *addenda* à « Le droit savant ». Dans les cas où, dans le présent article, nous avons repris presque littéralement un ou plusieurs paragraphes de notre article de 1962 nous l'avons signalé en note. L'étude fondamentale sur le sujet reste toujours E.M. Meijers, « L'Université d'Orléans au XIIIe siècle », *Etudes d'histoire du droit*, publiées par les soins de R. Feenstra et H.F.W.D. Fischer, tome III, Leyde 1959, p. 3-148 ; pour la plus grande partie il s'agit d'une version française d'un article que, dès 1918-1921, il avait publié en néerlandais dans la *Tijdschrift voor Rechtsgeschiedenis*. *

C'est une bulle du pape Grégoire IX, en date du 17 janvier 1235, qui, en autorisant l'enseignement du droit civil à Orléans, constitue la première preuve de l'existence d'études juridiques dans cette ville. Il est bien improbable que l'Ecole de droit ait pris un grand développement avant cette date. Les renseignements que nous avons sur la vie des premiers professeurs révèlent qu'ils n'ont certainement pas commencé leur enseignement longtemps avant la bulle de Grégoire IX.

Nous n'allons pas nous attarder longtemps à ces premiers professeurs mais il faut quand même s'y arrêter quelques instants. D'une part leurs carrières peuvent nous aider à mieux comprendre les rapports entre Orléans et Bologne ; d'autre part leurs opinions ont eu une influence considérable malgré la transmission défectueuse de leurs écrits.

Prenons d'abord Guido de Cumis à qui Meijers a su rendre un peu de la gloire dont il a dû jouir au milieu du XIIIe siècle (4). Il a enseigné à Orléans dès environ 1240. Italien d'origine, il avait été à Bologne l'élève de Jacobus Balduini, l'adversaire principal
* d'Accurse. Un texte dans les registres d'Urbain IV permet de supposer que Guido enseignait encore à Orléans en 1263 ; cela impliquerait qu'il y aurait enseigné environ vingt-cinq ans et que son professorat aurait donc duré plus longtemps que ceux de Révigny et de Belleperche, qui après un certain temps ont quitté Orléans pour prendre d'autres fonctions.

Nous n'avons pas de lui de grands commentaires sur les différentes parties du *Corpus iuris civilis,* comme c'est le cas pour

---

(4) MEIJERS, *Etudes,* III, p. 30 et s. Voir maintenant surtout deux études de notre main : « Les *Casus Institutionum* de Guido de Cumis (manuscrits et éditions) », *Mémoires de la Société pour l'histoire du droit et des institutions des anciens pays bourguignons, comtois et romands,* 29 (1968-1969) [= *Etudes en souvenir de Georges Chevrier,* I, paru en 1972], p. 231-253 ; réimprimé, avec quelques additions, in R. FEENSTRA, *Fata iuris romani, Etudes d'histoire du droit* [Leidse juridische reeks, no. 13], Leiden 1974, p. 260-282 ; « Les *Casus Codicis* de Guido de Cumis dans les manuscrits et dans l'édition incunable des *Casus longi cum casibus brevibus Codicum* », *Studia Gratiana,* 19 (1976) [= *Mélanges G. Fransen,* I], p. 175-204, réimprimé dans notre *Le droit savant* comme no. VII (même numérotation des pages). Notre première étude remplacera les observations de Meijers (*op. cit.,* p. 31-32) sur les *Casus Institutionum.* A la page 239 [= 268] n. 2 on ajoutera que le début de la *prima pars* de la version du ms. Borghese 291 se trouve aussi dans le ms. Escorial e II 16, fol. 280 et s. (c'est à tort que le catalogue attribue ce texte à Odofrède). Pour le fragment d'une *lectura* sur Inst. 4,6 voir A. BERNAL PALACIOS O.P., « *Reportatio* of a *lectura* on the title *De actionibus* (Inst. 4.6 rub.-6) of Guido de Cumis (Ms. Vat. lat. 2689, fol. 5) », *Tijdschrift voor Rechtsgeschiedenis,* 54 (1986), p. 269-286. Pour ses *repetitiones* voir dernièrement BEZEMER dans sa thèse, citée *infra* note 43, p. 14 n. 9, p. 242 n. 22, p. 250 n. 3, p. 270 et p. 304-305 ; cf. aussi p. 244-245. Quant aux gloses sur le Digeste Vieux voir encore H. VAN DE WOUW, « Entre Bologne et Orléans, Quelques notices et textes du Ms. Leyde B.P.L. 6 C », *Bulletin de la Société archéologique et historique de l'Orléanais,* Nouvelle série, tome IX, no. 68 (avril 1985) [= Etudes néerlandaises, cf. *supra,* note 3], p. 31-39 ; cf. aussi H. VAN DE WOUW, « Quaestiones aus Orléans aus der Zeit vor Jacques de Révigny », *Tijdschrift voor Rechtsgeschiedenis,* 48 (1980), p. 43-56, notamment p. 50-51.

Révigny et Belleperche. Il existe cependant de lui deux ouvrages didactiques qui ont eu une certaine diffusion, non seulement par des manuscrits mais même par des éditions imprimées de la fin du xve et du début du xvie siècle. Il s'agit d'abord de ses *Casus* sur les Institutes de Justinien qui ont été imprimés à Poitiers en 1483. Il y en a eu plusieurs réimpressions et le texte se trouve même — sous un autre nom — dans presque toutes les éditions de la Glose d'Accurse sur les Institutes depuis 1516. L'autre ouvrage didactique de Guido est constitué par ses *Casus* sur le Code de Justinien. Il en existe non seulement un certain nombre de manuscrits mais même une édition incunable parue à Anvers dont l'*auctor intellectualis* est probablement un juriste frison.

A son époque Guido a dû jouir d'une grande popularité. Cela ressort en premier lieu d'un éloge de son presque contemporain Neveu de Montauban. Il y a cependant un autre témoignage sur l'importance de Guido comme maître orléanais, témoignage qui nous a été signalé récemment (5). Son nom figure dans le récit de la vie d'un saint anglais, Thomas Cantilupe, évêque de Hereford. Vers 1250 Thomas a fait des études de droit civil à Orléans sous un maître *qui vocabatur dominus Guido.* Il est précisé que Thomas fut un si bon élève que, de temps en temps, il remplaçait son maître dans ses cours. Un de ses compagnons anglais avait eu un rêve à la veille d'un jour où Thomas devait donner cours pour Guido : il le voyait dans la chaire de Guido, portant une mitre épiscopale ornée de croix.

Si Guido est probablement resté professeur jusqu'à la fin de sa vie, deux autres « fondateurs » du *studium* orléanais, Pierre d'Auxonne et Simon de Paris, ont quitté leur enseignement après un certain temps. Pierre d'Auxonne est parti pour l'Angleterre ; on l'y trouve comme official de l'archevêque de Cantorbéry.

Simon de Paris a été professeur à Orléans jusque vers 1260 ; ultérieurement il fut entre autres conseiller du roi de France, chancelier du Royaume de Sicile et recteur de l'Université de Naples. On connaît de lui un traité de procédure (6). Récemment L. Waelkens lui a attribué encore un cours sur la théorie de la coutume, qui existe sous forme imprimée et dont jusqu'ici on avait supposé qu'il provenait de Jacques de Révigny (ou même de Pierre de Belle-

---

(5) Voir J. Catto, « The academic career of Thomas Cantilupe », *St. Thomas Cantilupe, Bishop of Hereford : Essays in his honour,* edited by Meryl Jancey, Hereford 1982, p. 45-55, aux pp. 48-49.

(6) *Exceptiones contra procuratoria ;* il en existe une édition provisoire par J.P. Baud, *Le traité de Simon de Paris « Exceptiones contra procuratoria », Proposition d'édition* (Université de Paris X, U.E.R. de sciences juridiques ; deuxième partie d'une thèse, soutenue le 18 décembre 1971). Une version incomplète de ce traité a été découverte dans le ms. Urgel 2036, voir G. Fransen, « Textes de l'Ecole d'Orléans dans le manuscrit Urgel 2036 », *Studi Senesi,* 81 (1969), p. 7-26, à la page 19 ; dans ce manuscrit il se trouve un autre traité incomplet de Simon de Paris, voir *ibidem,* p. 25.

perche) (7). Dans ce cours on trouve la première notion de l'aphorisme « *decem faciunt turbam* » et la première application de la théorie de la notoriété en matière de coutume. Waelkens (8) a supposé un lien de causalité entre ces opinions de Simon de Paris et l'enquête par turbe qui a été introduite par l'Ordonnance de la Chandeleur de 1270. Simon de Paris siégeait probablement au Parlement de Paris à cette époque.

Parmi les autres professeurs de la première génération l'un des plus célèbres a été Jean de Monchy (9). Comme les autres professeurs cités, il remplit plusieurs fonctions ecclésiastiques après son professorat ; il fut particulièrement en faveur auprès du pape. A Orléans il fut le maître de Jacques de Révigny et ce dernier, dans ses cours, nous a transmis un grand nombre de ses opinions. Citons comme exemple son opinion sur une institution que nous avons étudiée nous-même : la personne juridique (10). Dans l'histoire de cette institution, si importante dans notre droit moderne, un rôle capital a été joué par le terme *persona representata* (plus tard remplacé par *persona ficta*). Pour autant que nous ayons pu le démontrer, *persona representata* figure pour la première fois dans la *lectura* sur le Digeste vieux de Révigny, mais celui-ci attribue cette construction juridique à son maître Monchy. Dans un autre cas — il s'agit de la distinction entre *dominium directum* et *dominium utile* (11) — une habileté d'avocat que Révigny avait apprise de son maître Monchy lui sert à développer une *theorica iuris* dans cette matière, qui pourrait être à la base de l'opinion que le *dominium utile* est la seule vraie propriété — qu'il y a donc unité du domaine — opinion qui a été surtout développée par Charles Dumoulin et qui finalement a été réalisée par la Révolution française (12).

Un autre professeur assez connu de la première génération fut Pierre Peregrossi (Petrus de Petris Grossis ou Petrus Lumbar-

(7) L. Waelkens, *La théorie de la coutume chez Jacques de Révigny, Edition et analyse de sa répétition sur la loi De quibus (D. 1,3,32)*, thèse droit Leyde 1984 [Rechtshistorische Studies, no. 10], Leiden 1984, p. 28-34 ; voir également L. Waelkens, « L'origine de l'enquête par turbe », *Tijdschrift voor Rechtsgeschiedenis*, 53 (1985), p. 337-346, aux pp. 342 et s.

(8) *Tijdschrift voor Rechtsgeschiedenis*, 53 (1985) (cf. *supra*, note 7), p. 345.

(9) Meijers, *Etudes*, III, p. 39-43 ; cf. aussi notre article de 1962 (*supra*, note 3), p. 48-49, auquel nous avons repris ici quelques passages.

(10) R. Feenstra, « L'histoire des fondations, à propos de quelques études récentes », *Tijdschrift voor Rechtsgeschiedenis*, 24 (1956), p. 381-448, notamment p. 408-433 (cette partie de notre article a été réimprimée dans *Le droit savant* (*supra*, note 3), comme no. I, avec la même numérotation des pages) ; mention de Jean de Monchy à la page 428.

(11) Voir à ce propos R. Feenstra, « Les origines du *dominium utile* chez les Glossateurs (avec un appendice concernant l'opinion des Ultramontani) », *Flores legum H.J. Scheltema, Antecessori Groningano, oblati*, Groningen 1971, p. 49-93, réimprimé dans *Fata iuris romani* (*supra*, note 4), p. 215-259.

* (12) *Op. cit.*, p. 93 (= 259) ; c'est à tort que nous y avons écrit que cette opinion fut d'abord émise par Balde, voir notre article « *Dominium* and *ius in re aliena:* The Origins of a Civil Law Distinction », *New perspectives in the Roman Law of Property, Essays for Barry Nicholas*, edited by Peter Birks, Oxford 1989, p. 111-122, à la page 115 n. 25.

dus) (13). A Bologne il avait été l'élève d'Odofrède. Il obtint plusieurs dignités ecclésiastiques : il fut notamment membre de la *Curia Romana*. Créé cardinal en 1282, il mourut en 1295. Il a laissé plusieurs écrits, dont le plus important est un commentaire sur le titre *De actionibus* des Institutes, qui figure dans une liste de taxation bolonaise de 1326 et qui a donc dû être assez connu en dehors de la France. On dispose maintenant d'une étude sur la bibliothèque de Pierre Peregrossi (14). Son nom figure également dans une collection de *quaestiones* orléanaises qui mérite d'être signalée dans un cadre plus large.

Martin Bertram a découvert dans un manuscrit d'Edimbourg douze *quaestiones*, qui, à côté d'Odofrède, ne mentionnent que des noms de professeurs d'Orléans de la première période. Le texte a été publié en 1980 par Hans van de Wouw (15). Les thèmes sont presque tous d'origine française ; certains d'entre eux sont devenus célèbres dans l'enseignement du droit des siècles suivants (16). A côté de Guido de Cumis et de Pierre Peregrossi cette collection mentionne Guichard de Langres (maître de Révigny), Foulques de Laon, Simon Matifardi et Guillaume d'Autun ; pour plusieurs de ces professeurs les *quaestiones* nous donnent pour la première fois des signes d'une activité scolaire.

Avant de passer à l'époque de Révigny et de Belleperche signalons encore un autre aspect des activités scolaires des professeurs orléanais de la première génération : les additions à la Glose d'Accurse. Il s'agit non seulement d'additions signées mais aussi d'additions anonymes qui ont été intégrées d'une telle façon à la Glose qu'on ne peut plus les reconnaître comme telles. F. Soetermeer, dans sa thèse sur la *pecia* dans les manuscrits juridiques (17), y a consacré des remarques très intéressantes. En examinant un assez grand nombre de manuscrits du *Corpus iuris civilis* avec la Glose d'Accurse — non pas seulement des manuscrits avec indications de

(13) MEIJERS, *Etudes*, III, p. 46-52. Cf. aussi notre article de 1962 (*supra*, note 3), p. 48, dont nous avons repris ici quelques phrases ; dans les *addenda* nous y avons renvoyé à une intéressante observation de A. GOURON, *Les juristes de l'Ecole de Montpellier* [Ius romanum medii aevi, Pars IV 3 a], Mediolani 1970 (réimprimé dans A. GOURON, *Etudes sur la diffusion des doctrines juridiques médiévales* (*supra*, note 1), no. II) p. 9. A propos de la liste de taxation bolonaise on consultera encore la thèse de F.P.W. SOETERMEER, citée *infra* note 17, aux pp. 367 et 393. Outre le manuscrit signalé par Meijers il existe encore deux autres manuscrits du commentaire sur le titre *de actionibus :* Francfort-sur-le-Main, Bibl. Mun. et Univ., Barth. 43, fol. 173r-195r, et Madrid, Bibl. Nac., 397, fol. 49r-67v. *

(14) A. PARAVICINI-BAGLIANI, « Le biblioteche dei cardinali Pietro Peregrosso († 1295) e Pietro Colonna († 1326) », *Zeitschrift für schweizerische Kirchengeschichte*, 64 (1970), p. 104-139.

(15) Quaestiones aus Orléans (*supra*, note 4).

(16) Pour les *quaestiones* chez Révigny voir maintenant C.H. BEZEMER, « Les *quaestiones disputatae* orléanaises dans les commentaires de Jacques de Révigny », *Tijdschrift voor Rechtsgeschiedenis*, 58 (1990), p. 5-38.

(17) F.P.W. SOETERMEER, *De pecia in juridische handschriften*, thèse Leyde 1990, p. 428-459. *

pecia — il a constaté que, à tout le moins pour certaines parties du *Corpus*, il existe « des traditions françaises de la *Glossa ordinaria* », caractérisées par toutes sortes d'*additiones* qui ont été intégrées dans le texte de la Glose ; il s'agit d'ajouts plus ou moins officiels qui doivent avoir été faits par les *stationarii* avec l'accord des *doctores* d'un *studium*, notamment celui d'Orléans. C'est un procédé qui était également utilisé à Bologne, mais là c'étaient des *additiones* provenant d'Accurse lui-même ou de l'un de ses fils. Dans les manuscrits de tradition française, en revanche, les *additiones* proviennent d'autres auteurs, probablement de professeurs français. A quelques exceptions près (18) elles ne sont pas signées. Si dans quelques cas on a placé le sigle « Ac. » à la fin d'une telle *additio*, cela ne doit pas nous induire en erreur ; il s'agit d'un automatisme (19). Ces *additiones* étaient connues à Révigny et à Belleperche. A un certain endroit Révigny parle d'une *additio modernorum* (20), mais ailleurs il semble être ignorant du fait que c'est un ajout français à la Glose d'Accurse.

Soetermeer suppose (21) que l'existence de ces additiones fran- * çaises a été à l'origine du terme *Glossa Aurelianensis* utilisé dans un sens péjoratif, par exemple « *haec est glosa Aurelianensis quae destruit textum* ». L'expression figure pour la première fois chez Révigny ; c'est à lui qu'elle a été empruntée par des auteurs ultérieurs, tant français qu'italiens. Meijers (22) avait pensé que cette expression se rapporte uniquement aux doctrines personnelles développées par les professeurs orléanais durant leurs cours et non pas à une véritable collection de gloses. Soetermeer rejette cette alternative. A son avis il s'agissait précisément de ces *additiones* incorporées à la Glose sans qu'on puisse toujours les distinguer comme telles. Elles ont dû être connues en Italie assez tôt et probablement l'expression « *quæ destruit textum* » provient d'un juriste italien. Comme Meijers l'a déjà précisé, à Orléans on a repris cette expression avec une connotation ironique ; c'est ce qui s'ensuit clairement du contexte où figure la remarque chez Révigny. Ce n'est que plus tard que les Italiens s'en sont servi pour témoigner de leur dédain pour l'Ecole d'Orléans et les théories des Ultramontains.

Nous en arrivons maintenant à la vie et aux œuvres de Jacques de Révigny (23). En latin il s'appelait *Jacobus de Ravenneio, de Ravenniaco* ou *de Ravigneyo*, mais comme ce nom est généralement abrégé « *Ja. de Ra.* », les Italiens en ont fait *Jacobus de Ravanis*. Son

---

(18) Voir SOETERMEER, *op. cit.* (*supra*, note 17), p. 450-451.
(19) Cf. SOETERMEER, p. 453.
(20) SOETERMEER, p. 458.
(21) SOETERMEER, p. 428-429.
(22) *Etudes*, III, p. 55-56.
(23) Voir MEIJERS, *Etudes*, III, p. 59-80, notre article de 1962 (*supra*, note 3), p. 49-51 — dont certains passages ont été repris ici — et celui de 1985 (*supra*, note 3), p. 18-20.

lieu d'origine a donc été une localité appelée Révigny. Longtemps on n'a pas hésité à soutenir qu'il s'agissait de Révigny en Lorraine, appelée aujourd'hui Revigny-sur-Ornain, chef-lieu de canton de l'Ouest de la Meuse, arrondissement de Bar-le-Duc ; cette hypothèse est susceptible de trouver appui dans un passage de sa *Lectura* des Institutes (24). Il n'est cependant pas tout à fait exclu qu'il s'agisse de Revigny-en-Vermantois près de Lons-le-Saunier, en Franche-Comté (25). Cette origine correspondrait, tout comme une origine lorraine, aux opinions de notre auteur sur les rapports entre l'Empire et la France (26). *

Sa naissance doit être placée entre 1230 et 1240. Les hypothèses sur la date dépendent de la question de savoir s'il s'est livré à l'étude de la théologie avant de faire son droit. D'après son biographe le plus récent, Van Soest-Zuurdeeg (27), les arguments utilisés en faveur d'une formation théologique ne sont pourtant pas convaincants ; on devrait plutôt penser seulement à une formation dans les *artes*. Il fit ses études de droit probablement vers 1260. Aux environs de 1263, ses maîtres n'étaient plus à Orléans, notamment à la suite de difficultés consécutives aux loyers des logements (28). Cette datation s'accorde avec l'opinion la plus récente (29) sur la célèbre discussion entre Révigny et François d'Accurse, le fils du compilateur de la Grande Glose. Il paraît maintenant bien établi que cette discussion n'eut pas lieu à Toulouse en 1274, comme l'a encore soutenu Henri Gilles (avec l'implication d'un professorat ou, tout au moins, d'un passage de Révigny dans cette ville), mais à Orléans vers 1260, à une époque où Révigny n'était encore que bachelier. Révigny doit avoir commencé son enseignement au début des années 60. Jusqu'à quand l'a-t-il continué ? D'après Meijers il n'était plus professeur vers 1280, mais son argumentation n'est pas convaincante à la lumière des recherches les plus récentes. S'il n'est pas exclu que Révigny ait encore donné cours après 1280, il paraît prouvé de toute façon qu'il enseignait encore en 1279 (30). Nous le retrouvons élu comme évêque de Verdun en 1289. Au moment de son accession à la chaire épiscopale il était archidiacre de Toul. Nous ignorons depuis quand il occupait cette charge et s'il remplit d'autres fonctions entre son

(24) Liesbeth J. van Soest-Zuurdeeg, *La lectura sur le titre De actionibus (Inst. 4,6) de Jacques de Révigny, Edition du texte, précédée de prolégomènes*, thèse droit Leyde 1989 [Rechtshistorische Studies, no. 14], Leiden 1989, p. 4.

(25) Van Soest-Zuurdeeg, *ibidem*.

(26) A propos de cet aspect voir cependant nos observations dans : « Jean de Blanot et la formule *rex Franciae in regno suo princeps est* », *Etudes d'histoire du droit canonique dédiées à Gabriel le Bras*, Paris 1965, p. 885-895 (réimprimé dans nos *Fata iuris romani* (*supra*, n. 4), p. 139-149), à la page 892 [= 146] n. 50 (et l'*addendum* à la page 396 de *Fata*).

(27) *Op. cit.* (*supra*, note 24), p. 4-5.

(28) Van Soest-Zuurdeeg, p. 5.

(29) Voir F.P.W. Soetermeer, « Recherches sur Franciscus Accursii, Ses *Casus Digesti Novi* et sa répétition sur la loi *Cum pro eo* (C. 7,47 *un.*) », *Tijdschrift voor Rechtsgeschiedenis*, 51 (1983), p. 3-49, notamment p. 32-33.

(30) Van Soest-Zuurdeeg, p. 6-7.

professorat et son archidiaconat. Il mourut à Ferentino, en Italie, pendant l'été 1296, lorsqu'il était en route pour la cour pontificale (à Anagni ?) où il avait dû se rendre pour faire trancher par le Pape son différend avec les citoyens de Verdun.

Révigny nous a laissé, à côté de toute une série de *repetitiones*, des *lecturae* sur la plupart des volumes du *Corpus iuris civilis*. Ces dernières nous sont connues surtout grâce aux recherches de Meijers et de ses prédécesseurs, le Français Jean Acher et le Néerlandais W.M. d'Ablaing. En 1888 ce dernier avait, dans une notice d'une seule page (31), publié sa découverte de deux manuscrits contenant respectivement la *lectura* sur le Code et la lectura sur le Digeste vieux de Révigny. Le premier se trouvait — et se trouve toujours — à la Bibliothèque Nationale à Paris, le second faisait partie de sa collection privée et constitue aujourd'hui l'un des trésors de la Bibliothêque de l'Université de Leyde. Ce dernier manuscrit a été étudié de très près par Meijers, qui a su découvrir, à la Bibliothèque Nationale de Naples, un deuxième manuscrit contenant une version moins complète de la *lectura* de Révigny sur le Digeste Vieux. Les principales découvertes de Meijers par rapport aux écrits de Révigny concernent cependant des éditions imprimées. Il a pu constater d'abord que la *lectura* de Révigny sur les Institutes se trouve imprimée — sous forme très partielle et très défectueuse, il est vrai — dans quelques dizaines d'éditions, mais sous le nom de Bartole de Sassoferrato. Son autre découverte — dans laquelle il avait été précédé, sans le savoir, par Emil Seckel, qui d'ailleurs n'y a fait qu'une allusion — avait trait à la *lectura Codicis* imprimée sous le nom de Belleperche dans une édition faite à Paris en 1519. De cette édition il existe maintenant deux réimpressions anastatiques. La première, publiée à Bologne en 1967 porte une page de titre moderne sur laquelle le nom de Révigny a remplacé celui de Belleperche (32) ; dans la deuxième, en revanche, parue à Francfort-sur-le-Main en 1968, on a non seulement omis de faire allusion à la fausse attribution, mais on a augmenté encore la confusion en mettant sur la page de titre « Paris 1569 » (33).

L'attribution de la *lectura* sur le Code à Pierre de Belleperche n'est d'ailleurs pas due à une erreur, comme le pensait Meijers. En 1963, Hans Kiefner, dans une étude très fouillée (34), a démontré qu'il s'agit d'une véritable falsification. Elle avait déjà été découverte par Charles Dumoulin, le célèbre jurisconsulte du XVIe siècle. Il en

---

(31) W.M. D'ABLAING, « Les *lecturae* de Jacques de Révigny », *Nouvelle Revue historique de droit français et étranger*, 12 (1888), p. 360.
(32) *Jacobus de Ravanis, Lectura super Codice* [Opera iuridica rariora, tom. 1], Bologna 1967.
(33) *Petrus de Bella Perthica, Super IX Libros Codicis, Paris 1569, Unveränderter Nachdruck*, Frankfurt 1968.
(34) H. KIEFNER, « Zur gedruckten Codexlectura des Jacques de Révigny », *Tijdschrift voor Rechtsgeschiedenis*, 31 (1963), p. 5-38.

parle dans la première édition de son *Extricatio Labyrinthi de eo quod interest*, paru à Paris en 1546. En voulant vérifier une opinion de Révigny à propos d'un passage du texte de C. 7,47 *un.*, opinion qui aurait été combattue par Belleperche, il avait constaté que dans l'édition de 1519, parue sous le nom de ce dernier, on trouvait l'opinion attribuée à Révigny. Cela l'avait incité à des recherches sur l'histoire de cette édition ; les résultats de ces recherches furent insérés par lui dans la première édition de son *Extricatio Labyrinthi*, sous forme d'une digression. Il y dénonce la *gravis iniuria* faite à Révigny et l'*impostura* commise par quelques éditeurs de Paris en 1519 en faisant paraître sous le nom de Belleperche un texte de Révigny. Dans la deuxième édition de l'*Extricatio Labyrinthi* il précisa son accusation : ces éditeurs l'avaient fait sur les instances de Pierre Lizet, à cette époque avocat du Roi, plus tard premier président du Parlement de Paris. On avait commencé cette édition en sachant que la *lectura* était de Révigny : l'un des éditeurs, Pierre Gromors, avait même écrit des *additiones* placées en marge du texte qui impliquent que celui-ci est de Révigny. Nous ne pouvons pas entrer ici dans les détails ni nous attarder à des hypothèses sur les motifs de Pierre Lizet et des éditeurs : qu'il nous suffise de souligner une fois de plus (35) le sort assez malencontreux des textes des professeurs orléanais du XIIIe siècle (36).

Si la *Lectura Codicis* de Révigny est maintenant assez facile à consulter sous forme imprimée, il ne faut pas perdre de vue qu'il s'agit d'une édition du XVIe siècle, faite probablement d'après un manuscrit assez défectueux qui est perdu. Un autre manuscrit nous a été conservé (37) mais il ne peut nullement résoudre toutes les énigmes que nous pose l'édition de 1519.

Sous cet aspect la situation pour les chercheurs est infiniment meilleure pour la dernière et plus importante partie de la *Lectura Institutionum* à laquelle nous avons déjà fait allusion. Depuis 1989 nous disposons d'une édition critique de la *Lectura* sur le titre *De actionibus* des Institutes, faite par L.J. van Soest-Zuurdeeg (38). Cette édition est précédée de Prolégomènes, dans lesquels on trouvera une

---

(35) Cf. ce qui a été dit plus haut, sur les éditions des *Casus* de Guido de Cumis. Les falsifications éditoriales étaient d'ailleurs assez fréquentes au XVIe siècle, voir D. MAFFEI, *Giuristi medievali e falsificazioni editoriali del primo Cinquecento : Iacopo di Belviso in Provenza?* [Ius commune, Sonderhefte, no. 10], Frankfurt a.M. 1979.

(36) Signalons encore, à titre de curiosité, que la découverte de Dumoulin, qui était restée inconnue à Meijers, est probablement parvenue à la connaissance de Seckel par un pur hasard : un professeur de Tubingue du XVIe siècle y avait renvoyé dans une note manuscrite sur la page de titre de son exemplaire de l'édition de 1519, qui dès le XVIe siècle a été acquis par la bibliothèque de l'Université de Tubingue ; c'est là que Seckel, lorsqu'il était étudiant à cette Université, a dû le consulter.

(37) C'est celui de Paris, découvert par W.M. d'Ablaing en 1888, voir *supra* dans le texte.

(38) Voir *supra*, note 24.

discussion très approfondie tant sur les manuscrits qui en ont été conservés que sur les problèmes que pose la genèse du texte, notamment sa paternité.

Quant à la paternité quelques doutes ont pu surgir à la suite d'hypothèses émises récemment par L. Waelkens (39). D'après lui un commentaire sur les Institutes que Meijers avait attribué à un élève de Révigny, Raoul d'Harcourt — et qui a été édité en 1541 à la suite des *Commentarii in universum ius civile* de Jacobus de Arena (40) sans indication du nom d'Harcourt — ne serait pas l'œuvre de ce dernier mais d'un autre élève de Révigny, à savoir de Jacques de Boulogne. La *lectura* de Raoul d'Harcourt, en revanche, se retrouverait précisément dans le commentaire sur les Institutes qui nous a été conservé sous le nom de Révigny ; ce dernier texte ne serait donc pas de la main de celui-ci. Nous ne discuterons pas ici l'ensemble des hypothèses de Waelkens, qui, d'ailleurs, n'ont pas encore été formulées d'une façon définitive. Qu'il nous suffise de dire que, pour ce qui concerne le commentaire sur les Institutes traditionnellement attribué à Révigny, Waelkens semble vouloir faire une distinction entre la partie consacrée au titre *De actionibus* et le reste : l'attribution à d'Harcourt ne s'appliquerait pas à la « *lectura de actionibus* », à tout le moins telle qu'elle nous a été conservée dans le manuscrit de Bruxelles. En effet, L.J. van Soest-Zuurdeeg (41) a pu avancer assez d'arguments convaincants en faveur de sa thèse que le texte qu'elle a édité est bien l'œuvre de Révigny.

L. Waelkens avait d'ailleurs fourni lui-même une très importante contribution à la connaissance de l'œuvre de Jacques de Révigny en 1984, lorsqu'il consacrait sa thèse à la théorie de la coutume chez cet auteur (42). Dans cet ouvrage on trouve une édition des *repetitiones* de Révigny sur cette matière, avec des analyses très approfondies.

---

* (39) L. Waelkens, « Is Raoul d'Harcourts Institutencommentaar bewaard gebleven ? », *Handelingen IXe Nederlands-Belgisch Rechtshistorisch Congres "Rondom Feenstra"*, Leiden [1986], p. 19-27. Voir maintenant aussi son article « L'influence de l'Ecole d'Orléans sur la doctrine bolonaise à la fin du XIIIe siècle », *"Houd voet bij stuk", Xenia iuris historiae G. van Dievoet oblata*, Leuven 1990, p. 193-208 ; dans la note 69 il y signale que le texte publié dans *Handelingen* en 1985, qui fut celui d'une conférence tenue au début de ses recherches, contient plusieurs imprécisions. Dans l'article de 1990 Waelkens ne reprend que certains aspect de ses hypothèses de 1985 ; il souligne la possibilité que des Orléanais aient enseigné en Italie dans les années 1280 (non seulement sous forme de *repetitiones* incidentelles) et il promet une étude définitive consacrée au commentaire de Raoul d'Harcourt sur les Institutes.

Au moment de la correction des épreuves du présent article nous apprenons que cette étude de Waelkens paraîtra, sous le titre « La Lectura Institutionum de Raoul d'Harcourt », dans *Rivista internazionale di diritto comune*, 3 (1992). Waelkens y a modifié encore ses opinions telles que nous les avons décrites dans le texte de notre article.

(40) De cette édition il existe maintenant aussi une réimpression : Jacobus de Arena, *Commentarii in universum ius civile* [Opera iuridica rariora, tom. 16], Bologna [1971].

(41) *Op. cit.* (*supra*, note 24), p. 10-16 (nous lui avons emprunté quelques phrases pour résumer en français les hypothèses de Waelkens).

(42) Cité *supra*, note 7.

A côté des ouvrages de L.J. van Soest-Zuurdeeg et de L. Waelkens il faut attirer l'attention sur les recherches aussi fondamentales de C.H. Bezemer. En 1987 il a consacré sa thèse de doctorat aux répétitions de Jacques de Révigny (43) et tout récemment il a publié un article sur les *quaestiones disputatae* orléanaises dans les commentaires de Révigny (44). Ces deux études ne contiennent pas d'éditions de textes entiers, mais fournissent — à côté d'introductions très substantielles sur le genre littéraire que constituent les *repetitiones* et les *quaestiones* — des inventaires très précieux qui permettent de chercher soit dans les manuscrits soit dans les textes imprimés les opinions de Révigny dans beaucoup de matières considérées à son époque comme ayant une valeur non seulement théorique mais bien souvent également pratique.

Nous devons encore signaler (45) que c'est à tort qu'on a attribué à Révigny la *Summa feudorum* qui porte son nom dans un manuscrit

(43) C.H. BEZEMER, *Les répétitions de Jacques de Révigny, Recherches sur la répétition comme forme d'enseignement juridique et comme genre littéraire, suivies d'un inventaire de textes,* thèse droit Leyde 1987 [Rechtshistorische Studies, no. 13], Leiden 1987 ; à propos de ce livre voir A. IGLESIA FERREIROS, « Las "repetitiones" de Révigny », *Anuario de historia del derecho español,* 58 (1988), p. 513-541, et J.P. GUMBERT, « Codicologie et histoire du droit : un manuscrit de répétitions de Jacques de Révigny », *Tijdschrift voor Rechtsgeschiedenis,* 57 (1989), p. 105-108.

En 1981 Bezemer avait déjà édité et analysé la *repetitio* de la loi *Hoc iure gentium* de Révigny : « A *repetitio* by Jacques de Révigny on the creations of the *ius gentium* », *Tijdschrift voor Rechtsgeschiedenis,* 49 (1981), p. 287-321. Avant Bezemer quelques *repetitiones* de Révigny restées inconnues à Meijers avaient été trouvées à La Seu d'Urgell par G. Fransen, voir son article cité *supra,* note 6. On consultera maintenant aussi BEZEMER, « Style et langage dans les répétitions de quelques romanistes médiévaux, ou sur l'importance de reconnaître les répétitions », *Langage et droit à travers l'histoire : réalités et fictions,* éd. par G. van DIEVOET, Ph. GODDING et D. VAN DEN AUWEELE, Leuven-Paris 1989, p. 73-79, et R. FEENSTRA et Marguerite DUYNSTEE, « Un recueil de textes de l'Ecole de droit d'Orléans dans la Huntington Library à San Marino (Cal.) », *Tijdschrift voor Rechtsgeschiedenis,* 60 (1992), p. 81-108 (p. 91-93 sur Révigny).

(44) Cité *supra,* note 16. A propos des *quaestiones* de Révigny il convient de rappeler l'article très important de D. MAFFEI, « Il giudice testimone e una *quaestio* di Jacques de Revigny (MS. Bon. Coll. Hisp. 82) », *Tijdschrift voor Rechtsgeschiedenis,* 35 (1967), p. 54-76, qui contient l'édition du texte en question. Deux autres versions de ce texte ont été trouvées par M. Bellomo, voir son étude 'Legere, repetere, disputare', Introduzione ad una ricerca sulle 'quaestiones' civilistiche, in M. BELLOMO, *Aspetti dell'insegnamento giuridico nelle università medievali,* I : *Le 'quaestiones disputatae',* Reggio Calabria 1974, p. 13-81, aux pages 42 (n. 63) et 71-73.

(45) Pour d'autres études récentes sur Révigny et son œuvre — par Giuliana d'AMELIO, G. BOYER, Marguerite BOULET-SAUTEL et G. CHEVRIER — voir notre article de 1985 (*supra,* note 3), p. 19-20. A ajouter deux études parues dans le *Bulletin de la Société archéologique et historique de l'Orléanais,* Nouvelle série, tome IX, No. 68 (avril 1985) [= « Etudes néerlandaises », cf. *supra* note 3], à savoir J.M.J. CHORUS, « Article 6 du Code civil, Glose et Jacques de Révigny : La renonciation aux lois supplétives (p. 41-51) » et E.J.H. SCHRAGE, « *Nemo praecise ad factum cogi potest* : une *quaestio* inédite de Jacques de Révigny sur l'exécution réelle » (p. 53-67). Dans l'une et l'autre étude on trouvera une édition de textes de Révigny, pris au ms. d'Ablaing 2 de la Bibliothèque de l'Université de Leyde (contenant sa *lectura* sur le Digeste Vieux). Pour une correction de C.H. Bezemer par rapport à ce que Meijers a dit sur le cours sur le Digeste Neuf de Révigny voir *infra,* note 55. Cf. maintenant BEZEMER, « Legal remedies for non-Roman law in medieval doctrine, The *condictio ex consuetudine* and similar actions », *Tijdschrift voor Rechtsgeschiedenis,* 60 (1992), p. 63-80. *

de Parme et qui a été éditée à deux reprises par C. Pecorella sans correction de cette fausse attribution (46). Nous croyons l'avoir démontré dans une étude sur un vrai texte de Révigny concernant le droit féodal, texte contenu dans sa *lectura* sur le titre *De actionibus* des Institutes (47).

Nous ne nous arrêterons pas aux élèves de Révigny, dont nous avons déjà mentionné en passant Raoul d'Harcourt (48) et Jacques de Boulogne (49) et auxquels il faudra ajouter (50) Raoul de Chennevières sur lequel nous reviendrons plus bas dans un autre contexte (51). Nous passons directement à celui qui, après Révigny, fut sans aucun doute le plus grand jurisconsulte orléanais, nous voulons dire Pierre de Belleperche, *Petrus de Bellapertica* (52). Il fit ses études à Orléans entre 1270 et 1280. Contrairement à ce que dit Cinus, il ne fut pas l'élève proprement dit de Jacques de Révigny : il mentionne lui-même Raoul d'Harcourt comme son maître. Il ne cite Révigny que comme « *Jacobus* » ou même il se réfère à ses opinions seulement avec la formule « *scripta dicunt* » sans mentionner son nom (53).

---

(46) Dernière édition : *Jacobus de Ravanis, Summa feudorum,* a cura di Corrado PECORELLA, II. edizione [Università di Parmi, Pubblicazioni della Facoltà di Giurisprudenza, tom. 17], Milano 1959 ; la première édition avait paru dans *Studi Parmensi,* 6 (1956), p. 287-332.

(47) R. FEENSTRA, « 'Quaestiones de materia feudorum' de Jacques de Révigny », *Studi Senesi,* 84 (1972), p. 379-401, réimprimé dans *Fata iuris romani* (*supra,* note 4), p. 298-320, aux pages 385-388 [=304-307]. Le texte de Révigny qui y est étudié se trouve maintenant aussi dans Van SOEST-ZUURDEEG, *op. cit* (*supra,* note 24), p. 348-357 : elle l'a édité en se fondant sur le ms. Paris, B.N., lat. 14350, tandis que nous avions fait notre édition sur la base du ms. Paris, B.N., lat. 4427. WAELKENS, *La théorie de la coutume* (*supra,* note 7), p. 328 n. 8, a signalé un troisième manuscrit de notre texte : le ms. La Seu d'Urgell, Bibl. Cab. 2042, fol. 1 ra-rb.

(48) Voir *supra,* à propos des hypothèses de Waelkens, mentionnées aux notes 39-41. Sur Raoul d'Harcourt voir encore — outre les articles de WAELKENS cités dans la note 39 et MEIJERS, *Etudes,* III, p. 85-88 — WAELKENS, *La théorie de la coutume* (*supra,* note 7), p. 83-89, ainsi que E. CORTESE, « Sulla scienza giuridica a Napoli tra Quattro e Cinquecento », *Scuole, diritto e società nel mezzogiorno medievale d'Italia,* I, Catania [1985], p. 31-134, à la p. 123 n. 257. Pour une répétition de lui sur la loi *Pignus intercidit* (C. 8,26,1) voir BEZEMER, *Les répétitions* (*supra,* note 43), p. 31 n. 72 ; pour d'autres précisions voir *ibidem* p. 249. Cf. maintenant aussi FEENSTRA et DUYNSTEE, *op. cit.* (note 43), p. 101-102.

(49) Voir également *supra,* aux notes 39-41. Sur Jacques de Boulogne voir maintenant — outre les articles de WAELKENS cités dans la note 39 et MEIJERS, *Etudes,* III, p. 84-85 — FEENSTRA et DUYNSTEE, *op. cit.* (note 43), p. 102-105 (avec d'autres références et des observations sur l'attribution à Boulogne d'un texte dans le manuscrit de la Huntington Library).

(50) Outre Pierre de la Chapelle qui probablement fut aussi élève de Révigny. FRANSEN, *op. cit.* (*supra,* note 6), p. 9 et 19, a découvert une *repetitio* de cet auteur, dont MEIJERS, *Etudes,* III, p. 88-90, ne connaissait encore aucun écrit.

(51) *Infra,* à la note 72.

(52) Voir MEIJERS, *Etudes,* III, p. 95-106, notre article de 1962 (*supra,* note 3), p. 51 — dont certains passages ont été repris — et celui de 1985 (*supra,* note 3), p. 21-22.

(53) Il faudrait des recherches plus approfondies sur l'emploi de ce terme *scripta* par rapport à Jacques de Révigny (cf. MEIJERS, *Etudes,* III, p. 95-96 et n. 363). Le terme figure aussi entre autres dans le testament de Jean de la Ferté, datant de 1354, qui lègue à l'Université d'Orléans « scripta mea super Digesto veteri que dicuntur scripta domini Jacobi de Ravigneio » ; voir l'étude de Marguerite DUYNSTEE et de moi-même, citée *infra,* n. 77, p. 316-317. Cf. également BEZEMER, *Les répétitions* (*supra,* note 43), p. 200, note 1, et l'observation de FEENSTRA et DUYNSTEE, *op. cit.* (note 43), p. 94 n. 53.

Belleperche a dû enseigner à Orléans entre 1280 et 1296. Après cette date, il se consacra au service du roi comme *clericus regis.* En 1306 il fut nommé évêque d'Auxerre et chancelier de France. Il mourut en 1308.

Quoiqu'on ne possède de lui de commentaires aussi complets sur le *Corpus iuris civilis* que ceux de Révigny, ses œuvres conservées sont également assez importantes. Nous connaissons, en dehors d'une *lectura* sur le Code qui n'existe qu'en deux manuscrits (54), une *lectura* sur un certain nombre de titres du Digeste Neuf et un cours très répandu sur le titre *De actionibus* des Institutes, qui l'un et l'autre existent tant sous forme manuscrite que sous forme imprimée (55). Il s'agit d'éditions du XVIe siècle, dont on a publié des réimpressions en 1968 (56) et en 1972 (57) respectivement (malheureusement on n'a pas réimprimé l'*editio princeps* (1512) du dernier texte, édition qui était restée inconnue à Meijers (58)). Pour le Digeste Vieux et pour le Code (59) on possède de lui un assez grand nombre de *repetitiones* (60) qui attendent encore une analyse aussi

---

(54) Nous rappelons que la *lectura* sur le Code imprimée sous son nom est en vérité de Révigny, voir *supra,* aux notes 32 et s. Pour les manuscrits de la *lectura* de Belleperche (de Cambridge et de Naples) voir MEIJERS, *Etudes,* III, p. 101-102.

(55) Pour les détails voir MEIJERS, *Etudes,* III, p. 99-101. Dans notre article de 1985 (*supra,* note 3), p. 21, nous avons donné quelques additions et corrections aux renseignements de Meijers. A ces additions et corrections — qui proviennent en partie de P. WEIMAR, cf. *infra,* note 58 — on ajoutera celles de BEZEMER, *Les répétitions* (*supra,* note 43), p. 239 n. 11, et *Tijdschrift voor Rechtsgeschiedenis,* 58 (1990) (cf. *supra,* note 16), p. 16 n. 67, concernant le fait que certains commentaires qui se trouvent dans le Ms. Douai, Bibliothèque Municipale, 648 (notamment sur D. 45,2 et D. 45,3) ne sont pas de Révigny mais de Belleperche.

(56) Première partie de Petrus de Bellapertica, *Commentaria in Digestum novum, Repetitiones variae* [Opera iuridica rariora, tom. 10], Bologna [1968]. Cette partie constitue une réimpression de l'*editio princeps* de Francfort 1571.

(57) Petrus de Bellapertica, *Lectura Institutionum* [Opera iuridica rariora, tom. 7], Bologna [1972] ; c'est une réimpression de l'édition de Lyon 1536.

(58) Voir P. WEIMAR, « Die Erstausgabe der sogenannten Lectura Institutionum des Pierre de Belleperche », *Tijdschrift voor Rechtsgeschiedenis,* 35 (1967), p. 284-289 ; cf. mon article de 1985 (*supra,* note 3), p. 21 n. 56 et 57.

(59) Pour les autres parties du *Corpus iuris civilis* il y en a aussi quelques-unes. MEIJERS, *Etudes,* III, p. 99 et 101, en signale deux pour le Digeste Neuf, à savoir sur D. 41,2,6,1 et D. 42,1,14, qui se trouvent dans le ms. Paris, Bibl. Nat., lat. 4488, fol. 261 r° et 219 v°. Dans une note que nous avons ajoutée à Meijers, p. 100 (note †), nous mentionnons plusieurs *repetitiones* sur les Institutes, notamment sur les premiers titres du premier livre et sur le titre *de obligationibus* ainsi que sur plusieurs autres titres concernant les obligations ; ces *repetitiones* figurent dans le ms. Paris, Bibl. Nat., lat. 15424, fol. 5 r°-22 v°.

(60) Voir MEIJERS, *Etudes,* III, p. 98-99, ainsi que p. 100, n. † et n. ††, et p. 101 n. * ; quant à cette dernière note nous pouvons ajouter maintenant que dans le ms. Douai, Bibl. Mun. 648, on trouve, outre la *repetitio* de la loi *Normam* (*Formam,* C. 1,26,2), seulement des *repetitiones* sur les lois *Iubemus nullam navem* (C. 1,2,10) et *Generaliter* (C. 1,3,51). Pour les répétitions sur le Code voir provisoirement BEZEMER, *Les répétitions* (*supra,* note 43), p. 40 n. 107, et « Style et langage » (*supra,* note 43), p. 79. Dans l'annexe II de son étude (p. 128-132) Meijers donne une liste des *repetitiones* sur le Digeste Vieux de Belleperche « actuellement connues » ; pour des corrections et des additions à cette liste voir maintenant surtout FEENSTRA et DUYNSTEE, *op. cit.* (note 43), p. 93 et p. 107-108 (où l'on trouve une nouvelle édition de la liste de Meijers pour les premiers deux livres du *Digestum vetus*).

approfondie que celle qui a été faite par Bezemer (61) pour les *repetitiones* de Révigny. Une partie de ces *repetitiones* a également été imprimée au XVIe siècle dans un recueil qui a paru pour la première fois en 1515 et dont une seconde édition a vu le jour en 1571 comme deuxième et troisième parties du volume qui contient au début sa *lectura* sur les différents titres du Digeste Neuf. De cette édition de 1571 — et de nouveau malheureusement non pas de l'*editio princeps* — il existe une réimpression de 1968 (62).

On a de Belleperche encore une collection de *Distinctiones*, genre littéraire dont il y a d'autres exemples à Orléans. D'après Meijers il s'agit de *reportationes* spéciales des *distinctiones* que faisait le professeur pendant son cours sur un texte du *Corpus iuris civilis*. Celles de Pierre de Belleperche furent également imprimées au XVIe siècle sous le titre *Questiones auree et singulares* (63). Ce texte mérite encore une analyse approfondie (64). Quant au traité *De feudis* qui figure à la fin de cette édition sous le nom de Belleperche, il n'a rien à voir avec ce juriste orléanais, comme il a été démontré par Meijers. Cet auteur l'attribuait à un certain Petrus, avocat à Accon ; d'après D. Maffei (65) Ioannes Faseolus en serait l'auteur.

Pour ce qui concerne l'influence qu'a exercée l'œuvre de Belleperche sur Cinus, il convient de signaler un article de W.M. Gordon (66), où il critique l'opinion de Meijers selon laquelle « pour plus des trois quarts, l'œuvre de Cinus est une reproduction de la doctrine française qu'il connaissait principalement par le commentaire de Belleperche » (67). D'après Gordon le fait que Cinus cite *in extenso* Belleperche n'implique pas qu'il le copie servilement. Il s'est efforcé de donner un commentaire bref et utile, où l'on trouvera les opinions des *moderni doctores*. Il ne faut pas perdre de vue qu'une bonne partie du commentaire de Belleperche est basée sur la Glose. Là où Belleperche n'ajoute pas beaucoup à la Glose, Cinus ne reprend pas son texte. Il élimine également la plupart des *casus*. Il se borne à l'essentiel des commentaires de Belleperche et des autres Orléanais. Dans les cas où Cinus y ajoute brièvement

---

(61) Voir *supra*, à la note 43.

(62) Pour cette réimpression voir *supra*, note 56.

(63) Voir MEIJERS, *Etudes*, III, p. 103. L'*editio princeps* de Lyon 1517 a été réimprimée sous le titre : Petrus de Bellapertica, *Quaestiones vel distinctiones* [Opera iuridica rariora, tom. 11], Bologna [1970].

(64) Cf. sur ce texte surtout D. MAFFEI, *Giuristi medievali* (*supra*, note 35), p. 59.

(65) *Op. cit.*, p. 58 et s. ainsi que p. 75 et s. ; cf. également E. CORTESE dans *Studi medievali*, Serie terza, 22 (1981), p. 255 et s., et dans *Scuole, diritto e società* (voir *supra*, note 48), p. 103 n. 197.

(66) W.M. GORDON, « Cinus and Pierre de Belleperche », *Daube Noster, Essays in legal history for David Daube*, Edinburgh and London [1974], p. 105-117.

(67) MEIJERS, *Etudes*, III, p. 120. Sur les rapports entre Cinus et Belleperche voir dernièrement SOETERMEER, *Tijdschrift voor Rechtsgeschiedenis*, 51 (1983) (*supra*, note 29), p. 26 et s. Le rôle joué par Cinus dans la transmission de la doctrine orléanaise a été placée dans de nouvelles perspectives par L. Waelkens dans son article de 1990, cité *supra*, note 39 ; cf. la fin du présent article.

son propre point de vue, il lance presque toujours des idées assez neuves et importantes.

Comme dernier professeur de la grande époque de l'Ecole de droit d'Orléans il faut nommer un élève de Belleperche : Lambert de Salins, *Lambertus de Salinis* (68). On ne sait presque rien sur sa vie. Du seul fait signalé par Meijers — l'autorisation que, en 1301, lui a donnée Boniface VIII d'accéder aux plus hautes dignités ecclésiastiques et de recevoir tous les bénéfices bien qu'il fût un bâtard — on pourrait déduire que probablement il avait déjà quitté l'enseignement vers la fin du XIIIe siècle. Il a laissé un ouvrage qui a dû être assez populaire. Il s'agit de *Distinctiones* ou *Quaestiones*, tant sur le Digeste Vieux que sur le Code, ouvrage du même genre que celui de Belleperche et montrant surtout des aspects pratiques. Il en existe un bon nombre de manuscrits et plusieurs éditions imprimées, pour la plus grande partie retrouvés par Meijers. Nous avons pu y ajouter (69) un détail qui lui avait échappé : l'*editio princeps* des *Distinctiones* sur le Digeste Vieux a paru à Gand en 1513 sous le nom d'un professeur bolonais du XIIIe siècle, Lambert de Ramponibus. C'est un nouvel exemple de fausse attribution d'un ouvrage orléanais au début du XVIe siècle ; en même temps cette édition néerlandaise démontre la diffusion des textes des professeurs orléanais du XIIIe siècle, tout comme l'édition incunable anversoise des *Casus* sur le Code de Guido de Cumis.

Quelques mots encore sur l'enseignement du droit canonique à Orléans au XIIIe siècle, qui avait à peine attiré l'attention de Meijers. En 1974 Martin Bertram y a consacré une importante étude (70). En examinant surtout un manuscrit comportant des *lecturae* sur les Décrétales, il a constaté que furent noués des contacts assez fréquents entre les canonistes et les légistes et que ces derniers n'avaient peut-être pas un aussi grand dédain pour le droit canonique et pour les canonistes que ne l'a suggéré Meijers. L'un des canonistes mentionne même dans son cours une discussion qu'il a eue sur un problème de droit canonique avec son maître Jacques de Révigny (71). Bertram fait d'ailleurs remarquer que ces cours de droit canonique font preuve de connaissances tout à fait « up to date » de la matière, d'une attitude critique à l'égard de canonistes précédents et de beaucoup d'expérience dans la pratique du droit.

---

(68) Voir MEIJERS, *Etudes*, III, p. 106-108, ainsi que notre article de 1962 (*supra*, note 3), p. 51 — auquel nous avons repris ici quelques passages — et celui de 1970, cité à la note suivante.

(69) R. FEENSTRA, « Une édition inconnue des *Distinctiones super Digesto veteri* de Lambert de Salins, parue sous le nom de Lambertus de Ramponibus », *Recueil de mémoires et travaux publié par la Société d'histoire du droit et des institutions des anciens pays de droit écrit*, 7 (1970) [= Mélanges Pierre Tisset], p. 185-194, réimprimé dans *Fata iuris romani* (*supra*, note 4), p. 173-182. *

(70) M. BERTRAM, « Kirchenrechtliche Vorlesungen aus Orléans (1285/7) », *Francia, Forschungen zur westeuropäischen Geschichte*, 2 (1974), p. 213-233.

(71) Cf. aussi l'article de WAELKENS, cité dans la note suivante.

En 1985 les recherches de M. Bertram ont été complétées par L. Waelkens (72), qui a étudié de plus près les commentaires sur le premier livre des Décrétales — dans lesquels figure notamment le passage sur la discussion que l'auteur a eue avec son maître Jacques
* de Révigny —, commentaires qui sont de la main de Raoul de Chennevières, official de l'évêque d'Orléans et professeur de droit canonique à l'Ecole de droit. Meijers avait déjà consacré quelques lignes à ce professeur dont il connaissait plusieurs commentaires (73) et Waelkens avait examiné dès 1984 (74) le commentaire sur le titre 1,4 des Décrétales, qui traite de la théorie de la coutume. On savait que Chennevières a bien connu Simon de Brie — le futur pape Martin IV — quand il était légat du pape en France et que, aux matières purement canoniques, il préférait les matières qui ont des points de contact avec le droit civil. Tous ces éléments reviennent dans les commentaires sur le premier livre des Décrétales, qui nous renseignent sur bien d'autres points, tant sur l'apport orléanais à la procédure romano-canonique et au droit international privé que sur la vie de Raoul de Chennevières. Il a dû enseigner à Orléans pendant presque trente ans, jusqu'à sa mort en 1297. Mais il n'était pas seule-
* ment professeur. Il était également un jurisconsulte dont les avis étaient sollicités par des barons, des prélats et des évêques.

Parmi les prélats qui ont demandé son avis, on peut probablement ranger les abbés de l'ordre cistercien. On connaissait depuis longtemps une consultation orléanaise pour l'ordre cistercien mais souvent on l'avait interprété d'une façon erronée. C.H. Bezemer a su la placer sous une lumière nouvelle (75) : il a notamment pu profiter d'une hypothèse de Waelkens, selon laquelle l'auteur principal a été précisément Raoul de Chennevières, official de l'évêque.

Ce n'est pas le seul cas où l'on connaît par une édition imprimée un avis donné par un professeur orléanais. Un autre exemple est constitué par un avis donné en 1300 par Pierre de Belleperche et Hugues de Bisuncio à la cité d'Elbing en Prussie (près de Dantzig) au sujet d'un privilège que cette ville avait reçu de son seigneur, l'Ordre teutonique (76).

---

(72) L. WAELKENS, « Raoul de Chennevières, Portrait d'un canoniste orléanais du XIIIe siècle d'après un manuscrit de la Bibliothèque Nationale », *Bulletin de la Société archéologique et historique de l'Orléanais,* Nouvelle série, tome IX, No. 68 (avril 1985) [= « Etudes néerlandaises », cf. *supra,* note 3], p. 81-95. Nous y empruntons quelques passages dans les lignes qui suivent.

(73) MEIJERS, *Etudes,* III, p. 91-92 ; cf. aussi p. 324.

(74) WAELKENS, *La théorie de la coutume* (*supra,* note 7), p. 103-106.

(75) C.H. BEZEMER, « Une consultation orléanaise pour l'ordre cistercien », *Bulletin* etc. (*supra,* note 72), p. 97-106.

(76) *Codex diplomaticus Warmiensis oder Regesten und Urkunden zur Geschichte Ermlands,* herausgegeben von C.P. WOLSKY und J.M. SAAGE [= Monumenta historiae Warmiensis oder Quellensammlung zur Geschichte Ermlands, I], Band I : Urkunden der Jahre 1231-1340, Mainz 1860, no. 108, p. 184-190 : « 1300.. 16. August. Paris. - Gutachten zweier Pariser Rechtsgelehrten über das Gründungs-Privilegium von Elbing ». Sur cet avis voir Guido KISCH, *Das Fischereirecht im Deutschordensgebiet, Beiträge zu seiner Geschichte,* 2e éd. revue, Sigmaringen 1978 (première édition 1932), p. 115-119.

Voilà quelques exemples du rayonnement de l'Ecole de droit d'Orléans sur le plan pratique. Pour les XIVe et XVe siècles nous pourrions multiplier ces exemples, notamment en mentionnant les nombreux étrangers qui ont fait leurs études à Orléans et qui ensuite ont eu des fonctions importantes, ecclésiastiques ou civiles, dans leur patrie (77). Mais nous voulons nous borner ici au XIIIe siècle, l'époque où Orléans a vraiment été un rival de Bologne et où elle a pu exercer une influence sur le plan doctrinal (78), tant à Bologne qu'ailleurs en Italie.

Quant à cette influence orléanaise sur la doctrine italienne il y a lieu de faire quelques réserves par rapport à ce qu'en avait dit Meijers (79). Nous avons déjà mentionné la critique qui a été faite à son opinion concernant l'influence de Belleperche sur Cinus (80). Nous aimerions terminer notre exposé par une citation de ce qui a été dit récemment par Laurent Waelkens à ce propos (81).

---

(77) A ce sujet on trouvera un certain nombre de sources et de références à la fin de nos articles de 1962 et 1985, citées *supra*, note 3. On ajoutera Marguerite DUYNSTEE, « La *Lectura feudorum* de Bertrand Chabrol », *Recueil de mémoires et travaux publiés par la Société d'histoire du droit et des institutions des anciens pays de droit écrit*, 15 (1991), p. 103-120, R. FEENSTRA et Marguerite DUYNSTEE, « Une *quaestio disputata* de Jean de la Ferté, professeur à Orléans au XIVe siècle », *Tijdschrift voor Rechtsgeschiedenis*, 60 (1992), p. 311-362, Marguerite DUYNSTEE, « An unknown fourteenth century lecture of the Orléans School : Johannes Nicoti on book VI of the Code », *Tijdschrift voor Rechtsgeschiedenis*, 60 (1992), p. 363-375, ainsi que Robert FEENSTRA, « Fourteenth Century Orléans Glosses in an Oxford Manuscript of the Infortiatum : Gilles Bellemère as a Romanist », *Index, International Survey of Roman Law*, 21 (1993) [volume in onore di Peter Stein] (à paraître). *

(78) Il nous est impossible de nous arrêter à toutes les études dans lesquelles les théories des coryphées d'Orléans et leur influence dans les différents domaines de la science juridique européenne ont été traitées. Nous mentionnons avant tout les travaux que Meijers a consacrés à ces aspects. On les trouvera notamment dans le tome IV de ses *Etudes d'histoire du droit*, Leyde 1966, et dans ses *Etudes d'histoire du droit international privé*, Paris 1967, une traduction française de ses premières recherches dans ce domaine qui n'avaient été publiées qu'en néerlandais, traduction publiée par P.C. TIMBAL et J. METMAN. Nous nous permettons d'ajouter que l'influence des professeurs orléanais sur certaines doctrines du droit international privé a été également étudiée par K. NEUMEYER dans un chapitre posthume de son ouvrage *Die gemeinrechtliche Entwicklung des internationalen Privat- und Strafrechts bis Bartolus*, qui a été publié séparément sous le titre « Die geographische Ausbreitung der gemeinrechtlichen Lehren vom internationalen Privatrecht (1250-1357) », in *Tijdschrift voor Rechtsgeschiedenis*, 33 (1965), p. 198-229. Nous rappelons que nous avons traité nous-même de l'influence des théories des Orléanais dans nos études sur la personnalité juridique et sur le *dominium utile*, citées *supra*, notes 10 et 11 ; nous y ajoutons un renvoi à notre article « Action publicienne et preuve de la propriété, principalement d'après quelques Romanistes du moyen âge », *Mélanges Philippe Meylan*, I, Lausanne 1963, p. 91-110, réimprimé dans *Fata iuris romani* (*supra*, note 4), p. 119-138. Nous rappelons également les articles de BEZEMER (1981), CHORUS et SCHRAGE (1985), mentionnés *supra*, notes 43 et 45. Pour terminer nous mentionnons trois ouvrages fondamentaux d'autres auteurs : E. CORTESE, *La norma guiridica, Spunti teorici nel diritto comune classico* [Ius nostrum, 6], 2 vol., [Milano] 1962-1964 (où l'on trouve édités quelques fragments de Révigny et de Belleperche), D. MAFFEI, *La Donazione di Costantino nei giuristi medievali*, Milano 1964, et G. POST, *Studies in medieval legal thought : Public law and the state*, Princeton N.J. 1964.

(79) Observations que nous avions encore reprises sans critique dans notre étude de 1962 (citée *supra*, note 3), p. 52-53.

(80) *Supra*, aux notes 66 et 67.

(81) Article de 1990 (cité *supra*, note 39), p. 208.

« L'influence de l'Ecole d'Orléans sur la doctrine bolonaise à la fin du XIIIe siècle, et plus précisément le rôle de Cynus de Pistoia dans la réception italienne de la doctrine française, ne se situent... pas dans le débat séculaire portant sur l'origine française ou italienne de la civilisation. L'Ecole d'Orléans des années 1260-1290 a été portée par l'histoire. Elle s'inscrivit dans la tradition bolonaise de la réception du droit romain. A l'instar d'autres universités et par le fait qu'elle faisait figure de « faculté de droit de Paris », elle a été mise en vedette durant les années où les études bolonaises s'enlisaient dans le marasme politique. Elle a profité de l'influence de Jacopo Balduini et de l'ouverture d'esprit qu'avait amenée la pratique des répétitions. Lorsque Cynus de Pistoia a essayé de faire la grande synthèse de la doctrine du droit romain de son époque, il n'a pas dû importer de France la doctrine orléanaise. Celle-ci était répandue en Italie et avait été défendue à Bologne même par des Français ».

II

Fourteenth Century Orléans Glosses in an Oxford Manuscript of the « Infortiatum »: Gilles Bellemère as a Romanist

During a stay in Oxford in the spring of 1992 I had the opportunity of examining more closely a manuscript of All Souls College I had seen before: Ms. 51, containing the *Infortiatum* with the Accursian Gloss. Professor Andrew Watson, who is preparing a catalogue of the All Souls manuscripts, asked me to have a look at his description, *inter alia* of Ms. 51. We had a discussion on the place where the manuscript could have been written. He was originally of the opinion that it was written in Italy and then presumably exported before being decorated in France. I pointed out that the manuscript might also have been written in France, in imitation of Italian script. One of my secondary arguments [1] in favour of a fully French origin was that the additions to the Gloss showed the use of the manuscript by a jurist studying or teaching at the University of Orléans.

On earlier occasions I had already noted references to the writings of Orléans professors, not only the wellknown names of the 13th century as Jacobus de Ravenneio and Petrus de Bellapertica but also some fourteenth century professors such as Johannes Mandevillani and Johannes Nichotus.

I had been puzzled by the most frequently occurring siglum under the additional glosses: ' E. ' or ' Eg. ' [2]. Since some glosses, in the same handwriting, were signed ' Ego ', it seemed probable that ' E. ' or ' Eg. ' was the owner of the manuscript. These sigla would seem to point to a jurist whose first name was Egidius. For reasons that will be given below, in the course of my analysis of the manuscript in June 1992 I came to the conclusion that it must have been Egidius Bellemere — Gilles Bellemère —, the wellknown canonist (1342-1407), who at the beginning of his career, about 1366, taught civil law at Orléans.

I

Life and works of Gilles Bellemère

On the life and works of Gilles Bellemère we are very well informed by a fundamental study of Henri Gilles, published in 1966 [3]. Bellemère was Born in 1342 in Château-du-Loir (Sarthe). He studied arts (in Paris?) and civil law, in Orléans. In October 1364 he was already *magister artium* and *in legibus licentiatus*. On October 13th of that year he received from pope Urban V a canonry in the cathedral of Le Mans; shortly after he also received a *dignitas* in that cathedral, the archdeaconry of Montfort. He did not reside in Le Mans, but taught civil law in Orléans as a *licentiatus*. In his later commentaries on the Decretals he mentions this teaching as having taken place in 1366, perhaps also in the beginning of 1367 [4]. He indicates two *leges* of the *Digestum vetus* on which he had lectured [5].

In the beginning of 1367 he leaves the university for the papal court in Avignon. He enters the *familia* of the cardinal de Beaufort, Pierre Roger, who was to become pope Gregory XI (1370-1378). In that same year he follows the cardinal to Italy when the papal court is going to reestablish itself in Rome. He starts his study of canon law at the pontifical university, having among his teachers the famous Simon de Brossano. He returns to Avignon with the papal court in the beginning of the autumn of 1370. Pope Urban V dies there a few months later and is succeeded by Pierre Roger (Gregory XI), Bellemère's benefactor, who three days after his election grants him the function of *registrator supplicationum*. In Avignon Bellemère continues his studies in canon law, attending lectures by Martinus de Salva and lecturing himself, probably as a *licentiatus*. In 1373 (or in the very beginning of 1374) he takes his degree of *utriusque iuris doctor* at the University of Avignon. On that occasion he gives a lecture on *iuris et facti ignorantia*, commenting on one text of the civil law, the *lex Constitutiones* (CI. 1.18.12), and another of the canon law, *cap. Si in laicis* (*Decretum Gratiani*, D. 38.3) [6].

On 11th September 1374 he becomes a member of the *Rota*. In 1377 he is again in Rome with the papal court. After the death of Gregory XI (27th March 1378) he there is a witness of the disturbances which accompanied the election of Urban VI. He flees and returns to Avignon but returns to Italy after the election of Clement VII, the French antipope, who appoints him as *auditor litterarum contradictarum*; in 1379 Bellemère becomes for a short period *regens cancellariam*, but after his return to Avignon he has to abandon that function and he devotes himself for the rest of life to the important function of *auditor litterarum contradictarum*, to which in 1386 was added that of *referendarius*. He keeps these functions after his appointment as bishop of Lavaur (1383), of Le Puy (1390) and of Avignon (1392). After the death of Clement VII (1394), the election of the antipope Benedict XIII (Petrus de Luna) renders Bellemère's position in Avignon rather difficult. He nevertheless continues to exercise his functions until his death at the end of March 1407.

Bellemère has left an enormous *opus*. Among his juridical works [7] his commentaries on the different parts of the *Corpus iuris canonici* are the most voluminous: they comprise thirty volumes and nearly 11.000 great folios [8]. Besides these commentaries there are his *Decisiones Rotae* and his *Consilia*. For our present purposes we will mainly keep to the commentaries, which have been thoroughly examined by Henri Gilles.

Bellemère begun with a commentary on the Decretals, on which he worked from about 1381 until 1398. Its complete text has been preserved only in a series of Vatican manuscripts (Rossiani 823-835); these are copies made in the first half of the 15th century. The originals have disappeared, but their history is known to a certain extent. After Bellemère's death they somehow got — by legacy or by sale — into the possession of the cardinal Amédée de Saluces, who at his death in * 1419 bequeathed them to the library of Avignon University [9]. More than a hundred years later, in 1544, they were sent to a Lyons publisher by the *primicerius* of Avignon University, a law professor named Jacques de Novarins. Six volumes (comprising the commentary on books I and II of the Decretals) were printed in 1548-1549; then the publishers stopped because of the costs. Copies of this incomplete edition are rare. I had the good fortune to find one in Merton College, Oxford [10].

The commentary on the *Decretum Gratiani*, known as *Opus remissorium*, was fully published in Lyons in 1550 by the same publishers who had printed part of the commentary on the Decretals (copy also available in Merton College [11]). The commentaries on the Sext [12], on the *Regulae juris*, on the Clementines [13] and on the *Extravagantes* have remained unpublished.

Henri Gilles, who has read all the commentaries (including those in manuscript), pays special attention to Bellemère's sources. After mentioning all the canonists used he reminds us that Bellemère had first studied and taught civil law at Orléans; therefore we should expect, besides the names of wellknown Italian jurists (and of French jurists from the South), those of Orléans *doctores*, not only from the 13th century like Jacques de Révigny and Pierre de Belleperche, but also from the 14th century, in particular contemporaries of Bellemère. Indeed a great number of 14th century Orléans professors appear in his commentaries on the canon law. Gilles [14] gives the names of Regnaut de Reims, * Jean de la Ferté, Pierre Duquesne, Jean de Mandeville, Lambert de Salins, Jean Vaalin, Raymond de Salgues, Jean Nicot, Bertrand Chabrol, Alain du Bey, Jean Roland, Jean Cati and Pierre Hélie.

Some of these names are also found in Bellemère's *Decisiones Rotae* [15] and *Consilia* [16].

In examining the texts in which the names of 14th century Orléans professors occur it should be kept in mind that Bellemère was accustomed to insert long passages of some of his favourite canonist authors; it is not always easy to find out where these quotations begin or end [17]. For our purposes it is particularly necessary to look out for quotations from Henri Boich (Bohic), the Paris canonist who had studied in Orléans: some names of 14th century Orléans professors are found in these quotations [18]. One civil lawyer who studied and probably also taught in Orléans has to be added to the list of those from whom Bellemère inserted long passages: Gaufredus de Salagniaco — Geoffroi de Salagny [19] —; we will come back to him on another occasion [20].

II
Manuscript All Souls College 51

Ms. All Souls College 51, containing the text of the *Infortiatum* (Digest, book 24, title 3, to the end of book 38) with the Accursian Gloss, has 278 folia. According to Professor Watson [21] they are ' of good quality membrane '. They are preceded by one membrane flyleaf and followed by another; the overall size is 355 x 285 mm.

Between fol. 207v and 208r, at the beginning of quire 19 [22], six folia are missing [23] with loss of text: fol. 207vb ends in the middle of *§ Corpora, l. In lege Falcidia, tit. ad legem Falcidiam* (D. 35.2.62.1) with the words ' *extimanda erunt* '; fol. 208rb begins in the middle of *§ Sublata, l. 1, tit. ad Senatus Consultum Trebellianum* (D. 36.1.1.3) with the words ' *citum* [read ' cium '] *seu pretextu metus* '.

Of the fourteen [24] miniatures at the beginning of each book of the *Infortiatum* twelve have been excised [25]; the two remaining miniatures occur on fols. 18r and 151v. According to Professor Richard Rouse the surviving miniatures are by a painter whose work appears in six other known manuscripts with non-legal texts, all produced in Paris in a period ranging from c. 1320 to c. 1340. On fol. 1r, 37r, 52r, 101r and 256r there are painted coats of arms in the illuminated borders; as the painting is partly corroded, it is difficult to identify them but they probably are a blue stocking on a sable or argent shield. The manuscript was « written and illuminated in France, presumably for the person or institution whose arms appear in the illuminations ». One might ask whether this person could have been Gilles Bellemère. This would seem rather improbable, in particular because of the period in which the painter illuminated the other manuscripts (c. 1320 - c. 1340); as we have seen, Bellemère was born in 1342.

The manuscript was already at All Souls College not long after its foundation (1438). It is mentioned in an inventory made in the lifetime of the founder, probably about 1440 [26]. That would leave a gap of somewhat more than thirty years after Bellemère's death (1407) [27]. The manuscript does not bear any signs of having been annotated since it came in the possession of the College; as we will see, it is not likely that it has been annotated by anybody save Gilles Bellemère (with one possible exception, see nt. 60).

The script of the text and that of the Accursian Gloss are « essentially the same apart from size, no distinction in letter-forms being detectable ». Both are in *gothica textualis rotunda formata.* « Of the participating scribes the best are at the beginning of the volume. Some, e.g. on fols. 214r - 217vb (quire 19), were not very accomplished ». Indeed, a phenomenon characteristic of not very accomplished scribes is found in the latter part of the manuscript: the scribe did not manage to keep the Gloss and the text together, e.g. on fol. 223rb appears the Gloss on the *lex Si heres* (D. 36.1.72 [70]) whose text occurs on fol. 220va.

The script of the additions to the Gloss is in *cursiva*, apparently from the second half of the fourteenth century. There are differences between one addition and another but it is not impossible that all additions were written by the same person in different periods of his life. I have compared the script with some specimina of Bellemère's handwriting [28]. It would seem rather likely that the additions in the All Souls manuscript were written by Bellemère (with one possible exception, see nt. 60). Further proof should be obtained by looking at the contents of the additions.

III

NAMES AND OPINIONS CITED IN THE ADDITIONAL GLOSSES

At the end of the additional glosses there often appears a siglum or the full name of a jurist but there are also glosses without such a siglum or name.

Normally the siglum or the name indicates the person whose opinion is given in the additional gloss. As has already been stated, the most frequently occurring siglum is ' E. ' or ' Eg. ' [29] and the fact that some glosses in the same handwriting are signed ' Ego ' [30] makes it clear that ' E. ' or ' Eg. ' was the owner of the manuscript.

If another siglum or a full name appears under an additional gloss, it probably means that ' E. ' or ' Eg. ' has — either directly of indirectly — taken over the recorded statement from the person indicated or mentioned. In a number of cases a gloss signed ' E. ' or ' Eg. ' comprises also, at the beginning or in the middle of the text [31], the name or the siglum of another jurist.

Among the additional glosses which do not conclude with a name or a siglum we should distinguish those subscribed « *doctores* » [32], « *extra doctores* » [33], « *extra glossam* » [34], « *extra glossam et doctores* » [35] or simply « *extra* » [36] from those which have no subscription. The former do not bear names or sigla at the beginning or in the middle of the text. Those of the latter category sometimes do. It is then clear that the owner of the manuscript — i.e. ' E. ' — has taken over the recorded statement from the person mentioned or indicated. If no name or siglum appears at all, the statement must be ascribed to the owner of the manuscript, ' E. '.

As to the jurists mentioned in the additional glosses there are four main categories [37] we will have to deal with:

1. Orléans professors of the 13th century (Jacques de Révigny, Pierre de Belleperche and Lambert de Salins); 2. Dinus and Cinus (with Butrigarius and Bartolus, incidentally referred to); 3. Orléans professors of the 14th century (Pierre Masuer, Jean Mandevilain, Raymond de Salgues and Jean Nicot); 4. Canonists.

1. [*Orléans professors of the 13th century (Jacques de Révigny, Pierre de Belleperche and Lambert de Salins)*]. — The names of Jacques de Révigny and Pierre de Belleperche occur rather frequently in our manuscript. In most cases they appear as Jacobus (' Ja. ', ' Jac. ') and Petrus (' Pe. '), but there are exceptional cases where their full name is used: Jacobus de Ravenna, Petrus de Belleperche. It is to be supposed that the author of our additional glosses took many of their opinions from their commentaries on the *Infortiatum* [38], but as copies of these commentaries have not come down to us [39] this is difficult to check. He also refers, however, to statements they have made on other parts of the *Corpus iuris civilis*. In a few exceptional cases it can be established that he found their opinion in the writings of other jurists.

An interesting example of the use of a text of Révigny is in a gloss signed ' E. ' on the *lex Si vero* (D. 24.3.64) [40]. The Accursian gloss *Quasi ad patronum* on § *Item quicquid* (§ 5) mentions the question of the *causa ambaxatorum Mediolanensium ad Imperatorem urbis Constantinopolitanae*: the ambassadors had received presents from the Emperor, could they keep them for themselves or should they give them to the city of Milan? In the additional gloss of our manuscript a similar question is put for Orléans: « *Civitas ista aurelianensis misit quatuor burgenses notabiles Regi parisius pro communi utilitate* etc. etc. ». For his answer ' E. ' starts by mentioning the solution proposed by *quidam laicus* in Lombardy, as cited by Révigny on the *lex Qui proprio, § Procurator* (D. 3.3.46.4), *i.e.* in his *lectura* on the *Digestum vetus* [41]. He then continues by copying literally a passage from Cinus on the *lex Manifestissimi iuris* (CI. 6.2.22), *i.e.* from his *lectura* on the Code, in which the opinions of Odofredus, Dinus and Révigny (' Jacobus de Ravenna ' [42]) are cited [43]. ' E. ' finally quotes again directly the *lectura* of Révigny on the *Digestum vetus* and concludes that the ambassadors should not have the presents « *ut private persone, sed ut ambaxatores* ».

An important additional gloss signed ' Petrus de Belleperche ' is found on the *lex Etiam si partis bonorum* (D. 30.111) [44]. Belleperche criticizes the Accursian gloss on that *lex* and mentions a question that was disputed and ' determined *pridie* ':

De consuetudine ita est: si dominus vasallo suo malum iudicium dixerit, quod amittat feudum. Pone quidam plures res tenet a quodam sub uno feudo, dominus reddit malum iudicium in una re, numquid feudum in omnibus rebus amittet? Determinatum fuit pridie parisius quod non amittet feudum nisi in re illa et parisius disputatur [45]. Ad hoc dico quod l. ista facit contra comitem qui malum iudicium in re sua dicit. Feudum est individuum juris dispositione et ideo feudum amisit in omnibus rebus iste comes quia cum se reddidit indignum in partem et illud est individuum, in totum punitur. Secundum quod tutor qui se reddat indignum in partem, in totum punitur ut hic, sic iste comes . . .

This opinion of Belleperche, apparently given in a commentary on this *lex* of the *Infortiatum*, is not mentioned by Baldus on this *lex*; only short references to it — without the example of the *feudum* — can be found in Albericus de Rosate [46] and Gaufredus de Salagniaco [47].

After Révigny and Belleperche we should mention the latter's pupil Lambert de Salins, who taught in Orléans around 1300 and whom Meijers qualifies as ' le dernier professeur de la première période de l'école de droit d'Orléans à s'être fait une réputation de juriste ' [48]. Probably this Orléans professor is meant in an anonymous additional gloss on the *lex Maritus* (D. 33.5.22), stating that this *lex* had been used for the *determinatio* of a ' *questio* ' concerning the grant of a benefice by the pope: « *Determinata fuit per legem istam . . . et ita determinavit dominus Lanbertus in sua disputacione* » [49]. I have not been able to find such a *disputatio* held by Lambert de Salins, but it would seem very likely that Belleperche's pupil dealt with such a topic [50].

2. [*Dinus and Cinus (with Butrigarius and Bartolus)*]. — Additional glosses with the siglum ' dy. ' or in which Dinus' name is mentioned are rather frequent. Most of them [51] may have been taken directly from his commentary or from his *Apostillae* [52] on the *Infortiatum*. In one additional gloss, signed ' Ego ' [53], two opinions of Dinus are distinguished: one given in his commentary on the *regula Dolo* in the Sext (VI 5. ult. 59) and another occurring on the § *Rediguntur* in the first *lex* of the Digest title *Quod legatorum* (D. 43.3.1.2 *in medio*); the latter might come from his *Apostillae* on the *Digestum Novum*.

The name of Cinus occurs in six additional glosses. Only once is it found at the end of such a gloss (fol. 257va, on the *lex Suo victu*, D. 38.1.18): « *istam glosam* [i.e. the Accursian gloss on the *lex Suo victu*] *approbant doctores in l. liberti liberte, C. e. ti.* [CI. 6.3.6]. *in cyno* ». Indeed, in his *lectura* on the Code on the lex *Liberti liberte* [54] Cinus says that, contrary to Jacobus Balduini, the *moderni doctores* are of the opinion of the Accursian Gloss. The other references to Cinus all occur in the middle of an additional gloss: in four cases it is a gloss signed ' E. ' [55], in one it is an anonymous gloss [56]. Without exception the opinions of Cinus are taken from his *lectura* on the Code. There is no evidence that his *Additiones et apostillae* on the *Infortiatum* [57] were used. ' E. ' may have found some of the passages when he was working on the Code [58]. In one of his glosses [59] he says: « *Et hanc approbat Cynus in dicta lege Neque* [CI. 6.23.5] . . . *Et ita observari hic proprio capite meo antequam viderem eum* ».

The siglum ' but. ' or ' bu. ' for Jacobus Butrigarius occurs only at the end of a few additional glosses in the very beginning of the *Infortiatum* [60].

In one additional gloss signed ' E. ' there is a reference to ' Barth. ' [61], probably Bartolus, but the passage is difficult to read and I have not been able to determine the citation.

If the author of the additional glosses is to be identified with Bellemère, it should be noticed that Bellemère had the habit of citing Dinus, Cinus and Bartolus [62] and inserted passages from Cinus in his commentaries [63].

3. [*Orléans professors of the 14th century (Pierre Masuer, Jean Mandevilain, Raymond de Salgues and Jean Nicot)*]. — By far the most interesting references in the additional glosses of our manuscript are those to Orléans professors of the 14th century .They provide the most direct help for the identification of the author of the glosses.

In nine glosses [64] he mentions his own teacher, *dominus meus* [65]: Petrus Masoerii. In six of them [66] an opinion of this professor is given. In three others [67] his name is only mentioned in connection with that of another Orléans professor, Johannes Mandevillani; it is stated that the latter was the uncle (his mother's brother, *avunculus*) of his teacher Petrus Masoerii.

Pierre Masuer is known to us as an Orléans professor in 1349: his
* name occurs in a *rotulus* addressed to the pope on May 22nd of that year by the University of Orléans, in which *inter alia* benefices are demanded for eight Orléans law professors [68]. ' Petrus Masuerii ' is mentioned at the fourth place, as a *legum doctor*. We possess no other details on his academic career [69]. He held several ecclesiastical dignities: after having been archdeacon of Antwerp and canon and *theologus* of Cambrai he became bishop of Arras in 1372 or 1373 (it is not known until what date he stayed in Orléans). He died in 1391. His nephew Jean Masuer, author of a wellknown *Practica forensis*, cites an opinion of his « *in quaestione quam disputavit publice Aurelianis* » [70]. Neither this *quaestio* nor any other work [71] have come down to us [72].

From the glosses in our manuscript it can only be concluded that he lectured on the *Infortiatum*; it is by no means certain that these lectures were written down. His opinions given in the glosses are limited to approbation or disapprobation of statements in the Accursian Gloss.

If the author of the glosses is indeed Bellemère, one could infer that Masuer still taught at Orléans at the end of the 1350s and/or the beginning of the 1360s [73].

Johannes Mandevillani is cited in four glosses: in three with the qualification that he was Masuer's uncle, in one without that qualification. In that fourth gloss [74] his opinion is given at some length: it concerns the question « *de qua culpa tenetur heres* ». In two other glosses [75] only his approbation of an Accursian gloss is mentioned; in another one [76] his disapprobation of an Accursian gloss is given with some specification.

The academic career of Johannes Mandevillani — Jean Mandevilain [77] — is not very well known to us. He appears as one of the Orléans professors of law who gave an opinion on the administration of the diocese of Utrecht in 1316 [78], the year in which the University of Orléans emigrated to Nevers. In 1318-1320 he was one of the commissioners appointed by King Philip V for the reform of the university (and its return to Orléans) [79]. At that time he did no longer teach. We find him as a member of the *Parlement de Paris* in 1318, 1319 and 1321 [80]. In 1333 he was elected bishop of Nevers, in 1334 he became bishop of Arras and in 1339 he was translated to Châlons-sur Marne; he died in Paris on 27 November 1339.

From his teaching in Orléans only one text has come down to us: a *repetitio* on the *lex Titiae textores* (D. 30.36) [81]. From the glosses in the All Souls manuscript it could be inferred that in any case he may have lectured on the *Infortiatum* [82]. It would seem impossible for his nephew Pierre Masuer, who died in 1391, to have attended this lecture, given around 1316 or even earlier. Masuer probably had at his disposal a *reportatio* of his uncle's lecture. *

Bellemère cites an opinion of Mandevilain in his commentary on the Decretals [83]. This opinion is not on a question touched in one of the additional glosses of our manuscript. Bellemère may have taken it from one of the other Orléans professors he cites [84].

A third Orléans professor whose name occurs at the end of one of the additional glosses is Raymundus de Sargis. Referring to the final phrase of the Accursian gloss *Repellatur* on the *lex Si quis eum* (D. 35.1.37) this extra gloss starts by saying: « *vel solve: quia hic sunt duo legata* . . . ». After a further argumentation it ends: « . . . *sed in lege contraria erat solummodo unum legatum, quare etc. dominus raymondus de sargis* » [85].

There is no doubt that Raymundus de Sargis should be identified with Raymond de Salgues, who is mainly known as a canonist; a study of his life and works was published by Paul Fournier in 1920 [86]. He was born about 1300 and did his law studies, at least partly, in Orléans. He must have taken his doctor's degree at that university before 1326. He entered an ecclesiastical career in the service of Raymond de Gramat, appointed bishop of Montecassino, in 1326. After a stay of about seven years in Italy, we find him in 1334 as a professor at Orléans, *ordinarie legens in Decretis*. In the same year, as rector of the University, he became the victim of an attempt on his life, which was said to have been organized by his colleague Jean de Champeaux, professor of civil law. In the course of 1336 he left Orléans, first for Avignon, then for Lyons *
and Paris. In Lyons he was *officialis* of the archbishop, in Paris he served both the king of France and the Church. In 1348 he became dean of the chapter of Notre Dame. In 1349 and 1350 he was authorized by the pope to teach the *Decretum* in Paris (which otherwise only doctors of Paris were allowed to do; apparently the Parisian canonists had been opposed to his teaching). In 1352 he was appointed bishop of Elne; in 1361 he was translated to Embrun. in 1364 he received the title of

Latin Patriarch of Antioch and became *commendator* of the diocese of Agen. He died in 1375.

Fournier mentions a number of Raymund de Salgues' writings on the canon law. *Casus breves* on various parts of the *Corpus iuris canonici* can be found in a manuscript of the Bibliothèque municipale of Reims. A *repertorium* on the *Decretum*, entitled *Manifestatio secretorum Decreti*, has come down to us not only in two manuscripts but also in a printed edition of 1482. Fournier adds that *repetitiones* by him on several decretals must have existed: there are quotations from these texts in the works of Gilles Bellemère.

Of these quotations Fournier gives only one example [87]. Much more information is found in Henri Gilles' study on Bellemère. According to Gilles [88], Raymond de Salgues was, among the Orléans professors of the first half of the 14th century cited by Bellemère, the one who exerted the greatest influence on him. Gilles points out that Bellemère must have had the works of Salgues at his disposal [89]. Bellemère cites not only Salgues' *casus breves* and some of his *repetitiones* [90] of decretals but also *quaestiones* disputed by him in Orléans. About ten of these *quaestiones* are quoted in extenso by Bellemère [91]. In one of them it is specified that it was disputed and « determined » by Raymundus de Fargis [92] in Orléans in the *domus Predicatorum* « *primo anno quo fui doctor* » [93]; according to Fournier's description of Salgues' life this must have been at the latest in 1326. Bellemère must have quoted this text from the second volume of his *Liber repetitionum et questionum* [94].

The citation of an opinion of Salgues in one of the additional glosses of our manuscript would seem to give a strong indication in favour of Bellemère's authorship of these glosses [95]. It is interesting that Salgues' opinion bears on a point of civil law, whereas he is only known as a canonist [96]. It would, however, not seem unusual for a canonist to touch on a civil law text in a *quaestio* or in a canon law *repetitio*. We have not been able to examine the full text of Bellemère's commentaries and other works; such an examination could perhaps provide us with a text of Salgues on the point mentioned in our gloss.

The last — and also the most recent — of the Orléans professors whose opinions are given in the additional glosses of our manuscript is Johannes Nichotus. His name appears under six glosses: once as '*dns. Jo. Nichotus, doctor*' [97], twice as '*Nic(h)otus*' [98], once abbreviated as '*d. Jo. Nich.*' [99] and twice abbreviated as '*Nich.*' [100]. In all six glosses an opinion of his is reported, ordinarily rather briefly but in one case [101] the report is somewhat longer [102]: it comprises citations of Jacobus (Révigny) and Petrus (Belleperche); the opinion of the former is contested, that of the latter is accepted as the right solution.

Johannes Nichotus (or Nicoti) — Jean Nicot — certainly is the best known of the four Orléans professors mentioned in our manuscript. His life and works have recently been set out by Marguerite Duynstee [103].

He taught civil law at Orléans University from 1347 until 1371, when he was appointed bishop of the Orléans diocese. He died in 1383. His *oeuvre* must have been rather important: his opinions on most parts of the *Corpus iuris civilis* are cited by contemporary and later authors; ancient booklists mention *lecturae* on the *Digestum vetus* and on the Institutes, *reportata* on book VII of the Code and on book VII of the Digest, as well as « *multe repetitiones* ». None of these works have been preserved, but Marguerite Duynstee has discovered a *lectura* on book VI of the Code in a Vatican manuscript. Numerous glosses bearing his name can be found in a manuscript of the *Digestum vetus*, belonging to a private collection in the Netherlands [104].

From the glosses in the All Souls manuscript it can be inferred that in any case Nicot lectured on the second part of the *Infortiatum* [105]; whether a *reportatio* of this lecture existed is not certain. If Bellemère is the author of our glosses, it might well be that he cited from notes taken by himself when attending Nicot's lecture [106]. Bellemère probably studied civil law at Orléans at the end of the 1350s and/or the beginning of the 1360s [107]; in that period Jean Nicot certainly was a full professor [108] and that he still was when Bellemère lectured himself on the civil law as a *licentiatus* in 1366 [109].

Bellemère cites Nicot in his commentary on the Decretals, written in a much later period of his life [110]. One of the main evidences for Nicot's teaching is a passage from this commentary, which I may quote here in a somewhat more complete version than the one given by Henri Gilles [111]:

> Unde dominus Ioannes Nicoti, doctor legum maximus, qui postquam legerat XXIIII annis et ultra factus fuerit Aurelianensis episcopus et optime rexit per X annos et ultra et adhuc bene regit, interrogatus a quodam quomodo tam bene regebat, respondit, et bene, quod hoc didicerat a legibus imperialibus, in quibus omne bonum regimen continetur.

Another passage from Bellemère's commentary on the Decretals might give evidence of the way he dealt with an opinion of Nicot on the *Digestum vetus* (which he might have heard as a student) when he was himself teaching this part of the *Corpus iuris civilis*. After having mentioned an exception proposed by Johannes de Feritate — Jean de *
la Ferté, an Orléans professor between 1323 and 1333 [112] — to a rule about jurisdiction, he states [113]:

> Sed ista fallentia [i.e. the one proposed by Johannes de Feritate] Ioan[ni] Nicoti non placet . . . tamen plus mihi placuit dictum Ioan[nis] de Feritate dum anno domini MCCCLXVI legebam Aureliae istam legem [i.e. D. 2.1.18] . . .

As already stated, I have not been able to examine the full text of Bellemère's commentary on the Decretals (nor of his other works) [114]. It is not impossible that they contain passages with a direct link to the glosses in our manuscript.

Besides references to these four Orléans professors mentioned by name our additional glosses also give some references to anonymous jurists, probably all from Orléans. We could pass over the citation of a — rejected — opinion of *quidam bachalarius* [115] and the mention of a text which « *allegabat Aurelianis quidam doctor* » [116], but our curiosity might be provoked by two glosses referring to a *magnus doctor*. In one of them no further qualifications are given to his *quidam magnus doctor* [117]; in the other he is not only referred to as *unus magnus et sollempnis homo* and *ille magnus doctor*, but, at the end, qualified as *unus dominus meus, multum sollempnis doctor aurelianus* [118]. We have seen that in nine glosses Pierre Masuer is mentioned as *dominus meus* [119]; it is not very probable that a tenth time the author of our glosses would have referred to him in the above mysterious way. A better candidate might be Jean Nicot: if Bellemère is the author of this additional gloss, it is not to be excluded that he once referred to him in this particular way although at other places of our manuscript he cites him by his name, as we have just seen. Indeed, in a passage of his commentary on the Sext he calls him *doctor legum maximus, dominus meus* [120]. That passage was written in 1398 [121]. Our gloss probably is from a much earlier period [122], perhaps even from the time when Bellemère was still a student. There might have been a special reason why in this particular context he did not want to give Nicot's name [123].

4. [*Canonists*]. — The fact that some canonists are cited in additional glosses to the *Infortiatum* should be seen as part of a wider phenomenon to which we will return: the citation of texts of the *Corpus iuris canonici* in our manuscript. In the present context we are only interested in names of jurists that might help us to identify the author of the glosses. As far as canonists are concerned the output is rather disappointing.

Apart from Guillelmus Durantis, whose *Speculum* [124] has a special position between the canon and the civil law, the only wellknown canonists cited in the extra glosses are Johannes Teutonicus [125], Bernardus Parmensis [126], Innocentius [127] and Johannes Andreae [128]. Only the reference to Innocentius could perhaps serve as an example of a connection between a gloss of our manuscript and Bellemère's commentary on the Decretals.

With the exception of Raymond de Salgues — who, however, is not cited for an opinion on canon law [129] — no names of Orléans professors of canon law are given, neither for the 13th nor for the 14th century.

IV

CONTENTS OF THE GLOSSES SIGNED 'E.', 'EG.' OR 'EGO' AND OF THE ANONYMOUS GLOSSES

The most characteristic feature of the additional glosses in our manuscript — a feature which is not found in similar manuscripts of the *Corpus iuris civilis* I have seen — is that there occur a number of references to texts of the *Corpus iuris canonici* or to opinions of canonists on such texts. I counted 21 glosses with such references (9 anonymous glosses [130], 12 with the siglum 'E.' [131], 'Eg.' [132] or 'Ego' [133]). In most cases they would seem to have been added at a later stage than the glosses which only refer to the civil law. If Bellemère is the author of the glosses, this would fit in with what we know about his studies: he started studies in canon law only after he had left Orléans where he taught civil law.

In one case I have found a possible connection [134] between these glosses of our manuscript and Bellemère's commentary on the Decretals. On D. 26.7.5.8, a text which in our manuscript is not a paragraph but a *lex*, the *lex Pater tutelam* [135], there is an anonymous additional gloss [136], stating:

ad principium istius legis facit Extra de arbitris, c. Cum olim in antiquis [X 1.43.7], et illud quod notatur Extra de electione, c. Cum in veteri lege [X 1.6.52].

The *cap. Cum olim in antiquis* is dealt with by Bellemère at some length [137]. D. 26.7.5.8 is cited seven times, mostly as § *Papinianus* or § *Pater* of the *lex Quidam decedens* (cf. D. 26.7.5.7) [138]. Bellemère's commentary on *cap. Cum in veteri lege* is shorter [139] and cites D. 26.7.5.8 only twice: the first time as « *l. Qui cum decedens* [read *Quidam decedens*], § *Papinianus, qui alias est lex, alias §* » [140], the second time simply as « *l. Pater* ». In the latter passage he certainly gives his own opinion [141] whereas elsewhere he is mainly quoting other authors.

In two additional glosses 'E.' says that he was asked to advise on the matter mentioned: « *et super hoc fui semel consultus* » and « *Et istud multum bene facit ad unum de quo semel fui consultus et sepe contingit de facto* ». The first gloss [142] concerns a question of pure civil law: « *bona pupilli tacite obligentur a lege et in ipsis bonis habet privilegium tutor* ». The second gloss [143] deals with *retractus*:

Ego emi a te fundum certo precio. Et dedi tibi retractum ut si infra festum pasche tu offeras mihi precium quod tenear te recipere et tibi rem seu fundum restituere. Tu expectastis [*sic*] diem pasche et offeris mihi precium. Numquid debebis admitti? Argumento istorum iurium [144] quod sic et ita credo. Et ad hoc [145] facit glosa Decreti II, q. VI,

c. Anteriorum legum [CI. 2 q. 6 c. 28], super verbis 'intra X dies'.

Many *consilia* of Bellemère are known, but only 48 of the 138 have appeared in print [146]. In the editions [147] I have not been able to find anything that would fit in with the two *consilia* mentioned in our manuscript.

Bellemère did, however, deal with *retractus* in a *responsio* in a *disputatio*, held in Orléans in the academic year 1364-1365 [148]. The text of that *responsio* is inserted in his commentary on *cap. Constitutus* (X 1.41.8) [149], in connection with an *oppositio* on the words *restituere studeatis*. After having cited an opinion of Innocentius on *praescriptiones temporales quae non a iure sed a consuetudine introducuntur* he writes [150]:

Unde scias quod semel, antequam studerem canones, domini Urbani annorum III° in quadam mea responsione in publica disputatione circa materiam huius oppositionis conclusiones quandoque principaliter posuisse.

There follow five *conclusiones*. In several of them problems of *retractus* are dealt with. At the end of the fifth *conclusio* he states [151]:

Ideo autem praedictas quinque conclusiones hic volui inserere quia valde bene videntur facere ad praedictam oppositionem sextam et etiam ad materiam decretalis et dictae consuetudinis retractus, quae nullibi in iure canonico ita proprie cadit sicut in illa decretali. Et etiam ut dem iuvenibus doct. bonam materiam repetendi ac etiam pro memoria iuventutis meae recolenda, quia a tempore responsionis meae fluxerunt quasi XIX anni, ideo volui ad dictam responsionem addere aliquid in effectu.

Bellemère's interest in *retractus* is evident. The same could be said of the author of the glosses in our manuscript: apart from the gloss quoted above [152] there are three other — anonymous — glosses on that subject [153].

Retractus was also dealt with by Pierre Masuer, the favourite teacher of the author of our glosses. Indeed, an opinion of Masuer on that subject is known to us through a citation in the *Practica* of his nephew Jean Masuer [154]; it is quoted there from a *quaestio quam disputavit publice Aurelianis*. Would that be the same *disputatio* as the one mentioned by Bellemère [155]?

The author of the additional glosses regularly refers to his own notes in other volumes [156] of the *Corpus iuris civilis*. In most cases these references would seem to concern additional glosses he wrote in his own copy of these other volumes. Sometimes this is said explicitly: « *et de hoc scripsi in Digesto meo veteri* . . . » [157]; « *de hoc scripsi in Digesto meo novo* . . . » [158]; « *habeo scriptum in C[odice] meo* . . . » [159]. Elsewhere one could interpret in that way passages where he writes '*scripsi*' followed or preceded by the mention [160] of a *lex* in the Digest [161] or a paragraph in the Institutes [162]. There are, however, passages which could be interpreted in a different way. Once he writes[163]: « *de hoc habeo in scriptis meis, s. de condi. ob turpem causam, l. Idem* »; could this refer to a separate commentary (*repetitio*?) on D. 12.5.4? Elsewhere[164] we find: « *hanc approbat Petrus in l. Heres et vide ut ibi scripsi quando legi illam materiam* »; is this a reference to a separate commentary on the *lex Heres* (D. 46.1.21) or only to a note in his copy of the *Digestum novum*?

As far as Bellemère could be concerned, we know that he lectured on the *Digestum vetus*[165], in any case on D. 2.1.11[166] and on D. 2.1.18[167]. It is not to be excluded that he also dealt with one or more other volumes of the *Corpus iuris civilis.*

We might ask whether in the surviving manuscripts of other volumes of the *Corpus iuris civilis* there are additional glosses bearing the siglum ' E. ' or ' Eg. ' which could be ascribed to either Bellemère or the author of the glosses in the All Souls manuscript. In Dolezalek's *Verzeichnis der Handschriften zum römischen Recht bis 1600* (Frankfurt am Main 1972) only two manuscripts with glosses of Eg[idius] are mentioned, one of the *Digestum vetus*[168] and another of the Code[169]. I have not been able to check these manuscripts, but the details given on other sigla they contain do not suggest an exclusively Orléans origin. The ' Egidius ' might be another civilian, perhaps Egidius Sancii — Gil Sanchez Muñoz[170] — who in 1365 taught in Montpellier[171].

Returning to the contents of the additional glosses in the All Souls manuscript I may conclude my rather summary description by drawing attention to a gloss which could contribute to the discussion on the famous expression « *glosa Aurelianensis quae destruit textum* ». *

According to Meijers[172] the term *glosa Aurelianensis* « se rapporte uniquement aux doctrines personnelles développées par les professeurs d'Orléans durant leurs cours, et non pas à une véritable collection de gloses ». He may be right in stating that there is not such a thing as a collection of glosses called *Glossa Aurelianensis*, more or less parallel to the Bolognese Gloss. But, as Soetermeer has recently pointed out[173], the alternative — « collection de gloses » or « doctrines personnelles » — is false. There existed French versions of the *Glossa ordinaria*, containing additions integrated in the text of the Gloss. These additions were more or less official: they have been made by *stationarii* with the consent of the *doctores* of a *studium*, in particular that of Orléans. This could have been the origin of the use of the term *glosa Aurelianensis* for individual glosses inserted in that way.

Outside Orléans, in particular in Italy, some of these glosses may have been stigmatized as bad glosses by using the expression *glosa Aurelianensis quae destruit textum*[174]. But, according to Meijers[175], the oldest authority for that expression is a passage in a commentary of Révigny, where it is used in an ironical way in connection with a gloss which belongs to the Accursian *apparatus* (and is not of Orléans origin). This also seems to be the case in a passage cited by Meijers from a commentary of Belleperche [176]. In Italy the belief that glosses *quae destruunt textum* are a specialty of the Orléans Law School could have persisted [177], but also there *glosa Aurelianensis quae destruit textum* might have become a standard expression, used without thinking in concreto of a contemporary practice in Orléans [178].

That in 14th century Orléans the expression continued to be used in the same way as by Révigny and Belleperche is shown by a gloss in our manuscript, in which ' E. ' adds to the Accursian gloss *Non repudiaverit* on § *Si Titius* in the *lex Si fundum* (D. 30.81.6) the following remark [179]:

> Ista est bona glosa que destruit textum, glosa est Aurelianensis, quia non est dubium quod valet hic renunciatio et heres potest repudiare. Quod probo quia . . . [ten lines of argumentation follow].

The ironical character of the use of the expression is reinforced by adding the word ' *bona* '. An interesting aspect is that the words ' *glosa est Aurelianensis* ' would seem to have been written at an earlier moment than the rest of this additional gloss.

V

Conclusion

The examination of the names and opinions cited on the one hand and that of the contents of the glosses signed ' E. ', ' Eg. ' or ' Ego ' and of the anonymous glosses on the other would both seem to support my supposition that these glosses were written by Gilles Bellemère. In particular the occurrence of a citation of Raymond de Salgues with the Latin spelling of his name as Raymundus de Fargis is a strong indication. Some smaller indications may be found in the special interest in *retractus*, in the use of an opinion of Innocentius and in the way of citing a civil law text which is of importance in connection with canon law. In general the frequency of references to the *Corpus iuris canonici* is significant. Until now no other Egidius [180] has been found who has such close connections with the University of Orléans.

Whoever may be the author of the glosses, for the history of the Orléans Law School in the 14th century the manuscript of All Souls College will in future constitute a most valuable source.

1. The French origin can mainly be inferred from some special features that are characteristic of French legal manuscripts in general. My attention has been drawn to these features by Dr. F. P. W. Soetermeer,

who has mentioned them in a yet unpublished lecture. 2. In some cases ' Eg. ' is followed by an abbreviation sign, see e.g. fol. 143va, 206va, 247vb and 254ra. The siglum ' E. ' also occurs in minuscule: ' e. '. 3. H. Gilles, *La vie et les oeuvres de Gilles Bellemère*, in *Bibliothèque de l'Ecole des chartes* 124 (1966) 30-136 and 382-431; cf. also H. Gilles, *Gilles Bellemère, canoniste*, in *Histoire littéraire de la France* 40 (1974) 211-281, where, however, much less documentation is to be found. The following sketch of the life and works of Bellemère is based on Gilles' first study. 4. Gilles 38 nt. 1 gives three passages from which he infers that Bellemère taught civil law in 1365, 1366 and perhaps also in the beginning of 1367. These passages will be dealt with below, at notes 148 ff., 113 and 166 respectively. Only the last two passages indicate that Bellemère lectured on certain *leges* of the *Digestum vetus*, on one in the year 1366, on another « de quinto anno domini Urbani pape quinti », i.e. the end of 1366 or beginning of 1367. The first passage mentions his *responsio* in a *publica disputatio* concerning *retractus*, dated ' domini Urbani anno[rum] III° ', i.e. end of 1364 or beginning of 1365. It is not clear why Gilles on p. 38 solves this as « en 1365 » and on p. 389 as « au cours de l'année scolaire 1364-1365 » (he wrongly speaks there of « une répétition », an exercise which is completely different from a *disputatio*); only the latter solution would seem right. 5. D. 2.1.11 and 2.1.18, see below notes 166 and 113. 6. See Gilles 44 and nt. 5; a shorter version of the civilian part of this lecture is inserted in his commentary on the *Decretum Gratiani*, see the printed edition mentioned below nt. 11, fol. 55rb-vb. 7. His non-juridical works comprise two treatises on the Schism — *De ostensione veritatis* and *Opus novum in facto Scismatis* — and a *Summa de sacramentis*; only the *Opus novum* has come down to us, cf. below nt. 28. For details see Gilles 426 ff. 8. Gilles 392. 9. Gilles 133 and 395. 10. Six *tomi* in two volumes: *Aegidii Bellemerae in primam [secundam, tertiam] primi Decre. lib. partem praelectiones*, Lugduni, apud Senneton[ios] fratres, 1548; *in primam [secundam, tertiam] secundi Decret. lib. partem praelectiones*, Lugduni, apud Sennetonios fratres, 1549. Shelfmark 53 dd 1-2. 11. Three *tomi* in one volume: *Aegidii Bellemerae Remissorius, qui primus [secundus, posterior] est tomus commentariorum in Gratiani Decreta*, Lugduni, apud Sennetonios fratres, 1549. Shelfmark 53 dd 3. 12. With the exception of the title *de foro competenti* (VI 2.2); the commentary on this title has been printed in the editions of his *Consilia* (cf. below nt. 16) and in *Repetitionum ad Sextum decretalium librum volumen quintum*, Venetiis 1587 and Coloniae Agrippinae 1618. 13. With the exception of a commentary on the *proemium* and *repetitiones* on six clementines, texts that have been printed in *Repetitionum ad constitutiones Clementis Papae Quinti, ad nonnullasque extravagantes volumen sextum*, Venetiis 1587 and Coloniae Agrippinae 1618. Gilles 399 nt. 3 mentions « dix clémentines », probably erroneously for « six clémentines ». 14. *La vie* (above nt. 3) 408-410. 15. On this work see

Gilles 416-422. 16. See Gilles 422-426. The *editio princeps*, published in Lyons 1512, is available in Merton College Library, shelfmark 63 dd 1. It comprises already the commentary on the title *de foro competenti* of the Sext, cf. above nt. 12. 17. See Gilles 386-388. 18. This is *e.g.* the case for the passage in which Petrus de Quercu (Pierre Duquesne ou Pierre de Chenac) and Alanus Aelorey (Alain Hélory) are mentioned, see Bellemère *in tertiam primi Decre. libri partem* (cf. above nt. 10), fol. 113va, on c. *Constitutus*, Extra *de restitutionibus in integrum* (X 1.41.8). This passage is copied from Boich on the same *capitulum*, see the citations in R. Feenstra and Marguerite Duynstee, *Une quaestio disputata de Jean de la Ferté, professeur à Orléans au XIVe siècle*, in *TRG.* 60 (1992) 311-362 at 323 nt. 76 and 79. 19. See Bellemère's *consilium* I in the printed edition of his *Consilia*, Lugduni 1512 (above nt. 16) at fol. 2ra-5rb. The text has been taken from Gaufredus' commentary on the *lex Heredes palam* (D. 28.1.21), the *lex Ad testium* (D. 28.1.22) and the *lex Singulos* (D. 28.1.30), see Goffredus Saligniacus, *Commentariorum in Infortiatum volumen secundum*, Lugduni 1552, fol. 13vb-27ra, in particular from passages on fol. 18ra-20rb and 25ra-26ra. 20. See provisionally the short summary of a lecture given in Dijon, Orléans and Paris: R. Feenstra, *Un chapitre mal connu de la science du droit en France au XIVe siècle: Geoffroi de Salagny et son commentaire sur l'Infortiat*, in *Bulletin de la Société archéologique de l'Orléanais*, N.s. IX/92 (avril 1991) 33-34. Bellemère was probably in possession of the only existing manuscript of Salagny's work; from his library it might have passed to that of the cardinal de Saluces and then, with Bellemère's own manuscripts, to the library of Avignon University (cf. above at nt. 9). It was published by the same publishers who had printed Bellemère's commentaries. 21. In the following lines I have taken many elements from Professor Watson's description of the manuscript, even where no quotation-marks are used. His catalogue is to be published by All Souls College. 22. For the other quires see Professor Watson's description. 23. They have been excised. 24. A fifteenth miniature will have occurred at the beginning of book 36, on the last folium of those which have been excised between fol. 207vb and 208ra, cf. above at nt. 23. 25. The only text lost is what was written on the back of the miniatures: there is practically no loss in the Accursian Gloss or in the additional glosses. On the other hand the cutting of the margins when the ms. was bound has mutilated some of the additional glosses. 26. See N. R. Ker, *Records of All Souls College Library 1437-1600* (Oxford 1971) 11 (List II, no. 259). 27. It is not to be excluded that at Bellemère's death it came first into the possession of the cardinal de Saluces together with Bellemère's commentaries and those of Geoffroi de Salagny, cf. above at notes 9 and 20. It might have been sold at the cardinal's death in 1419. 28. I compared it in the first place with Ms. Barb. lat. 1395 of the Vatican Library. On this manuscript see Gilles (above nt. 3) 384-385: it contains autograph instructions by Bellemère for his scribes. Copies of some pages on which they occur were very kindly sent to me by Professor Laurent Mayali (Berkeley); they were made from a microfilm in the collection of the Institute for Medieval Canon Law. Gilles 427 mentions also a complete autograph of Bellemère, the *Opus novum in facto Scismatis* (cf. above nt. 7), to be found in the Vatican Archives, Cupboard LIV, vol. 39; in a letter to me of 26 June 1992 Professor Gilles has kindly indicated some pages that are particularly interesting because of marginal notes: fol. 6r, fol. 54r, fol. 160v, fol. 162r, fol. 208r and v, fol. 248v (having the siglum ' E. '). Copies of these pages were very kindly made available to me — at a later stage — by Father Leonard E. Boyle O.P., Prefect of the Vatican Library. 29. See above nt. 2. 30. ' Ego ' as a siglum occurs on fol. 139rb, 196va, 197va, 198ra, 198rb, 199rb, 200va (bis), 247va and 262ra. Cf. also fol. 198va, where the siglum ' e. ' is preceded by a statement beginning with ' ego '. 31. Once, on fol. 198rb, the siglum ' Ego ' is *followed* by the siglum ' nich. ' (for Nichotus, Jean Nicot, see below at nt. 100). This should not be taken to mean that ' Ego ' *was* Nichotus, for the sense is clearly that Nichotus was of the same opinion as ' Ego '. 32. Fol. 192ra. 33. Fol. 235rb. 34. Fol. 60rb. 35. Fol. 56vb and 57ra. 36. Fol. 58ra, 58va, 62va, 185va, 186va, 187va-vb, 191va-vb. 37. We will not deal with a few additional glosses (on fol. 98vb, 99vb and 100ra) bearing the siglum of Accursius — ' ac. ' — (which only repeat what is already found in the Accursian Gloss) nor with one bearing the name of Odofredus (on fol. 194vb; I have not been able to find a corresponding passage in his commentary on the *Infortiatum*). 38. For Pierre de Belleperche this could in any case be inferred from the additional gloss on fol. 70vb - 71ra: « . . . Petrus in l. Que conditio ad genus personarum, infra de condit. et de. [D. 35.1.39] dicit . . . ». 39. See E. M. Meijers, *Etudes d'histoire du droit* III (Leyde 1959) 78 and 102. 40. Fol. 9va-10rb. 41. I checked the passage in Ms. Leiden, d'Ablaing 2, fol. 77vb. 42. For another example of an indirect citation of ' Jacobus de Ravenna ' via Cinus see fol. 105va. 43. See Cynus, *In Codicem . . . commentaria* (Torino 1964; reprint from the ed. Frankfurt am Main 1578), fol. 345v, num. 21; ' E. ' wrongly refers to « Cynus in l. Apud antiquos, § Sed cum in secundam »; *Apud antiquos* is the *lex* preceding *Manifestissimi iuris.* 44. Fol. 117rb. 45. A *disputatio* on feudal law at the University of Paris? 46. See Albericus de Rosate, *Commentarii in secundam Infortiati partem* ([Bologna 1978] = *Opera iuridica rariora*, 24; reprint from the ed. Venetiis 1586) fol. 28r. 47. Goffredus Saligniacus, *Commentariorum in Infortiatum volumen quartum*, Lugduni 1552, fol. 101va (on this author cf. above nt. 19 and 20). 48. Meijers, *Etudes* (above nt. 39) 108. On Lambert de Salins see R. Feenstra, *Une édition inconnue des « Distinctiones super Digesto veteri » de Lambert de Salins parue sous le nom de Lambertus de Ramponibus*, in *Recueil de mémoires et travaux publié par la Société d'histoire du droit et des institutions des anciens pays de droit écrit* 7 (1970) [= *Mélanges Pierre*

Tisset] 185-194, reprinted in R. Feenstra, *Fata iuris romani*, *Etudes d'histoire du droit* (Leyde 1974) 173-182; cf. also R. Feenstra and Marguerite Duynstee, *Une quaestio disputata* (above nt. 18) 312 and 318-319. 49. Fol. 161vb. 50. Perhaps a mention of the *disputatio* could be found in the *additiones* of Lambert de Salins on Belleperche's *lectura* on the Code, which occur in Ms. Cambridge, Peterhouse 34; see Meijers, *Etudes* (above nt. 39) 108 and 148. 51. In some cases he might have taken a reference to Dinus from another source. In the additional gloss on the *lex Si vero* (D. 24.3.64), mentioned above at nt. 40-43, such a reference occurs in a passage taken over from Cinus. 52. But then in a version that is different from the one in the printed edition (Dinus de Muxello, *Super Infortiato et Digesto Novo*, Lugduni 1513, reprinted Bologna 1971 as vol. 17 of *Opera iuridica rariora*). 53. Fol. 247va. 54. See Cynus, *In Codicem* (above nt. 43), fol. 347v, num. 8 *in fine*. 55. Fol. 9va (cf. above at nt. 40-43), 69va, 201rb and 207ra. 56. Fol. 105va. 57. See A. Padovani, *Le « Additiones et apostillae super prima parte Infortiati » di Cino da Pistoia*, in *SDHI*. 45 (1979) 178-244, and *The « Additiones et apostillae super secunda parte Infortiati » of Cinus de Pistoia*, in *The Two Laws, Studies in Medieval Legal History Dedicated to Stephan Kuttner* (Washington 1990) 166-187. 58. For his own glosses on the Code see below nt. 159. 59. Fol. 69va. 60. Fol. 1ra-3vb. These glosses give mainly *casus breves* of the texts of the Digest. It is possible that they were written by somebody else than ' E. '. 61. Fol. 215vb. 62. Gilles (above nt. 3) 407. 63. See e.g. Bellemère *in tertiam primi Decre. libri partem* (cf. above nt. 10 and 18), fol. 115ra: « Predicta tamen nec Henrico [Boich] nec mihi attribuas quia collecta sunt ex dictis Cyn. in leg. allegatis post alios ». 64. To these nine glosses should probably be added a tenth, bearing the siglum ' p.m. ' (fol. 199ra). I would like to solve this as ' Petrus Masoerii '. 65. He was not his only *dominus*, cf. below at nt. 118-123, but apparently his preferred one. On fol. 142rb Masuer is qualified as « *doctor aurelianis, subtilis homo* ». 66. On fol. 54va, 62vb, 137ra, 142rb, 270vb and 272ra. 67. On fol. 69va-vb, 116ra and 148va.
* 68. See M. Fournier, *Les statuts et privilèges des universités de France*
* III (Paris 1892) 454-455. 69. For details on his life see *Gallia Christiana* III (Parisiis 1725) 340 and A. Tardif, *Practica forensis de Jean Masuer*, in *NRH*. 7 (1883) 283-292, at 284. He should not be confounded with a homonym, who occurs in an Orléans *rotulus* of 19-25 November 1394 as a *licentiatus in legibus*, see Fournier, *o. c.* (above nt. 68) 478, and who on 9th August 1393, as a bachelor of law studying at Orléans, got a benefice from Clement VII, being already canon of Arras, see Marie-Henriette Jullien de Pommerol, *Sources de l'histoire des universités françaises au moyen âge: Université d'Orléans* (Paris 1978) 288, no. 21.94. 70. See Tardif, *o. c.* (above nt. 69) 284; cf. below nt. 154. 71. *Gallia Christiana*, *l. c.* (above nt. 69) says: « Edidit varios tractatus super aliquot titulos utriusque juris ». 72. Opinions

of his are cited by Jean Chéreau (Cherelli) and Jean Noaillé. For Chéreau see A. Rivier, *Une lecture de l'Université d'Orléans 1384-1386*, in *Revue de législation ancienne et moderne française et étrangère* (1874) 658-663, at 662 (concerns ms. Brussels, Bibl. Royale 3596, cf. also below nt. 180; Masuer's name is not mentioned in a more recent study on this manuscript: J. Hanenburg, *La « Lectura super Regulis Juris » de Joannes Cherelli dans le manuscrit Bruxelles Bibl. Royale 3596*, in *Studia Gratiana* 19 [1976] [= *Mélanges G. Fransen* I] 417-460). For Noaillé see Marguerite Duynstee, *Jean Noaillé et sa lectura sur le titre de actionibus des Institutes*, in *Bulletin de la Société archéologique et historique de l'Orléanais*, N.s. IX/68 (avril 1985) [= *Etudes néerlandaises de droit et d'histoire présentées à l'Université d'Orléans pour le 750e anniversaire des enseignements juridiques*] 119-132, at 129. His lecture dates from 1400. He cites Masuer by his name but probably also as bishop of Arras (« dominum attrebatensem », « dominum episcopum attre. »). 73. Cf. the sketch of Bellemère's life, above at nt. 3. Apparently Masuer is not cited by Bellemère in his works, cf. the lists given by Gilles (above nt. 3) 38 and 408-409. 74. Fol. 111ra-rb, attached to the Accursian gloss *Culpa* on the *lex Si modo nulla* (D. 30.59), signed ' dominus Jo. mandevillani '. 75. Fol. 69va-vb, attached to the Accursian gloss *Instituitur* on § *Qui frater* of the *lex Nemo* (D. 28.5.59[58].1): « Istam glosam approbant doctores et dominus Johannes mandevillani, advunculus domini mei pet. masoer. » (' pet. masoer. ' in slightly different ink); fol. 148va, attached to the Accursian gloss *Peti potest* on the *lex Si chorus* (D. 32.79) *in fine*: « istam approbat petrus de bella pertica. Et dominus Johannes mandevillani, advunculus domini mei doctoris, domini pet. masoerii. Et valet ut ex nunc, non ut ex tunc. e. ». 76. Fol. 116ra, attached to § *In testamento* of the *lex Ab omnibus* (D. 30.104.1): « per § istum tenebat dominus jo. mandevillani, advunculus domini mei doctoris, domini petri masuerii, et dicebat contra oppinionem glosarum quod condicio impossibilis de facto viciatur quia pro non scripto habetur ut hic nec legatum viciat . . . Et istud est notabile ». 77. Gilles (above nt. 3) 38 and 408 nt. 2 calls him ' de Mandeville ', a form which indeed can be found at least in one document, but ' Mandevilain ' occurs in most of the documents, *inter alia* those published by Fournier, cf. below nt. 79. In Latin his name occurs not only as Mandevillani but also as (de) Mandevilla. 78. See Cornelia M. Ridderikhoff, *Adviezen van juristen van de Universiteit van Orleans over het bestuur in het bisdom Utrecht, 1316*, in *Verslagen en Mededeelingen* [*van de*] *Vereeniging tot uitgaaf der bronnen van het oudvaderlandsche recht* 14 [no. 1, 1974] 71-125; at 90-91 a short biography of Mandevilain is given. 79. See Fournier, *Les statuts et privilèges des universités de France* I (Paris 1890) 45 and 49-61, nos. 52, 54, 55, 57, 58, 60, 61, 63, 66, 67, 68 and 69. Cf. Jullien de Pommerol, *o. c.* (above nt. 69) 68, 71, 165, 177 and 257. Mandevilain was also commissioned by cardinal Gaucelin, the representative of pope John XXII. 80. For 1318 see *Les Olim ou*

registres des arrêts rendus par la cour du roi, ed. by [A. A.] Beugnot, II (Paris 1842) 682 and III (deuxième partie, Paris 1848) 1367. For 1319 and 1322 see *Actes du Parlement de Paris* II, ed. by E. Boutaric (Paris 1867) 297 (no. 5899 A: « clerc-jugeur ») and 477 (no. 6930 A: « jugeur des enquêtes »). 81. Ms. Trier, Stadtbibliothek, 955 (1854), fol. 35rb-38va. 82. This could also be inferred from the citations by Bellemère and Salagny, see below nt. 83 and 84. 83. On cap. *Consilium, Extra de plus petitio.* (X 2.11 *un.*), see Bellemère *in primam secundi Decret. lib. partem* (cf. above nt. 10), fol. 153ra-156va, at fol. 155va: « Nono quaeritur, descendendo ad modum plus petendi ex obligatione generis, quid est in obligatione generis? Io. Mandavillam [*sic*] et Ioan. Rollandi, ff. de leg. I l. Cum incertus [D. 30.13], tenent quod nullum individuum hominis imo ipse homo est in obligatione . . . ». 84. In the passage in question he cites not only Johannes Rollandi but also Bertrandus Caprioli, Johannes Nicoti and Gauffridus de Salinis [read « de Salagniaco »]. I have not been able to make the necessary checks but from other sources we know that Mandevilain was cited by Johannes Nicoti, see Marguerite Duynstee in her article cited below nt. 103, at 372, and by Gaufredus de Salagniaco; for the latter see his *Commentariorum in Infortiatum volumen quintum*, Lugduni 1552, fol. 122vb and 126ra-127va (on the *lex Si is qui* [D. 34.5.13]; apparently Mandevilain had also lectured on that *lex*). Mandevilain was also cited by a much later Orléans professor, Jean Chéreau, see Rivier, *o. c.* (above nt. 72) 663; we have not been able to check this in the Brussels manuscript
* (cf. nt. 72). 85. Fol. 194va. 86. P. Fournier, [*Notes sur quelques canonistes du XIVe siècle, II:*] *Raymond de Salgues, Canoniste*, in *NRH.* 44 (1920) 230-243. The following lines on the life and works of Salgues are based on this study. Apart from the passage in Gilles, cited below nt. 88, no new details on Salgues seem to have been found. In Jullien de Pommerol, *o. c.* (above nt. 69) there occur, besides documents already mentioned by P. Fournier, two indications concerning a homonym, a Raimondus de Salgis, canon of Tournai, who gets attestations from the University of Orléans that he is studying there in 1335, 1336 and 1337, see 451 (64.07.14) and 452 (64.07.16). 87. *O. c.* 241, concerning Bellemère's *repetitio* on *clem. Si una* (Clem. 3.4.2), printed in *Repetitionum volumen sextum* (above nt. 13), [ed. 1587], fol. 67-68, with the reference « secundum Raymundum de Sargis in repetitione quam fecit de ista Clementina ». In the 1618 edition the reference is on p. 137, num. 78-79; quotations from Raymundus also on pp. 138 and 139. 88. *O. c.* (above nt. 3) 408-409. 89. In any case his *repetitiones* and *quaestiones* were available to Bellemère in the second volume of '*liber meus repetitionum et questionum*', see Gilles 391 and nt. 12; cf. also 408 and nt. 4. 90. Not only on *clementinae* but also on *capitula* of the *Liber Extra*, see Gilles 409 and nt. 1. 91. See Gilles 408 nt. 5. 92. On the wrong spelling « Fargis » or « Fargiis » see Gilles 408. He apparently considers both « Fargiis » and « Sargiis »

as deformations by the scribes of Bellemère's manuscripts, taken over by the printed editions. If Bellemère is the author of the additional glosses in the All Souls manuscript, only « Fargi[i]s » could be seen as a scribe's error in Bellemère's works: Bellemère would have written « Sargis ». Did Bellemère's manuscript of Salgues' texts perhaps have this spelling? Did Bellemère, as Gilles suggests, know Salgues so well that he could not have mis-spelt his name? 93. Bellemère on *cap. Cum locum, Extra de sponsaliis et matrimoniis* [X 4.1.14], ms. [Vat.] Ross. 832, fol. 51r: « Nono queritur de quadam questione quam prosequtus fuit et terminavit dominus Raymundus de Fargis ut infra sequitur. Numquid filius pro alimentando patre suo matrimonium contrahere sit cogendus . . . »; fol. 52v: « hanc questionem disputavi aurelianis ego Raymundus de Fargis primo anno quo fui doctor et fuit disputatio in domo praedicatorum . . . ». 94. Cf. above nt. 89. 95. Cf. also what I said on the spelling « Fargis », above nt. 92. 96. He was only *decretorum doctor*, see P. Fournier, *o. c.* (above nt. 86) 234 nt. 2 and 240 nt. 5. 97. Fol. 121va, cf. below at nt. 102. 98. Fol. 121ra, on the Accursian gloss *Suam* on the *lex Celsus pater* (D. 31.29): « dic quod non erat sententia interlocutoria . . . [about two lines] . . . nicotus »; fol. 121rb, on the Accursian gloss *Nominati sunt* on the *lex Cum ita* (D. 31.32.3-6, at 6) where an opinion of Azo is given: « ista non est vera . . . [about one line] . . . nichotus ». 99. Fol. 110rb, in an addition to an extra gloss signed ' E. ' on the Accursian gloss *Pro non scriptis* on the *lex Turpia* (D. 30.54), where Accursius says « solutio: refert an exprimat causam turpitudinis »; after the siglum ' E. ' there follows: « quidam doctor solvebat sic . . . [about 10 lines] . . . d. Jo. nich. ». Apparently Johannes Nichotus cited *quidam doctor*; it would seem unlikely that ' E. ' called Nichotus himself « *quidam doctor* ». 100. Fol. 122rb, on the Accursian gloss *Non ignoras* on § *Qui invita* of the *lex Titia* (D. 31.34.5): « dic quod mulier condicebat . . . [about two lines] . . . nich. ». On fol. 198rb, at the end of an extra gloss on the Accursian gloss *Statu* on the *lex Mulieri et Titio* (D. 35.1.74) the siglum ' Ego ' is followed by the siglum ' nich. '; apparently Nichotus was of the same opinion as ' Ego ', see above nt. 31. 101. In another case in which a gloss with the siglum of Nichotus is somewhat longer, only the opinion of *quidam doctor*, not his own opinion is reported, see above nt. 99. 102. In the gloss signed ' dns. Jo. Nichotus, doctor ' at fol. 121ra-rb and 121va, on § *Quod alicuius heredis* of the *lex Celsus pater* (D. 31.29.1), beginning: « Jacobus intelligit istum § sic . . . ». 103. * Marguerite Duynstee, *An unknown fourteenth century lecture of the Orléans School: Jean Nicot on Book VI of the Code*, in *TRG.* 60 (1992) 363-375. Some provisional remarks occur in R. Feenstra, *L'influence de l'enseignement du droit romain [à Orléans] sur les nations étrangères*, in *Actes du congrès sur l'ancienne Université d'Orléans (XIII-XVIIe siècles), Recueil des conférences prononcées les 6 et 7 mai 1961 à l'occasion des Journées d'étude consacrées à l'ancienne Université d'Orléans*

(Orléans 1962) 43-61, reprinted with *addenda* in R. Feenstra, *Le droit savant au moyen âge et sa vulgarisation*, « Collected Studies Series CS, 236 » (London 1986) no. II (with the original pagination), at 55-56 (and 1986 *addenda* on these pages). 104. Collection J. H. van Heek at Huis Bergh ('s Heerenberg), Inv. no. 236 (45). I found these glosses as early as 1959 and mentioned them in my article cited above nt. 103. Unfortunately I have not yet been able to publish the results of a partial examination of these glosses in a seminar of juristic paleography in Leiden in the early 1960s. The glosses with the siglum of Nicot only occur on the *secunda pars* of the *Digestum vetus* (book 12-24). They are written amidst glosses with sigla of jurists from outside Orléans, in particular of Thomas de Formaginis. The manuscript itself is of Italian origin and it has Bolognese miniatures, see Elly Cassee and Jacky Langezaal, *Bolognese miniatuurkunst in Nederlands bezit*, in *Nederlands Kunsthistorisch Jaarboek* (1985) 71-101, at 93-94 where a description of the manuscript, having *pecia*-marks, is given. 105. The six glosses we have mentioned concern books 30, 31 and 35 of the Digest. 106. In a passage of his commentary on the Sext he calls him *dominus meus*, see below nt. 120. 107. Cf. the sketch of Bellemère's life, above at
* nt. 3. 108. The fact that in 1371 he is said to have lectured more than 24 years (cf. below nt. 111) does not imply that he was a full professor in this whole period. Indeed, in the rotulus of May 22nd 1349, already mentioned above nt. 68, his name does not occur among the eight Orléans law professors. His first mention as a *doctor regens* dates from 1355, see Duynstee, *o. c.* (above nt. 103) 366 and nt. 18. 109. See above nt. 4. 110. According to Gilles (above nt. 3) 396-398 it was written between 1381 and 1398. For the passage quoted below see Gilles 397 nt. 1: from the fact that Nicot is mentioned as still alive and having been bishop for more than ten years it can be inferred that it was written at the end of 1382 or at the beginning of 1383. 111. *O. c.* (above nt. 3) 409 nt. 4. Gilles cites from ms. Ross. 824, fol. 83v. In the printed edition of Bellemère *in secundam primi Decre. lib. partem* (cf. above nt. 10) the passage occurs on fol. 45vb, as part of his commentary on *cap. Indecorum* (X 1.14.3). I cite from the printed edition (which has *Iudaeorum* instead of *Indecorum*). 112. See R. Feenstra and Marguerite Duynstee, *Une quaestio disputata de Jean de la Ferté* (above nt. 18), in particular 315 nt. 25 and 31; cf. also 322. 113. Also here I give — from the printed edition — a somewhat more complete version than the one given by Gilles 38 nt. 1 (citing from ms. Ross. 826, fol. 6r). In the edition of Bellemère *in primam secundi Decret. lib. partem* (cf. above nt. 10) the passage occurs on fol. 5ra, as part of his commentary on *cap. De Quodvultdeo* (X 2.1.1), where a question is moved on the application of the *lex Si convenerit* (D. 2.1.18). Nicot's opinion on the *lex Si convenerit* had already been cited on fol. 4rb; on fol. 4va Bellemère states : « hanc tenuit Ioan. Nico. in sua repetitione l. 1 ff. eo. [i.e. de iudiciis, D. 5.1.1], a dicta prima eius opinione [i.e.

the one on the *lex Si convenerit*] recedendo . . . » (follow two other citations of Nicot). 114. Other citations of Jean Nicot, found by chance: Bellemère *in secundam primi Decre. lib. partem* (above nt. 10), fol. 76rb, 115va, 154ra and 165vb; *in primam secundi Decret. lib. partem* (above nt. 10), fol. 155ra and 155va (cf. above nt. 84); *in secundam secundi Decret. lib. partem* (above nt. 10), fol. 178ra. 115. Fol. 254ra. 116. Fol. 216va; cf. also the *quidam doctor* cited by Nichotus on fol. 110rb, mentioned above nt. 99. 117. Fol. 142vb (and 143ra-rb), on § *Seiam* of the *lex Post emancipationem* (D. 32.40.1); in the same gloss he is also called « *quidam doctor* ». 118. Fol. 105rb, on the gloss *Arbitrio* on § *Si ita Titio* of the *lex Plane ubi* (D. 30.34.14): the additional gloss — dealing with the question « numquid in alternativis electio sit debitoris vel creditoris » — first cites an opinion of Petrus [de Bellepertica] and then continues « dicebat unus magnus et sollempnis homo et puto quod bene . . . glosa et petrus bene dicunt . . . dicebat ille magnus doctor . . . »; at the end « et ita dicebat unus dominus meus, multum sollempnis doctor aurelianus ». 119. Above, at nt. 64 and 65. 120. Gilles (above nt. 3) 409 and nt. 3, citing ms. Ross. 815, fol. 339v (the commentary on the Sext has not been printed, cf. above at nt. 12). The qualification « doctor legum maximus » (without « dominus meus ») also occurs in the passage cited above at nt. 111. 121. Gilles 399. 122. It is in its turn provided with extra glosses, one of them signed ' E. '. 123. The only other possible candidate *
for being the *dominus meus, multum sollempnis doctor* would seem to be Alanus de Beyo, Alain du Bey. He is already mentioned as a *licentiatus in legibus* in 1349, see Fournier, *Les Statuts* III (above nt. 68) 454. As an ordinary professor he occurs in documents of 1363 and 1365 but he may have had this position long before; see Fournier, *Les Statuts* I (above nt. 79) 121 (second of three ordinary professors in 1363), Jullien de Pommerol, *o. c.* (above nt. 69) 460, no. 71.3.02 (« harangue . . . à l'occasion de la réception au grade de docteur de Richardus de Bisontino » in 1363), Fournier, *Les Statuts* III, 457 (rector and ordinary professor in 1365). Possibly he is cited by Bellemère in his commentary on the Decretals as Alanus de Valle, see Gilles 409 nt. 8, citing a passage in ms. Ross. 828, fol. 145v; see the printed edition of Bellemère *in tertiam secundi Decret. lib. partem* (above nt. 10), fol. 76vb: « Reperi tamen in libro cuiusdam Doctoris solennis, domini Alanii [*sic*] de valle . . . ». If Bellemère is the author of our glosses, it would not seem very likely that he would have mentioned him in that way while calling him in a gloss *magnus doctor* and *dominus meus*. — Other Orléans professors mentioned by Gilles 38 as possible teachers of Bellemère, Bertrand Chabrol and Jean Roland, were too much his contemporaries to be his teachers and to be termed *magnus doctor* at that date; for Chabrol see Marguerite Duynstee, *La lectura feudorum de Bertrand Chabrol*, in *Recueil . . . anciens pays de droit écrit* (cf. above nt. 48) 15 (1991) 103-120. 124. The *Speculator* is cited fol. 53va in an additional gloss

with the siglum ‘ e. ’ on women as witnesses. 125. Fol. 162vb. 126. Fol. 129va and 247vb. 127. Fol. 29ra; an additional gloss to § *Lucius* of the *lex Si sine herede* (D. 26.7.32.6) states: « nota ex § Lucius quod minores consuetudinibus liguntur quia prescripcio consuetudinaria currit contra minores, ita notatur per Innocentium, Extra de integrum [*sic*] rest., c. Constitutus, in fine, in antiquis. E. ». This reference to Innocentius is interesting because it also occurs in Bellemère's commentary on *cap. Constitutus* (X 1.41.8) immediately before he cites his own *responsio* in a *disputatio*, held in Orléans in the academic year 1364-1365, see below nt. 150. The passage of Innocentius is to be found in his *Apparatus super primo, secundo, tertio, quarto et quinto Decretalium libris* [Lugduni 1520] fol. 78ra. 128. Fol. 134rb. 129. See above, at nt. 85. 130. Fol. 26va, 100va, 129va, 162vb, 134rb, 210va, 211va, 261vb and 278ra. 131. Fol. 14va, 15va-vb, 29ra, 50va, 61ra, 101rb, 191ra, 210rb, 248ra and 270va (on fol. 61ra, 191rb and 270va the siglum is in minuscule: ‘ e. ’). 132. Fol. 247vb (‘ Eg. ’ is followed by an abbreviation sign). 133. Fol. 247va. 134. For another connection see above nt. 127. 135. In other manuscripts it is § *Pater* or § *Papinianus* of the *lex Quidam decedens* (in modern editions also a paragraph, D. 26.7.5.7), cf. below at nt. 138 and 140. 136. Fol. 26va. 137. *In tertiam primi Decre. lib. partem* (above nt. 10), fol. 149v-153v. 138. These references occur in quotations by Bellemère from Boich (Bohic) and Bartolus; for Bellemère's habit of inserting long passages of other authors see above at nt. 17-19. 139. See Bellemère *in primam primi Decre. lib. partem* (above nt. 10), fol. 251r-252v. 140. Cf. above nt. 135. 141. He combats the opinion of Innocentius. It should be noted that also in the All Souls manuscript D. 26.7.5.8 occurs as *lex Pater* [*tutelam*]. 142. Fol. 46ra-rb, on l. 1 ff. *de contraria tutelae et utili actione* (D. 27.4.1). 143. Fol. 270va, on the Accursian gloss *Si in diebus* on the *lex Successorium* (D. 38.9.1). The extra gloss begins with the formula already quoted « Et istud multum bene facit . . . sepe contingit de facto » and continues as quoted below. 144. I.e. the *lex Successorium* itself and the § *Omnis* (Inst. 3.15.2), cited in the Accursian gloss *Si in diebus* on the *lex Successorium*. 145. « hoc » is omitted in the ms. 146. See Gilles (above nt. 3) 424. 147. Besides the *editio princeps* of Lyons 1512 (cf. above nt. 16) I have consulted the Venice edition of 1579. 148. Gilles 38 nt. 1 and 389, cf. above nt. 4. He cites ms. Ross. 825, fol. 232v. 149. To be found not only in ms. Ross. 825 (cf. above nt. 148) but also in the printed edition of Bellemère *in tertiam primi Decre. lib. partem* (above nt. 10), fol. 113ra-118va; this part of his commentary was written in 1384-1385, see Gilles 397 nt. 1 and the end of the second passage cited below. 150. *O. c.* fol. 115rb; cf. also Gilles 38 nt. 1. For the reference to Innocentius, occurring on fol. 115ra, see above nt. 127. 151. *O. c.* fol. 116ra. 152. At nt. 143. 153. Fol. 205ra (continued on 204vb), on the *lex Seius* (D. 35.2.27), citing Jacobus on a *consuetudo* concerning *retractus* and giving a *casus* of somebody who *duos filios heredes instituit et voluit quod isti filii non retractarent*; fol. 207rb on § *Si quis proximior* of the *lex Haec bonorum possessio* (D. 38.8.1.8), noting that this text can be used for an exception *que hodie obicitur retrahere volentibus*; fol. 270vb on § *Qui semel* of the *lex Successorium* (D. 38.9.1.6), stating that this paragraph furnishes an argument against one who has said « *nolo venire ad retractum* » but wants nevertheless to exercize *retractus* at a later moment. 154. Cf. above at nt. 70. See Masuerius, *Practica forensis*, Francofurti ad Moenum 1571, fol. 150v (num. 7 of the title *De retractu et contractus resolutione*): if *retractus* is used against an *usufructuarius* who had bought the *proprietas*, the latter may keep the *usufructus* or claim that it be reestablished; « et hoc tenet Cyn. l. Si maritus, C. de inoffic. testa. [CI. 3.28.22]. Et idem tenet quondam dominus et patruus meus, dominus Petrus Masuerii, utriusque iuris professor et episcopus Attrebat., in questione quam deputavit [read: disputavit] publice Aurelianis actu regens ». 155. Above at nt. 150. Bellemère could have responded in a *disputatio* held by his teacher Petrus Masuerii. 156. Besides notes on the three parts of the Digest and the Code he mentions a note on the Institutes, but not one on other parts of the *Volumen parvum.* In this context it is worth noting that, although he does not cite notes of his own on it, he twice refers to the *Libri feudorum* as *collatio decima*: fol. 128va, in a gloss with the siglum 'e.' on the Accursian gloss *Perduellionis* on § *Repetendorum* of the *lex Cum filius* (D. 31.77.9), stating « Et de duello habes in decima collacione in materia feudorum, in ti. de pace tenenda et eius violatoribus, in § Si quis hominem et § Similes » (LF II.27.1 and 10, *in medio*); fol. 256vb, in an anonymous gloss on § *Si liberi* of the *lex Ut iurisiurandi* (D. 38.1.7.6), citing Dinus and « De successione feodi, c. 1, § 1, coll. X » [LF I.8 *pr.* is meant]. — Without references to the *Libri feudorum* we find questions of feudal law dealt with in glosses on fol 91r (signed 'E.') and fol. 165vb (anonymous); cf. also the gloss signed « Petrus de Belleperche » on fol. 117rb, cited above at nt. 44. As far as Bellemère is concerned, he certainly was interested in feudal law: in his commentary on the Decretals he inserts a treatise of his own *de feudis*, see Gilles (above nt. 3) 393 nt. 1. 157. Fol. 40rb, gloss signed 'E.'; he refers to what he has written on the *lex Si quis ex aliena* (D. 5.1.5). 158. Fol. 206va, gloss signed 'E.'; he refers to what he has written on the *lex Per servum* § 1 (D. 41.1.37.1) and adds « Et puto quod melius quam hic ». 159. Fol. 247vb, gloss signed 'E.'; he refers to what he has written on the *lex Imperialis* (C. 5.4.23) and adds « et vide ibi » .There are two other examples. Fol. 259rb, gloss signed 'E.': « et scripsi de hoc in C. meo . . . [on the *lex Omnem ambiguitatis* (CI. 6.60.4)] ». Fol. 266va, gloss signed 'E.': « Et de hoc dic ut scripsi in C. meo . . . [on the *authentica Idem est*, after § *Exceptis* of the *lex Cum oportet* (CI. 6.61.6)] ». 160. Sometimes such mentions are wanting: fol. 16ra, where in an anonymous gloss occurs « ut infra scripsi »;

fol. 35rb, where we find, also in an anonymous gloss, « et infra scripsi de hoc ». These references could indicate either the rest of the *Infortiatum* or the *Digestum novum*. In our manuscript I have not found what could have been meant. 161. Fol. 39vb, gloss signed ' E. ': « et scripsi infra quod vi aut clam quam glosa allegat » [read « in lege quam glosa allegat », i.e. l. Aut (D. 43.24.5)]; fol. 253rb, gloss signed ' E. ': « . . . et dic de hoc ut scripsi in dictam l. Nemo [D. 2.14.61] »; fol. 275vb, anonymous gloss: « sed contra in l. Quesitum, infra qui et a quibus [D. 40.9.15]; dic ut ibi scripsi ». 162. Fol. 122rb, gloss signed ' Eg[idius] ': « Et dic ut scripsi Instit. per quas perso. no. ac. § 1 in principio ti. [Inst. 2.9.1] ». This reference is found in an addition to an extra gloss on § *Gaius Seius* of the *lex Titia cum testamento* (D. 31.34.3). On the words « precipue ad eandem pertinere voluit » the extra gloss remarks: « nota ergo quod testator potest facere unum de heredibus suis meliorem »; the addition states « quod est contra consuetudinem pictavie » (follows the reference). 163. Fol. 15va-vb, in a long gloss signed ' E. ', with references to canon law texts. 164. Fol. 223rb, in a gloss signed ' e. '. 165. Above at nt. 5. 166. See Bellemère *in secundam primi Decre. lib. partem* (cf. above nt. 10), fol. 76rb, in his commentary on *cap. Instruendi* (X 1.18.1): « Ego autem, dum legebam Aurelianis praedictam legem Si idem, de quinto anno domini Urbani Papae quinti, dicebam sic . . . ». On the date see above nt. 4. Gilles (above nt. 3) 38 nt. 1, who cites the passage from ms. Ross. 824, fol. 140v, has « legem *si id* », but from the context it is clear that the *lex Si idem* (D. 2.1.11) is meant. 167. See above at nt. 113. 168. Ms. Vienna, Österreichische Nationalbibliothek, 2249. 169. Ms. Munich, Bayerische Staatsbibliothek, Clm 3501. On this ms., which also has the siglum ' ego ', see K. W. Nörr, *Münchener Codexhandschriften*, in *ZSS*. RA. 82 (1965) 326-327. 170. To him I will return in my study on Geoffroi de Salagny (cf. above nt. 20). Salagny cites Egidius Sancii in his commentary on the *Infortiatum* (above nt. 19) II, fol. 140va-vb, as a *legum professor* and a *legum doctor* (the 16th century editor of the commentary confounds him with « Aegidius a Bellamera », see the summary on fol. 128ra). Bellemère possessed a *repetitio* by Sanchez, see *in secundam secundi Decret. lib. partem* (cf. above nt. 10), fol. 176vb, in his commentary on the *rubrica* of the title *de praesumptionibus* of the Liber Extra (X 2.23): « item de materia fictionum vide plene per Bartolum in lege Si quis pro emptore ff. de usucap. [D. 41.3.15] et per dominum Aegidium Sanctii in repetitione legis Si ab hostibus ff. ex quibus cau. maiores [D. 4.6.15 or CI. 2.53(54).5?], quam habeo in primo volumine repetitionum fol. LXXVI, et que scripsi in cle. Quod circa, de elect. et in quodam consilio meo super quadam causa Parisiensi emanato ». Cf. Gilles (above nt. 3) 391 nt. 10. 171. See A. Gouron, *Les Espagnols et l'enseignement du droit à l'ancienne Université de Montpellier*, in *AHDE*. 57 (1987) 687-696, at 694 and 696 (based on *Cartulaire de l'Université de Montpellier*). There is no evidence that he studied or taught in Orléans. This

circumstance would seem to exclude the possibility that he might be the Egidius who was the author of the glosses in the All Souls manuscript. 172. Meijers, *o. c.* (above nt. 39) 55-56. 173. F. P. W. Soetermeer, *De pecia in juridische handschriften* (thesis Leyden 1990) 428. 174. Cf. Soetermeer 429. See also the quotation from Salagny, below nt. 178. 175. *L. c.* (above nt. 172), at nt. 212. 176. *L. c.* nt. 213 [for ' D. 2.6.7.8 ' read ' D. 6.2.7.8 ']; cf. also the text of Johannes Faber cited in nt. 214. 177. Cf. the passage from Cinus, on D. 1.1.10, cited by Meijers 56 nt. 216: « sed hoc non videtur procedere quia si ista verba tollantur de textu, destruitur textus per glosam, quod est impossibile apud nos, licet Aurelianis [Meijers has: Aurelianenses] glosae sunt quae textum corrumpunt » (Cynus, *In Digesti veteris libros*, Francoforti ad Moenum 1578 [Reprint Torino 1964], fol. 6v). 178. Also a *quaestio* could be qualified as *Aurelianensis « quia contra textum »*, see the passage from Dinus, *De actionibus*, cited by Meijers 56 nt. 215 (in the ed. Venetiis 1505, fol. 3va, on the *rubrica*). As far as Dinus is concerned, there is an interesting passage on *glosa Aurelianensis quae destruit textum* in Geoffroi de Salagny's commentary on the *Infortiatum* (above nt. 19 and 20) II, fol. 51va-vb. After having given a particular interpretation of an opinion of Dinus Salagny writes: « et istam partem tenet glos. et Iac. de Ra. et Pe. et bene, et ita tenere est literam non corrumpere, alias esset gl. Dy. quae destrueret textum, licet, ut audivi apud Montispessulanum a quodam doctore, quod dum recitabat Dy. in reprobatione cuiusdam gl. dicebat Dy. dicere, quod alias si teneremus illam gl. esset gl. Aurelianensis quae destruit textum. Non puto quod Dy. hoc dixerit unquam, sed rudes multi veros intellectus non intelligentes ab Aurelianensibus viris traditos, scilicet a Iac. et Pet. et caeteris, hoc sermone faues [fatue?] abutuntur, necessariam pro legum intellectu subtilitatem ... ut ignari percipere non valentes, odio habentes subtilitatem Aurelianis et caeteris studiis per diversos doctores traditam subtilibus diligenter amplectantibus ... ». 179. Fol. 112vb. 180. After having terminated my article I found in the *
Lectura super Regulis Juris of Jean Chéreau (see above nt. 72) references to an Egidius, who at first is designated as *quidam qui nominatur Egidius*, then as *dominus Egidius* and finally as *dominus Egi. doctor avenionensis*; see the commentary on the *lex Nemo potest* (D. 50.17.70), ms. Brussels, Bibliothèque Royale, 3596, fol. 90v-95r. Rivier, *o. c.* (above nt. 72) 662 and nt. 1, rejects an identification with Bellemère because « la date de la lecture s'y oppose absolument ». But since we know that Bellemère taught civil law at Orléans in 1366, it would seem very probable that Bellemère is meant here. I hope to come back to this text. [R. F.]

III

Dominium and *ius in re aliena*: The Origins of a Civil Law Distinction

In many modern textbooks of Roman law a distinction is made between *dominium* and *iura in re aliena*; they may use either these Latin terms or vernacular equivalents, for example 'ownership' and 'restricted real rights'. J. A. C. Thomas, in his *Textbook*,[1] prefers *iura in re* to 'the common *iura in re aliena*' but does not dwell on the origins of the Latin terms. Professor Nicholas, in his *Introduction to Roman Law*, after a remark on rights *in rem* other than ownership, says:[2] 'Such rights are commonly described in metaphorical terms as fractions of ownership vested in someone other than the owner, or as encumbrances or burdens on ownership or on the thing owned. The commentators gave them the name of *iura in re aliena*—rights *in rem* over another man's property.' In a footnote he adds: 'the term 'right *in rem*' is English, though derived from the Roman *actio in rem*; the Continental equivalent is *ius in re*[3] and hence *ius in re aliena*.' Nicholas is certainly right in his implication that the terminology is post-Justinianic, but it is not clear quite what we should understand when he says that the term *iura in re aliena* was invented by 'the commentators'. It is indeed commonly assumed that the term goes back to interpreters of Roman law who wrote before the nineteenth century, but seldom is mention made of any specific author or authors. In the following pages I will try to demonstrate that such an identification is in fact very difficult to make, but I will also seek to show that the man whose name probably deserves to be associated with the term above all others is one who did not have much success before the nineteenth century.

Speaking of 'commentators' on the Roman law one would think in the first place of the medieval authors, commonly known as Glossators and Postglossators. The term *ius in re aliena* was indeed occasionally used by some

[1] J. A. C. Thomas, *Textbook of Roman Law* (Amsterdam, 1976), 195 and n. 1.

[2] B. Nicholas, *An Introduction to Roman Law* (Oxford, 1962), 141.

[3] This distinction—*in rem* is English, *in re* is Continental—may be right for modern legal writers but from a historical point of view it is a simplification: *ius in re* certainly was the most usual term in the Middle Ages but in the 16th and 17th centuries some Continental authors—among whom was Hugo Grotius, see below, n. 47—seem to have preferred *ius in rem*; cf. my *Ius in re* (cited in the next footnote), 9 n. 39 and H. F. Jolowicz, *Roman Foundations of Modern Law* (Oxford, 1957), 75.

Glossators but neither the Glossators nor the Postglossators made a systematic distinction between *dominium* and *iura in re aliena.*[4] The only term that would seem to have been of some importance was *ius in re.* As to the technical use of this term, there seems to have been a difference between the Glossators and the Postglossators. The former appear not to have given much of a technical meaning to the term *ius in re.* For most of them *ius in re* was not the *causa* of the *actio in rem*; for that purpose they preferred *dominium*, in a rather broad and vague sense. Nor did they make use of the contrast between *ius in re* and *ius in personam.* The Postglossators, on the contrary, did use *ius in re*—or, preferably, *ius reale*—as a category opposed to *ius personale* and including *dominium.* The first list of *iura realia* is probably to be found in Baldus.[5] He mentions in the first place three kinds of ownership: *ius dominii directi, ius dominij utilis,* and *ius quasi dominii.* This goes back to a distinction made by his teacher Bartolus between *dominium directum, dominium utile,* and *quasi dominium.*[6]

The terms *dominium directum* and *dominium utile* had been created by the Glossators to meet the needs of the legal practice of their time.[7] They were confronted with the feudal system as it had developed in twelfth-century Italy. Although in principle a vassal held land only by virtue of his relationship with the lord, many vassals acted as though they were in fact owners. To the Glossators the question arose as to the correct Roman law niche to which the vassal's right to the land should be assigned. The answer—probably given for

* [4] For details see my *Ius in re: Het begrip zakelijk recht in historisch perspectief* (Thorbecke colleges, 4; [the Hague–] Zwolle, 1979), 9 ff. This study may also be consulted for the statements made in the following paragraphs (cf. as well my article cited below, n. 11). I discussed there the latest studies of the problem, in particular M. Villey, 'Le *jus in re* du droit romain classique au droit moderne, suivi des fragments pour un dictionnaire du langage des Glossateurs', *Conférences faites à l'Institut de droit romain en 1947* (Publications de l'Institut de droit romain de l'Université de Paris, 6; Paris, 1950), 187–225 and G. Pugliese, 'Diritti reali', *Enciclopedia del diritto*, xiv ([Milan, 1964]), 755–76; add R. Tuck, *Natural rights theories; Their origin and development* (Cambridge [1979]), 14–15, who, however, relies too much on earlier literature.

[5] Baldus on the *lex Si certis annis*, C. 2.3.28 (Venice, 1586, fo. 115^r, No. 19). Cf. Villey, op. cit. (n. 4), 224–5, who also refers to another passage in Baldus on *iura realia.* Baldus on C. 2.3.28 also gives a definition of *ius reale.*

[6] On Bartolus' doctrine see in the first place H. Coing, 'Zur Eigentumslehre des Bartolus', *ZSS* (RA) 70 (1953), 348–71. For its origins see my 'Action publicienne et preuve de la propriété, principalement d'après quelques romanistes du moyen âge', *Mélanges Philippe Meylan*, i (Lausanne, 1963), 91–110, repr. in my *Fata iuris romani* (Leiden, 1974), 119–38, in particular at 106 (=134).

* [7] For a full discussion of the origins of this distinction see my 'Les origines du dominium utile chez les Glossateurs (avec un appendice concernant l'opinion des Ultramontani)', *Flores legum H. J. Scheltema oblati* (Groningen, 1971), 49–93, repr. in my *Fata iuris romani* (Leiden, 1974), 215–59 (with further literature). Some of my observations have been summarized by D. P. Visser, 'The "Absoluteness" of Ownership: The South African Common Law in Perspective', *Acta juridica* (1985), 39–52, at 40; in the following I have taken the liberty to use some of Visser's English phrases. My article remained unknown to Tuck, whose short discussion of *dominium utile* (op. cit., n. 4, 16–17), relying mostly on Meynial's classical study, is not very satisfactory. This applies all the more so to a recent article by D. Strauch, 'Das geteilte Eigentum in Geschichte und Gegenwart', *Festschrift fur Heinz Hübner* (Berlin–New York, 1984), 273–93, which does not even use Meynial and relies only on German literature.

the first time by Pillius—was that he could indeed be regarded as a kind of owner: whereas the lord had *dominium directum*, the vassal had *dominium utile*. It was possible to discover some justification for this in the *Corpus Iuris*. One text of the *Codex*[8] refers to the *emphyteuticarius* as *dominus*; and, considering the obvious analogy between an *emphyteuticarius* and a vassal, this text naturally commended itself to the Glossators as formal justification for affirming that the vassal had a type of ownership. The terminology itself—*dominium directum* and *utile*—was probably inspired by the Roman law distinction between *actio directa* and *actio utilis*, although the ordinary meaning of *utilitas* ('profit') was certainly implied in the concept of *dominium utile*. Furthermore this concept was used in regard to the *emphyteuticarius* and the lessee in terms of a long lease (*conductor ad longum tempus*).

The third kind of ownership mentioned by Bartolus and Baldus, *quasi dominium*, was a less universally accepted one: following Petrus de Bellapertica, professor at Orleans, they used this term for the position of the man who had not yet completed *usucapio* and who was protected by the *actio Publiciana*.[9] We could have left this aside but for the fact that in later centuries the same term, *quasi dominium*, was used in a quite different sense.[10]

Now let us come back to Baldus' list of *iura realia*. After the three kinds of ownership he mentions *ius hereditatis*, the right of succession, a right that is not commonly accepted as a real right nowadays, although paragraph 584 (of book iii) of the Dutch Civil Code still considers it as such.[11] In Baldus this right is followed by the *iura servitutum realium et personalium*. *Servitutes reales* are what is nowadays simply called servitudes. *Servitutes personales*, a term that is not commonly used now but which does occur in the *Corpus Iuris*, are *ususfructus*, *usus*, and *habitatio*. After the servitudes[12] he closes his list with *hypotheca*; in this category is included what we call *pignus*. *

We have seen that according to Baldus *dominium* is one of the *iura realia* but he does not put it in an exceptional position, contrasting it with the other real rights. This was however done by some other Postglossators: first by Dinus,[13] and then by, among others, a fourteenth-century Neapolitan jurist, Nicolaus de Neapoli,[14] and by the last of the Postglossators, Iason de Mayno.[15] They

[8] *C.* 11.62.12.

[9] See my 'Action publicienne' (above, n. 6).

[10] See below, n. 50.

[11] On this paragraph and its origins see my 'Real rights and their classification in the 17th century: The role of Heinrich Hahn and Gerhard Feltmann', *Juridical Review* (1982), 106–20, at 109 ff., with further literature. *

[12] In which Baldus includes *servitutes hominum*, rights on dependent persons like *ascripticii* and *censiti*; see my *Ius in re* (above, n. 4), 14 n. 62.

[13] In his *lectura* on the title *De actionibus* of the *Institutes*, para. *Omnium* (*Inst.* 4.6.1), see *Tractatus de actionibus* (Venice, 1505) fo. 4ᵛ.

[14] In his *lectura* on para. *Omnium*, see *Lectura super toto Institutionum libro* (Pavia, 1506), fo. 52ʳ.

[15] In his *lectura* on para. *Omnium*, see *Lectura super titulo de actionibus* (Lyons, 1526) fo. 19ʳ No. 60; he refers to Dinus and Nicolaus de Neapoli.

oppose to *dominium* 'another *ius in re*'. It should be remarked that none of them says *ius in re aliena*.

Leaving the Middle Ages we come to the classifications of the jurists of the sixteenth century. They tend to put more emphasis on the distinction which, in the terminology of the Postglossators, lay between *iura realia* and *iura personalia* but which by this time was commonly described as being between *iura in re* and *iura ad rem*. It is particularly the latter term that deserves attention: in the Middle Ages it had had special connotations in canon law as well as in feudal law[16] but in the sixteenth century it had become the usual term for a personal right. The distinction between *ius in re* and *ius ad rem* is made the main division of private law by Johannes Apel in his *Methodica dialectices ratio ad jurisprudentiam accommodata*, published at Nuremberg in 1535. Apel was one of the first Protestant law professors; he taught at Wittenberg before taking up other functions at Königsberg and Nuremberg. He was influenced by Melanchthon's *dialectica* and used new methods in describing the law:[17] an important part of his material, however, was taken from the Postglossators.

In the form of a genealogical tree Apel gives subdivisions of *ius in re* and *ius ad rem*. Those of *ius in re* are of special interest to us. He distinguishes three categories: *dominium, quasi dominium,*[18] and *ius in re specificum. Dominium* is split up in two different ways, in *partes* and in *species*. As *partes* we find *proprietas* and *ususfructus*, as *species* are mentioned *dominium directum* and *utile*. He does not conceal his sources: he refers to Baldus[19] and to Iason de Mayno.[20] The element that might interest us most is *ius in re specificum* as a general term for real rights outside *dominium*; as examples he mentions *pignus vel hypotheca, servitus*, and *retentio*. One might be tempted to see in *ius in re specificum* a prefiguration of *ius in re aliena* but there is no question of a distinction comparable to that between *ius in re aliena* and ownership. *Quasi dominium* and *ius in re specificum* are considered as *adfinia* of *dominium, ususfructus* as *pars dominii, superficies* as *species dominii*.

Apel's classifications and terminology had a great influence on legal science in the sixteenth and the first half of the seventeenth century. This could be

[16] See P. Landau, 'Zum Ursprung des "*ius ad rem*" in der Kanonistik', *Proceedings of the Third International Congress of Medieval Canon Law, Strasbourg 3–6 September 1968* (Vatican City, 1971), 81–102; for further details see my *Ius in re* (above, n. 4) 15–17. Landau's article has remained unknown to Tuck (op. cit., n. 4, 14–15 and 17), whose remarks on *iura ad rem* are therefore as unsatisfactory as those on *dominium utile*.

[17] See on him, *inter alia*, F. Wieacker, 'Einflüsse des Humanismus auf die Rezeption: Eine Studie zu Johannes Apels Dialogus', *Zeitschrift fur die gesammte Staatswissenschaft*, 100 (1940), 423–56, repr. under a slightly altered title in his *Gründer und Bewahrer* (Göttingen [1959]), 44–91, and G. Theuerkauf, *Lex, Speculum, Compendium iuris* (Cologne–Graz, 1968), 194 ff. (Cf. also F. X. Affolter, *Das römische Institutionensystem* (Heidelberg, 1897), 80–95).

[18] Probably in the sense of Baldus, cf. above, text to n. 10.

[19] On the *lex Error* (*C.* 6.50.9), where he says: 'quia lex Falcidia resecat dominium, quod est ius in re, ergo multo magis obligationem, quae est ius ad rem' (Venice, 1586, fo. 177^r No. 2).

[20] On para. *Omnium* (*Inst.* 4.6.1), i.e. the passage cited above, n. 13.

explained by the fact *inter alia* that passages from his book were quoted in some *lexica*, such as those by Jacobus Spiegel and Johannes Calvinus.[21] Some attention should be given to the commentary on the *Institutes* by Melchior Kling, who may have attended Apel's lectures at Wittenberg: he says[22] that the holder of a servitude has not *dominium* but a *ius in re aliena*. I have not found that term in Apel's book nor in the *lexica* just mentioned. However, Kling does not use it as a general term for all restricted real rights: in that case he simply uses *ius in re*.

This brings us to the question who was the first to make a fundamental distinction between *dominium* and *ius in re aliena*. In previous studies[23] I have given much of the credit to Hugo Grotius, not for using these very terms but for presenting a theory which could be seen as a clear prefiguration of this distinction as made by the Pandectists. Recently I have come to the conclusion that I was wrong and that all the credit should be given to Hugo Donellus. He not only used the term *ius in re aliena*, but also the prefiguration of the Pandectist distinction is much clearer in him than in Grotius. The only thing that should be observed in this context is that Grotius' ideas may have exercised a greater influence on legal practice,[24] specially as far as the division of *dominium* is concerned. For there is, of course, a close link between the medieval division of ownership in *dominium directum* and *utile* on one hand and, on the other, the concept of the 'absolute ownership' which the modern law of Continental Europe is said to share with the Roman law of antiquity.

Up to this point I have mentioned only some rather obscure German jurists of the sixteenth century and made no reference at all to the Humanist School which prevailed in the same period in France.[25] The most illustrious

[21] On *dominium* and on *ius in re*, see my *Ius in re* (above, n. 4), 19. In fact Calvinus simply reprints the passage of Spiegel, who refers to Apel. Ioachim Mynsinger, in his *Apotelesma, hoc est corpus perfectum scholiorum ad Institutiones Justinianeas pertinentium* (s. 1. 1619, p. 143), gives Apel's division but does not mention his name.

[22] Melchior Kling, *In quatuor Institutionum libros enarrationes* (Frankfurt, 1542), fos. 36^{v}–37^{r}.

[23] Apart from *Ius in re* (above, n. 4), 27 I refer to two earlier studies: 'Der Eigentumsbegriff bei Hugo Grotius im Licht einiger mittelalterlicher und spätscholastischer Quellen', *Festschrift für Franz Wieacker* (Göttingen, 1978), 209–34, at 234, and 'Historische aspecten van de private eigendom als rechtsinstituut', *Rechtsgeleerd Magazijn Themis* (1976), 248–75, at 273.

[24] This was possible because he developed these ideas mainly in his *Inleidinge tot de Hollandsche rechtsgeleerdheid* which was not only used at the University but also at the courts of the Province of Holland. Indirectly the work may even have influenced the practice in foreign countries, see R. Feenstra and C. J. D. Waal, *Seventeenth-Century Leyden Law Professors* (Verhandelingen der Koninklijke Nederlandse Akademie van Wetenschappen, Afd. Letterkunde, NS, 90; Amsterdam and Oxford, 1975), 96 and 30–1.

[25] Apart from the Humanists, one 16th-cent. French author should be mentioned in connection with our subject: Charles Dumoulin (Molinaeus). He solved the problems about the rights of e.g. a vassal and an *emphyteuticarius* in a quite original way: see his *Commentarii in consuetudines Parisienses*, tit. 8 (Des fiefs), para. 55 (formerly para. 37), glo. 2 in ver. 'Les propriétaires et seigneurs', No. 2 (in his *Opera* i (Paris, 1658), col. 1181). Maintaining the distinction between *dominium directum* and *utile* he follows some medieval authors in adding a distinction between *proprietas* and *dominium*: however, whereas these medieval writers—*inter alios* Baldus—gave *proprietas* only to the *dominus directus*, Dumoulin states: 'Sed apud nos [i.e. in

French[26] Humanist authors, such as[27] Duarenus,[28] Cujacius,[29] and Faber,[30] clearly rejected the medieval theory of split ownership as well as the terms *dominium directum* and *utile*; they cared very little, however, about the consequences of their criticism. An exception is to be found in another illustrious French Humanist, Hugo Donellus.

In the course of contending that the *emphyteuta* has no *dominium*, despite the text in Justinian's *Codex* which I have mentioned above, Donellus says[31] that he cannot accept the use of the 'divisio vulgaris qua dominium dividunt in directum et utile'. He concedes, however, that the right of an *emphyteuta* is 'dominio proximum'.[32] That was, in his opinion, what the *interpretes*—the medieval jurists—might have felt when they called *utile* the *dominium* of the *emphyteuta*. The term is 'parum aptum et iuris auctoribus incognitum', but what the *interpretes* meant is acceptable because they wanted to say that the *emphyteuta* was 'quodammodo dominus'.[33]

Donellus gives a full discussion of the position of the real *dominus* in case he has conceded land in *emphyteusis*.[34] His ownership is not 'otiosum': apart from

the *pays de droit coutumier*] est econverso, quia dominus directus non dicitur proprietarius, nec habere proprietatem soli, sed solum dominium suum superius. Vasallus autem, censuarius vel emphyteuta dicitur habere verum dominium et proprietatem ipsius; et hunc solum proprietarium vocamus'. This could be seen as a prefiguration of what happened in France in the 18th cent.: see my 'Les origines' (above, n. 7) 93 (= 259) (with further literature; *adde* P. Grossi, 'Un paradiso per Pothier (Robert-Joseph Pothier e la proprietà "moderna")', *Quaderni fiorentini per la storia del pensiero giuridico moderno*, 14 (1985), 401–56, at 415 ff.). A great mistake in my article should be corrected: the opinion of Dumoulin was not 'd'abord emise par Balde'; Baldus gave *proprietas* not to the *dominus utilis* but to the *dominus directus*, see Grossi, loc. cit., who quotes Dumoulin's text at greater length (for a text of Baldus see below, n. 64). This fundamental text is not cited by Tuck, op. cit. (n. 4), 41, who refers only to another passage in Dumoulin, which has nothing to do with divided ownership.

[26] Among the German jurists who might be considered as Humanists Hermannus Vultejus should be mentioned as criticizing divided ownership; see his *In Institutiones commentarius* on *Inst.* 2.1. No. 24 (Marburg, 1598, 161); cf. my 'Eigentumsbegriff' (above, n. 23), 233. Such criticism is not found, however, in Udalricus Zasius: see below, at nn. 65 ff.; he is wrongly cited together with Duarenus, Cujacius, Donellus, and Vultejus by Thibaut in his article mentioned below, n. 80, at 71.

[27] Cf. also a less known author, Lodoicus Maynus Druida, in his *Digestarum seu in artem redactarum actionum iuris libri quatuor* (repr. in the collection De actionibus tractatus ii (Lyons, 1568), fos. 640r–683v), lib. I, cap. VI, at fos. 643v–644r.

[28] Franciscus Duarenus, *Disputationum anniversariarum libri II*, lib. I, cap. 17 (Cologne, 1573, pp. 35–7).

* [29] Jacobus Cujacius, *Observationes*, xi. 35 (in *Opera*, iii (Naples, 1758), col. 322–3). Cf. also the passage in his edition of *De feudis libri quinque*, cited by J. W. Cairns, 'Craig, Cujas, and the Definition of *feudum*: Is a Feu a Usufruct?', p. 82, at n. 44.

[30] Antonius Faber, *Conjecturarum iuris civilis libri viginti*, lib. 20, cap. 11 (Geneva, 1609, pp. 771–3); he states that the *emphyteuta* etc. have an *actio utilis* 'non ex causa dominii alicuius sed ex eo iure quod quis habeat in re aliena' (p. 772).

[31] Hugo Donellus, *Commentarii de iure civili*, lib. 9, cap. 14 *in fine* (in later editions paras. 28–30) (Frankfurt, 1590, pp. 453–4).

[32] This term had already been used by his teacher Duarenus, loc. cit. above, n. 28. Donellus says: 'fatendum est ius eius esse dominio proximum et ipsum quasi dominum quendam esse fundi'.

[33] Cf. also the quotation in the preceding footnote.

[34] Immediately before the passage cited above, n. 31, on p. 453 (para. 27).

his annual rent and his *actio in rem directa*, special attention should be paid to his 'ius revocandae et sibi vindicandae rei' in all the cases in which the *emphyteuta* is to lose his right (when it 'in commissum cadit'). A similar discussion is given for the case in which a right of *superficies* has been conceded.[35]

He emphasizes that *ius emphyteuticum* and *ius superficiarium*, together with *servitus*, *ius bonae fidei possessoris*, and *ius pignoris*, are *iura in rebus alienis*.[36] There are of course differences between these rights, but they have in common that they constitute an *imminutio* of the rights of the *dominus*. His rights can be diminished in two ways: either some rights are taken away but *not* transferred to others or they *are* transferred to others; these rights, says Donellus, are those which we say belong to somebody *in rebus alienis*.[37] In the course of his discussion of the various *species* of these rights he also calls them *iura in re aliena*.[38]

It is clear that Donellus' concept is exactly the one we find in our nineteenth- and twentieth-century textbooks.[39] But it would be wrong to suppose that it was universally accepted from the end of the sixteenth century.[40] Donellus did

[35] *Commentarii*, lib. 9, cap. 17 *in fine* (para. 10) (ed. 1590, pp. 463–4).

[36] *Commentarii*, lib. 9, cap. 13 *in principio* (paras. 1 and 2) (ed. 1590, p. 443): '. . . Non soli vero domini ius habent in rebus privatis et suis. Interdum habent qui domini non sunt, in rebus quidem privatis, verum alienis. Quod fuit alterum genus eorum, quos in rebus privatis ius habere diximus. Hoc habent ii, quorum sunt ea iura, quae in rebus alienis a dominio separata constitui solent. Haec iura numero sunt quinque: ius emphyteuticum, seu ius agri vectigalis; ius superficiarium; ius bonae fidei possessoris; pignus seu hypotheca; servitutes. Ex quibus duo priora sunt dominio proxima, et qui ea habent, quasi domini sunt. Cetera a dominio longe recedunt.'

[37] *Commentarii*, lib. 9, cap. 10 *in principio* (para. 1) (ed. 1590, pp. 431–2): 'Haec iura, quae dominorum esse diximus in re sua, ita sunt domini cuiusque, et solius domini, nisi si quid in his imminuatur iure, ut in definitione dominii posuimus. Ex his vero quaedam iure imminuuntur. Imminutio genere duplex. Quaedam enim sic adimuntur domino, ut non transferantur ad alios; quaedam ideo, quia in alios conferuntur. Quae transferuntur ad alios, ea sunt iura, quae dicimus cuique competere in rebus alienis. De quibus postea post dominorum iura suo ordine dicetur.' Cf. also cap. 12 *in principio* (para. 1) (ed. 1590, p. 440): '. . . [the iura quae transferuntur ad alios] sunt ea, quae alii quam domini in rebus alienis obtinent'.

[38] See e.g. *Commentarii*, lib. 9, cap. 21 *in principio* (para. 1) (ed. 1590, p. 468): 'Postremo et servitutes sunt iura, et ea in re aliena'; ibid. (para. 6) (ed. 1590, p. 469): 'Est autem haec rerum nostrarum servitus, ius in re aliena alteri constitutum . . .'; ibid., *in fine* (para. 18) (ed. 1590, p. 472): '. . . Ius emphyteuticum et superficiarium iura sunt et ipsa in re aliena'.

[39] I wrongly denied this in *Ius in re* (above, n. 4), 20–1, saying that Donellus did not use *iura in rebus alienis* as a technical term; I had not read then all the passages quoted above.

[40] It is rather significant that the concept *ius in re aliena* is not defined or fundamentally opposed * to ownership by the most important authors of the *Usus modernus Pandectarum*, see P. C. Klemm, *Eigentum und Eigentumsbeschränkungen in der Doktrin des usus modernus pandectarum, untersucht anhand der Pandektenkommentare von Struve, Lauterbach und Stryk* (Basel–Frankfurt-am-Main, 1984), 50 n. 27 (who wrongly suggests that the term *ius in re aliena* was already used by the Accursian Gloss). As far as monographies are concerned, it should be noted that the well-known *Bibliotheca realis juridica* by Martinus Lipenius (Leipzig, 1757) does not have the *vox Ius in re aliena* (under *Aliena res* quite different topics are dealt with). It is certainly not by chance that the latest modern study on the 'gemeines Recht', H. Coing, *Europäisches Privatrecht*, i: *Älteres gemeines Recht (1500 bis 1800)* (Munich, 1985), does not mention at all—as far as can be concluded from the index—the term *ius in re aliena*.

not have many pupils and the passages of his *Commentarii* I have referred to were published one year before his death (in 1591), when he was not at Leiden University any more[41] but at Altdorf, the university of the town of Nuremberg. He may, however, have taught the contents of his *Commentarii* already in courses at Leiden and it would not be surprising if, in this particular field as well as in others, he had more followers in the Dutch Republic than elsewhere.[42] One could of course think in the first place of his pupil Gerardus Tuningius and his 'Enkelschüler' Arnoldus Vinnius (whose *Jurisprudentia contracta* was virtually wholly inspired by Donellus),[43] but a more important role may have been played by Hugo Grotius,[44] of whom it has very seldom been suggested that he followed Donellus.[45]

At first sight Grotius' approach to the problem of divided ownership and real rights would seem rather different from that of Donellus. I am referring in particular to his *Inleidinge tot de Hollandsche rechtsgeleerdheid* ('Introduction to the Jurisprudence of Holland'), written about 1620 but first published in 1631.[46] After his main distinction of subjective rights in *beheering* (*jus in rem*)[47] and *inschuld* (*jus in personam sive creditum*), he divides[48] *beheering* into *bezitrecht*

[41] He taught there from 1579 to 1587; he had previously been professor at Bourges (1551–72) and at Heidelberg (1573–9).

[42] Many Dutch authors continued, however, to use the concept of divided ownership, cf. e.g. Ulricus Huber, *Heedensdaegse Rechtsgeleertheyt soo elders als in Frieslandt gebruikelijk*, 2.2.14–16 (Amsterdam, 1726, p. 102).

* [43] See Feenstra and Waal, op. cit. (n. 24), 22 and 27; add my forthcoming article 'Hugues Doneau et les juristes néerlandais du 17e siècle' to be published in the proceedings of the colloque 'Les sources du droit et de la justice, l'humanisme juridique dans la cité de Calvin' (Geneva, 20–1 Nov. 1987).

* [44] Cf. also my article cited in n. 43 and another forthcoming article: 'La systématique du droit dans l'œuvre de Grotius', to be published in the volume *La sistematica giuridica* (Istituto della Enciclopedia italiana; Rome).

[45] He has certainly not been a direct pupil of Donellus, who had left Leiden when Grotius was four years old. He could have had Gerardus Tuningius as one of his teachers, but in fact we do not know anything about Grotius' law studies at Leiden. In his earliest legal work, *De jure praedae* (1604), he has, however, made a substantial use of Donellus' printed *Commentarii*: see P. Haggenmacher, *Grotius et la doctrine de la guerre juste* ([Paris, 1983]), 178–9 (cf. also 464, 488, and 520–1).

[46] The best and most recent critical edition is by F. Dovring, H. F. W. D. Fischer, and E. M. Meijers (Leiden, 1952), which I will quote in the footnotes. In the text I will use the English translation by R. W. Lee (*The Jurisprudence of Holland by Hugo Grotius*, i: *Text* (Oxford, 1926; 2nd edn. 1953; repr. Aalen, 1977). Occasionally I will also refer to the Latin translation by J. van der Linden, see below, n. 59.

[47] The Latin equivalents of the Dutch terms are given by Grotius himself in the margin, cf. the preface (ed. Lee; xv). As to *ius in rem*, this term—not *ius in re*—is also incidentally used in his *De iure belli ac pacis* (2.3.19.2); cf. above, n. 3.

[48] Grotius very frequently uses dichotomies in the Ramistic style. To get a full insight into them one should consult the five synoptic tables which he added to the *Inleidinge* (see the 1952 edn.; unfortunately they are omitted in Lee's edn.); for our subject see the fourth table, part of which has been reproduced by Visser, op. cit. (n. 7), 41.

(*jus possessionis*)[49] and *eigendom* (*jus dominii vel quasi*[50]).[51] The latter is again divided into complete and incomplete ownership (*Inleidinge* 2.3.9–11):[52]

(9) . . . ownership is complete or incomplete.
(10) Complete ownership is that which entitles a man to do with a thing and for his advantage anything he pleases which is not forbidden by the law.
(11) Incomplete ownership is when there is something wanting from this full capacity.

Up to this point the parallel with Donellus is not quite evident because the latter does not use the concepts of complete and incomplete ownership.[53] But we will see that Grotius' argument changes emphasis when, after having dealt at length with complete ownership, he comes back to incomplete ownership in chapter 33 of the second book ('Of incomplete ownership in general'). After a repetition of the definition quoted above he says (*Inleidinge* 2.33.1):[54]

In order that this may be perfectly understood it is to be observed that where there is incomplete ownership, commonly what one person has not got is vested in some one else, so that he too has incomplete ownership . . .

So not only the holder of a servitude may be said to have incomplete ownership, but also the person who must submit to this servitude has no complete ownership. Grotius continues:[55]

But in order to distinguish between the two cases the word ownership is used of the man who has the greater part of the rights of ownership, as the person who may sell or give the land in lease: while the lesser part is called a right,[56] as the right of going on foot . . .

The crucial term in the Dutch text of this passage is *gerechtigheid*, translated simply as 'right'. One might be tempted to see in *gerechtigheid*, which should be

[49] For the concept of *possessio* as a real right see my 'Real rights' (above, n. 11); Grotius gives as its basis the interdicts, not the *actio Publiciana* (as Donellus and others do).

[50] On the sense of *quasi dominium* in this context see my 'Eigentumsbegriff' (above, n. 23), 231–2: probably the term is used here for ownership of rights (*res incorporales*).

[51] These two divisions are found in *Inleidinge* 2.1.57–60.

[52] '(9) . . . den eigendom is volle [L. *Dominium plenum*] of gebreckelicke [L. *Quasi dominium et dominium minus plenum*]. (10) Volle is den eigendom waer door iemand met de zake alles mag doen nae sijn geliefte ende t'sijnen bate dat by de wetten onverboden is. (11) Gebreckelicke waer aen iet, om zulcs alles te moghen doen, ontbreect.' The Latin terms in brackets occur in the margin; 'L' means *Latine*.

[53] For the sources used by Grotius for these concepts see my 'Eigentumsbegriff' (above, n. 23), 228 and 231.

[54] 'om't welcke wel te verstaen staet te letten, dat waer ghebreckelicken eighendom is, ghemeenlick 't gunt den eenen ontbreeckt is by iemand anders, die over-zulcks mede heeft een ghebreckelicken eighendom . . .'

[55] 'maer om onderscheidelick te spreecken noemtmen eighendom 't recht van den ghene die 't meerendeel heeft van den eighendom, als die 't land mag verkoopen ende verhuiren: ende 't minste deel noemtmen een gerechtigheid, als het recht van 't voet-pad.'

[56] Lee translates 'privilege or right'; I have not followed him because it should be clear that the Dutch text has only one term.

understood as somewhat more specific than *recht* (*ius*), the equivalent[57] of what Donellus called *ius in re aliena.*[58] It is interesting that at the end of the eighteenth century one of Grotius' most important commentators,[59] D. G. van der Keessel, does not hesitate to use this term in his Latin paraphrase of this text:[60]

Monet tamen Auctor distinctionis ergo solere dominium vocari ius illius, qui maiorem partem habet eorum, quae sub dominio continentur, ceteras autem minores particulas dominii venire sub nomine iurium in re aliena competentium.

Before we go into a further comparison between Grotius and Donellus we should examine the last part of the paragraph in the *Inleidinge* (2.33.1):[61]

However, to determine which is the greater, which the lesser share, regard is often had more to the value than to present profit. Thus, in the case of land held upon hereditary lease[62] the name of owner is given to the person who receives the rent, and who has the right of reversion by virtue of his upper-ownership, and not to the tenant who nevertheless derives the greatest profit from the land . . .

Here the most interesting term is *opper-eigendom* (upper-ownership). It would seem to be a translation from the Latin *dominium superius.*[63] This term is already used as an equivalent of *dominium directum* by Baldus.[64] It is given special importance by Udalricus Zasius, who translates it as *hoher Eigentum.*[65]

[57] Unfortunately Grotius does not give a Latin equivalent in the margin.

[58] By saying 'is used' ('noemtmen') Grotius would seem to make an allusion to the terminology of other people: could he have meant Donellus?

[59] On the contrary, the man who translated the *Inleidinge* into Latin about 1830–5, Joannes van der Linden, rendered *gerechtigheid* wrongly by *servitus*, see my 'Eigentumsbegriff' (above, n. 23), 232 n. 154. His translation was published only in 1962 under the title *Hugonis Grotii Institutiones juris hollandici*, ed. H. F. D. W. Fischer (Haarlem, 1962); the passage is on p. 74.

[60] *D. G. van der Keesselii Praelectiones iuris hodierni ad Hugonis Grotii Introductionem ad iurisprudentiam hollandicam*, ed. P. van Warmelo, L. I. Coertze, H. L. Gonin (6 vols., Amsterdam [Rotterdam]–Cape Town, 1961–75), iii.136–8. Thanks to the excellent index by P. van Warmelo in vol. vi, I found that Van der Keessel uses the concept *ius in re aliena* in various places, see in particular ii. 34 (*iura in rem alienam*), ii. 38 (*iura in rebus alienis*), iii. 158 (*iure aliquo in re aliena*), iii. 406 (*de iuribus in re aliena constitutis*). In none of these passages does he refer to Donellus.

[61] 'Doch om te vinden het meerder ende minder deel zietmen dickmael meer op de waerde als op de baet. Ende daerom noemt men eighenaar van erfpacht-land dien die den erfpacht beurt, ende die 't recht heeft van verval van wegen sijn opper-eigendom: ende niet den erfpachter die nochtans de meeste baet heeft van 't land . . .'

[62] Lee adds '(emphyteusis)' but that term is not in Grotius' text.

[63] Also here is lacking a Latin equivalent in the margin. In *De iure belli ac pacis* (2.3.19.3) he uses *dominus superior* in connection with the right of reversion and in an opinion written in 1607 he says *sine consensu domini superioris quem directum vocant*, see my 'Eigentumsbegriff' (above, n. 23), 230 n. 135.

[64] e.g. on the *lex Traditionibus*, C. 2.3.20 (Venice, 1586, fo. 109v No. 6): 'Est autem duplex dominium, scilicet superius, quod appellatur proprietas, et inferius seu subalternum quod appellatur utile dominium.' Cf. also Molinaeus, above, n. 25.

* [65] For Zasius' doctrine of divided ownership see in particular P. Grossi, '*Gradus in dominio* (Zasius e la teorica del dominio diviso)', *Quaderni fiorentini per la storia del pensiero giuridico moderno*, 14 (1985), 373–99 (shorter version in *Satura Feenstra* (Fribourg, 1985), 505–22).

Zasius did not reject the medieval distinction between *dominium directum* and *utile* but he interpreted both concepts in an original way, saying that they were *gradus in dominio*, the one being *generalius* than the other. He makes a comparison:[66]

Nam sic Comes est dominus generalis territorii sui, nihilominus particulares personae in Comitatu habent dominia rerum suarum . . . Sic etiam in emphyteota, in vasallo, is habet dominium utile, *das minder eygenthumb*, et domini feudorum vel emphyteosium habent dominium directum.

In another passage[67] he says that *das minder eygenthumb* of the *vasallus* and the *emphyteota* is subordinated *dem hohern dominio* of the *dominus directus*.

It would not seem to be excluded that on this particular point Grotius was directly influenced by Zasius:[68] he had a set of his works in his library.[69]

The whole reasoning in the paragraph of the *Inleidinge* quoted above does, however, show clear similarities with Donellus' way of thinking. The idea that the name of owner is given to the person who receives the rent and who has the right of reversion[70] reminds us of what Donellus says about the fact that the ownership of the man who has conceded land in *emphyteusis* is not 'otiosum'.

After the introductory remarks on incomplete ownership in *Inleidinge* 2.33.1, Grotius deals at length with the various *gerechtigheden*. It should be noted that he invents a general Dutch term to include usufruct, *emphyteusis*, and feudal tenure: this term is *tocht*.[71] In the margin it is explained by no other Latin equivalent than *dominium utile*![72] This was evidently meant for the more traditional readers of his book who could not do without that terminology.[73] This ambiguous attitude[74] was not uncommon at this time. We may give the example of Everardus Bronchorst, a Leiden professor who could also have been one of Grotius' teachers: one of his later *Enantiophana* (of which Grotius

[66] On *D.* 41.2.3. No. 5 (*Opera*, iii (Lyons, 1550), col. 250).

[67] Ibid., No. 26 (col. 256).

[68] In any case I am now less convinced that he intentionally avoided the concept *dominium utile* under influence of e.g. Hermannus Vultejus, as I supposed in 'Eigentumsbegriff' (above, n. 23), 233. *

[69] See P. C. Molhuysen, 'De bibliotheek van Hugo de Groot in 1618', *Mededeelingen der Nederlandsche Akademie van Wetenschappen*, Afd. Letterkunde, NS 6 (1943), 45–63, at 50.

[70] On the right of reversion he also insists elsewhere, see above, n. 63.

[71] *Inleidinge* 2.38.5: 'Tocht is een gerechtigheid om de vruchten van eens anders zaeck te trecken zonder des zaecks vermindering' ('A right of use and enjoyment [*this is of course a description not a translation*] is a right to take the fruits of another's property without impairing the property itself').

[72] It might seem strange that here also the *usufructuarius* is given *dominium utile* but Grotius is apparently following a doctrine of the moral theologians Molina and Lessius; for further details see my 'Eigentumsbegriff' (above, n. 23), 234.

[73] Not only practitioners but also the later learned interpreters of the *Inleidinge* went on to use this term. For Johannes Voet and D. G. van der Keessel see Visser op. cit. (n. 7), 42. The index to Van der Keessel's *Praelectiones* (see above, n. 60) gives 33 pages where the term is used.

[74] For an example of Grotius using *dominium utile* in an opinion see 'Eigentumsbegriff' (above, n. 23), 229 n. 134.

possessed a copy) has the title *Nullum est directum dominium, nullum utile*,[75] but in an older one[76] he had used the term *dominium utile* himself and he did not correct that passage when he re-edited it.

If in the second book of his *Inleidinge*, devoted to real rights, Grotius remains at least consistent in his Dutch terminology, calling all rights other than ownership *gerechtigheden*, this cannot be said of some passages in the third book, devoted to obligations, where he deals with the contract of *pignus*, the contract of *emphyteusis*, and the contract of feud.[77] When he wants to make it clear that in this part he will limit himself to the contractual aspects of these institutions and therefore refers to the second book for the—real—rights that are established by these contracts, he calls these rights not *gerechtigheid* but *gebreckelicke eigendom* ('incomplete ownership'), thus using the term he had more or less abandoned in *Inleidinge* 2.33.

The conclusion must be that if Grotius followed Donellus, he did it only half way.[78] His late eighteenth-century interpreter Van der Keessel shows the same ambiguity, using on one hand the term *ius in re aliena*, but on the other hand, *dominium utile*.[79]

Consistency in this matter would not appear to have been established— * either in the Netherlands or elsewhere—before the early German Pandectists, who were prepared to accept the full implications of Donellus' concept of *ius in re aliena*. It was mainly through the influence of A. F. J. Thibaut that this concept became familiar in Germany. He relied on it explicitly in a famous article, first published in 1801.[80] But although he mentions Donellus incidentally for his rejection of *dominium directum* and *utile*, he does not pay him a special tribute for his use of the concept *ius in re aliena*.

[75] Everardus Bronchorst, *Enantiophanon centuriae sex* (Leiden, 1621), v, No. 38. For criticism of these terms he refers *inter alia* to Antonius Faber, Ludovicus Maynus, Cujacius, and Vultejus, cf. above, at nn. 27 ff.

* [76] *Enantiophan*, ii, No. 67.

[77] *Inleidinge* 3.8.2 (*pignus*), 3.18.2 (*emphyteusis*), and 3.25.2 (feud). These texts had escaped my attention in my earlier studies on Grotius' concept of ownership, see e.g. 'Eigentumsbegriff' (above, n. 23), 234, where I spoke too easily about 'volle Klarheit' in the 'grotianische Konzeption von *eigendom en gerechtigheden*'.

[78] This applies also to others, e.g. to Vinnius, see Feenstra and Waal, op. cit. (n. 24), 30 n. 111.

[79] See above, n. 73.

* [80] A. F. J. Thibaut, 'Über dominium directum und utile', in his *Versuche über einzelne Theile der Theorie des Rechts* ii (Jena, 1801), 71–110 (2nd edn., Jena, 1817, 67–99). Cf. recently on this article Th. Mayer-Maly, 'Eigentum und Verfügungsrechte in der neueren deutschen Rechsgeschichte', *Ansprüche, Eigentum und Verfügungsrechte* (Berlin, 1984), 25–40, at 32; he mentions a Munich dissertation by Berndt-Busz, *Die historische Schule und die Beseitigung des geteilten Eigentums in Deutschland* (1966), which was not available to me. Thibaut had been preceded by other German authors in his criticism of *dominium directum* and *utile*, but they had less influence and had not insisted on the concept of *ius in re aliena:* see e.g. J. Chr. G. Budäus, 'Gedanken von dem gemachten Unterscheid unter den obern und nutzbaren Eigenthum', *Sammlung auserlesener Abhandlungen aus dem Lehnrechte, herausgegeben von K. F. Zepernick*, 4 (1783), 61–8.

IV

HUGUES DONEAU ET LES JURISTES NÉERLANDAIS DU XVIIe SIÈCLE:

L'influence de son «système» sur l'évolution du droit privé avant le Pandectisme *

C'est à bon droit que le souvenir de Hugues Doneau est évoqué dans ce colloque consacré à Jacques Godefroy et à l'humanisme juridique dans la cité de Calvin. Bien que son séjour à Genève n'ait duré que quelques mois et malgré le fait qu'il représente une autre branche de l'humanisme juridique que celle symbolisée par Jacques Godefroy, Doneau a été, en effet, l'un des plus importants juristes de l'école humaniste appartenant à l'Eglise calviniste.

Doneau naquit à Chalon-sur-Saône le 23 décembre 1527[1]. Après de brèves études à Toulouse, il se rendit à Bourges, où il fut l'élève de François Duaren. Il passa son doctorat chez ce dernier en 1551 et commença bientôt à enseigner à Bourges aux côtés de son maître. Il avait beaucoup

---

[1] L'ouvrage fondamental sur Doneau reste toujours A.P.Th. Eyssell, *Doneau, Sa vie et ses ouvrages (L'Ecole de Bourges; synthèse du droit romain au XVIe siècle; son influence jusqu'à nos jours)*, Dijon/Paris/Rotterdam 1860 (réimpression anastatique, Genève 1970). *
Eyssell était un avocat néerlandais; son texte, écrit en latin, avait été couronné par l'Académie des sciences, arts et belles-lettres de Dijon et fut traduit en français par J. Simonnet. Eyssell (1837-1921) devint plus tard conseiller, puis président de la Haute-Cour des Pays-Bas. En 1869, il publia encore un article «Les dernières années de Hugues Doneau», in: *Mémoires de l'Académie impériale des sciences, arts et belles-lettres de Dijon* (1868-1869), pp. 347-360 (à propos de R. Stintzing, *Hugo Donellus in Altdorf*, Erlangen 1869; malheureusement on n'a pas ajouté cet article à la réimpression de son livre).
Nous ne pouvons pas énumérer ici tout ce qui a paru sur Doneau depuis l'ouvrage d'Eyssell. Nous renvoyons à la synthèse la plus récente: E. Holthöfer, «Hugo Donellus (1527-1591)», in: *Fränkische Lebensbilder*, 10 (1982), pp. 157-178; on y trouvera une bibliographie complète jusqu'à 1982. Il y manque — à côté de l'article

de querelles avec son collègue Jacques Cujas; en revanche, il avait de bonnes relations avec François Hotman, qui succéda à Cujas en 1566. A la Saint-Barthélemy, Hotman et Doneau durent prendre la fuite et se rendirent à Genève. Doneau y fut admis comme habitant le 26 septembre 1572. Il y donne quelques leçons, mais dès le début du mois de novembre de cette année, il entre en contact avec l'Université de Heidelberg; la première offre de devenir titulaire d'une chaire que lui fait cette Université date du 30 octobre 1572. Il accepte et, en février 1573, il arrive à Heidelberg. Son séjour y devient moins agréable après la mort de l'électeur palatin Frédéric III, en octobre 1576; le fils et successeur de ce prince, Louis VI, un luthérien, destitue tous les professeurs calvinistes, sauf Doneau. Dès juin 1578, des indices révèlent des négociations avec l'Université de Leyde. L'offre définitive est faite le 21 juin 1579 et Doneau parvient à Leyde le 24 octobre de la même année.

Malgré le succès que ses cours semblent avoir eu, Doneau songe bientôt à d'autres possibilités. En octobre 1582, il accepte la chaire que lui offre l'Université d'Altdorf, mais une intervention du prince d'Orange fait qu'il annule son départ. En 1585, il se montre favorable à des propositions de Heidelberg, où le climat théologique a de nouveau changé après la mort de Louis VI; cette fois-ci son départ est empêché par les Etats de Hollande. Ensuite, il est étroitement mêlé aux querelles qui suivent la désignation par la reine Elisabeth d'Angleterre, du comte de Leicester comme son conseiller auprès des Etats généraux. Doneau est

---

Suite de la note 1

de H. Waider cité *infra*, note 33, et des observations de V. Piano Mortari dans son *Diritto romano e nazionale in Francia nel secolo XVI*, Milano 1962, pp. 134-147, ainsi que de plusieurs contributions de moindre importance — le chapitre bien documenté qu'a consacré à Doneau G. COHEN dans son *Ecrivains français en Hollande dans la première moitié du XVIIe siècle*, Paris 1920, pp. 159-168; cette étude, à laquelle nous nous sommes permis d'emprunter quelques expressions dans notre bref aperçu de la vie de Doneau, a le grand mérite de se baser sur les documents publiés dans le tome I des *Bronnen tot de geschiedenis der Leidsche Universiteit*, édité par P.C. MOLHUYSEN (La Haye 1913), dont elle corrige même certains détails. Parmi ce qui a été écrit sur Doneau depuis 1982 nous signalons ici seulement la bibliographie complète des œuvres de Doneau dans Margreet AHSMANN et R. FEENSTRA, *Bibliografie van hoogleraren in de rechten aan de Leidse Universiteit tot 1811 (= Geschiedenis der Nederlandsche rechtswetenschap*, tome VII, fasc. 1), Amsterdam/Oxford/New York 1984, pp. 105-129 (n°s 197-267). Au moment de la correction des épreuves, nous pouvons ajouter un renvoi aux pages consacrées à Doneau par Margreet J.A.M. AHSMANN dans sa thèse de doctorat à Leyde: *Collegia en colleges, Juridisch onderwijs aan de Leidse Universiteit 1575-1630, in het bijzonder het disputeren* (= Rechtshistorische Studies, Nieuwe Reeks, n° 1), Groningen 1990, pp. 49-72.

soupçonné, avec raison, d'être en relations étroites avec lui. En avril 1587, pendant une absence de Leicester, le prince de Hohenlohe, lieutenant-général du Stadhouder Maurice de Nassau, porte plainte contre Doneau dans une lettre adressée aux bourgmestres et échevins de Leyde. Quelques jours après, les bourgmestres et les curateurs de l'Université le citent à comparaître devant eux et le révoquent. Sa réponse — qu'il a racontée lui-même — est devenue classique: il se borne à dire «Et bien». Il fait appel aux Etats de Hollande, qui demandent des explications aux bourgmestres et aux curateurs; ceux-ci cependant maintiennent leur décision, en affirmant que son retour ne fera que provoquer de nouveaux troubles. Ils ajoutent que la façon d'enseigner de Doneau n'a pas été d'une grande utilité, ni à l'Université ni aux étudiants. Cette constatation surprend, parce que, à cette occasion comme lors de précédentes, les étudiants manifestèrent leur soutien à leur maître[2]. Quoi qu'il en soit, l'Université d'Altdorf, dont on se souvient qu'elle l'avait déjà invité en 1582, a dû lui faire une nouvelle offre. Au printemps 1588, Doneau quitte Leyde pour cette Université créée par la ville de Nuremberg.

Doneau n'a pas profité longtemps de sa chaire d'Altdorf qui lui a d'ailleurs valu de nouvelles querelles, cette fois-ci avec son collègue Hubert Giphanius. Il mourut le 4 mai 1591, après avoir eu encore la satisfaction de voir partir Giphanius et de le faire remplacer par son propre élève Scipio Gentilis; ce dernier, qui resta à Altdorf jusqu'à sa mort en 1616, devait devenir l'éditeur de l'œuvre posthume de son maître.

En ce qui concerne les œuvres de Doneau, on a toujours l'habitude d'établir une distinction assez nette entre ses ouvrages exégétiques portant sur un certain nombre de titres du Digeste et du Code, d'une part, et son grand ouvrage systématique, les *Commentarii de iure civili*, parus en 1589-1597[3], d'autre part. Récemment, H.E. Troje[4] a argué que cette distinction prête à de nombreuses réserves: parmi ses ouvrages consacrés à des parties du *Corpus iuris civilis*, certains montrent déjà une forte

[2] Cf. COHEN, *op. cit.* (note 1), p. 167.

[3] Pour tous les détails concernant les *Commentarii*, voir AHSMANN/FEENSTRA, *op. cit.* (note 1), pp. 114 et ss (n°s 246 et ss).

[4] Dans sa contribution «Die Literatur des gemeinen Rechts unter dem Einfluss des Humanismus» in: *Handbuch der Quellen und Literatur der neueren europäischen Privatrechtsgeschichte*, éd. par H. Coing, II-1, München 1977, pp. 615-795, aux pp. 763 et ss.

tendance systématique[5], tandis que les *Commentarii* contiennent encore beaucoup d'éléments exégétiques. On ne peut pas non plus constater que Doneau passe d'une orientation exégétique à une orientation systématique: c'est précisément dans ses premiers travaux publiés que l'on trouve déjà l'esprit systématique.

Nous ne ferons pas ici l'énumération de ses écrits sur les textes de la codification justinienne[6]. Relevons seulement qu'ils s'étendent[7] sur toute la période de ses professorats à Bourges, à Heidelberg et à Leyde; ce n'est que pendant ses trois dernières années à Altdorf, en revanche, qu'ont commencé à paraître ses *Commentarii de iure civili*. A sa mort, seulement onze des vingt-huit livres de cet ouvrage avaient vu le jour; les livres XII à XVI étaient prêts à être imprimés; le reste devait être préparé pour l'impression par son élève Scipio Gentilis. Il faut s'en rendre compte quand on cherche à établir l'influence exercée par Doneau sur ses contemporains et, dans ce contexte, il faut également se rappeler que les circonstances qu'il a connues durant son enseignement, notamment à Heidelberg, Leyde et Altdorf, n'ont pas toujours été favorables à la création d'une véritable «école».

On doit évidemment se poser la question de savoir s'il n'existe pas des notes de cours inédites qui prouveraient que le «système» de Doneau avait déjà pu pénétrer chez ses auditeurs avant que les *Commentarii* ne fussent publiés. Scipio Gentilis, dans sa préface au tome III de cet ouvrage, raconte qu'il a trouvé des notes de Doneau, écrites de sa propre main il y a plus de trente ans — c'est-à-dire d'avant 1565 —, dont l'appartenance aux *Commentarii* lui parut certaine. L'existence de ces notes (dont on n'a d'ailleurs plus de traces) n'implique évidemment pas qu'elles aient servi à l'auteur pour un cours donné à Bourges ou ailleurs.

Il y a cependant, à la bibliothèque de l'Université de Leyde, un manuscrit en deux volumes, qui porte le titre *Methodus iuris civilis cl.I.U.D. Hugonis Donelli, praelecta in celebri Lugdunensi*[8] *Academia*[9]. Ce manus-

---

[5] Sur cet aspect voir déjà Eyssell, *op. cit.* (note 1), pp. 167 et ss, ainsi que Stintzing, *op. cit.* (note 1), p. 40; cf. aussi la préface de Doneau à ses *Commentarii*.

[6] Pour une telle énumération voir Ahsmann/Feenstra, *op. cit.* (note 1), pp. 105 et ss (n°s 197 et ss).

[7] A l'exception, bien entendu, de quelques textes publiés après sa mort.

[8] Le manuscrit portait d'abord *Lugdinenensi*, mais la faute a été corrigée.

[9] Ms. BPL 40 B, deux volumes. Ce manuscrit n'est pas mentionné dans les notices bio- et bibliographiques sur Doneau que nous avons consultées (cf. *supra*, note 1).

crit a appartenu à Gérard Tuning (Tuningius), qui a été l'élève de Doneau à Leyde[10] et qui probablement l'a écrit. Il n'y a pas de différences fondamentales entre notre manuscrit et les *Commentarii de iure civili*. Le manuscrit donne seulement une version plus brève que celle du texte imprimé; d'une part de nombreux passages manquent dans le corps même du texte, d'autre part le manuscrit s'arrête déjà au chapitre *De in ius vocatione*, c'est-à-dire au deuxième chapitre du livre XXIII de l'édition imprimée (qui contient encore le reste de ce livre, ainsi que les livres XXIV-XXVIII). On notera que c'est précisément dans ce livre que, d'après la préface de Scipio Gentilis, s'arrêtait le manuscrit principal qu'avait laissé Doneau à sa mort[11]. Nous nous abstiendrons d'une analyse plus approfondie du manuscrit et de ses rapports avec les *Commentarii*[12]. Concluons seulement que le «système» de Doneau a déjà fait l'objet de cours à l'Université de Leyde.

Doneau a également fait un cours sur sa *Methodus* à l'Université d'Altdorf. Dans le cadre de ses querelles avec Giphanius, on trouve des témoignages sur l'enseignement de Doneau. Un certain nombre d'étudiants auraient quitté l'*auditorium* de Doneau et se seraient réfugiés dans celui de Giphanius pour deux raisons: «1. weil Donellus nicht hab *peritiam linguarum et philosophiae* wie Giphanius; 2. weil Donellus alle seine *lectiones* in öffentlichem Druckh aussgehen lasse»[13]. Cette dernière remarque fait sans doute allusion aux *Commentarii de iure civili* que Doneau avait, en effet, commencé à publier dès son arrivée à Altdorf. Apparemment ce furent les seules *lectiones* qu'il donnait à Altdorf. Doneau n'y a pas donné les cours traditionnels dans lesquels les textes du *Corpus iuris civilis* étaient interprétés; en effet, quelques mois avant sa mort, les

---

Notre élève et ami C.J.D. Waal y avait consacré quelques pages dans une étude sur l'histoire de la Faculté de droit de Leyde, malheureusement restée inédite; cf. cependant R. Feenstra et C.J.D. Waal, *Seventeenth-Century Leyden Law Professors and their influence on the development of the Civil Law, A Study of Bronchorst, Vinnius and Voet* (= Verhandelingen der Koninklyke Nederlandse Akademie van Wetenschappen, Afd. Letterkunde, Nieuwe Reeks, 90), Amsterdam/Oxford 1975, pp. 16-17. Maintenant le manuscrit a été examiné à fond par Margreet Ahsmann, *op. cit.* (note 1), pp. 64-69.

[10] En 1590, il devint professeur à l'Université de Leyde, voir *infra*, à la note 15.

[11] Gentilis a édité la suite à l'aide d'autres manuscrits.

[12] Pour une telle analyse nous pouvons renvoyer le lecteur à la thèse de Margreet Ahsmann, *op. cit.* (note 1), pp. 64-72.

[13] Voir le document cité par Stintzing, *op. cit.* (note 1), p. 67.

autorités universitaires décident qu'on traitera avec lui «ob er neben Pertexirung seiner *Methodi* etwa zwei stundt einen *Textum in Jure* zu interpretiren uff sich nemen wolte»[14].

Revenons à notre manuscrit de Leyde et examinons quelle influence la *Methodus* de Doneau a pu y avoir sur des élèves. En 1590, Gérard Tuning, le propriétaire — et probablement aussi le copiste — du manuscrit devint professeur des Institutes à Leyde; il occupa cette chaire jusqu'à sa mort en 1610. Nous connaissons de lui un commentaire sur les Institutes, publié à titre posthume par son élève Arnaud Vinnius en 1618[15]. On y trouve peu de traces de la pensée de Doneau. Il est cependant possible que Tuning ait inspiré Vinnius à se consacrer à l'interprétation de l'œuvre principale de Doneau, soit sous la forme manuscrite qu'il avait en sa possession, soit — et cela paraît plus probable — dans l'édition imprimée qui avait été complétée dès 1597. En effet, le premier ouvrage que Vinnius a fait paraître sous son propre nom, sous le titre *Jurisprudentiae contractae sive partitionum iuris civilis libri IV* (1624-1631)[16], constitue une espèce de *compendium* des *Commentarii de iure civili* de Doneau. Il reste toujours possible que Vinnius l'ait rédigé simplement en sa qualité d'admirateur de Doneau *in abstracto*, mais on est tenté de voir dans Vinnius un «Enkelschüler» de Doneau par l'intermédiaire de Tuning.

Pour la pratique judiciaire, la *Jurisprudentia contracta* avait d'ailleurs un avantage par rapport à l'ouvrage de Doneau car les notes contiennent beaucoup de références à d'autres auteurs, notamment à ceux qui étaient fort estimés *in foro*. Ces citations menaient Vinnius parfois à des opinions qui s'éloignent de celles de Doneau. A titre d'exemple, nous citons ses observations sur la célèbre question de savoir si un *nudum pactum* peut engendrer une action. Dans le texte même de son livre, la réponse à cette question est négative, comme dans les *Commentarii* de Doneau. Dans ses notes, cependant, Vinnius corrige cette opinion en renvoyant pour une réponse positive au commentaire sur le Digeste de Wesenbecius[17].

---

[14] STINTZING, *op. cit.* (note 1), p. 44.

[15] AHSMANN/FEENSTRA, *op. cit.* (note 1), n° 736; une réimpression parut en 1653, *ibidem*, n° 737.

[16] AHSMANN/FEENSTRA, p. 278, n°s 824-825.

* [17] Voir notre article «Pact and Contract in the Low Countries from the 16th to the 18th century», in: *Towards a General Law of Contract*, éd. par J. Barton, (= Comparative Studies in Continental and Anglo-American Legal History, 8), Berlin [1990], pp. 197-213, à la p. 209, note 67.

L'influence de la *Jurisprudentia contracta* de Vinnius a été assez limitée, malgré le fait que l'ouvrage a été réimprimé plusieurs fois à l'étranger aux XVIIIe et XIXe siècles, notamment en Italie[18]. Dans la première édition italienne — de 1734 — l'éditeur rappelle d'ailleurs les rapports qui existent entre ce livre et l'œuvre de Doneau[18a].

Beaucoup plus important a été le commentaire sur les *Institutes* que Vinnius a publié pour la première fois en 1642[19]. Dans le titre, ce commentaire se qualifie d'*academicus et forensis*; nous croyons que le grand succès que cet ouvrage a connu partout en Europe doit s'expliquer surtout par cette double qualité. Parmi les nombreux auteurs cités par Vinnius, on trouve bien des fois Doneau.

Une source très importante pour Vinnius ont été les ouvrages de Grotius: ce n'est pas en premier lieu le fameux *De iure belli ac pacis* (1625), mais surtout son *Inleidinge tot de Hollandsche rechtsgeleerdheid* («Introduction au droit hollandais»), écrit en captivité vers 1620, ouvrage peu connu à l'étranger parce qu'il a été écrit en langue nationale. Si, pour cette raison, il n'a pas pu exercer, en dehors des frontières des Pays-Bas, l'influence qu'ont eue d'autres ouvrages du même genre, écrits en latin, il convient néanmoins de faire observer que l'influence indirecte a été plus grande qu'on ne le soupçonne généralement. Cette influence indirecte s'est surtout exercée par l'intermédiaire de quelques auteurs néerlandais du XVIIe siècle qui ont écrit en latin et dont les ouvrages ont été diffusés dans toute l'Europe. Vinnius en est le principal exemple; Ulric Huber et Jean Voet en sont d'autres.

Si Vinnius a ainsi transmis tant l'héritage de Doneau que celui de Grotius, la question doit être posée de savoir s'il n'y a pas eu également une influence directe de Doneau sur Grotius. Ce dernier était un peu plus âgé que Vinnius et l'on sait qu'il fut inscrit à l'Université de Leyde quand il avait 11 ans seulement, c'est-à-dire en 1594. Bien que ce fait se situe sept ans après le départ de Doneau, il ne faut pas oublier que l'oncle du fameux jurisconsulte, Corneille Grotius, avait été le collègue du grand

---

[18] Pour ces éditions — et pour celles parues encore aux Pays-Bas — voir AHSMANN/FEENSTRA, *op. cit.* (note 1), n°s 830-837 et n°s 826-829 respectivement.

[18a] Quant à l'influence de Doneau sur Vinnius, voir dernièrement G.C.J.J. VAN DEN BERGH, *The Life and Works of Gerard Noodt*, Oxford 1988, p. 319, qui signale une confusion entre Vinnius et Noodt, faite par J.E. GOUDSMIT dans son *Pandecten-systeem*, I, Leiden 1866, p. 7. Goudsmit accuse Noodt d'avoir copié maintes pages de Doneau; il visait probablement Vinnius.

[19] AHSMANN/FEENSTRA, *op. cit.* (note 1), n° 839; il y a eu quatre autres éditions néerlandaises et plus de quarante éditions étrangères, voir *ibidem*, n°s 840-889.

juriste français ; on peut ajouter à cela que le souvenir de l'enseignement de Doneau s'est probablement perpétué par l'intermédiaire de Tuning, comme nous l'avons déjà dit. On ne sait presque rien des études de droit de Hugues Grotius — il n'existe même pas une *disputatio* de sa main dans ce domaine — mais il est assez probable qu'il a été confronté avec les opinions de Doneau soit par des cours publics ou privés, soit par la lecture du texte imprimé ou manuscrit[19a] des *Commentarii de iure civili.*

On a peu parlé[20] de l'influence qu'a pu exercer Doneau sur Grotius et, à première vue, il ne semble pas qu'il y ait beaucoup de raisons pour considérer Doneau comme l'une des principales sources de Grotius. Dans *De iure belli ac pacis*, Grotius ne le cite qu'une seule fois, tandis qu'Alciat et Cujas — que Grotius a dû ranger dans la même catégorie de ceux qui s'en tiennent strictement au droit romain, catégorie dont il dit qu'elle n'a guère d'importance pour son sujet[21] — sont cités quand même

---

[19a] Que Grotius ait connu non seulement le texte imprimé, mais aussi une version manuscrite de l'ouvrage principal de Doneau, nous est attesté par une lettre qu'il a adressée à Christian Huygens le 30 novembre 1614 (éditée par D. de Vos, «Grotius over een jeugdvers van Constantÿn Huygens» in: *Meta, Mededelingenblad voor Neerlandici in Leiden*, 15 (1981), pp. 89-91). Grotius y donne des conseils pour les études en droit de deux fils de Huygens, Constantin et Maurice. Il recommande tout particulièrement l'utilisation d'un «*Compendium juris civilis*, dicté jadis par Doneau, dont beaucoup d'étudiants — et aussi quelques avocats — possèdent des copies manuscrites» (très probablement le manuscrit cité *supra*, note 9, est l'une de ces copies). Grotius se rappelle de l'avoir lu avec beaucoup de profit. Il suggère que le précepteur qui le récitera aux fils de Huygens s'instruise auparavant «in editis commentariis Donelli, qui serviront à une interprétation plus approfondie du *Compendium*». — Nous tenons à remercier Mme AHSMANN de nous avoir rappelé cette lettre, dont elle a traité d'une façon plus détaillée dans sa thèse, *op. cit.* (note 1), pp. 63-64.

[20] Voir cependant les observations très pertinentes à ce sujet chez P. HAGGENMACHER, *Grotius et la doctrine de la guerre juste* (Paris 1983), pp. 178-179 ; cf. également pp. 464, 488 et 520-521. Dans l'article récent de P. CAPPELLINI, «"Status" accipitur tripliciter, Postilla breve per un'anamnesi di "capacità giuridica" e "sistema del diritto romano attuale"», in: *Annali dell'Università di Ferrara, Nuova serie, Sezione V: Scienze giuridiche*, 1 (1987), pp. 29-97, et in: *Studi in memoria di Mario E. Viora*, [Roma 1990], pp. 73-148, aux pp. 47-53 [= 92-99], on trouve bien une comparaison entre les opinions de Doneau et celles de Grotius en matière de «capacità giuridica», mais l'auteur ne se pose pas la question de l'influence que Doneau a pu exercer sur Grotius.

[21] Voir sur cette catégorie notre article «Quelques remarques sur les sources utilisées par Grotius dans ses travaux de droit naturel», in: *The World of Hugo Grotius, Proceedings of the International Colloquium organized by the Grotius Committee of the Royal Netherlands Academy of Arts and Sciences, Rotterdam 6-9 April 1983*, Amsterdam/Maarssen 1984, pp. 65-81, à la page 75 ; cf. aussi p. 78 pour les citations d'Alciat, de Cujas et d'autres auteurs.

sept fois chacun: ce n'est rien comparé à des auteurs comme Covarruvias, Soto, Molina et Lessius, cités de vingt et un jusqu'à cinquante-deux fois. Ces chiffres pourraient cependant tromper. Dans *De iure praedae*, Doneau figure neuf fois et pour ce qui concerne l'*Inleidinge* on doit constater qu'elle ne contient aucune référence, de sorte que toutes les possibilités restent ouvertes. Eyssell, le biographe néerlandais de Doneau, a déjà signalé[22] que Grotius a fait l'éloge de Doneau dans ses *Annales et Historiae de rebus belgicis*, «pour avoir secoué le joug de la routine et pour avoir, à la différence des autres auteurs exclusivement voués à la critique des textes, entrepris de construire un nouveau système de jurisprudence»[23].

Vu cet éloge, il semble tout à fait justifié d'examiner la question de savoir si Grotius ne se montre pas inspiré par certaines doctrines de Doneau sans le citer explicitement. Prenons d'abord le système qu'il développe dans son *De iure belli ac pacis* pour décrire le droit de la nature[24].

Pour comprendre ce système il faut se rendre compte quelle est la conception grotienne de la guerre; il distingue certes les *bella privata* et *bella publica*, mais il les traite sur le même plan. La justice privée et la guerre juste sont l'une et l'autre des moyens auxquels on doit avoir recours quand il est impossible de s'adresser à un juge. Ce sont pour ainsi dire les substituts des *actiones*. Aussi doit-on considérer les causes des *bella iusta* — qu'ils soient *privata* ou *publica* — de la même façon que les causes des actions: *«quot actionum forensium sunt fontes, totidem sunt belli; nam ubi iudicia deficiunt incipit bellum»* (2, 1, 2, 1). La première division qu'il fait est entre *actiones ob iniuriam non factam* et celles *ob factam*. Dans la première catégorie rentrent, entre autres, les moyens pour obtenir

---

22 *Op. cit.* (note 1), p. 323.

23 Voir H. Grotius, *Annales et historiae de rebus belgicis*, Amstelodami 1657, p. 266; dans une description de l'Université de Leyde, Grotius s'exprime sur Doneau de la manière suivante: «Civile studium doctorem habuit Hugonem Donellum, qui, Connani et Duareni vestigiis inhaerens, legum disciplinam in ordinem artisque modum composuit, recisis quae superioris aevi secura nimium imperitia turbarat; non tamen ut recentiori inertiae accederet, quae nudo verborum cultu ipsam ejus sapientiae vim infregit. Sed hunc contactu Licestrianarum partium eo abreptum, ut sui studii haud minimum, quae et privati et inquilini officia, oblivisceretur, et inde vilem Altorfia excepit.»

24 Dans ce qui suit nous avons repris quelques éléments d'une conférence que nous avons donnée à Rome en 1986, sous le titre «La systématique du droit dans l'œuvre de Grotius»; le texte doit paraître dans les actes du colloque *La sistematica giuridica* (Istituto della Enciclopedia italiana, Rome).

une *cautio damni infecti* et les autres interdits *ne vis fiat*. La seconde catégorie, *actiones ob iniuriam factam*, est subdivisée en *actiones ut reparetur* et *actiones ut puniatur*. Sous le chef *ut reparetur*, on reconnaît la doctrine de la restitution des théologiens moraux. Mais Grotius y ajoute une nouvelle distinction: ce qui doit être réparé, dit-il, regarde ou bien *id quod nostrum est vel fuit* ou *id quod nobis debetur*. C'est là qu'on peut constater l'influence directe de la terminologie de Doneau[25], qui fait de la distinction entre *id quod vere et proprie nostrum est* et *id quod nobis debetur* la division principale de ce que nous appellerions aujourd'hui le droit matériel[26].

Passons maintenant au système que Grotius développe dans son *Inleidinge*[27]. Si l'on laisse de côté d'abord les deux premières sections du premier livre, on pourrait croire à première vue que Grotius s'est laissé largement inspirer par le soi-disant système des *Institutes* de Justinien. En effet, le premier livre de l'*Inleidinge* traite des personnes, le second de ce que nous appellerions les biens et le troisième des obligations; il avait d'abord envisagé un quatrième livre, consacré aux actions, mais probablement à la suite des circonstances assez difficiles dans lesquelles il a rédigé son ouvrage, il a abandonné ce projet et s'est contenté d'un renvoi à un livre contemporain qui traite cette matière. On ne peut donc pas dire que Grotius ait éliminé les actions de son système; bien au contraire, à la fin de la deuxième section du premier livre — dans l'introduction générale que nous avions d'abord laissée de côté —, après avoir fait la distinction entre droit public et droit privé, il donne comme division principale du droit privé celle entre les droits de chacun sur les choses et les moyens de faire valoir ces droits. C'est précisément ce qu'avait fait Doneau dans ses *Commentarii de iure civili*[28]. Quant aux

---

[25] Cf. HAGGENMACHER, *op. cit.* (note 20), p. 178, qui renvoie également à un passage dans *De iure praedae* de Grotius (cap. VII, éd. Hagae Comitum 1868, pp. 67-68), où il dit «et quod nobis debetur nostrum dicitur».

[26] DONEAU, *Commentarii de iure civili*, lib. 2., cap. 8 (éd. Hanoviae 1612, p. 44).

[27] La dernière et meilleure édition de l'*Inleidinge tot de Hollandsche rechtsgeleerdheid* est celle de F. DOVRING, H.F.W.D. FISCHER et E.M. MEIJERS, Leiden 1952. D'autres éditions et des traductions en anglais sont mentionnées par J. TER MEULEN et P.J.J. DIERMANSE, *Bibliographie des écrits imprimés de Grotius*, La Haye 1950, n°s 757-790. A ajouter une traduction latine: *Hugonis Grotii Institutiones iuris hollandici, e belgico in latinum sermonem translatae a Joanne van der Linden J.U.D.*, éd. par H.F.W.D. FISCHER (= Rechtshistorisch Instituut (Leiden), Série I, 3), Haarlem 1962.

[28] *Commentarii de iure civili*, lib. 1, cap. I (éd. Hanoviae 1612, p. 1).

droits de chacun sur les choses, encore que la suite des matières ressemble beaucoup à celle des *Institutes* de Justinien, la justification de l'ordre suivi est assez neuve. Ce qui frappe surtout, c'est que la division des matières traitées aux deuxième et troisième livres — biens et obligations — est basée sur une hiérarchie de droits subjectifs, tout comme chez Doneau.

Au début du deuxième livre, après avoir examiné la division des choses plus ou moins dans le style de Gaius et de Justinien, Grotius précise (*Inleidinge*, 2, 1, 57 et ss) qu'il traitera des différents droits qu'on peut avoir sur ces choses et qui dérivent tous du droit qu'il appelle «toebehoren» ; ce n'est autre que ce que nous appelons droit subjectif. Il le définit comme «ce qui est dit être nôtre» ; évidemment il ne faut pas seulement penser à l'*id quod nostrum est*, mais encore à l'*id quod nobis debetur* (pour employer la terminologie de Doneau). En effet, il le divise en ces deux catégories principales, pour lesquelles il emploie des termes néerlandais qui sont assez peu courants à l'heure actuelle — «beheering» et «inschuld» — mais qu'il explique, heureusement, en marge par les termes latins plus universellement acceptés : *jus in rem* et *jus in personam sive creditum*.

Le *jus in rem* («beheering») est subdivisé d'abord en «bezitrecht», *jus possessionis*, et «eigendom», *jus dominii vel quasi* (*Inleidinge*, 2, 1, 60). Ce dernier droit a un sens très large : des subdivisions dichotomiques mènent cependant à la reconnaissance de l'existence, à côté du droit de propriété proprement dit, d'un nombre de «droits réels» parmi lesquels on ne compte pas seulement ceux qui dérivent du droit romain — servitudes, sûretés réelles, usufruit, usage, emphytéose, superficie — mais encore des droits d'origine coutumière, comme fief, cens et dîmes (*Inleidinge*, 1, 33-48). Dans des études publiées entre 1976 et 1979[29], nous avions considéré que le plus grand mérite de Grotius dans ce domaine a été d'établir la distinction assez nette entre la propriété, d'une part, et les *iura in re aliena*, d'autre part ; cette distinction n'était pas du tout commune à cette époque, pendant laquelle les auteurs avaient notamment encore l'habitude de présenter le fief, l'emphytéose et la superficie comme «domaine utile», c'est-à-dire comme formes de la propriété. Nous avons

[29] Voir notamment «Der Eigentumsbegriff bei Hugo Grotius im Licht einiger mittelalterlicher und spätscholastischer Quellen», in : *Festschrift für Franz Wieacker zum 70. Geburtstag*, Göttingen 1978, pp. 209-234, aux pp. 230 et ss (avec mention d'études antérieures), et *Ius in re, Het begrip zakelijk recht in historisch perspectief* (= Thorbecke-colleges, 4), (Den Haag-) Zwolle 1979, pp. 24 et ss.

dû reconnaître récemment[30] que nous avions eu tort de ne pas attribuer ce mérite à Doneau qui, ici comme sur d'autres points, a bien été l'inspirateur de Grotius.

Terminons par un autre exemple de l'influence de Doneau sur la systématique de l'*Inleidinge* de Grotius: la conception de la responsabilité civile. Après avoir fait la distinction traditionnelle entre obligations *ex maleficio* et *ex quasi maleficio*, Grotius définit *maleficium* comme un fait ou une omission qui est illicite, soit par soi-même, soit à la suite de la disposition d'une loi (*Inleidinge*, 3, 32, 2-3). Il en propose une subdivision en cinq catégories, en fonction des «choses qui nous appartiennent»: la vie, le corps, la liberté, l'honneur et les biens (les choses corporelles) (3, 33, 1)[31]. Cette énumération se retrouve au début du deuxième livre de l'*Inleidinge*[32], dans le passage qui traite des «choses» comme objets de nos différents droits (2, 1, 41-49). Elle rappelle directement celle qu'on trouve chez Doneau à plusieurs reprises: il reconnaît un droit de l'individu sur sa vie, son intégrité corporelle, sa liberté et son *existimatio*[33]. Doneau revient sur ces droits de l'individu quand il parle des actes illicites qu'il semble considérer également comme des lésions à un droit subjectif[34].

---

[30] Nous l'avons fait pour la première fois en novembre 1985, dans un discours resté inédit, à l'occasion de notre retraite comme professeur à l'Université de Leyde. Nous y sommes brièvement revenu dans l'article cité *supra*, note 24; pour une argumentation détaillée et documentée voir maintenant notre étude «Dominium and ius in re aliena, The origins of a civil law distinction», in: *New Perspectives in the Roman Law of Property, Essays for Barry Nicholas*, Oxford 1989, pp. 111-122.

[31] On remarquera combien cette conception diffère de celle du droit romain, où il était notamment impossible — au moins à l'époque classique — d'intenter une *actio legis Aquiliae* en cas d'homicide d'un homme libre.

[32] Avec quelques variantes elle figure aussi dans *De iure belli ac pacis*, où elle est également utilisée pour une subdivision des cas de *maleficium* (2, 17, 2 et 2, 17, 13 et ss).

[33] *Commentarii de jure civili*, lib. 1, cap. 1 (éd. Hanoviae 1612, p. 1): «... cum de iure et statu personae quaeritur, constat in persona ipsa pleraque esse cuiusque: cuiusmodi sunt vita, corporis incolumitas, libertas, existimatio». Cf. déjà le début de la préface de DONEAU aux *Commentarii*. Voir également lib. 2, cap. 8 (éd. Hanoviae 1612, p. 45). Sur cette conception d'un *suum in persona ipsa* chez Doneau, voir H. WAIDER, «Ars iuris und suum in persona ipsa bei Hugo Donellus, Ein Beitrag zur Geschichte der Methodologie und der Lehre von den Menschenrechten», in: *Archiv für Geschichte der Philosophie*, 43 (1961), pp. 52-69, aux pp. 58 et ss, ainsi que CAPPELLINI, *op. cit.* (note 20), pp. 41 [= 86] et ss.

[34] Voir *Commentarii de iure civili*, lib. 15, cap. 24 *in fine*, et cap. 25 *in principio* (éd. Hanoviae 1612, p. 788).

Ces quelques exemples pourront suffire à démontrer l'influence que Doneau a eue sur les conceptions de Grotius. Nous avouons volontiers qu'il y a beaucoup de domaines où cette influence ne se manifeste pas, mais les exemples donnés concernent des matières qui sont assez importantes du point de vue de la doctrine moderne. Et comme Grotius a exercé, comme nous l'avons dit, une influence indirecte, mais point négligeable, dans le domaine du droit privé, en dehors des frontières des Pays-Bas, il faudra reconnaître que, par l'intermédiaire de Grotius, certaines théories de Doneau ont pu pénétrer dans la science juridique européenne bien avant que les Pandectistes allemands n'eussent rendu justice à son génie[35].

[35] Nous ne souscrivons donc pas à ce qu'écrit EYSSELL, *op. cit.* (note 1), pp. 324 et ss, à propos de l'attitude des juristes néerlandais à l'égard de Doneau.

V

NOTICE
SUR PIERRE CORNEILLE DE BREDERODE
(1558[?]-1637)

En préparant notre conférence sur «Hugues Doneau et les juristes néerlandais du XVIIe siècle» nous nous étions rendu compte du fait que, à la fin du XVIe siècle, il y a eu un juriste néerlandais qui pourrait symboliser mieux que Doneau les rapports entre les cercles intellectuels de la jeune République des Provinces-Unies et le centre du nouvel humanisme juridique qui s'était constitué à Genève: nous voulons dire Pierre Corneille de Brederode (Pieter Cornelisz van Brederode)[1].

Né à La Haye vers 1558, Brederode se fit immatriculer à l'Université de Leyde le 9 mai 1578; il appartient à la première génération d'étudiants de cette Université qui avait été fondée en 1575. Deux ans plus tard — dans le trimestre de mai-juin-juillet 1580 — il est signalé à l'Université d'Orléans[2], puis le 25 juillet 1580 il est inscrit comme étudiant en droit à l'Académie de Genève, où il resta probablement jusqu'au début de 1586.

---

[1] Pour les lignes qui suivent nous pouvons renvoyer, une fois pour toutes, à une étude bio-bibliographique que nous avons publiée en 1959 sous le titre «Pieter Cornelisz van Brederode (1558(?)-1637) als rechtsgeleerd schrijver», in: *Tijdschrift voor Rechtsgeschiedenis*, 27 (1959), pp. 412-468. Depuis 1959, il y a plusieurs additions et corrections à faire à cet article. Nous en signalons quelques-unes dans les notes qui suivent. Ici nous devons renvoyer en premier lieu à la notice biographique qui lui a été consacrée par Suzanne Stelling-Michaud dans le tome II du *Livre du Recteur de l'Académie de Genève (1559-1878)*, Genève 1966, p. 324 (additions dans le tome VI, Genève 1980, p. 336). Nous faisons suivre quelques détails qu'on ajoutera aux notes de notre étude de 1959: p. 425, note 50: «Paullus Gulielmus (Mismetius) Dordrac.» est à identifier avec Paullus Merula (1558-1607), juriste et historien bien connu, professeur à l'Université de Leyde (il fut à Orléans en 1583 et non pas en 1587); p. 441, note 109: Sur Brederode à Bâle, on consultera encore H.R. Guggisberg, «Die niederländischen Studenten an der Universität Basel von 1532 bis zum Ende des 17. Jahrhunderts», in: *Basler Zeitschrift*, 58-59 (1959), pp. 231-288, à la page 262. *

[2] Voir une notice marginale dans le troisième Livre des procurateurs de la nation germanique à l'Université d'Orléans, Archives du Loiret, rég. D 215, fol. 164 (139) v°

Il y fut l'élève de Denys Godefroy avec lequel plus tard il devait être uni par des liens de parenté. Il doit avoir joui d'une confiance particulière de son maître qui le prit comme collaborateur pour sa célèbre édition du *Corpus iuris civilis*, parue pour la première fois en 1583[3]. Brederode est l'auteur de deux *Indices* dans cette édition, intitulés respectivement *Lexicon iuris* et *Loci communes sive sententiae jurisconsultorum*. En 1585, toujours comme étudiant en droit à Genève, il publia séparément à Lyon une version augmentée et remaniée de ces deux opuscules, sous le titre *Thesaurus dictionum et sententiarum iuris civilis ex universo iuris corpore collectus*. Ce livre, qui connut quatre éditions (dont la dernière parut à Naples en 1775), peut sans doute être considéré comme un produit de l'humanisme juridique genevois. S'il est rarement mentionné à côté des ouvrages des grands auteurs de l'école néerlandaise, il n'en fut pas moins apprécié jusqu'au début du XIXe siècle; même Leibniz en a donné un jugement favorable.

Suite de la note 2

(dans notre article, p. 427, note 57, nous n'avions cité que le fol. 302 (266) de ce registre, où se trouve la mention qu'il obtint la licence en droit le 20 février 1586). En 1580, il est également mentionné comme donateur d'un livre à la Nation germanique: Archives du Loiret, rég. D 231 (Livre des assesseurs), p. 188: il s'agissait d'un ouvrage de Cantiuncula, *Paraphrasis in Institutiones*.

[3] A vrai dire, Godefroy l'avait déjà fait contribuer à son édition des Institutes de Justinien, qui a dû paraître quelques mois avant celle du *Corpus iuris civilis*: il s'agit de *Imper. Iustiniani Institutionum libri IIII, Notae ad easdem Institutiones Dionysii Gothofredi*, Lugduni in officina Barthol. Vincentii, 1583 (nous en avons consulté un exemplaire à la bibliothèque de Trinity College, Cambridge). On y trouve, à la fin du premier tome, d'abord une *Collectio verborum iuxta ordinem Alphabeti ex Tit. Digestorum de verborum significatione per P.C.B.*, puis une *Epitome regularum iuris ex Tit. Digestorum secundum ordinem alphabeticum collecta per P.C.B.*, et finalement un *Index rerum ac verborum quae in his Institutionibus et adiunctis duobus Digestorum titulis tractantur locupletissimus, compositus studio et diligentia P.C.B.* Ces trois éléments ont été repris dans un certain nombre d'éditions des Institutes ultérieures. Nous les avons trouvés notamment dans deux éditions de Iacobus Stoer à Genève, datant de 1605 et 1614. Les contributions de Brederode avaient probablement été empruntées à une édition de 1590 (cf. la préface de Petrus Brossaeus, datée du 12 mars 1590, qui figure dans les éditions de 1605 et de 1614). Les deux premières contributions, la *Collectio* et l'*Epitome*, se retrouvent dans les plus anciennes éditions néerlandaises des Institutes, celles d'Amsterdam 1622 et 1627. Elles ont eu une longue vie, car elles ont été ajoutées encore à des éditions des Institutes avec les notes de Vinnius en 1709, 1730, 1753, 1755 et 1758 et à des éditions des deux titres du Digeste à la fin du *Compendium Institutionum* de J.F. Böckelmann en 1700, 1706, 1708, 1710, 1727, 1745, 1763 et 1802; voir à ce sujet AHSMANN/FEENSTRA, *Bibliografie van hooglerarem in de rechten aan de Leidse Universiteit tot 1811* (cf. *supra*, note 1 de notre contribution sur Doneau), n°s 902-906 et 37-44.

Au début de 1586, Brederode a dû se rendre de nouveau à Orléans, cette fois-ci pour y obtenir le «licentiat en droit» (le 20 février). Après un séjour de presque deux ans à La Haye, il est probablement rentré brièvement à Genève, où il publia en 1588 un *Specimen novum iuris totius ordine literario in artem familiarem redigendi*. Ce *specimen* se limite aux titres *de usufructu*, *de usu et habitatione* et *de operis et ministerio servorum* du Digeste et l'auteur n'a jamais fait paraître une suite. L'ouvrage constitue néanmoins un exemple intéressant des efforts de mettre de l'ordre — encore que ce ne fût pas un ordre systématique — dans le labyrinthe qu'était, aux yeux des humanistes, le *Corpus iuris civilis*.

Nous ne donnerons pas une énumération de ses publications ultérieures, qui n'ont pas de rapports spécifiques avec Genève et qui sont d'ailleurs en grande partie[4] des éditions d'ouvrages d'autres auteurs (Wesenbecius, Schneidewinus, Decianus, Covarruvias et Brissonius). Sa carrière se déroule désormais en dehors de Genève. Il enseigne encore quelques années à Bâle[5] où il travaille en même temps pour la maison éditrice des Episcopii.

En 1595 il est nommé conseiller-maître des requêtes de Catherine de Bourbon, la sœur de Henri IV, «Madame». Il passe environ sept ans à Paris[6]. De plus en plus, il revêt des fonctions politiques et diplomatiques: de 1602 jusqu'à sa mort en 1637, il est «agent» de la République des Provinces-Unies auprès des princes protestants d'Allemagne. Il réside à Francfort, à Heidelberg et à Bâle. Entre autres, il rend des services à l'Université de Leyde pour le recrutement des professeurs[7]. Il meurt à Bâle en 1637.

---

[4] La principale exception est constituée par son *Eurematicon sive cautelarum libri tres*, paru à Bâle en 1590; c'est l'œuvre d'un humaniste qui cherche un compromis avec la pratique judiciaire encore empreinte des auteurs du Moyen Age.

[5] Pour compléter ce que nous en avons dit dans notre article (p. 429) on consultera encore K. MOMMSEN, *Katalog der Basler juristischen Disputationen, 1558-1818*, aus dem Nachlass herausgegeben von W. Kundert (= Ius Commune, Sonderhefte, Texte und Monographien, 9), Frankfurt-am-Main 1978, où l'on ne trouvera cependant pas de renseignements nouveaux.

[6] En 1601-1602, il correspond avec la Nation germanique à l'Université d'Orléans, dont il défend les intérêts dans des matières administratives et judiciaires à Paris, voir *Inventaire sommaire des Archives départementales antérieures à 1790*, rédigé par C. BLOCH et J. SOYER, *Loiret, Archives civiles, Série D: Instruction publique, sciences et arts*, Orléans 1917, p. 62 (Arch. Loiret, D 206, liasse détruite en 1940).

[7] Voir *Bronnen tot de geschiedenis der Leidsche Universiteit*, éd. par P.C. MOLHUYSEN, II (8 febr. 1610 — 7 febr. 1647) (= Rÿks Geschiedkundige Publicatiën, 29), 's Gravenhage 1916, pp. 23, 42-44, 48-49, 45*-48*, 51*-59*, 61*-63*, 65*, 66*.

V

Il n'y a que deux aspects de sa vie privée qui méritent d'être relevés à l'occasion d'une commémoration du 400e anniversaire de Jacques Godefroy. Le 13 avril 1595, Brederode épousa à Paris Marie Guerreau, qui était une cousine de Jacques Godefroy du côté maternel. Elle mourut dans l'été de 1636 sans lui laisser d'enfants. En automne de cette même année, il se remaria à Bâle avec la sœur de Jacques Godefroy, Renée, qui était alors veuve de Philippe Camerarius. Ce second mariage ne dura que quelques mois, car il mourut lui-même le 21 mars 1637. Il fut donc à deux reprises lié avec la famille Godefroy.

VI

Ius commune et droit comparé chez Grotius

Nouvelles remarques sur les sources citées dans ses ouvrages juridiques, à propos d'une réimpression du *De iure belli ac pacis* *

A Domenico Maffei

En 1984 nous avons publié une étude sous le titre "Quelques remarques sur les sources utilisées par Grotius dans ses travaux de droit naturel"[1]. Il s'y agissait en premier lieu des références aux sources qu'on trouve dans son ouvrage principal, *De iure belli ac pacis* (1625), et dans son ouvrage de jeunesse, *De iure praedae* (1604-1606). En mettant à profit, d'une part, les tables des auteurs cités dans le texte et dans les notes de ces deux ouvrages — tables qui figurent dans les traductions en anglais publiées dans la série des "Classics of International Law" en 1925 [-1928] et en 1950 respectivement — et, d'autre part, l'inventaire de sa bibliothèque et l'édition de sa correspondance, nous nous étions efforcé notamment de préciser la place très importante qu'occupent chez Grotius les auteurs espagnols du 16e siècle[2].

[1] *The World of Hugo Grotius (1583-1645). Proceedings of the International Colloquium organized by the Grotius Committee of the Royal Netherlands Academy of Arts and Sciences*, Rotterdam 6-9 April 1983 (Amsterdam and Maarssen 1984) 65-81. Nous citerons cet article comme 'Sources'.

[2] Pour des aspects particuliers nous en avions déjà traités à plusieurs reprises, voir entr'autres: 'Théories sur la responsabilité civile en cas d'homicide et en cas de lésion corporelle avant Grotius', *Etudes d'histoire du droit privé offertes à Pierre Petot* (Paris 1959) 157-171, réimprimé dans nos *Fata iuris romani* (Leyde 1974) 323-337; 'L'influence de la Scolastique espagnole sur Grotius en droit privé: quelques expériences dans des questions de fond et de forme, concernant notamment les doctrines de l'erreur et de l'enrichissement sans cause', *La Seconda Scolastica nella formazione del diritto privato moderno*. Atti dell'incontro di studio, Firenze, 16-19 Ottobre 1972 (Per la storia del *

Dans le présent article[3] nous nous proposons d'élargir et d'approfondir quelque peu ces recherches sur les sources de Grotius.

C'est le travail exigé par la vérification d'une grande partie des références contenues dans le *De iure belli ac pacis* qui nous a amené à de nouvelles réflexions sur le bagage intellectuel dont disposait notre auteur dans les différentes périodes de sa vie. Nous essayerons de reconstituer d'une façon plus précise la collection des livres auxquels il avait accès en redigeant ses ouvrages juridiques, non seulement les deux mentionnés plus haut mais encore quelques autres qui sont moins connus. Nous mettrons notamment l'accent sur son emploi des sources du *ius commune* et sur la préférence que, vers la fin de sa vie, il a montrée pour les sources du droit germanique.

I. Si l'on veut reconstituer plus ou moins la bibliothèque que Grotius avait à sa disposition, il faudra bien distinguer les différentes périodes de sa vie (1583-1645).

Quand il redigeait son traité *De iure praedae* (1604-1606) — qui est resté inédit jusqu'en 1868[4] — Grotius a dû avoir accès facile à un assez grand nombre d'ouvrages; nous ignorons s'il possédait luimême tous les textes qu'il cite, mais on peut présumer qu'il en a vu la

pensiero giuridico moderno 1; Milano 1973) 377-402, réimprimé dans *Fata iuris romani* 338-363; 'Impossibilitas and Clausula rebus sic stantibus. Some aspects of frustration of contract in continental legal history up to Grotius', *Daube Noster, Essays in legal history for David Daube* (Edinburgh and London 1974) 77-104, réimprimé dans *Fata iuris romani* 364-391; 'Der Eigentumsbegriff bei Hugo Grotius im Licht einiger mittelalterlicher und spätscholastischer Quellen', *Festschrift für Franz Wieacker zum 70. Geburtstag* (Göttingen 1978) 209-234.

[3] Un certain nombre d'éléments de cet article a été présenté sous forme d'une conférence faite au Max-Planck-Institut für europäische Rechtsgeschichte à l'occasion du 80ᵉ anniversaire de notre illustre collègue Helmut Coing, le 28 février 1992: 'Der Arbeitstisch eines europäischen Juristen - Hugo Grotius und seine Quellen'.

[4] *Hugonis Grotii De jure praedae commentarius*, ed. H.G. Hamaker (Hagae Comitum 1868). Un fac-similé de l'autographe a été reproduit comme volume II d'une édition de l'ouvrage dans la série 'The Classics of International Law' (no. 22; 1950); le volume I de cette édition est constitué par une traduction en anglais par Gwladys L. Williams avec la collaboration de W.H. Zeydel, cf. *infra* nt. 30.

plupart. Au moment de la rédaction de ses autres ouvrages juridiques les circonstances étaient certainement moins favorables.

Rappelons qu'en 1618 Grotius fut emprisonné à la suite d'un changement politique en Hollande; il resta en prison jusqu'à son évasion du château de Loevestein en mars 1621. C'est au cours de cette période qu'il écrivit son "Introduction au droit hollandais" — *Inleidinge tot de Hollandsche rechtsgeleerdheid* —, manuel destiné à la pratique du droit en Hollande (où l'on appliquait un mélange de droit romain et de droit coutumier[5]), qui, à la suite des circonstances, ne fut publié qu'en 1631[6]. Ce manuel ne contient aucune référence aux sources. Toutefois, dans son propre exemplaire de l'édition de 1636, qui nous a été conservé, Grotius a ajouté un certain nombre de notes marginales[7] qui consistent pour la plupart en références; ces références, sur lesquelles nous reviendrons quand nous traiterons de l'histoire du texte du *De iure belli ac pacis*, reflètent seulement la composition de sa bibliothèque après 1636, c'est-à-dire dans la dernière période de sa vie, quand il était ambassadeur de Suède à Paris (1635-1645).

Le *De iure belli ac pacis*, publié en 1625[8], a été écrit quand il était en exil en France. Il ne disposait pas de sa propre bibliothèque, qui avait été confisquée en 1619. Il a dû se servir des bibliothèques de ses amis français. Mais il a pu mettre à profit également des notes qu'il avait prises à une époque antérieure, ainsi que le manuscrit de son *De iure praedae*; nous verrons encore quel usage il a fait de ce dernier texte. Les références aux sources dans le *De iure belli ac pacis* sont très nombreuses dès l'*editio princeps* de 1625. Dans l'édition de 1642

[5] L'ouvrage contient cependant aussi beaucoup d'éléments de droit naturel.

[6] On utilisera la dernière et meilleure édition, publiée par F. Dovring, H.F.W.D. Fischer et E.M. Meijers (Leiden 1952, réimprimé 1965). D'autres éditions et des traductions en anglais sont mentionnées par J. ter Meulen et P.J.J. Diermanse, *Bibliographie des écrits imprimées de Grotius* (La Haye 1950) nos. 757-790. A ajouter une traduction latine: *Hugonis Grotii Institutiones juris hollandici, e belgico in latinum sermonem translatae a Joanne van der Linden J.U.D.*, éd. par H.F.W.D. Fischer (Rechtshistorisch Instituut Leiden, Serie I, 3; Haarlem 1962). *

[7] Ces notes marginales ont été publiées dans l'édition de 1952, citée dans la note précédente.

[8] Pour les éditions à utiliser voir *infra*, nt. 14 et s.

Grotius a ajouté des notes parfois assez longues[9], dans lesquelles il y a encore beaucoup d'autres références. Ces références additionnelles datent plus ou moins de la même période que les ajouts manuscrits à l'*Inleidinge tot de Hollandsche rechtsgeleerdheid* et l'on peut constater des parallèles assez intéressants.

Ces parallèles gagnent encore en intérêt quand on compare le quatrième ouvrage juridique de Grotius, la *Florum sparsio ad ius Justinianeum*, un recueil de notices assez brèves sur différents textes du *Corpus iuris civilis*. Dès 1613 Grotius avait annoncé son projet de publier un ouvrage de ce genre, mais il ne l'a fait paraître qu'en 1642[10]. On doit admettre qu'une partie de ces notices avait déjà été rédigée avant 1613, mais un assez grand nombre de références ne semble dater que des années précédant immédiatement la publication, c'est à dire de la même période que les ajouts à l'*Inleidinge* et au *De iure belli ac pacis*. En effet, il y a bon nombre de références aux mêmes sources que celles citées dans ces ajouts. On a parfois l'impression qu'après lecture d'un nouveau livre acquis pour sa bibliothèque Grotius a tout de suite distribué les fruits de cette lecture parmi les trois ouvrages en question. Prenons comme exemple une édition avec commentaire des lois des Hébreux, publiée en 1637 par le professeur de linguistique orientale et de théologie à Leyde, Constantin l'Empereur, sous le titre *Baba Qama mimaseget neziqin, De legibus Ebraeorum forensibus liber singularis*[11]; dans les notes sur l'*Inleidinge* cet ouvrage est cité quatre fois, dans les notes additionnel-

[9] A la différence des notes des éditions antérieures, toutes placées en marge du texte, celles de 1642 figurent à la fin des chapitres; elles sont rattachées au texte par la répétition des mots du texte auxquels elles se réfèrent.

[10] Première édition à Paris en 1642; deux éditions à Amsterdam en 1643, puis une édition à Halle en 1729 et une à Naples en 1777 (pour les détails voir Ter Meulen et Diermanse, *Bibliographie* nos. 791-794 [cf. *supra* nt. 6]). Sur cet ouvrage voir E. Dumbauld, *The life and legal writings of Hugo Grotius* (Norman, Oklahoma, 1969) 152-180; on y trouve entre autres une table des nombreux renvois à *De iure belli ac pacis* dans *Florum sparsio*, table qui, cependant, n'est pas tout à fait complète.

[11] *ex Hebraeorum pandectis versus et commentariis illustratus per Constantinum L'Empereur ab Opwyck* (Lugduni Batavorum 1637). Sur L'Empereur voir P.T. van Rooden, *Theology, biblical scholarship and rabbinical studies in the seventeenth century: Constantijn L'Empereur (1591-1648), Professor of Hebrew and Theology at Leiden* (Studies in the history of Leiden University 6; Leiden etc., 1989).

les du *De iure belli ac pacis* huit fois et dans la *Florum sparsio* pas moins de 36 fois.

A côté de ces trois ouvrages juridiques qui ont été augmentés ou mis dans leur forme définitive dans la dernière période de la vie de Grotius, il convient de mentionner encore un ouvrage plutôt historique de Grotius qui est resté inachevé et qui n'a été publié qu'après sa mort: *Historia Gotthorum, Vandalorum et Langobardorum* (1655)[12]. Dans les prolégomènes de cet ouvrage il y a quelques pages qui, pour ainsi dire, contiennent une comparaison du droit romain et du droit germanique[13]. L' *Historia Gotthorum* fut commencée par Grotius quand il était ambassadeur de Suède auprès du roi de France. Il voulait prouver que, pour des raisons historiques, les rois de Suède devaient avoir la préséance sur d'autres rois de l'Occident (comme ceux d'Espagne et d'Angleterre). Il s'applique à démontrer la haute valeur des anciens Suédois et de leur descendants, les Goths — Visigoths et Ostrogoths —, les Vandales et les Lombards. A cette fin il se réfère notamment à leurs anciennes lois et va même jusqu'à préférer certaines dispositions de ces lois à celles du droit romain. Nous y reviendrons mais nous signalons dès maintenant qu'on doit voir sous cette optique les multiples références à ces lois dans la *Florum sparsio* et dans les ajouts à l'*Inleidinge* et au *De iure belli ac pacis*.

Pour en revenir à la bibliothèque que Grotius avait à sa disposition pendant les différentes périodes de sa vie, il est évident que nous sommes mieux renseignés pour les années 1635-1645 que pour d'autres périodes. Pour ce qui concerne l'époque de la naissance de son ouvrage principal, le *De iure belli ac pacis*, il existe beaucoup d'incertitude. Les recherches entreprises pour la vérification des références dans cet ouvrage pourraient cependant amener à formuler quelques précisions à cet égard. Avant de le faire, nous nous per-

[12] *ab Hugone Grotio partim versa partim in ordinem digesta, praemissa sunt ejusdem prolegomena* (Amstelodami 1655); voir sur cette édition - et sur une édition à part des prolégomènes à Marburg en 1746 - Ter Meulen et Diermanse, *Bibliographie* nos. 735, 736 et 738 (cf. *supra* nt. 6).

[13] Ces prolégomènes ont été réimprimés - en dehors de l'édition de Marbourg mentionnée dans la note précédente - comme Appendix V dans l'édition 1952 de l'*Inleidinge* 395-399 (cf. *supra* nt. 6). Voir sur ce texte S.J. Fockema Andreae (Jr.), 'Une étude de droit comparé par Grotius', *Grotiana* 10 (1942-1947) 29-44.

mettrons de mettre nos lecteurs au courant de la forme sous laquelle les résultats de ces vérifications seront présentées.

II. Depuis quelque temps déjà on a envisagé une réimpression de la dernière édition du *De iure belli ac pacis*, à savoir l'*editio maior*, parue en 1939 sous le patronage de l'Union Académique Internationale et préparée par Madame de Kanter-van Hettinga Tromp[14]. En 1987 il fut décidé que cette réimpression serait accompagnée d'une nouvelle annotation[15] dans laquelle figureraient les résultats de la vérification d'une grande partie des références contenues dans les notes de Grotius. Cette nouvelle édition doit paraître au cours de l'année 1992[16].

Avant de fournir des précisions sur l'annotation que nous y avons ajoutée il nous faut rappeler que l'édition de 1939 n'est pas une édition critique[17]. Madame de Kanter avait pour tâche de reproduire le texte de la seconde édition autorisée par Grotius, à savoir celle qui a paru *in folio* à Amsterdam en 1631[18]; C. van Vollenhoven, qui, jusqu'à sa mort en 1933, dirigeait les travaux de la nouvelle édition et qui avait fait des recherches assez approfondies sur l'histoire du texte, notamment sur les différences entre les cinq éditions préparées par Grotius lui-même, la considérait comme la plus importante. Au texte de l'édition de 1631 Madame de Kanter devait ajouter toutes les variantes des quatre

[14] *Hugonis Grotii De iure belli ac pacis libri tres*, curavit B.J.A. de Kanter-van Hettinga Tromp (Lugduni Batavorum 1939). Nous citerons cette édition comme 'Djbap'; voir sur elle Ter Meulen et Diermanse, *Bibliographie* no. 617 (cf. supra nt. 6).

[15] Preparée par une équipe dont, outre le signataire de ces lignes, faisaient partie Mesdames C.E. Persenaire et E. Arps-de Wilde.

* [16] Après le titre de 1939 (cf. *supra* nt. 14) elle porte: *editionis anni 1939 quae Lugduni Batavorum in aedibus E.J. Brill emissa est exemplar photomechanice iteratum. Annotationes novas addiderunt R. Feenstra et C.E. Persenaire adiuvante E. Arps-de Wilde* (Scientia Verlag; Aalen 1992). La nouvelle annotation y est précédée d'une introduction de la main du signataire de ces lignes. Dans notre présent article nous y avons emprunté quelques éléments; nous la citerons comme 'Introduction'.

[17] Comme elle est encore appelée par Hasso Hofmann, 'Hugo Grotius', *Staatsdenker im 17. und 18. Jahrhundert*, éd. par M. Stolleis (Frankfurt am Main 1977) 51-77, à la page 60.

[18] Voir Ter Meulen et Diermanse, *Bibliographie* no. 567 (cf. *supra* nt. 6).

autres éditions, à savoir celles de 1625, 1632, 1642 et 1646[19]. De cette tâche elle s'est acquittée, en général, d'une façon très consciencieuse. Les résultats sont assez satisfaisants pour ce qui concerne le texte proprement dit[20]; pour les notes, en revanche, ils le sont beaucoup moins. Nous en avons déjà traité dans notre article de 1984[21]. Qu'il nous suffise ici de constater que pour les notes l'édition de 1939 a suivi de très près celle de 1919[22], publiée par P.C. Molhuysen (1870-1944), qui, d'ailleurs, s'était également chargé d'apporter, dans l'édition de 1939, des explications, des corrections et des précisions dans les références contenues dans les notes. Dans ce domaine Molhuysen, à son tour, avait été largement tributaire des éditions préparées au 18e siècle par Jean Barbeyrac (1674-1744)[23]. Cet auteur, qui fut professeur de droit à Lausanne et à Groningue[24], avait fait oeuvre très méritoire en vérifiant et en corrigeant un certain nombre des références de Grotius. On aurait voulu que Molhuysen l'eût suivi encore davantage. Citons comme exemple une correction de Barbeyrac qui n'a pas été reprise par Molhuysen. A propos d'un texte

[19] *Ibidem* nos. 565, 569, 571 et 572.

[20] Une erreur assez curieuse a cependant été signalée en passant par E. Rabbie dans son édition de Hugo Grotius, *Defensio fidei catholicae de satisfactione Christi adversus Faustum Socinum Senensem* (Hugo Grotius, Opera theologica 1; Assen-Maastricht 1990) 358: dans une citation de Sénèque (Djbap 496; II,20,24,2), au lieu de "nemo non potest" le texte porte "nemo potest". Il s'agit d'une erreur typographique dans l'édition de 1631, répétée dans celles de 1632, 1642 et 1646, corrigée dans les éditions de Barbeyrac au 18e siècle (cf. *infra* nt. 23), mais réintroduite dans celles de 1919 (cf. *infra* nt. 22) et de 1939. L'*editio princeps* de 1625 portait la leçon correcte, mais Mme de Kanter a omis de le signaler.

[21] 'Sources' (cf. *supra* nt. 1) 68-71.

[22] *Hugonis Grotii De iure belli ac pacis libri tres*, edidit P.C. Molhuysen (Lugduni Batavorum 1919); voir sur cette édition Ter Meulen et Diermanse, *Bibliographie* no. 615 (cf. *supra* nt. 6).

[23] Barbeyrac a publié deux éditions du texte latin en 1720 et en 1735) et une traduction française, dont la première édition parut en 1724, voir Ter Meulen et Diermanse, *Bibliographie* nos. 601-603, 605-606 et 654 (l'édition 1724 de la traduction française a été réimprimée en 1984 par le Centre de philosophie politique et juridique, Université de Caen, dans la série 'Bibliothèque de philosophie politique et juridique, Textes et documents'). L'édition publiée par M. Tydeman en 1773 peut être considérée comme une troisième édition-Barbeyrac, voir *Bibliographie* no. 611.

[24] Voir Ph. Meylan, *Jean Barbeyrac (1674-1744) et les débuts de l'enseignement du droit dans l'ancienne Académie de Lausanne, Contribution à l'histoire du droit naturel* (Lausanne 1937).

des *Pauli Sententiae* Grotius[25] avait voulu dire que probablement une partie avait été interpolée par Anianus, le rédacteur visigothe du *Breviarium Alaricianum* (par lequel les Sentences de Paul nous ont été transmises); malheureusement, à la suite d'une erreur typographique, on lit dans les éditions préparées par Grotius[26] "Arrianus" au lieu de "Anianus". Barbeyrac a corrigé cette erreur, mais Molhuysen apparemment n'a pas compris le sens de cette correction et l'a omise.

Ce qui a été négligé, cependant, tant par Molhuysen que par Barbeyrac, c'est la vérification des renvois aux juristes et aux théologiens du moyen âge et des temps modernes.

Sur ce point on doit également constater un défaut de la traduction en anglais publiée en 1925 [1927-1928] dans la série des "Classics of International Law"[27]. En publiant une table des auteurs cités, avec précisions sur les titres des ouvrages[28], les éditeurs américains de cette traduction créent l'impression d'avoir vérifié les références. Dans une note introductive à la table[29] ils avouent cependant d'avoir limité ces vérifications aux textes qu'on trouve dans des éditions de la Loeb Classical Library et des Oxford Classical Texts ou dans "d'autres éditions facilement accessibles". En fait, cela signifie qu'ils n'ont pas contrôlé[30] les textes des juristes et des théologiens

[25] *Djbap* 248 n. 1 (ad II,5,15), à propos de Pauli Sententiae II,19: "nisi forte haec postrema verba Anianus [ed.: Arrianus] addidit". Cf. *Florum sparsio* (*supra* nt. 10) ad l. Nuptiae D. de ritu nuptiarum [D.23.2.2]: "non a Paulo est sed ab Aniano".

[26] Comme il s'agit d'une note ajoutée en 1642 (cf. *supra*, à la note 9), ce ne sont ici que les éditions de 1642 et de 1646.

[27] *De jure belli ac pacis libri tres by Hugo Grotius, volume two: The translation*, by F.W. Kelsey (The Classics of International Law 3, vol. 2; Oxford-London 1925). Sur cette traduction voir Ter Meulen et Diermanse, *Bibliographie* no. 614 (cf. *supra* nt. 6); en fait, les trois parties de ce vol. 2 n'ont paru qu'en 1927-1928. La traduction a été réimprimée à deux reprises: en 1964 par Oceana Publications à New York (en trois volumes) et en 1984 par Gryphon Editions à Birmingham (Alabama) comme édition spéciale pour 'The Legal Classics Library' (en un seul volume).

[28] On y a ajouté une qualification des auteurs et les dates de leur vie, voir 'Introduction' (cf. *supra* nt. 16) nt. 43.

[29] *Translation* (cf. *supra* nt. 27) 888.

[30] A la différence des traducteurs du *De jure praedae* (cf. *supra* nt. 4) qui se sont bien efforcés de faire un pareil contrôle pour tous les ouvrages cités.

depuis le moyen âge[31]. Les noms et les titres des ouvrages de ces auteurs figurant dans leur "table" se révèlent d'ailleurs être inspirés par une liste de *auctores laudati* que Molhuysen avait ajoutée à son édition de 1919[32]. On retrouve dans la table des traducteurs américains les erreurs de la liste de Molhuysen: d'une part y figurent des ouvrages non existants, comme un commentaire d'Alexander [Tartagnus] de Imola sur les Décrétales et des *Quaestiones* de Franciscus Zabarella, ou des ouvrages existants mais que Grotius n'avait pas en vue, comme Manuel de Costa, *De rebus seu dispositionibus dubiis,* ou Angelus Aretinus, *Consilia*; d'autre part, des auteurs cités en abréviation que Molhuysen n'avait pas identifiés, comme Franciscus Balduinus, Ioannes Cephalus et Philippus Francus, manquent également dans la liste des Américains. Dans la plupart des cas, en revanche, la table des Américains offre des renseignements nouveaux, notamment des titres plus precis des ouvrages cités. Dans ces précisions, cependant, ils ont commis, à leur tour, un certain nombre d'erreurs qui démontrent qu'ils n'étaient pas plus versés dans les sources juridiques que Molhuysen. Donnons-en quelques exemples[33].

L'empereur Léon I (†474) est mentionné comme auteur de *Novellae*, au lieu de l'empereur Léon VI (866-912). Le juriste romain Arrianus figure dans la liste au lieu d'Anianus, le rédacteur du *Breviarium Alaricianum*[34]. Menochius est confondu avec Menchaca (=Fernandus Vasquius), Constantin L'Empereur, le professeur de Leyde[35], avec l'empereur byzantin Constantin VII (905-959), l'auteur et traducteur antique Ruffinus (†410) avec le canoniste Rufinus (deuxième moitié du 12e siècle). On attribue à Albericus de Rosate un commentaire sur les Décrétales, à Angelus de Ubaldis des commentaires sur les Institutes et sur les Décrétales, à Nicolaus Boerius un commentaire sur les Décrétales, à Franciscus de Accoltis un commentaire sur le Sexte et à Panormitain un commentaire sur le Décret de Gratien. Parfois on mentionne un ouvrage qui existe mais

[31] A quelques exceptions près: pour les juristes on s'est servi des *Tractatus universi iuris*, 24 voll. (Venetiis 1584).

[32] Elle manque dans l'édition de 1939; sur cette table voir 'Introduction' (cf. *supra* nt. 16), section 3.

[33] Pour les références on consultera la 'List of Sources' ajoutée à l'annotation nouvelle dans l'édition de 1992 (cf. *supra* nt. 16).

[34] Cf. *supra* nt. 25.

[35] Cf. *supra* nt. 11.

que Grotius n'avait pas en vue, tel par exemple l'*Antitribonianus* de François Hotman. Des références aux "Canonistae" (il y en a cinq dans les notes de Grotius) ne figurent pas dans la table; dans la traduction deux de ces références sont tout simplement omises, dans deux autres cas on traduit "canon". Une identification défectueuse de quelques textes du *Corpus iuris canonici* a pour conséquence que les différents ouvrages de Covarruvias ne sont pas spécifiés d'une façon correcte. Pour Navarrus on mentionne ses *Consilia seu responsa* au lieu de son *Enchiridion*. La *Collatio legum Mosis et Romanarum* est attribuée au rabbi espagnol Moses de Kotzi.

Il est évident que l'on ne peut se fier ni à l'édition de 1939 ni à la traduction en anglais de 1925-1928 quand il s'agit des références aux sources. Dans l'annotation nouvelle que nous avons ajoutée à la réimpression de l'édition de 1939 nous nous sommes efforcés de suppléer à ce défaut. Un manque de temps nous a cependant obligés de nous imposer des restrictions. Nous avons éliminé de nos vérifications tous les textes de l'Antiquité, à l'exception des sources juridiques. Nous nous sommes bornés, *grosso modo*, aux textes à partir de la fin du sixième siècle après J.-C.; de ce groupe nous avons néanmoins éliminé les textes juifs et les textes littéraires byzantins (les sources juridiques byzantines ont bien été contrôlées). Ainsi nos recherches concernent-elles surtout les domaines de la science juridique, de la théologie morale et de l'historiographie.

Il n'y a rien de surprenant dans le fait que, au cours de nos vérifications, nous avons trouvé beaucoup d'erreurs dans le texte grotien qui n'avaient pas été découvertes par les éditeurs du 18ᵉ et du 20ᵉ siècle. Il s'agit en premier lieu de plus d'une centaine de cas où l'indication de la numérotation des livres, chapitres ou paragraphes de l'ouvrage cité n'est pas correcte. Puis il y a des fautes dans les noms des auteurs cités (sous forme abrégée). Les exemples les plus simples[36] sont des confusions entre Bartolus et Baldus, Baldus et Balduinus, Decius et Decianus, Innocentius et Imolensis, Soto et Scotus. Il existe des cas plus compliqués: le juriste italien Augustinus Beroius, à la suite d'une erreur dans l'abréviation — "Boer." au lieu de "Bero." —, est devenu le juriste français Nicolas Boyer (Boerius); de la même façon le théologien Conradus Summenhart ("Conrad.") est devenu le

[36] Pour ces exemples on trouvera les références dans notre 'Introduction' (cf. *supra* nt. 16), section 6.

juriste espagnol Covarruvias ("Covar.") et le théologien espagnol Antonius Cordubensis ("Cor.") s'est transformé en canoniste italien, à savoir Franciscus Zabarella, connu comme Cardinalis ("Car.")[37]. Le cas le plus difficile pour nous a été un renvoi à "Sanction des eaux et forêts"; il s'est révélé que Grotius se réfère à un auteur, Louis de Sainct-Yon[38], qui a édité les édits et ordonnances des rois de France sur les eaux et forêts!

Ces problèmes d'identification résolus, il reste à déterminer l'édition dans laquelle on doit vérifier la référence de Grotius. En principe, nous avons essayé de nous servir de l'édition même que Grotius a utilisée ou, à tout le moins, d'une édition qu'il a pu utiliser. Ce n'est qu'exceptionnellement qu'on peut établir avec certitude quelle édition il a vraiment eue sous les yeux. Evidemment il n'y a pas de difficultés au cas où, à l'époque de la rédaction du *De iure belli ac pacis*, il n'existait qu'une seule édition. Si, à ce moment, il y avait déjà plusieurs éditions, il existe parfois des indications qui permettent de déterminer celle dont Grotius s'est servi: c'est le cas, par exemple, quand le passage cité ne se trouve que dans une seule édition ou quand Grotius cite le numéro d'une page qui ne peut être que celle d'une édition déterminée[39]. Un cas très spécial est celui d'une erreur typographique copiée par Grotius et qui n'apparaît que dans une seule édition de sa source[40].

La question se pose si l'on ne peut pas supposer que Grotius s'est servi d'une édition déterminée quand celle-ci était dans sa bibliothèque[41]. Cette question nous ramène à ce que nous avons déjà dit plus

[37] En outre "Joh. Imol." est devenu "Alex. Imol." et "Valentia" est devenu "Valdesius".

[38] Nous tenons à remercier notre collègue et ami Jean Imbert, qui nous a suggéré cette solution.

[39] Voir 'Introduction' (cf. *supra* nt. 16) nt. 76.

[40] Dans *Djbap* 595 n. 1 Grotius cite Caietanus '2.2.q.4 art. 1' au lieu de '2.2.q.40 art. 1'. Il s'agit d'une erreur typographique dans l'*editio princeps* du traité *De Indis* de Victoria (dans *Relectiones theologicae*, Lugduni 1557), ouvrage auquel Grotius renvoie avant la référence à Caietanus qu'il y a empruntée. Cette erreur a été corrigée dans toutes les éditions ultérieures des *Relectiones* de Victoria; Grotius a donc dû se servir de l'*editio princeps*.

[41] Pour un aperçu récent des problèmes concernant la bibliothèque de Grotius voir E. Rabbie, 'The history and reconstruction of Hugo Grotius' library. A survey of the results of former studies with an indication of new lines of research', *Libri, fonti, biblioteca ideale tra scienza, filosofia ed erudizione*, éd. par E. Canone (Roma 1992), à paraître. *

haut par rapport au problème plus général des livres qu'il avait à sa disposition au moment de la rédaction de ses ouvrages juridiques. Nous pouvons le traiter maintenant un peu plus en détail.

A la suite de la confiscation de ses biens, prononcée en même temps que sa condamnation à un emprisonnement à vie en 1619, un inventaire de sa bibliothèque fut dressé le 25 mars 1620[42]. Cet inventaire indique les livres qu'il possédait au moment de son emprisonnement en août 1618. Les titres dans cet inventaire sont cependant tellement succincts que, dans la plupart des cas, il est impossible d'en déduire quelle était exactement l'édition dont il s'agit[43]. Nous rappelons d'ailleurs qu'au moment de la rédaction du *De iure belli ac pacis* il ne pouvait plus se servir de ces livres; tout ou plus pouvait-il en faire des citations indirectes à l'aide du manuscrit du *De iure praedae* ou de notes qu'il avait prises avant 1618[44].

Ce qui paraît être plus important que cet inventaire de 1620, c'est qu'un certain nombre des livres de la bibliothèque de Grotius a été conservé jusqu'à nos jours, notamment de ceux qui avaient été achetés après sa mort par la reine Christine de Suède. Une partie de cette dernière catégorie se trouve encore dans des bibliothèques suédoises[45], une autre partie est dans la Bibliothèque de l'Université de Leyde[46]. Parmi ces livres il y en a qui portent des titres qui sont cités

[42] Voir P.C. Molhuysen, 'De bibliotheek van Hugo de Groot in 1618', *Mededeelingen der Nederlandsche Akademie van Wetenschappen*, afd. Letterkunde, Nieuwe Reeks 6 (1943) 45-63.

[43] Dans un certain nombre de cas il est même impossible de déterminer l'ouvrage dont il s'agit.

[44] Dans la prison de Loevestein, cependant, il a encore eu à sa disposition un certain nombre d'ouvrages, voir Molhuysen, 'De bibliotheek' (cf. *supra* nt. 42) 18-19, et C.S.M. Rademaker, 'Books and Grotius at Loevestein', *Quaerendo. A Quarterly Journal from the Low Countries devoted to manuscripts and printed books* 2 (1972) 2-29.

[45] Voir F. Dovring, 'Une partie de l'héritage littéraire de Grotius retrouvée en Suède', *Mededelingen der Koninklijke Nederlandsche Akademie van Wetenschappen*, Afd. Letterkunde, Nieuwe Reeks 12 (1949) 237-250, et 'Nouvelles recherches sur la bibliothèque de Grotius en Suède et en Italie', *ibidem* 14 (1951) 331-340.

[46] Voir E.M. Meijers, 'Boeken uit de bibliotheek van De Groot in de Universiteitsbibliotheek te Leiden', *Mededelingen* etc. (cf. *supra* nt. 45) 251-279. Cf. aussi F.F. Blok, *Contributions to the history of Isaac Vossius' library* (Verhandelingen der Koninklijke Nederlandse Akademie van Wetenschappen, Afd. Letterkunde, Nieuwe Reeks 83; Amsterdam-London 1974) 34-43.

dans le *De iure belli ac pacis*[47]. Pourtant, pour les raisons que nous avons déjà indiquées, cela ne nous permet pas de conclure qu'il s'est servi de ces exemplaires en rédigeant la version originale de cet ouvrage. Ce n'est que pour les références additionnelles de l'édition de 1642 qu'on peut admettre avec plus ou moins de certitude qu'il a utilisé les exemplaires conservés[48].

Il y a un tout autre aspect des références dans le *De iure belli ac pacis* que nous devons encore aborder: Grotius n'a-t-il pas emprunté beaucoup de références à d'autres auteurs sans les vérifier? A quelques endroits seulement il l'avoue franchement lui-même[49]. Mais il doit y avoir beaucoup d'autres cas où il a procédé de la même façon sans le dire. Nos recherches nous ont permis d'en décéler un certain nombre, notamment en comparant le texte de Grotius avec celui de la source qui lui a probablement servi d'intermédiaire[50].

On ne sera pas surpris que le phénomène se manifeste avant tout pour les deux auteurs qu'il mentionne dans les prolégomènes de son ouvrage comme de grandes autorités: Diego Covarruvias[51] et Fernandus Vasquez[52]; les ouvrages de ces deux auteurs ne se trouvent d'ailleurs pas dans l'inventaire de sa bibliothèque de 1620, encore qu'il les eût déjà cités très fréquemment dans le *De iure praedae*, 34 et 72 fois respectivement. Dans le *De iure belli ac pacis* il s'y réfère 52 et 30

[47] Voir 'Introduction' (cf. *supra* nt. 16) nt. 85.

[48] Dans un certain nombre de cas l'identification de ces références est facilitée parce que les ouvrages en question sont également cités dans l'*Inleidinge* (cf. *supra* nt. 6) ou dans *Florum sparsio* (cf. *supra* nt. 10).

[49] Voir 'Introduction' (cf. *supra* nt. 16) nt. 94.

[50] Pour ce qui suit on se référera surtout à la nouvelle annotation dans l'édition de 1992 (cf. *supra* nt. 16).

[51] Grotius cite de Covarruvias notamment *De matrimonio,* les cours *in cap. Quamvis pactum, in Clem. Si furiosus, in reg. Peccatum* et *in reg. Possessor malae fidei* ainsi que les *Variae resolutiones*; voir notre 'List of Sources' (*supra* nt. 33).

[52] Surtout ses *Controversiae illustres (et usu frequentes).* Sur l'utilisation de ces ouvrages par Grotius dans *De iure praedae* voir D. Beaufort, 'Alfonsus a Castro als bron voor Hugo de Groot's «Mare liberum»', *Collectanea franciscana neerlandica* 1 (1927) 205-218, à la page 209, et C.G. Roelofsen, 'The sources of Mare liberum; the contested origins of the doctrine of the freedom of the seas', *International law and its sources. Liber amicorum Maarten Bos* (Deventer 1988) 93-124 (réimprimé dans Roelofsen, *Studies in the history of international law* [thèse droit Utrecht 1991] 41-72), aux pages 121-123 (69-71).

fois; il leur a emprunté au moins au moins 18 et 21 réferences à d'autres auteurs juridiques[53].

A côté de Covarruvias et de Vasquez on notera comme fournisseurs de références Victoria[54] et Soto[55], qui l'un et l'autre figurent également déjà très fréquemment dans le *De iure praedae*. Dans cet ouvrage, en revanche, on ne trouve pas de références à deux autres théologiens moraux qui sont souvent cités dans le *De iure belli ac pacis*, à savoir Molina[56] et Lessius[57]; si ces auteurs ont eu beaucoup d'influence sur le contenu de certaines parties de l'ouvrage de 1625, nous n'avons pas pu constater qu'ils aient été utilisés fréquemment comme sources de références[58].

On a beaucoup parlé de l'usage que Grotius a fait d'un autre auteur mentionné déjà dans les prolégomènes: Albericus Gentilis[59]. Encore qu'à notre avis on ait exagéré l'influence que le traité *De iure belli* de Gentilis aurait eue sur les deux ouvrages de Grotius, nous devons avouer que nous avons découvert[60] au moins dix références à d'autres auteurs que Grotius a dû emprunter à cet ouvrage[61].

Parmi les auteurs moins connus auxquels Grotius a pris des références en 1625 mentionnons d'abord trois autres théologiens

[53] Pour Covarruvias voir *Djbap* 179, 194, 298, 324, 344, 642 et 728 avec les notes additionnelles (cf. *supra* nt. 16); pour Vasquez *Djbap* 178, 227, 264, 381-382, 383 et 490.

[54] A savoir les traités *De Indis* et *De iure belli*, voir notes additionnelles sur *Djbap* 595 (cf. *supra* nt. 40) et 779.

[55] *De iustitia et iure*, voir notes additionnelles sur *Djbap* 642.

[56] *De iustitia* (ed. pr. 1593-1600).

[57] *De iustitia et iure* (ed. pr. 1605).

[58] Voir cependant notes additionnelles sur *Djbap* 335 (pour Molina) et 331 (pour Lessius).

[59] On trouvera la bibliographie dans l'article très documenté de P. Haggenmacher, 'Grotius and Gentili: A reassessment of Thomas E. Holland's inaugural lecture', *Hugo Grotius and international relations*, H. Bull, B. Kingsbury and A. Roberts edd. (Oxford 1990) 133-176; à ajouter C.G. Roelofsen, 'Grotius and state practice of his day', *Grotiana* 10 (1989) 3-46 (réimprimé dans Roelofsen, *Studies* (cf. *supra* nt. 52) 113-156), aux pages 6-7 (116-117).

[60] A côté des emprunts déjà signalés par Barbeyrac et d'autres auteurs; ces emprunts concernent d'ailleurs surtout des références à des ouvrages de l'Antiquité.

[61] Voir notes additionnelles sur *Djbap* 183, 403, 575, 831, 832, 837 et 839.

moraux, Aegidius Regius (de Coninck)[62], Petrus de Navarra[63] et Gregorius de Valentia[64]; puis les juristes Michael ab Aguirre[65], Octavianus Cacheranus[66], Antonius Corsetus[67] et Antonius Peregrinus[68]. Pour ce qui concerne les notes ajoutées en 1642 on notera comme fournisseurs de références Tiberius Decianus[69], Antonius Faber[70], Andreas Gail[71], Carolus Molinaeus (Charles Dumoulin)[72] et Theodorus Reinkingk[73].

III. Il va sans dire que l'on devra tenir compte de toutes ces expériences faites au cours des vérifications des références dans le *De iure belli ac pacis* quand on voudra établir l'influence du *ius commune* sur Grotius. Nous prenons ce terme dans un sens large, comprenant non seulement les auteurs du droit savant au moyen âge mais encore tous les juristes du 16ᵉ et du début du 17ᵉ siècle qui sont cités en dehors de leurs propres pays, représentants du *mos italicus* ou du *mos gallicus*, commentateurs de coutumes ou rapporteurs de décisions judiciaires.

[62] *De moralitate, natura et effectibus actuum supernaturalium* (Antverpiae 1623); voir notes additionnelles sur *Djbap* 203, 573 et 575.

[63] *De ablatorum restitutione in foro conscientiae* (Lugduni 1593); voir note additionnelle sur *Djbap* 172.

[64] *Commentaria theologica* (Ingolstadii 1603); voir notes additionnelles sur *Djbap* 171.

[65] *Responsum de successione Regni Portugalliae* (Venetiis 1581); voir notes additionnelles sur *Djbap* 294.

[66] *Decisiones Senatus Pedemontani* (Francofurti ad Moenum 1570); voir notes additionnelles sur *Djbap* 212.

[67] *De potestate et excellentia regia* (dans *Tractatus universi iuris*, tom. XVI [Venetiis 1584], fol. 130v-145v); voir notes additionnelles sur *Djbap* 265.

[68] *De iuribus et privilegiis fisci* (Coloniae Agrippinae 1588); voir notes additionnelles sur *Djbap* 200.

[69] *Responsa* (Francofurti ad Moenum 1589); voir notes additionnelles sur *Djbap* 253.

[70] *Codex Fabrianus definitionum forensium et rerum in sacro Sabaudiae Senatu tractatarum* (Lugduni 1606); voir notes additionnelles sur *Djbap* 253.

[71] *De pace publica* (dans *Practicae Observationes* [Coloniae Agrippinae 1608], deuxième partie); voir notes additionnelles sur *Djbap* 485.

[72] *Commentaria in Consuetudines Parisienses* (Parisiis 1539); voir notes additionnelles sur *Djbap* 561.

[73] *Tractatus de regimine seculari et ecclesiastico* (Marpurgi 1641); voir notes additionnelles sur *Djbap* 223, 253, 384 et 387.

Dans les prolégomènes du *De iure belli ac pacis* Grotius fait des remarques d'ordre général sur certains groupes des auteurs en question[74]. En constatant que personne n'a traité toute la matière qui fait l'objet de son livre, il énumère d'abord brièvement les auteurs qui en ont traité certaines parties; dans ce cadre il mentionne, après un renvoi général aux auteurs des *Summae casuum quos vocant conscientiae*[75], ceux qui ont écrit sur le *ius belli*. C'est ici qu'on trouve, outre les noms de théologiens comme Franciscus de Vitoria et Balthazar Ayala[76], ceux de quelques juristes: Ioannes Lupus, Franciscus Arius, Ioannes de Lignano et Martinus Laudensis[77].

Ensuite il donne un aperçu des sources dont il s'est servi lui-même pour prouver les règles de droit naturel qu'il va décrire: après les philosophes, les historiens, les poètes et les rhéteurs, l'Ancien et le Nouveau Testament, les conciles, les pères de l'Eglise et leur successeurs, les *scholastici*[78], il mentionne les *iuris romani scientiam profitentes*, qu'il divise en trois catégories. La première catégorie, qui comprend les juristes romains de l'Antiquité, ne nous intéresse pas ici. Il en est autrement pour la deuxième, les juristes romanistes du moyen âge (les Glossateurs et les Postglossateurs, dirions-nous)[79], et la troisième, ceux *qui humaniores literas cum legum studio coniunxerunt*[80]. Suivent encore deux catégories spéciales de juristes qui

[74] Pour ce qui suit cf. 'Sources' (cf. *supra* nt. 1) 73 et s.

[75] Grotius a utilisé surtout la *Summa* de Sylvester Prierias; il la cite 48 fois.

[76] Il mentionne en outre Henricus Gorichemus et Wilhelmus Matthaei.

[77] Dans ses prolégomènes il ne mentionne pas Petrinus Belli qu'il cite bien deux fois dans son traité.

[78] Sous cette catégorie il semble comprendre non seulement les grands théologiens du moyen âge comme Thomas d'Aquin (cité 40 fois) mais encore les auteurs de la Seconde Scolastique qui ont publié leurs ouvrages au 16ᵉ et au début du 17ᵉ siècle.

[79] Il les indique comme "eos qui Irnerio successerunt, Accursium, Bartolum et tot alia nomina, quos penes diu fori regnum fuit" (*Djbap* 26, § 53). Plus loin (§ 54) il les caractérise comme suit: "Secunda classis iuris divini et historiae veteris incuriosa, omnes regum populorumque controversias definire voluit ex legibus Romanis, assumtis interdum canonibus. Sed his quoque temporum suorum infelicitas impedimento saepe fuit, quo minus recte leges illas intelligerent, satis sollertes alioqui ad indagandam aequi bonique naturam: quo factum ut saepe optimi sint condendi iuris auctores, etiam tunc cum conditi iuris mali sunt interpretes. Audiendi vero tum maxime, cum tali consuetudini quae nostrorum temporum ius gentium facit testimonium perhibent".

[80] Sur ces deux catégories voir *infra* dans le texte.

n'appartiennent pas exclusivement aux *iuris romani scientiam profitentes*. Il s'agit de deux groupes "mixtes": après avoir parlé d'historiens, de *scholastici* et de Romanistes, il signale quelques auteurs qui ont essayé de combiner ces différentes disciplines. Le premier groupe est celui "qui a uni la subtilité des scolastiques à la connaissance du droit romain et du droit canonique"[81]; il consiste précisément en ces deux juristes espagnols que nous avons déjà mentionnés comme fournisseurs de références: Covarruvias et Vasquez. Le deuxième groupe "a fait un effort pour introduire davantage l'histoire dans l'étude du droit romain"; il est composé de Français, "parmi lesquels Bodin et Hotman se sont acquis un grand nom"[82].

Avant de commenter ces différents groupes de juristes spécifiés dans les prolégomènes[83], constatons une lacune dans l'énumération de Grotius: il ne semble faire aucune place aux Canonistes du moyen âge et du 16e siècle, encore qu'il s'en soit bien servi[84]. Il fait cependant allusion au droit canonique en parlant des Romanistes du moyen âge[85] et en spécifiant les mérites de Covarruvias et de Vasquez[86]; ajoutons qu'il se sert aussi d'un certain nombre de textes du *Corpus iuris canonici*[87].

Dans ce qui suit nous ne reviendrons pas sur quelques juristes que nous avons déjà mentionnés dans le cadre de l'emprunt des références: Covarruvias, Vasquez et Gentilis[88]. Nous en ferons de

[81] "Scholasticam subtilitatem cum legum et canonum cognitione coniunxerunt" (*Djbap* 26).

[82] "Historias magis eidem legum studio inserere agressi sunt Galli: quos inter magnum obtinent nomen Bodinus et Hottomannus, ille perpetuo opere, hic sparsis quaestionibus" (*Djbap* 27).

[83] Les juristes qu'il cite seulement dans les notes ajoutées en 1642 ne sont pas pris en considération dans les prolégomènes, qui n'ont pas subi de modifications à cet égard.

[84] Comme nous le verrons encore plus bas.

[85] Voir le passage cité *supra* nt. 79.

[86] Cf. *supra* nt. 81.

[87] Le Décret de Gratien est cité 66 fois au total mais dans l'édition de 1625 il n'y a que quatre références; 61 ont été ajoutées en 1642 (et une seule en 1631). Dans la plupart des cas il s'agit de textes empruntés par Gratien aux Pères de l'Eglise. Pour les Décrétales, le Sexte et les Extravagantes le total des références se monte à 43, dont 11 de 1625 et 32 de 1642. On notera que dans III,12,4,4 (éd. 1939, p. 769) Grotius qualifie les *canones* de *humanitatis magistri*.

[88] Pour Covarruvias et Vasquez voir 'Sources' (cf. *supra* nt. 1) 77; à ajouter que l'un et l'autre figurent - deux et six fois respectivement - dans la table que

même[89] pour Bodin et Hotman qui ont "introduit davantage l'histoire dans l'étude du droit romain".

Commençons donc par les Glossateurs et les Postglossateurs, dont Grotius dit notammment[90] que *saepe optimi [sunt] condendi iuris auctores etiam tunc cum conditi iuris mali sunt interpretes*[91]. Il ne cite pas très fréquemment la Glose d'Accurse (deux fois), mais il semble bien l'avoir consultée lui-même. Si les renvois aux grands coryphées du 14e siècle, Bartole et Balde, sont beaucoup plus nombreux, il faut bien ajouter qu'un certain nombre en a été emprunté à d'autres sources.

Bartole est cité 32 fois au total. Il n'y a pas de doute que, dans la plupart des cas, Grotius a eu un recours direct à cet auteur. Deux fois[92] son nom est mentionné dans le texte même du *De iure belli ac pacis*: c'est le cas pour son traité *De represaliis* (en général)[93] et pour son commentaire sur la loi *Hostes* (D.49.15.24)[94], qui est d'ailleurs cité à plusieurs reprises (cinq fois au total). La plupart des renvois à Bartole[95] concernent son commentaire sur le Digeste: 19 fois dans l'édition de 1625[96] et quatre fois dans les notes ajoutées en 1642. Cinq

Grotius lui-même a faite des "Loci scriptorum in hoc opere specialiter explicati aut examinati aut emendati". Pour Gentilis voir *supra* nt. 59-61.

[89] Voir également 'Sources" (cf. *supra* nt. 1) 77. Bodin figure quatre fois dans la table mentionnée dans la note précédente.

[90] Pour le contexte voir *supra* nt. 79.

[91] C'est à tort que G. Hoffmann-Loerzer, *Studien zu Hugo Grotius* (thèse Munich 1971) 95, traduit "optimi condendi iuris auctores" par "gut zum Abfassen von Gesetzen"; il faut plutôt interpréter "d'excellents promoteurs d'un droit à faire" (cf. la traduction de Pradier-Fodéré, Paris [1865-]1867, qui porte cependant "lois à faire"; la traduction anglaise (cf. *supra* nt. 27) n'est pas satisfaisante).

[92] Il figure une troisième fois dans les prolégomènes, voir *supra* nt. 79.

[93] *Djbap* 644.

[94] *Djbap* 560: "Vix adderem stultum esse titulum quem quidam tribuunt Imperatori Romano, quasi ipse etiam in remotissimos et incognitos populos ius imperandi habeat, nisi Iurisconsultorum diu princeps habitus Bartolus haereticum ausus esset pronuntiare qui id negat" (en note: "Ad L. Hostes. D. de captivis"). Un renvoi à ce passage figure dans la table de Grotius, mentionnée *supra* nt. 88.

[95] Pour les détails qui suivent on consultera notre 'List of Sources' (cf. *supra* nt. 33).

[96] Dont une (*Djbap* 869) fait également l'objet d'une référence dans la table de Grotius (cf. *supra* nt. 88). Une vingtième fois Bartole se trouve être visé dans une référence aux "Doctores" (DD), voir note additionnelle sur *Djbap* 164.

de ces renvois, au moins, ont été repris au *De iure praedae* (où Bartole est cité au total 56 fois). Deux ont été empruntés à Vasquez, un ou deux à Covarruvias, un à Corsetus, un à Victoria, un peut-être à Felinus Sandeus. Le commentaire sur le Code ne figure que deux fois: une référence dans l'édition de 1625, qui est empruntée à Cacheranus, une autre dans les additions de 1642. Le traité *De represaliis* est cité cinq fois au total: il y a deux emprunts au *De iure praedae* et un à Covarruvias. Enfin, Grotius cité une fois de façon générale le *Tyberiadis*.

Quant au nombre de renvois Balde suit Bartole de très près: 30 références au total. Ici il n'y a pas de doute non plus que, dans un certain nombre de cas, Grotius l'a consulté lui-même. On peut même déterminer plus ou moins dans quelle édition, car, à deux reprises, il cite une numérotation des paragraphes du commentaire sur le Code qui ne vaut que pour certaines éditions[97]. La plupart des renvois concernent les commentaires sur le Digeste et sur le Code[98] ainsi que les *Consilia*. Pour le Digeste on peut même soupçonner qu'il a consulté Balde une fois sans le mentionner. Il s'agit d'un passage dans le texte[99] où Grotius cite une opinion de Cynus et de Raynerius sans donner de références; il est possible qu'il ait pris ce détail au commentaire de Balde sur la loi *Non ambigitur* (D.1.3.9)[100]. Pour son commentaire sur la loi *Ex hoc iure* (D.1.1.5) Balde est mentionné dans le texte de Grotius[101]. C'est également le cas pour une opinion exprimée dans

[97] Voir notes additionnelles sur *Djbap* 170 et 653; cf. aussi *infra* nt. 100.

[98] Il y a encore un seul renvoi au commentaire sur les *Libri feudorum*.

[99] *Djbap* 318 (II,9,11,4): "Neque vero male Cynus et Raynerius tradidere, si imperator Romanus morbo aut captivitate impediretur fungi imperio, posse ei vicarium dari ab ipso populo Romano".

[100] Ed. Venetiis 1586, fol. 18r, num. 5-6: "Quaero Imperator est inutilis vel mente captus vel ebriosus, qui non sufficit Reipublicae curae, nunquid populus Romanus possit eum privare vel dare ei coadiutorem?... Solutio: Populus Romanus potest eum privare et si vult mitius agere potest ei dare coadiutorem secundum quosdam. Contrarium videtur quia populus Romanus est sub Papa et ideo in Papa residet haec potestas... et haec est veritas licet Cyn. et Ray. de For. ibi dicant quod populus possit privare: tamen non est verum cum non posset eligere nec confirmare...". Ce passage de Balde nous a été signalé par notre collègue et ami Ennio Cortese; nous tenons à lui en témoigner notre vive reconnaissance. Nous signalons que le passage ne figure pas dans certaines autres éditions du commentaire de Balde sur le Digeste Vieux, par exemple dans celles de Lyon 1545 et 1562.

[101] *Djbap* 661.

l'un de ses *consilia*[102]. Pour l'ensemble des renvois aux commentaires sur le *Corpus iuris civilis* et aux *consilia*[103] — 27 au total — on peut constater que cinq ont été empruntés au *De iure praedae* (où Balde est cité au total 50 fois) et neuf ou dix à d'autres auteurs (dont six à Vasquez[104]); il y en a cinq qui n'ont été ajoutés que dans l'édition de 1642. Dans les notes additionnelles de cette année on trouve encore cités le commentaire de Balde sur les Décrétales (deux références) et le traité alphabétique *De statutis* paru sous son nom (une seule référence).

A côté de Bartole et de Balde il faudra mentionner Jason de Mayno et Paulus Castrensis comme consultés certainement par Grotius lui-même. Pour les commentaires de Jason sur le *Corpus iuris civilis* il existe encore quelques volumes de l'exemplaire qui a appartenu à Grotius (et qui figure dans l'inventaire de 1620)[105]. Il cite notamment le commentaire sur le Digeste: six références, dont trois empruntées au *De iure praedae* (où Jason est cité 21 fois au total). Un renvoi au commentaire sur les Institutes a été emprunté à Covarruvias[106], un autre au commentaire sur le Code a été ajouté en 1642 mais provient de Charles Dumoulin[107]. Les *Consilia* de Jason, que Grotius ne possédait probablement pas[108], sont cités trois fois; ces références ont cependant été empruntées à d'autres auteurs: deux à Vasquez, une à Covarruvias[109].

Paulus Castrensis est cité sept fois. Son commentaire sur le Digeste prend la part du lion: cinq références, dont une empruntée au *De iure praedae* (où Castrensis est cité 13 fois au total) et une à Genti-

102 *Djbap* 667.

103 Pour les détails qui suivent on consultera notre 'List of Sources' (cf. *supra* nt. 33). Cela vaut également pour les autres auteurs dont nous traiterons après Balde.

104 Pour Vasquez voir notes additionnelles sur *Djbap* 381; pour les autres auteurs voir les notes sur *Djbap* 212 (Cacheranus), 253 (Decianus), 324 (Paulus Castrensis) et 643 (peut-être Gentilis).

105 Voir 'Introduction' (cf. *supra* nt. 16).

106 Voir notes additionnelles sur *Djbap* 179.

107 *In consuetudines Parisienses* (1539), voir notes additionnelles sur *Djbap* 561.

108 L'inventaire de 1620 (no. 97) mentionne seulement "Lectura Jasonis, 9 stucken".

109 Voir notes additionnelles sur *Djbap* 227, 298 et 383.

lis[110]. Un seul renvoi au commentaire sur le Code a été ajouté en 1642. Les *Consilia* sont cités une fois également, mais bien dans l'édition de 1625.

Pour ces quatre grands civilistes on peut constater qu'ils se trouvaient dans la bibliothèque de Grotius. Pour Bartole, Jason et Castrensis nous le savons par l'inventaire de sa bibliothèque rédigé en 1620 (pour Jason, également parce qu'une partie de son exemplaire nous est conservée). Balde n'est pas mentionné dans cette liste, mais Grotius l'a certainement possédé: en effet, dans une lettre à son frère Guillaume du 16 février 1632[111] (Grotius se trouve alors à Amsterdam), il lui demande de lui envoyer ses livres sur le droit romain et le droit hollandais "sauf les grands volumes comme ceux du *Corpus iuris*, de Bartole, de Balde, de Jason et de Castrensis[112].

D'après l'inventaire de 1620 Grotius possédait aussi les ouvrages de plusieurs autres juristes du moyen âge — tant civilistes que canonistes — qu'il cite dans le *De iure belli ac pacis*[113]. Mentionnons d'abord le *Speculum iuris* de Guillaume Durant, dont deux exemplaires sont même signalés; Grotius ne le cite cependant qu'une seule fois dans son ouvrage principal. Puis Angelus de Ubaldis, cinq références au total: trois au commentaire sur le Digeste, une à celui sur le Code (empruntée à Covarruvias[114]), une aux *Consilia* (empruntée à Peregrinus[115]); les citations dans le *De iure praedae* sont plus nombreuses (11 au total). Les *Consilia*[116] de Ludovicus Romanus sont cités une fois. Ceux d'Alexander Tartagnus trois fois; une référence est empruntée à Gentilis[117], mais des deux autres il s'ensuit que

[110] Voir notes additionnelles sur *Djbap* 183.

[111] *Briefwisseling van Hugo Grotius*, V (1632-1635), éd. par B.L. Meulenbroek (Rijks Geschiedkundige Publicatiën, Grote serie 119; 's-Gravenhage 1966) 23, no. 1743: "Rogo... ut qui apud vos sunt libri mei ad jus aut Romanum aut nostrum pertinentes, et siquid est chartarum, ut extra magna volumina puta Corporis Iuris, Bartoli, Baldi, Iasonis, Castrensis et Criminalia mihi prima occasione mittantur".

[112] Et ceux sur le droit pénal.

[113] Notre 'List of Sources' (cf. *supra* nt. 33) mentionne les numéros de l'inventaire pour les ouvrages en question.

[114] Voir notes additionnelles sur *Djbap* 728.

[115] Voir notes additionnelles sur *Djbap* 200.

[116] Molhuysen, 'De bibliotheek' (cf. *supra* nt. 42) 50, no. 2, suppose à tort qu'il s'agit de *Lecturae in Digesta et Codicem*.

[117] Voir notes additionnelles sur *Djbap* 839.

Grotius a utilisé une édition avec notes de Charles Dumoulin. Il cite une fois le commentaire d'Alexander sur le Digeste, référence prise au *De iure praedae* (où cet ouvrage est cité quatre fois; les *Consilia* une fois). Il possédait aussi le commentaire sur les Institutes d'Angelus Aretinus[118], cité une fois (référence prise au *De iure praedae*, où l'ouvrage est cité deux fois[119]). Beaucoup plus fréquents sont les renvois à deux canonistes dont les ouvrages se trouvaient dans sa bibliothèque: Innocent IV et Panormitain. Du premier le commentaire sur les Décrétales est cité neuf fois: quatre références figurent déjà au *De iure praedae* (où l'ouvrage est cité 25 fois au total), une a été empruntée à Corsetus et une autre à Soto[120], tandis qu'une troisième a été ajoutée en 1642. Plus important encore est le nombre des références à Panormitain: 16 au total, dont 15 au commentaire sur les Décrétales (une aux *Consilia*[121], ajoutée en 1642 et empruntée à Vasquez). Trois on quatre de ces références proviennent du *De iure praedae* (où l'ouvrage est cité 24 fois), deux ont été ajoutées en 1642 (une empruntée à Charles Dumoulin, une autre probablement à Andreas Gail[122]).

Parmi les auteurs du droit savant médiéval étant probablement accessibles à Grotius dans sa propre bibliothèque il faut réserver une place spéciale à ceux dont les ouvrages furent réimprimés dans les *Tractatus universi iuris* (qui contiennent d'ailleurs également un certain nombre d'ouvrages cités par Grotius qui datent du 16e siècle). Dans l'inventaire de 1620 figure l'"Oceanus Juris", avec la précision

[118] Molhuysen (cf. *supra* nt. 116) 53, no. 95, suppose à tort que Grotius possédait les *Consilia* d'Angelus Aretinus (ou a-t-il encore fait une confusion avec Angelus de Ubaldis)? Cf. la note suivante.

[119] Exceptionnellement il y a ici des erreurs dans la traduction anglaise du *De iure praedae* (cf. *supra* nt. 4 et nt. 30) 142 et 253: on y cite Angelus de Ubaldis sur les Institutes au lieu de Angelus Aretinus (à la page 254 il y a une double erreur: Grotius n'y renvoie à aucun des deux Angelus, mais à Vasquez, no. 38). Ces erreurs ont probablement été inspirées par la table de la traduction anglaise de *Djbap* (cf. *supra* nt. 27), qui, à son tour, pourrait avoir suivi la table de Molhuysen (cf. *supra* nt. 32); cette dernière ne mentionne pas le commentaire d'Angelus Aretinus sur les Institutes, mais les *Consilia*, cf. la note précédente.

[120] Voir notes additionnelles sur *Djbap* 265 et 642.

[121] Voir notes additionnelles sur *Djbap* 227.

[122] Voir notes additionnelles sur *Djbap* 561 et 485.

"6 stucken" (six volumes). Molhuysen[123] suppose qu'il s'agit de l'édition de Venise 1584 des *Tractatus universi iuris*, mais dans cette hypothèse Grotius n'aurait disposé que d'un exemplaire incomplet de cet ouvrage qui doit compter au moins 24 volumes. Le nombre de six volumes, mentionné dans l'inventaire, correspond plutôt à une édition antérieure de ces *tractatus*, à savoir à celle de 1535, dans laquelle, en outre, le nom "Oceanus iuris" figure sur la page de titre[124] (mais ce nom était également donné souvent à l'édition de 1584). Dans deux notes ajoutées en 1642[125] Grotius se réfère lui-même à des traités "incorporés dans l'*Oceanus iuris*"; ces traités se trouvent déjà, en effet, dans l'édition de 1535. Il y a, cependant, d'autres traités dont on pourrait supposer que Grotius les ait consultés dans une collection de *tractatus*[126], mais qui ne font pas encore partie de l'édition de 1535. Il reste donc possible que Grotius se soit servi d'éditions différentes dans le cours de son travail.

La catégorie principale de traités pour lesquels Grotius a probablement eu recours aux *Tractatus universi iuris* dès 1625 est constituée par ceux consacrés au *ius belli* par Ioannes Lupus, Franciscus Arius, Ioannes de Lignano, Martinus Laudensis et Petrinus Belli[127]. En 1625 Grotius se réfère en outre à Ioannes Bertachinus, *De gabellis, tributis et vectigalibus*, à Ioannes Iacobus a Canibus, *De represaliis*, à Antonius Corsetus, *De potestate et excellentia regia*, à Restaurus Castaldus, *De imperatore*, à Franciscus Zoannettus, *De Romano Imperio*, à Fortunius Garcia, *De ultimo fine iuris canonici et civilis*, et à Rochus de Curte, *De consuetudine*; les deux références à ce dernier auteur, cependant, ont dû être empruntées à d'autres sources[128]. Dans les notes ajoutées en 1642 Grotius renvoie encore à plusieurs autres traités contenus dans les *Tractatus* de 1584: Ioannes Le Cirier,

[123] 'De bibliotheek' (cf. *supra* nt. 42) 53, no. 96.

[124] *Primum [-decimum] volumen tractatuum doctorum iuris*, Lugduni 1535, avec un tome contenant l'*Index*. Dans les exemplaires que nous en avons vus dans les bibliothèques universitaires de Bâle et de Gand, les onze tomes sont reliés en six volumes. Sur la page de titre du tome I on trouve comme soustitre: "Primus Oceani iuris tomus promit tractatus illos qui quarta ab hac pagina suo describuntur ordine".

[125] Voir *Djbap* 285 (Guilielmus de Montisferrato) et 291 (Iohannes le Cirier).

[126] Cf. par exemple la note additionelle sur *Djbap* 264 pour Rochus de Curte, *De consuetudine* (cf. cependant aussi *Djbap* 456).

[127] Grotius ne cite pas le traité de Paris de Puteo.

[128] Voir les notes additionnelles sur *Djbap* 264 et 456.

De iure primogeniturae vel maioricatus, Hieronymus de Monte, *De finibus regundis*[129], Gulielmus de Monteferrato, *De successione regum*, Albericus de Rosate, *De statutis*, et Baldus, *De statutis*.

Comme autres ouvrages de droit commun[130] (surtout du 16e siècle) cités par Grotius et figurant dans l'inventaire de 1620 nous pouvons mentionner: Augustinus Beroius, commentaire sur les Décrétales, Nicolaus Boerius, *Decisiones Burdegalenses*, Aegidius Bossius, *Practica* et traités sur le droit criminel, Bartholomaeus Chassanaeus, commentaire sur la Coutume de Bourgogne, Julius Clarus, *Receptae sententiae*, Nicolaus Everardi, *Loci argumentorum legales*, Andreas Gail, *Practicae observationes* (et plusieurs traités), Thomas Grammaticus, *Decisiones Regii Consilii Neapolitani*, Iacobus Menochius, *De arbitrariis iudicum quaestionibus*[131], Cornelius Neostadius, *De pactis antenuptialibus*, Guido Papa (Gui Pape), *Decisiones Parlamenti Dalphinalis* et Antonius Peregrinus, *De iuribus et privilegiis fisci*.

Nous devrons maintenant passer sous silence la plupart des juristes du moyen âge et des temps modernes dont nous ignorons si Grotius possédait des ouvrages[132] pour consacrer encore quelques observations spéciales à ceux *qui humaniores literas cum legum studio coniunxerunt*, c'est-à-dire à la troisième catégorie des *iuris romani scientiam profitentes*.

De ces juristes humanistes Grotius précise que leurs écrits n'ont guère d'importance pour son sujet, parce qu'ils s'en tiennent strictement au droit romain et ne s'occupent pas — ou ne s'occupent que très sommairement — du *ius gentium* de leur époque[133]. On ne

[129] Probablement Grotius ne l'a pas consulté dans les *Tractatus universi iuris*, mais dans une édition à part; il possédait une pareille édition, voir Molhuysen, 'De bibliotheek' (cf. *supra* nt. 42) 59, no. 232.

[130] A ajouter trois ouvrages qu'on hésiterait peut-être à considérer comme appartenant au "droit commun": Guilielmus Barclaius, *De regno et regali potestate* (ouvrage cité trois fois dans la table de Grotius lui-même, cf. *supra* nt. 88), Renatus Choppinus, *De domanio Franciae*, et Thomas Smith, *De republica Anglorum*.

[131] Cet ouvrage est également cité dans la table de Grotius (cf. *supra* nt. 88).

[132] Pour les noms de ces juristes et les titres des ouvrages on se reportera à notre 'List of Sources' (cf. *supra* nt. 33).

[133] "Tertii ordinis magistri, qui Romani iuris finibus se includunt et in ius illud commune aut nunquam aut nisi leviter exspatiantur, vix ullum habent usum qui nostri sit argumenti" (*Djbap* 26, § 55). L'*editio princeps* de 1625 porte

sera donc pas surpris que le nombre de références à ces auteurs du *mos gallicus* soit beaucoup moins élevé que celui des références à ceux du *mos italicus*. Pourtant quelques ouvrages de l'Ecole humaniste sont cités — ou utilisés sans mention explicite — d'une façon assez intensive.

Si les sept renvois à Alciat[134] n'ont pas beaucoup d'importance[135], nous devons constater que les noms de Connan, Duaren, Cujas et Pierre du Faur[136] figurent dans le texte même du traité de Grotius et que Doneau se révèle être l'une des sources cachées de cet ouvrage malgré le fait qu'il ne soit cité qu'une seule fois (référence d'ailleurs reprise au *De iure praedae*[137]).

Commençons par l'influence de ce dernier auteur dont nous avons déjà traité à plusieurs reprises[138]. Il a sans aucun doute influencé la terminologie de Grotius dans le paragraphe où celui-ci fait une distinction par rapport aux *actiones ut reparetur*: ce qui doit être réparé, dit-il, regarde ou bien *id quod nostrum est vel fuit* ou *id quod nobis debetur* (II,1,2,1). C'est bien la distinction de Doneau entre *id quod vere et proprie nostrum est* et *id quod nobis debetur*. De même on retrouve chez Grotius (II,17,2 et II,17,13 et s.) l'énumération de Doneau concernant les droits de l'individu dont la lésion mène à une obligation *ex maleficio*, c'est-à-dire les droits sur sa vie, son intégrité

"magistri, quia" au lieu de "magistri qui", ce qui probablement rend mieux la pensée de Grotius. Les mots "ius illud commune" se réfèrent au "nostrorum temporum ius gentium", mentionné dans la phrase précédente.

134 Dont deux ont été empruntées à Gentilis, voir notes additionnelles sur *Djbap* 425 et 575.

135 Pas plus que les renvois à Balduinus et à Wesenbecius. Cela vaut également pour les trois références à Zasius qui ont été ajoutées en 1642; ce n'est que son *Apologetica defensio contra Ioannem Eckium quo loco fides non esset hosti servanda* qui est cité dès l'édition de 1625, renvoi qui figure également dans la table de Grotius lui-même (cf. *supra* nt. 88). Jacques Godefroy n'est cité que comme éditeur d'une *oratio* de Libanius.

136 C'est également le cas de François Hotman, cf. *supra* aux notes 82 et 89. Grotius ne le cite pas ici comme auteur d'ouvrages sur le droit romain. D'après la table de la traduction anglaise (cf. *supra* nt. 27) il se serait reféré à l'*Antitribonianus*, mais c'est une erreur. Les quatre références contenues dans *Djbap* se rapportent toutes aux *Quaestiones illustres*.

137 Où Doneau est cité neuf fois.

138 Voir dernièrement 'Hugues Doneau et les juristes néerlandais du XVIIe siècle', *Jacques Godefroy (1587-1652) et l'Humanisme juridique à Genève*. Actes du colloque Jacques Godefroy, B. Schmidlin et A. Dufour edd. (Bâle et Francfort-sur-le-Main 1991) 231-243. *

corporelle, sa liberté et son *existimatio*. Ni à l'un ni à l'autre endroit Grotius ne se réfère à Doneau.

Pour Cujas on a également supposé[139] qu'il ait constitué une source cachée pour Grotius par rapport aux obligations *ex maleficio*, notamment pour la responsabilité civile en cas d'homicide. Et effet, dans un autre traité, *De satisfactione*, Grotius a copié — sans le mentionner — un passage des *Observationes* de Cujas dans lequel il est question de dommages et intérêts pour *uxor aut liberi aut cognati* d'un homme tué. Nous avons cependant des doutes sur le point de savoir si, dans le passage en question du *De iure belli ac pacis* (II,17,13), Grotius s'est de nouveau inspiré de Cujas et non pas de Soto ou d'un autre théologien, comme nous l'avions déjà supposé en 1959[140].

Quant aux références explicites à Cujas, dans les trois cas où Grotius cite le nom dans le texte même de son traité[141], il s'agit de corrections proposées par ce dernier dans des textes de l'Antiquité. Il y a trois autres références en note aux *Observationes* de Cujas, dont une a été ajoutée en 1631 et les deux autres en 1642. Les renvois aux *Paratitla* (du Code et du Digeste) de Cujas ne datent que de 1642[142].

Dans le cadre de corrections dans des textes de l'Antiquité il faut mentionner aussi Pierre du Faur (Petrus Faber), dont le nom figure quatre fois dans le texte même de Grotius[143].

A la différence de ces renvois qui concernent seulement l'ornementation de l'exposé de Grotius, les références à Duaren[144] et à

[139] E. Rabbie, 'Grotius on damages in case of homicide: De iure belli ac pacis 2,17,13 and De satisfactione 2,9', TRG 57 (1989) 109-116.

* [140] Voir 'Théories sur la responsabilité civile' (cf. *supra* nt. 2) 159 et s. (= 325 et s.); cf. maintenant aussi 'Das Deliktsrecht bei Grotius, insbesondere der Schadensersatz bei Tötung und Körperverletzung', à paraître dans *Das römisch-holländische Recht, Fortschritte des Zivilrechts im 17. und 18. Jahrhundert* (Schriften zur europäischen Rechts- und Verfassungsgeschichte; Berlin 1992).

[141] *Djbap* 719, 720 et 730; dans le premier passage il l'appelle "vir incomparabilis in Romani iuris studio".

[142] Grotius possédait probablement une édition des *Opera* de Cujas, cf. Molhuysen, 'De bibliotheek' (cf. *supra* nt. 42) 52, no. 60: "Cuiacy, vier stucken"; depuis 1595 les *Opera* de Cujas avaient paru en quatre tomes.

[143] *Djbap* 19, 408, 720 et 831; dans les premiers trois passages il est qualifié de "très savant". Il s'agit de ses *Semestria*, dont Grotius possédait un exemplaire (probablement de l'édition Lugduni 1590-1595, cf. Rabbie dans son édition de *Defensio* [cf. *supra* nt. 20] 55).

[144] Cité une fois seulement (dans le texte, *Djbap* 369), à propos du serment.

Connan font partie d'une critique à leurs opinions. Cela vaut notamment pour Connan; Grotius combat surtout son opinion selon laquelle un simple pacte n'engendrait même pas une obligation naturelle[145]. Mais Grotius a également utilisé Connan sans le mentionner: cela se produit quand il lui emprunte une citation de Pline mais attribue aussi à ce dernier une phrase qui n'est pas de lui mais de Connan[146]!

Voilà tout ce qu'on peut relever quant à l'usage que Grotius a fait des ouvrages de ceux *qui humaniores literas cum legum studio coniunxerunt.*

IV. Pour terminer nous traiterons encore brièvement de la préférence que, vers la fin de sa vie, Grotius a montrée pour les sources du droit germanique. Comme nous l'avons déjà signalé, cette préférence se manifeste surtout dans les prolégomènes de l'*Historia Gotthorum, Vandalorum et Langobardorum*, mais elle se laisse constater également dans les notes ajoutées au *De iure belli ac pacis* en 1642.

Les mérites de Grotius comme précurseur dans le domaine du droit comparé ont déjà été relevés dans un article — en latin et par conséquent peu cité[147] — de J.C. Naber, publié en 1928 sous le titre *Hugo Grotius, iuris romani et iurisprudentiae comparatricis cultor*[148]. Après avoir constaté que Grotius, en formulant des règles de droit naturel dans le *De iure belli ac pacis*, s'est beaucoup laissé inspirer par le droit romain, Naber analyse d'abord ce que Grotius a apporté de

[145] *Djbap* 326 et s.; tant ce passage que celui sur l'accession (306-307) figurent dans la table de Grotius lui-même (cf. *supra* nt. 88).

[146] *Djbap* 54 (I.2.3.2 *in fine*): la phrase "sed si vis inferatur... alacritas" est de Connanus, *Commentaria iuris civilis*, I.4.8 (ed. Lutetiae 1553, p. 13), emprunt déjà découvert par Barbeyrac.

[147] On ne le trouve pas mentionné, par exemple, dans la bibliographie assez détaillée à la fin du chapitre sur Grotius dans Erik Wolf, *Grosse Rechtsdenker der deutschen Geistesgeschichte* (4ᵉ éd, Tübingen 1963) 253-310.

[148] Paru dans *Actorum Academiae universalis iurisprudentiae comparativae vol. I*, éd. par E. Balogh (Berolini-Londini-Parisiis 1928) 51-62. Encore que ce ne soit pas indiqué, il s'agit de la *Observatiuncula de iure Romano* num. 133 de Naber. A côté de cet article de Naber on consultera encore W.J.M. van Eysinga, 'Quelques observations sur Grotius et le droit romain', *Symbolae ad jus et historiam antiquitatis pertinentes Julio Christiano van Oven dedicatae* (Leiden 1946) 401-410, réimprimé dans *Grotiana* 10 (1942-1947) 18-28 et dans W.J.M. van Eysinga, *Sparsa collecta* (Leiden 1958) 373-381.

neuf pour le droit romain dans sa *Florum sparsio ad ius Iustinianaeum*; il s'agit là, selon Naber, de détails peu importants. Une "récolte plus joyeuse" peut être rentrée quand on réunit toutes les comparaisons approfondies, faites par Grotius, entre les droits des différents peuples.

Naber cite en premier lieu des passages de la *Florum sparsio* et du *De iure belli ac pacis*. Quant à ce dernier ouvrage, il omet de signaler que, à la différence des renvois au droit byzantin, ceux au droit germanique sont presque tous des ajouts de l'édition de 1642. Cela vaut[149] sans exception pour les références à l'*Edictum Theodorici* (cité huit fois), à la *Lex Baioariorum* (deux fois), la *Lex Burgundionum* (trois fois), la *Lex Longobardorum* (16 fois)[150] et la *Lex Salica* (une fois). Ce n'est que la *Lex Visigothorum* qui se trouve être citée déjà dans l'édition de 1625[151]; pourtant, à côté des trois références de cette année, il y en a 27 qui ont été ajoutées en 1642. Les renvois aux capitulaires[152] (surtout des faux capitulaires de Benedictus Levita), au Miroir de Saxe[153], aux *Constitutiones Siculae* (deux fois) et aux *Consuetudines Normanniae* (une fois) sont, à leur tour, tous des ajouts. Il en est différemment seulement pour les *Siete Partidas* (cinq fois).

[149] Pour ce qui suit voir notre 'List of Sources' (cf. *supra* nt. 33). Non pas toutes les sources mentionnées ci-dessous n'appartiennent au "droit germanique" *stricto sensu*.

[150] Dans les ajouts de 1642 Grotius cite la version connue sous le nom de *Lombarda*; il l'a probablement consultée dans l'édition de F. Lindenbrogius, in *Codex legum antiquarum* (Francofurti 1613). A côté de ces 16 références à la *Lombarda* il y a un renvoi à "Leges Longobar. tit. 96 de termino effosso" (*Djbap* 604), qui doit avoir été pris d'une autre source, probablement d'une édition ancienne de l'*Edictum Rothari*; ce renvoi figure déjà dans l'*editio princeps* du *Djbap*.

[151] Pour l'intérêt que, dès sa jeunesse, Grotius a porté au droit visigothique voir P.J. Verdam, *Een commentaar van Hugo de Groot op de Lex Romana Burgundionum* (Verhandelingen der Koninklijke Nederlandse Akademie van Wetenschappen, Afd. Letterkunde, Nieuwe Reeks 69, no. 4; Amsterdam 1963) 21-23. Les notes de Grotius sur la *Lex Romana Burgundionum (Liber Papiani)* éditées par Verdam datent pour la plus grande partie de 1599-1601; il n'y a pas de rapports directs avec les références dans *De iure belli ac pacis* (où la LRB n'est d'ailleurs pas citée).

[152] Dans notre 'List of Sources' ou trouvera ces renvois sous *Carolus Calvus, Capitula* (15 références) et sous *Carolus Magnus, Capitula* (4 références); il y a également une référence à l'*Edictum Childeberti*.

[153] Voir dans notre 'List of Sources' sous *Sachsenspiegel* (7 références).

A la fin de son article Naber analyse de très près les prolégomènes de la *Historia Gotthorum*. Depuis Naber ce texte a été traduit en français[154], avec un commentaire, par S.J. Fockema Andreae[155]. En guise de conclusion, nous nous permettons d'en citer quelques passages à titre d'exemple[156].

"Dans le droit public, il y a en premier lieu la formation des lois eux-mêmes, laquelle dépendait chez les Romains du bon vouloir de l'empereur, homme unique, sujet à l'erreur et au changement... Chez vos peuples de là-bas [les Scandinaves] les lois, bien pesées par les élus du prince et des états, avaient trois qualités de beaucoup préférables, à savoir: que nulle chose contraire au bien public ne pouvait s'entreglisser parmi tant de conseillers, qu'on obéissait volontiers à ce qui avait été sanctionné par le consentement commun, et qu'on ne changeait les lois qu'en cas de nécessité bien évidente".

"En ce qui regarde le mariage, il faut noter la règle des lois gothiques, observée de même par Adam de Brème dans les moeurs des Suédois, qu'une personne libre ne pourrait épouser un serf émancipé, ni une personne noble une personne ignoble — règle importante pour la conservation de la dignité des états...".

"La femme ne donnait point de dot; sa vertu seule donnait un mari à chacune d'entre-elles".

"La tutelle n'était confiée aux agnats pas plus qu'aux cognats de pareil degré; et le tuteur principal des pupilles était le prince lui-même".

"Les principaux contrats étaient sanctionnés par le temps et ne pouvaient être éludés par des conditions de restitution".

"Une équité manifeste se fait voir dans la règle que le débiteur qui avait perdu son argent par infortune n'était pas tenu à des intérêts envers son créancier, et de même dans le principe que l'acheteur de bonne foi de choses volées devait restituer la moitié de leur valeur[157]".

[154] Et même en néerlandais, voir *Anthologia Grotiana a Lugduni Universitatis discipulis in colloquio, cui nomen 'Societas juridica Grotius', congregatis collata* (Hagae Comitis 1955) 188-199.

[155] 'Une étude de droit comparé par Grotius', *Grotiana* 10 (1942-1947) 29-44.

[156] 'Une étude' 34-37; texte latin dans *Inleidinge* (cf. *supra* nt. 13) 396-398. Dans les passages cités Grotius ne donne pas de références aux sources.

[157] Pour ce principe Grotius a dû se fonder sur *Lex Visigothorum* 7.2.8. Sur ce texte et son influence voir notre étude 'Zum Ursprung des Lösungsrechtes beim Kauf gestohlener Sachen auf dem Markte, besonders nach einigen *

"Les aliénations, les engagements, voire les testaments se faisaient en public, par-devant les magistrats, au su de tous...".

"Celui qui avait des enfants était tenu de leur laisser au moins le tiers de ses biens; aux autres héritiers le cinquième seulement".

"Extrêmement simple était le principe des lois nordiques, selon lequel le plus proche parent était héritier, à la seule exception que les enfants étaient préférés aux parents".

"Quant aux délits, on considérait très justement leur double aspect, l'intérêt particulier d'une part et l'ordre public d'autre part".

En lisant ces observations de Grotius on ne peut s'empêcher de conclure que le jugement assez positif qu'il portait encore sur les auteurs du *ius commune* en redigeant son *De iure belli ac pacis* en 1625 avait bien changé vers la fin de sa vie.

spanischen und südfranzösischen Quellen', *Festschrift Guido Kisch* (Stuttgart 1955) 237-259, réimprimé dans nos *Fata iuris romani* (Leyde 1974) 73-95, aux pages 243-249 (= 79-85).

VII

La systématique du droit dans l'oeuvre de Grotius

«La contribution la plus importante que le droit naturel ait faite au droit privé européen est son système». Voilà l'une des observations très pertinentes qu'a faites Wieacker dans son livre magistral *Privatrechtsgeschichte der Neuzeit* (1), à propos de l'Ecole de droit naturel. Dans la suite du passage en question, cependant, Wieacker ne parle pas de la systématique du droit dans l'oeuvre de Grotius, qui fera l'objet de la présente communication. Il fait allusion au manque de succès qu'avaient eu les Humanistes avec leur efforts dans le domaine de la systématique et il met surtout en védette l'oeuvre de Pufendorf. Chez d'autres auteurs modernes c'est également le rôle de Pufendorf qui est accentué pour ce qui concerne le droit naturel du XVIIe siècle. Grotius, qui par beaucoup d'auteurs est toujours considéré comme le père du droit naturel, n'est pas ou à peine mentionné dans le contexte du droit privé et de sa systématique (2).

J'ai souvent parlé de *Grotius et le droit privé européen* (3) et dans cette communication je m'efforcerai de démontrer que, même sous l'aspect de la systématique juridique, on n'a pas rendu à Grotius tout l'hommage qui lui est dû. Il faudra peut-être ajouter dès maintenant que nous n'examinerons pas exclusivement son ouvrage le mieux connu à l'étranger et qui lui a mérité son principal titre de gloire dans le domaine du droit naturel, le *De iure belli ac pacis*, mais en même temps son *Inleidinge tot de Hollandsche Rechtsgeleerdheid* (Introduction au droit hollandais), ouvrage écrit en néerlandais et qui, pour cette raison, est toujours encore trop négligé par les histo-

(1) F. Wieacker, *Privatrechtsgeschichte der Neuzeit*, Göttingen 1967², p. 275.

(2) Il convient de faire une exception notamment pour A. B. Schwarz, *Zur Entstehung des modernen Pandektensystems*, dans «Zeitschrift der Savigny-Stiftung für Rechtsgeschichte», Romanistische Abteilung, 42 (1921), p. 578-610, p. 584 n. 4 et 598 n. 1; réimprimé dans *Rechtsgeschichte und Gegenwart. Gesammelte Schriften zur neueren Privatrechtsgeschichte und Rechtsvergleichung*, Karlsruhe 1960, p. 1-25. Il a déjà fait remarquer que Pufendorf, dans la partie de son ouvrage qui concerne le droit privé, dépend souvent de Grotius; Schwarz recommande même qu'on fasse des recherches sur les sources de Grotius dans ce domaine. Cf. aussi P. Stein dans ses études citées *infra* aux notes 4 et 8.

(3) Dernièrement dans un article, paru sous ce titre dans «Recueil des cours. Collected Courses of the Hague Academy of International Law», 1983, IV (tome 182 de la collection), the Hague-Boston-London 1984, p. 453-469, où l'on trouvera les références aux publications antérieures. Dans les lignes qui suivent j'ai emprunté quelques passages au texte de cet article.

riens du droit en dehors des Pays-Bas ([4]). C'est, en principe, un traité de droit positif mais il y a fait entrer beaucoup d'éléments de droit naturel, notamment pour ce qui concerne la systématique.

Je n'aurai pas besoin d'insister ici sur l'histoire extérieure du *De iure belli ac pacis*, publié pour la première fois à Paris en 1625 et qui a connu tant d'éditions et de traductions dans les siècles suivants. Quant à l'*Inleidinge*, il convient de relever quelques détails sur ses origines et son influence. L'*Inleidinge* constitue un exposé très concis et très clair du droit privé de la province de Hollande. Le livre a été écrit dans la prison de Loevestein, vers 1620, comme manuel pratique pour de jeunes étudiants; à cause des circonstances ce manuel ne fut cependant pas publié immédiatement. La première édition parut en 1631. Un assez grand nombre d'éditions a paru depuis, tant du vivant de Grotius qu'après sa mort.

Dès la fin du XVIIe siècle le livre servait à l'Université de Leyde comme livre de base pour un cours sur le droit contemporain, donné à côté du cours traditionnel de
* droit romain. L'un des premiers à enseigner ce cours fut le célèbre Jean Voet; on trouve encore plusieurs exemplaires interfoliés d'une édition de l'*Inleidinge*, où des notes du cours de Voet sont ajoutées à la main. Bien entendu, ce sont des notes en latin à un texte néerlandais. L'*Inleidinge* n'a pas été traduite en latin avant le XIXe siècle et encore cette traduction n'a-t-elle été publiée qu'en 1962. Il existe plusieurs traductions en anglais, mais il vaut mieux se servir de la traduction latine, notamment à cause de la terminologie juridique. Comme les traductions en anglais, elle a été faite à l'intention des juristes dans les anciennes colonies hollandaises passées aux mains des Anglais à la suite des guerres napoléonniennes; les Anglais y ont laissé en vigueur le droit dit romano-hollandais (*Roman Dutch Law*), qui, on le sait, joue encore un rôle important en République d'Afrique du Sud. C'est déjà une raison pour parler de la systématique du droit dans cet ouvrage de Grotius, car dans un certain sens c'est encore un système vivant. Mais ce n'est pas tout. Si, pendant les XVIIe et XVIIIe siècles, à cause de la langue, l'*Inleidinge* n'a pas pu exercer, en dehors des frontières des Pays-Bas, l'influence qu'ont eue d'autres ouvrages du même genre, écrits en latin, il convient de faire observer que l'influence indirecte a été plus grande qu'on ne le soupçonne généralement. Cette influence indirecte s'est surtout exercée par l'intermédiaire de quelques auteurs du XVIIe siècle qui ont écrit en latin et dont les ouvrages ont été diffusés dans toute l'Europe. Sous cette optique les places d'honneur reviennent surtout à deux auteurs, bien connus en toute l'Europe, Vinnius et Jean Voet. Ces auteurs se réfèrent très souvent à Grotius et le *De iure belli ac pacis* y figure beaucoup moins que l'*Inleidinge*. Ces citations ne se trouvent pas seulement dans des passages où nos auteurs décrivent des particularités du droit hollandais de leur époque, mais aussi là où ils exposent des principes du droit commun européen.

Qu'est-ce qu'on peut maintenant tirer des deux ouvrages de Grotius — le *De iure belli ac pacis* et l'*Inleidinge* — pour la systématique du droit?

Prenons d'abord le *De iure belli ac pacis*. La composition de ce livre n'est pas évi-

([4]) C'est avec d'autant plus de plaisir que j'ai constaté que, dans sa communication, mon collègue et ami Peter Stein a bien souligné l'importance de cet ouvrage pour notre sujet; voir dans ce volume p. 147.

dente à première vue. Dans les *Prolegomena* (5) il explique son but. Tandis que le droit national, soit celui de Rome, soit celui d'autres peuples, a été traité par beaucoup d'auteurs, peu nombreux sont ceux qui se sont occupés du droit qui vaut entre les différents peuples ou entre leurs souverains; aucun, dit Grotius, ne l'a traité «*universim ac certo ordine*». On s'attend donc à une systématique, mais celle-ci n'est pas encore développée dans les Prolégomènes. On n'y trouve que des observations assez générales sur ce droit entre les peuples dont il veut chercher les sources soit dans la nature même ou dans les lois divines — ce dernier élément a été ajouté après coup (6) — soit dans la coutume et un pacte tacite. Il en énumère cinq principes (7): le respect de la chose d'autrui, la restitution d'une telle chose si nous l'avons dans notre possession ou si nous en avons tiré quelque profit, l'obligation de tenir ses promesses, la réparation du dommage causé par notre faute et l'application d'une peine si quelqu'un l'a méritée. Ce sont des principes qui ne sont pas à la base d'un système.

Je fais cependant remarquer que si l'on en dérivait un système, ce serait un système basé sur des principes généraux, comme celui de Stair et de Jean Domat, un système dans lequel les obligations au sens large, les «*obediental obligations*» de Stair (8), tiendraient une place prépondérante. Si Grotius ne l'a pas élaboré, il faut bien reconnaître que ce passage a pu inspirer d'auteurs comme Stair et Domat. Le concept de ces «*obediental obligations*» me semble d'ailleurs inspiré à son tour par la doctrine de la restitution des théologiens moraux sur lesquels je reviendrai plus bas. Quoi qu'il en soit, pour trouver un système dans le *De iure belli ac pacis* de Grotius il faut aller jusqu'au deuxième livre. Là il ne donne pas seulement une description de ce que nous appellerions aujourd'hui le droit international public, mais encore de l'ensemble du droit en vigueur dans le monde, droit privé et droit public selon notre terminologie moderne.

Pour comprendre la portée de l'exposé qu'on trouve dans les premiers vingt et un chapitres de ce deuxième livre, il faut se rendre compte de sa conception de la guerre: il distingue «*bella privata*» et «*bella publica*», mais il les traite sur le même plan. La justice privée et la guerre juste sont l'une et l'autre des moyens auxquels on doit avoir recours quand il est impossible de s'adresser à un juge. Ce sont pour ainsi dire les substituts des «*actiones*». Aussi doit-on considérer les causes des «*bella iusta*» — qu'ils soient «*privata*» ou «*publica*» — de la même façon que les causes des actions: «*quot actionum forensium sunt fontes, totidem sunt belli; nam ubi iudicia deficiunt incipit bellum*» (9). Et voilà qu'il développe le système de sa description du droit de la nature, qui n'est pas pour lui utopique mais un droit qui pourrait être appliqué comme

(5) *Prolegomena*, par. 1. Les références sont faites à l'*editio maior*, parue sous le patronage de l'Union Académique Internationale: *Hugonis Grotii De iure belli ac pacis libri tres*, éd. par B.J.A. de Kanter - van Hettinga Tromp, Lugduni Batavorum 1939. Pour l'histoire des éditions du *De iure belli ac pacis* voir notre article, *Quelques remarques sur les sources utilisées par Grotius dans ses travaux de droit naturel*, dans *The World of Hugo Grotius (1583-1645)* (Proceedings of the International Colloquium organized by the Grotius Committee of the Royal Netherlands Academy of Arts and Sciences, Rotterdam 6-9 April 1983), Amsterdam-Maarssen 1984, p. 65-81, en particulier p. 67 et suiv.

(6) A partir de l'édition de 1631.

(7) *Prolegomena*, par. 8.

(8) Voir P. Stein, *The Fate of the Institutional System*, dans *Huldigingsbundel Paul van Warmelo*, Pretoria 1984, p. 218-227. *

(9) *De iure belli ac pacis*, II, 1, 2, 1.

le droit positif des différentes nations. La première division qu'il fait est entre «*actiones ob iniuriam non factam*» et celles «*ob factam*». Dans la première catégorie rentrent entr'autres les moyens pour obtenir une «*cautio damni infecti*» et les autres interdits «*ne vis fiat*». La seconde catégorie, «*actiones ob iniuriam factam*», est subdivisée comme suit: «*actiones ut reparetur*» ou «*ut puniatur*».

Nous voilà ramenés à l'énumération des cinq principes que nous avions trouvés dans les *Prolegomena*, dont le dernier fut notamment l'application d'une peine si quelqu'un l'a méritée. Les quatre premiers sont maintenant repris sous le chef «*ut reparetur*»; on reconnaît la doctrine de la restitution des théologiens moraux. Ce qui doit être réparé, dit Grotius, regarde ou bien «*id quod nostrum est vel fuit*» ou «*id quod nobis debetur*»; cette fois-ci on reconnaît immédiatement la terminologie de Doneau, à laquelle je reviendrai encore. Dans le premier cas ont lieu les «*vindicationes*» et «*condictiones quaedam*»; c'est le principe du respect de la chose d'autrui et celui de la restitution d'une telle chose si nous l'avons dans notre possession ou si nous en avons tiré quelque profit. Dans le second cas, où il est question de quelque chose qui nous est due, Grotius fait une subdivision d'après les causes: d'abord les deux causes traditionnelles du système des Institutes: obligations «*ex pactione*» ou «*ex maleficio*», qui correspondent au principe de l'obligation de tenir ses promesses et à celle de réparer le dommage causé par notre faute; il ajoute une troisième cause, qui ne correspond pas à l'un des cinq principes, à savoir l'obligation «*ex lege*», catégorie dans laquelle il fait rentrer les concepts romains d'obligations «*ex quasi contractu*» et «*quasi maleficio*», d'où naissent, dit il, «*condictiones caeterae*».

Toutes ces catégories sont traitées d'une façon approfondie dans les chapitres 2 à 21 du livre II de son ouvrage. Les chapitres 2 à 9 s'occupent de «*id quod nostrum est*». Il emploie ici d'autres subdivisions, que nous n'allons pas toutes énumérer. Bornons-nous à celle entre le droit que nous avons sur certaines choses corporelles et celui que nous avons sur d'autres personnes. Cette subdivision nous ramène à un passage célèbre au début du premier livre de l'ouvrage de Grotius, passage que Dubischar a qualifié de «lieu de naissance du droit subjectif» (10). Grotius y fait la distinction entre ce que nous appellerions le droit objectif et le droit subjectif. Ce dernier est d'abord appelé «*Facultas*» et defini comme «*qualitas moralis perfecta personae, competens ad aliquid iuste habendum vel agendum*». Ensuite Grotius préfère l'appeler «*ius proprie et stricte dictum*» et le divise en trois: premièrement la «*potestas*», le pouvoir qu'on a sur soi-même — c'est à dire la liberté — ou qu'on a sur d'autres personnes comme père ou comme seigneur; deuxièmement le «*dominium*», la propriété au sens très large car il inclut celui qui est «*minus pleno*», comme l'«*ususfructus*» et le «*ius pignoris*»; troisièmement le «*creditum*», auquel correspond le «*debitum*».

Dans les chapitres 2 à 9 du livre II il traite séparément du «*dominium*» et de la

* (10) R. Dubischar, *Über die Grundlagen der schulsystematischen Zweiteilung der Rechte in sogenannte absolute und relative. Ein dogmengeschichtlicher Beitrag zur Lehre vom subjektiven Privatrecht*, thèse, Tübingen 1961, p. 62. Il s'agit de *De iure belli ac pacis*, I, 1, 4-5. Sur les sources qui ont pu inspirer ce texte, notamment sur les auteurs de la Seconde Scholastique, cf. dernièrement E. Cortese, *I diritti fondamentali della persona negli ordinamenti medievali fino alle esperienze precodificatorie*, dans *I diritti fondamentali della persona umana e la libertà religiosa* (Atti del V colloquio giuridico, 8-10 marzo 1984), [Città del Vaticano] 1985, p. 69-84, en particulier p. 78-79.

«potestas», notamment des façons dont on peut les acquérir et les perdre; il fait néanmoins de nombreux parallèles.

A partir du chapitre 10 il développe un système des sources de l'obligation qui est seulement compréhensible si l'on s'est familiarisé avec la théorie de la *restitutio* de la scolastique espagnole, théorie à laquelle il se réfère explicitement dans son ouvrage de jeunesse, le *De iure praedae* (11). Grotius ne se sert pas du terme '*restitutio*' à l'endroit où il développe son système des sources de l'obligation, mais, en fait, il vise le concept de la '*restitutio*' quand il parle de l'obligation de réparer (*reparare*). Il s'agit d'une obligation en un sens plus large que celui de l'*obligatio* du droit romain; en effet, comme nous l'avons vu, Grotius dit que ce qui doit être réparé vise ou bien ce qui est ou fut nôtre, ou bien ce qui nous est dû *«sive ex pactione sive ex maleficio sive ex lege»*. C'est seulement la seconde catégorie qui correspond à l'*obligatio* romaine. Dans la première il classe tant les *«vindicationes»* que certaines *«condictiones»*. Cette première catégorie est traitée ensuite dans le chapitre *De obligatione ex dominio* (II, 10), avec la subdivision *«ex dominio e rebus exstantibus»* et *«ex dominio e rebus non exstantibus»*, une distinction qui a sans doute été inspirée par le texte de Cajetan que Grotius cite. C'est à propos de la dernière catégorie que Grotius formule comme principe que ce que nous appelons aujourd'hui l'enrichissement sans cause peut constituer la source d'une obligation. Voilà une déviation importante du système des Institutes.

Au chapitre 11 il commence son exposé sur l'obligation *«ex pactione»* par un traité sur les *«promissa»*, les promesses unilatérales, qui constituent pour lui la base de toute la doctrine qu'aujourd'hui nous avons l'habitude d'attacher plutôt aux contrats. Nous n'entrerons pas dans les détails de cette théorie grotienne de la promesse, qui paraît beaucoup inspirée, elle aussi, par les écrits de Saint Thomas et de ses commentateurs. Soulignons surtout l'importance de l'opposition très nette que Grotius fait entre *«promissa»* et *«contractus»*, sujet de son 12e chapitre. Cette opposition lui permet de répudier d'une façon très prononcée les règles romaines avec leurs limitations au consensualisme. Grotius devient ainsi, comme l'a dit M. Guy Augé (12), le précurseur déterminant du consensualisme moderne, dont le Code Napoléon marquera l'aboutissement. Le chapitre 13 traite du renforcement des promesses et des contrats par un serment, le chapitre 14 des promesses, contrats et serments des souverains, le chapitre 15 des traités — *«foedera»* ou *«publicae conventiones»* — et le chapitre 16 de l'interprétation des promesses, contrats et traités. Si intéressants que soient ces chapitres, ils nous intéressent moins par rapport à la systématique du droit.

Plus intéressant de ce point de vue est le chapitre 17, qui traite du *«damnum iniuria datum»* et de l'obligation qui en résulte. Il formule nettement le principe de

(11) Voir mon article *L'influence de la scolastique espagnole sur Grotius en droit privé: quelques expériences dans des questions de fond et de forme, concernant notamment les doctrines de l'erreur et de l'enrichissement sans cause*, dans *La Seconda Scolastica nella formazione del diritto privato moderno* (Incontro di studio, Firenze, 16-19 ottobre 1972), Milano 1973, p. 377-402, reimprimé avec quelques additions et corrections dans R. Feenstra, *Fata iuris romani. Etudes d'histoire du droit*, Leyde 1974, p. 338-363, p. 394 [= 355] et suiv.; j'ai repris à cet article quelques passages qui suivent.

(12) Guy Augé, *Le contrat et l'évolution du consensualisme chez Grotius*, dans «Archives de philosophie du droit», N. S., 13 (1968), p. 99-114.

la responsabilité civile, tel que nous le connaissons maintenant surtout sous la formule de l'article 1382 du Code civil français. Si Grotius n'emploie pas précisément cette formule — tout fait quelconque de l'homme oblige celui par la faute de qui des dommages ont été causés à les réparer —, le premier paragraphe de son exposé fait le pas décisif vers le concept de la responsabilité civile générale inconnue des juristes romains: nous appelons «*maleficium* — dit il — *culpam omnem* [...] *pugnantem cum eo quod aut homines communiter aut pro ratione certae qualitatis facere debent*». D'une telle «*culpa*» naît une obligation à réparer les dommages causés. Parmi les *exempla* qu'il fait suivre il mentionne entr'autres la responsabilité de l'«*homicida*», de celui qui «*mutilavit*», de l'«*adulter*», du «*fur*» et du «*raptor*» ainsi que de celui qui a agi «*adversus honorem et famam*».

* Nous ne nous arrêterons pas aux chapitres 18 et 19, qui traitent de matières plus spécifiques, ni aux chapitres 20 et 21, qui développent toute une théorie de droit pénal. Qu'il nous suffise d'avoir démontré que le *De iure belli ac pacis* contient bien — à y voir de plus près — un système du droit assez neuf sous plusieurs aspects.

Prenons maintenant son *Inleidinge tot de Hollandsche Rechtsgeleerdheid* (Introduction au droit hollandais). La systématique de cet ouvrage est beaucoup plus facile à découvrir que celle du *De iure belli ac pacis*. Cela vaut surtout pour ceux qui peuvent se servir d'une édition de la version originale du texte néerlandais, car ces éditions contiennent les cinq tables synoptiques de toute la matière traitée, faites par
* Grotius lui-même et auxquelles il attachait beaucoup de valeur. Il s'y montre inspiré par la méthode ramiste, notamment par l'utilisation d'une division dichotome des concepts. Je me suis efforcé en vain à établir par l'intermédiaire de quel(s) auteur(s) juridiques Grotius a pu subir l'influence de Ramus. On pourrait penser notamment à Freigius, l'un des disciples de Zasius connu pour s'être servi à outrance du système de la dichotomie dans plusieurs de ses ouvrages; Grotius avait l'un de ces ouvrages dans sa bibliothèque et il semble y avoir attaché une certaine valeur sentimentale car il l'avait repris de son frère François, mort prématurément. Mais jusqu'ici je n'ai pas réussi à trouver des exemples qui pourraient démontrer une influence de Freigius sur Grotius.

Quel est donc le système de l'*Inleidinge*, tel qu'il ressort non seulement des tables mais surtout du texte même de l'ouvrage?

Si l'on laisse de côté d'abord les deux premières sections du premier livre, on pourrait croire à première vue que Grotius s'est laissé largement inspirer par le soidisant système des Institutes; dans une 'lettre à ses enfants' que Grotius a probablement conçue comme une préface à son livre mais qui finalement n'a pas été employée comme telle, il dit s'être efforcé de tout mettre dans un ordre bien établi, qu'il espère être aussi bon que celui des Institutes de Justinien. En effet, le premier livre traite des personnes, le second de ce que nous appellerions les biens et le troisième des obligations (nous reviendrons encore sur la terminologie assez particulière employée par Grotius); il avait d'abord envisagé un quatrième livre, consacré aux actions, mais probablement à la suite des circonstances assez difficiles dans lesquelles il a rédigé son livre, il a abandonné ce projet et s'est contenté d'un renvoi à un livre contemporain qui traite cette matière (il avait d'ailleurs pensé également ajouter une partie sur le droit public néerlandais à laquelle il renvoie à plusieurs endroits mais qu'il n'a pu achever pas plus que celle sur les actions).

Je me permets de rappeler ici ce que j'avais déjà dit à propos du *De iure belli ac pacis*: on ne peut pas dire que Grotius ait éliminé les actions de son système, car précisément à la fin de la deuxième section du premier livre, dans l'introduction générale que nous avions d'abord laissée de côté, après avoir fait la distinction entre droit public et droit privé, il donne comme division principale du droit privé celle entre les droits de chacun sur les choses et les moyens de faire valoir ces droits (en marge il met le mot latin «*actiones*»). Mais même si l'on regarde de plus près le contenu du texte qui suit ces deux sections introductives, c'est à dire les trois livres qui traitent successivement des personnes, des biens et des obligations, on doit constater que malgré le fait que la suite des matières à l'intérieur de ces trois livres ressemble beaucoup à celle des Institutes de Justinien, la justification de l'ordre suivi est assez neuf (il ne faut d'ailleurs pas oublier que Grotius ne traite pas exclusivement des institutions romaines pour autant qu'elles sont en usage en Hollande, mais qu'il y a inséré un certain nombre d'institutions d'origine indigène). Ce qui frappe surtout, c'est que la division des matières traitées au deuxième et au troisième livre — biens et obligations — est basée sur une hiérarchie de droits subjectifs.

Au début du deuxième livre, après avoir exposé la division des choses plus ou moins dans le style de Gaius et de Justinien, Grotius précise qu'il traitera des différents droits qu'on peut avoir sur ces choses et qui dérivent tous du droit qu'il appelle «*toebehoren*»; ce n'est autre que ce que nous appellons 'droit subjectif'. Il le définit comme «ce qui est dit être nôtre»; évidemment il ne faut pas seulement penser à l'«*id quod nostrum est*», mais encore à l'«*id quod nobis debetur*». En effet il le divise en deux catégories principales, pour lesquelles il emploie des termes néerlandais qui sont assez peu courants à l'heure actuelle — «*beheering*» et «*inschuld*» — mais qu'heureusement il explique en marge par les termes latins plus universellement acceptés: «*jus in rem*» et «*jus in personam sive creditum*». Pour ce dernier terme on se souviendra tout de suite du passage du *De iure belli ac pacis*, où il avait également employé le terme «*creditum*» pour ce qu'ailleurs il avait qualifié de «*id quod nobis debetur*». Le premier terme, «*jus in rem*», doit évidemment correspondre à ce que, dans *De iure belli ac pacis*, il avait appelé «*dominium*» (au sens large, y inclus le «*dominium minus pleno*» comme l'«*ususfructus*» et le «*jus pignoris*»). La différence s'explique par le fait que, dans l'*Inleidinge*, il considère aussi comme un droit subjectif le droit de possession, «*ius possessionis*», dont il ne traite pas dans son autre livre.

Le «*jus in rem*» («*beheering*») est subdivisé en «*bezitrecht*», «*jus possessionis*», et «*eigendom*», «*jus dominii vel quasi*». Ce dernier droit paraît avoir un sens aussi large que «*dominium*» dans le *De iure belli ac pacis*; des subdivisions dichotomiques mènent enfin à la reconnaissance de l'existence, à côté du droit de propriété proprement dit, d'un nombre de 'droits réels' parmi lesquels on ne compte pas seulement ceux qui dérivent du droit romain — servitudes, sûretés réelles, usufruit, usage, emphytéose, superficie —, mais encore des droits d'origine coutumière comme fief, cens et dîmes. Dans des études publiées entre 1976 et 1979 ([13]), j'avais considéré

([13]) Voir notamment *Der Eigentumsbegriff bei Hugo Grotius im Licht einiger mittelalterlicher und spät-*

que le plus grand mérite de Grotius dans ce domaine avait été la distinction assez nette entre la propriété d'une part et les «*iura in re aliena*» d'autre part; cette distinction n'était pas du tout commune à cette époque, dans laquelle les auteurs avaient notamment encore l'habitude de présenter le fief, l'emphytéose et la superficie comme 'domaine utile', donc comme formes de la propriété. J'ai dû reconnaître récemment que j'ai eu tort de ne pas attribuer ce mérite à Doneau, qui, ici comme sur d'autres points — je vous rappelle l'«*id quod nostrum est*» et l'«*id quod nobis debetur*» et le concept de droit subjectif défini comme '*facultas*' — a bien été l'inspirateur de Grotius ([14]).

* Quant au «*jus in personam*» («*inschuld*»), il le subdivise en fonction de ses sources; inutile d'ajouter que ce sont en même temps les sources des obligations.

Voici le système que Grotius y développe, système qui diffère un peu de celui qu'il a formulé dans *De iure belli ac pacis* ([15]). L'obligation peut naître soit à la suite d'une promesse («*toezegginge*») soit à la suite d'une «inégalité» («*onevenheid*»). Il y a deux catégories d'inégalités: celle qui porte profit à autrui et celle qui a été causée par le fait d'autrui. La dernière catégorie vise notamment la responsabilité civile. La première est constituée par ce que Grotius appelle «*baettreckinge*» («tirement de profit») et que nous appellerions maintenant enrichissement sans cause.

De cette catégorie Grotius dit:

> l'inégalité qui porte ou qui porterait profit à autrui (sans qu'il s'agisse d'une promesse) oblige ce dernier à une restitution indépendamment de la façon dont il a acquis ce profit et cela vaut non seulement pour les choses d'espèce mais encore pour les choses de genre

et il donne comme exemple le cas de «quelqu'un qui avait été nourri d'aliments appartenant à autrui». Cet exemple nous a induit à supposer que la règle elle-même provienne de la scolastique. Le problème est cependant assez délicat, car évidemment la maxime de Pomponius selon laquelle «*Iure naturae aequum est neminem cum alterius detrimento et iniuria fieri locupletiorem*» peut aussi avoir joué son rôle.

L'obligation née du «tirement de profit» («*baettreckinge*») est traitée d'une façon plus détaillée dans une section spéciale. Après quelques phrases introductives Grotius y mentionne surtout trois types de *condictiones* du droit romain. Ce n'est qu'à la fin qu'il semble s'éloigner du droit romain en disant: «Quatrièmement il y a répétition de tout ce qui est passé du patrimoine d'une personne dans celui d'une autre sans titre et d'une autre façon, c'est-à-dire sans qu'il ait été donné, payé ou promis». Il est vrai que comme exemple il ne donne que celui de la fameuse *condictio Iuventiana*, mais à mon avis il faut conclure qu'ici Grotius a visé au moins une action géné-

scholastischer Quellen, dans *Festschrift für Franz Wieacker zum 70. Geburtstag*, Göttingen 1978, p. 209-234, avec mention d'études antérieures, p. 230 et suiv., et *Ius in re. Het Begrip zakelijk recht in historisch perspectief*, [den Haag]-Zwolle 1979, p. 24 et suiv.

* ([14]) Sur Doneau voir H. Coing, *Zur Geschichte des Begriffs 'Subjektives Recht'* (paru d'abord dans *Das 'subjektive Recht' und der Rechtsschutz der Persönlichkeit*, Frankfurt-Berlin 1959, p. 7-23, puis dans H. Coing, *Zur Geschichte des Privatrechtsystems*, Frankfurt am Main [1962], p. 29-55, et finalement dans ses *Gesammelte Aufsätze zu Rechtsgeschichte, Rechtsphilosophie und Zivilrecht*, 2 vol., Frankfurt am Main [1982], vol. I, p. 241-262, édition d'après laquelle je cite), p. 251-254. Cf. aussi *infra*, note 20.

* ([15]) Ce qui suit a été emprunté à notre article cité *supra* à la note 11.

rale sous la forme proposée par certains postglossateurs; je crois cependant qu'il a pensé également aux différents exemples d'une *restitutio* au sens des auteurs de la scolastique espagnole.

Nous avons vu que l'autre catégorie des obligations nées d'une inégalité visait notamment la responsabilité civile. Grotius y revient dans les chapitres 32 à 38. La subdivision principale est celle entre obligations «*ex maleficio*» et «*ex quasi maleficio*». Le premier terme doit être pris au sens large que nous avons déjà rencontré dans le *De iure belli ac pacis*. Il faut d'ailleurs faire remarquer en passant que, comme dans son ouvrage de 1625, Grotius place ici à côté de l'obligation à réparer les dommages celle de subir une peine, ce qui l'amène à faire une digression sur le droit pénal; il reconnaît qu'à son époque ce sont en premier lieu les autorités civiles qui ont le droit de punir, mais il rappelle qu'autrefois aussi les personnes privées ou leurs familles avaient le droit de reclamer des peines ou même de les exécuter. *Maleficium* est défini comme un fait ou une omission qui est illicite soit par soi-même soit à la suite de la disposition d'une loi. Grotius fait une subdivision, cette fois-ci pas dichotomique mais en cinq catégories, en fonction des «choses qui nous appartiennent». Il s'agit de la vie, du corps, de la liberté, de l'honneur et des biens (les choses corporelles), une énumération de choses qu'il avait déjà faite au début de son livre II, où il avait traité des «choses» comme objets de nos différents droits. Elle se retrouve à peu près, comme nous l'avons vu, dans le *De iure belli ac pacis*.

Nous nous permettons de souligner combien cette conception diffère de celle du droit romain, où il était notamment impossible — au moins à l'époque classique — d'intenter une *actio legis Aquiliae* en cas d'homicide d'un homme libre. Nous signalons en même temps qu'ici de nouveau la conception grotienne rappelle directement celle de Doneau qui avait reconnu un droit des individus sur leur vie, leur intégrité corporelle, leur liberté et leur *existimatio* et qui voyait dans les actes illicites les lésions d'un droit subjectif ([16]).

Il nous faut encore dire quelques mots de l'autre catégorie principale dont une obligation peut naître, la promesse («*toezegginge*»). Ici de nouveau la systématique diffère un peu de celle du *De iure belli ac pacis* ([17]). Grotius ne distingue pas simplement les promesses et les contrats, mais il complique les choses en introduisant la stipulation romaine, dont il constate ensuite qu'elle n'est plus nécessaire à son époque pour créer une obligation en dehors des contrats traditionnels. La simple promesse qui remplace la stipulation peut désormais être valable si elle a une cause raisonnable, concept assez difficile sur lequel nous n'insisterons pas ici. A côté de la «promesse explicite» «*uitdruckelicke toezegging*» (qui couvre la stipulation et la promesse qui l'a remplacée) il connaît une promesse «par l'interprétation de la loi» («*toezegging door wetduiding*»). Cette dernière est subdivisée en deux catégories, dont l'une se caractérise par l'existence d'un contrat («*overkominge*»), l'autre par l'absence d'un contrat; par ce dernier il entend désigner les obligations «*ex quasi contractu*» (à l'exception des cas des *condictiones* dont il avait déjà traité dans la catégorie des

([16]) H. Donellus, *Commentariorum iuris civilis libri viginti octo*, l. 2, chap. 8, éd. Hanoviae 1612, p. 44-45.

([17]) Cf. à ce sujet R. Feenstra, M. Ahsmann, *Contract. Aspecten van de begrippen contract en contractsvrijheid in historisch perspectief*, Deventer 1988², p. 17-20. *

obligations nées à la suite d'une inégalité). Parmi les contrats on trouve non seulement ceux du droit romain mais encore quelques contrats spéciaux du droit indigène, soit dans le domaine du droit maritime ou commercial, soit dans celui du droit féodal.

Voilà ce qui me paraît le plus important du système de l'*Inleidinge* de Grotius.

Pour conclure demandons nous d'où Grotius a pu prendre l'essentiel de ses idées systématiques, notamment pour le droit privé. Un nom surtout vient à l'esprit, un nom que nous avons déjà mentionné plusieurs fois, celui de Hugues Doneau.

On a peu parlé de l'influence qu'a pu exercer Doneau sur Grotius et à première vue il ne semble pas qu'il y ait beaucoup de raisons pour considérer Doneau comme l'une des principales sources de Grotius. Dans le *De iure belli ac pacis* il ne le cite qu'une seule fois tandis qu'Alciat et Cujas — que Grotius a dû ranger dans la même catégorie de ceux qui s'en tiennent strictement au droit romain, catégorie dont il dit qu'elle n'a guère d'importance pour son sujet — sont cités quand-même 7 fois chacun; ce n'est rien comparé à des auteurs comme Covarrubias, Vasquez, Soto, Molina et Lessius cités de 21 jusqu'à 52 fois. Ces chiffres pourraient cependant tromper. Déjà dans le *De iure praedae* Doneau figure 9 fois et pour ce qui concerne l'*Inleidinge* on doit constater qu'elle ne contient aucune référence de sorte que toutes les possibilités restent ouvertes. Eyssell, le biographe néerlandais de Doneau, a déjà signalé
* que Grotius avait fait l'éloge de Doneau dans√*Annales*, «pour avoir secoué le joug de la routine et pour avoir, à la différence des autres auteurs, exclusivement voués à la critique des textes, entrepris de construire un nouveau système de jurisprudence» (18).

On ne doit pas oublier que Grotius a fait ses études à Leyde, où Doneau avait enseigné de 1579 à 1587. Bien que Grotius ne soit entré à l'Université que sept ans après le départ de Doneau, son oncle Corneille avait été le collègue du grand juriste français et le souvenir de son enseignement a dû rester. L'élève principal de Doneau, qui devait également occuper une chaire dans la faculté de droit de Leyde, Gérard Tuning, disposait d'un manuscrit de son cours dont le contenu ressemble beaucoup aux *Commentarii iuris civilis* qui ne furent publiés qu'à partir de 1589 (19). On ne sait presque rien des études de droit de Grotius — il n'existe même pas une *disputatio* de sa main dans ce domaine — mais il est assez probable qu'il a été confronté avec les opinions de Doneau soit par des cours publics ou privés, soit par la lecture du texte imprimé ou manuscrit. D'ailleurs il existe des ouvrages d'un auteur allemand, parus avant les études de Grotius, qui trahissent très nettement l'influence de Doneau, je veux dire la *Jurisprudentia romana* et le commentaire des Institutes de Hermann Vultejus.

Ce n'est pas ici le lieu d'approfondir ces recherches d'histoire littéraire (20).

(18) A. P. Th. Eyssell, *Doneau, Sa vie et ses ouvrages, L'Ecole de Bourges, Synthèse du droit romain au XVI siècle, Son influence jusqu'à nos jours*, Mémoire ... traduit du latin ... par J. Simonnet, Dijon-Paris-Rotterdam 1860, p. 323.

(19) R. Feenstra, C. J. D. Waal, *Seventeenth-Century Leyden Law Professors and Their Influence on the Development of the Civil Law. A Study of Bronchorst, Vinnius and Voet*, Amsterdam-Oxford 1975, p. 16-17.

* (20) Pour la continuation de nos recherches voir *Dominium and ius in re aliena. The Origins of a Civil Law Distinction*, dans *New Perspectives in the Roman Law of Property. Essays for Barry Nicholas*, Oxford 1989, p. 111-122, et *Hugues Doneau et les juristes néerlandais du 17ᵉ siècle: l'influence de son «système» sur l'é-*

Concluons que les idées systématiques de Doneau n'ont pas seulement eu leur succès par l'intermédiaire de Vinnius, l'élève de Tuning et donc l'*Enkelschüler* de Doneau — cet auteur néerlandais qui a eu tant d'influence en Europe, notamment en France et en Espagne — mais aussi par Grotius, qui peut-être a été tellement impregné par ces idées qu'il n'a pas jugé nécessaire de le citer explicitement. Cela ne diminue nullement les mérites de Grotius lui-même dans le domaine de la systématique du droit, comme j'espère bien avoir pu démontrer.

volution du droit privé avant le Pandectisme, à paraître dans les Actes du Colloque Jacques Godefroy des 19-21 novembre 1987 à Genève.

VIII

Pact and Contract in the Low Countries from the 16th to the 18th century

*

I.

The original title of my contribution for the study group 'Towards a General Law of Contract' included the specification that I should deal with 'the practice' of the Low Countries. This title suggested that it would be possible to give a useful analysis of the decisions of the courts in these countries during the 16th, 17th and 18th centuries. But it does not seem that the decisions of the courts – as far as they are accessible in print – could be very helpful in establishing which was 'the practice' as to pact and contract. At least I have not been able to find, with the help of the numerous indexes to these decisions, any important details that could add something to what we know already from commentaries or other works of authoritative writers. Indeed, the only thing I might be able to offer is a short analysis of the writings of the most frequently cited authors of the period in question, as far as they are concerned with describing the practice of the contemporary law. The very rare concrete references to court decisions will turn out to be of rather limited importance.

As to these decisions themselves, it is a well-known fact that even if the original manuscript text is examined, no motivation of the decision will be found. For the real arguments that moved the judges one has to go to the manuscript reports of the deliberations of the courts. For the 18th century decisions of the Supreme Court (Hoge Raad) of the provinces of Holland and Zealand we have in printed form the private notes on these deliberations by two judges, the famous Cornelius van Bijnkershoek and his son-in-law, Wilhelmus Pauw.[1] I could not find, however, any important contribution to our subject in these texts.[2]

Before starting the discussion of the opinions of the ancient writers I might premise a few words about the choice of the term 'Low Countries'. It is a lit-

---

[1] *Cornelius van Bijnkershoek,* Observationes tumultuariae, t. 1 - 4 (1926 - 1962); *Wilhelmus Pauw,* Observationes tumultuariae novae, t. 1 - 3 (1964 - 1972). Cf. *M. S. van Oosten,* Systematisch compendium der Observationes tumultuariae van Cornelis van Bijnkershoek (1962), and *P. van Warmelo,* Registers op die Observationes tumultuariae van Cornelis van Bynkershoek en van Willem Pauw (s. a.; 1982?).

[2] It had probably ceased to be a debatable point in the 18th century.

eral translation of 'Nederlanden' or 'Pays-Bas', terms that have been used since the 15th century. They should be understood mainly from the standpoint of the Dukes of Burgundy, who gradually acquired various principalities in what is now the territory of the Kingdoms of the Netherlands and Belgium. These principalities were on their way to become a centralized separate state, when the Revolt of the Northern Provinces caused a division. The Republic of the United Provinces was established between 1579 and 1588 and it became the direct ancestor of the present Kingdom of the Netherlands. Since the name 'Netherlands' (which until the beginning of the 19th century served also for the Southern Provinces, now Belgium), has become appropriated to this modern state, the term 'Low Countries' may be chosen as a more neutral one for describing historical developments in the lands which now form both kingdoms.

It is indeed essential that we begin with an author who came from the South and who worked in the 16th century. For the 17th and 18th centuries we will limit ourselves mainly to authors of the North, specially from the provinces of Holland and Frisia. This is also the course adopted in the most recent German monograph on the origin of the general concept of contract in the 16th, 17th and 18th centuries, written by Klaus-Peter Nanz, in which much attention is paid to the developments in the Low Countries.[3] I will use this book more or less as a starting point for this paper.

II.

The Southern author to whom I have been referring is Matthaeus Wesenbecius (1531 - 1586). He was born in Antwerp and studied in Louvain, but in 1552 he had to fly from the Netherlands for reasons of religion. He taught at the University of Jena from 1556; in 1569 he went to Wittenberg, where he was a professor until his death in 1586. His most influential work was a commentary on the Pandects; it first appeared under the title *Paratitla in Pandectarum*

---

3 *K.-P. Nanz,* Die Entstehung des allgemeinen Vertragsbegriffs im 16. bis 18. Jahrhundert (Beitr. z. neueren Privatrechtsgeschichte 9; 1985); see in particular chapters 8 and 9. Earlier contributions to the subject will be found in Nanz. Adde: *U. Petronio,* Spunti su consenso e contratto nei giuristi culti, in: Leggi, giudici, giuristi, Atti del Convegno tenuto a Cagliari nei giorni 18 - 21 maggio 1981 (1982), 203 - 225; *O. Behrends,* Treu und Glauben, Zu den christlichen Grundlagen der Willenstheorie im heutigen Vertragsrecht, in Christianesimo, Secolarizzazione e Diritto moderno, a cura di L. Lombardi Vallauri e G. Dilcher, 1981, 957 - 1006; *C. Visser,* The principle Pacta servanda sunt in Roman and Roman-Dutch law, with specific reference to contracts in restraint of trade, South African Law Journal, 101 (1984), 641 - 655; *H. Coing,* Europäisches Privatrecht, I: Älteres Gemeines Recht (1500 bis 1800) (1985), 398 - 406; *D. J. Joubert,* General principles of the law of contract ([1987]), 27 - 30. Cf. also *R. Feenstra* and *Margreet Ahsmann,* Contract: Aspecten van de begrippen contract en contractsvrijheid in historisch perspectief (2nd ed. 1988). *

iuris civilis libros quinquaginta (unauthorised edition Bâle 1563,[4] first – more * extensive – edition by the author himself Bâle 1568[5]); the title was changed to *In Pandectas iuris civilis ... commentarii* when the work was published together with *[in] Codicis Iustinianei Lib. XII commentarii* (first edition Bâle 1575[6]). It became very popular in Germany and in the Northern Netherlands: among the later editions[7] two were edited by Dutchmen, P. C. Brederodius[8] and A. Vinnius.[9]

Nanz has rightly stated[10] that in the works of the socalled *Usus modernus Pandectarum* – in Germany and in the Netherlands – the earliest authority cited for the proposition that pacts are actionable is always a passage in Wesenbecius' commentary on the Pandects, *i. e.* on the title *De pactis*.[11] He discusses the effects of *pacta,* first in the law of nature, by which a *pactum* engenders an *obligatio quae illo iure sit efficax,* then, at greater length, *iure civili et iure praetorio* but concludes that the *iuris veteris subtilitates* are now aban-

---

[4] Not 1565, as has been often repeated after *R. Stintzing,* Geschichte der deutschen Rechtswissenschaft, I (1880), 356; Stintzing himself corrected this printing error in Kritische Vierteljahresschrift für Gesetzgebung und Rechtswissenschaft, 23 (1881), 494 Fn. **. *Nanz,* op. cit., 86, gives 1565, but according to his bibliography (206) he used the 1563 edition!

* [5] See *Stintzing,* Kritische Vierteljahresschrift (ante, n. 4), 494. When writing his „Geschichte" he still considered the Bâle 1582 edition as the first to have given the more extensive version; *Nanz,* 87, follows this older opinion of Stintzing. The passage quoted below from this edition was made available to me by Professor I. Birocchi (Cagliari) from a copy at the Biblioteca Nazionale Centrale in Rome.

[6] Stintzing mentions this edition in neither of his publications. I used a copy in the library of Christ Church, Oxford.

[7] The best known of his editors was R. Bachovius.

* [8] See *R. Feenstra,* Tijdschr. v. Rechtsgesch. 27 (1959), 430 - 431 and 455 - 456.

[9] *Margreet Ahsmann* and *R. Feenstra,* Bibliografie van hoogleraren in de rechten aan de Leidse Universiteit tot 1811 (Geschiedenis der Nederlandsche rechtswetenschap VII-1; 1984), Nrs. 921 - 923.

[10] Op. cit. 85.

* [11] Because of the crucial importance of this passage I quote it here in extenso from the ed. Basileae 1568; in that ed. it is part of Nr. 10 of the commentary on D. 2,14, at p. 110 (the references in italics are put in the margin): 'Etsi autem hac de re plura subtiliter disputari possunt, tamen modus aliquis adhibendus est, maxime cum hae iuris veteris subtilitates hodie non sint in usu. Nam primum iure pontificio ex quolibet pacto oritur actio, *c. 1 et 3, ubi Canonistae, Extra eodem* [X 1,35,1 et 3]. Deinde hodie idem obtinet in omni foro ubi ex aequo et bono et ex suprema potestate iudicatur, ut sunt curiae summorum principum, arbitratorum, mercatorum et similium, *Bartolus et doctores in l. Quinimo* [Quintus?; D. 17,1,48] *per illum textum, et in l. Si fideiussor, 29, § Quaedam, Mandati* [D. 17,1,29,4]. Etsi autem longa disputatio est an in reliquis curiis, in quibus secundum ius civile pronunciatur, ius pontificium obtinere debeat, tamen communis opinio est, et ita usus observat, ut indistincte ex pactis nudis etiam in foro civili hodie detur actio, *Baldus et Salicetus in l. Petens, 21, C. eodem* [C. 2,3,27!] *et idem Baldus in l. Legitima, 6, in principio, hoc titulo* [D. 2,14,6 pr.], *et Iason, qui dicit esse communem, in dicta l. 7, § Sed cum nulla* [D. 2,14,7,4], *num. 4.*

In later editions (from that of 1582 onwards) this passage occurs under Nr. 9; from the 1575 Bâle edition there are some additions, see the following note.

doned, because *primum iure pontificio ex quolibet pacto oritur actio* and *deinde hodie idem obtinet in omni foro ubi ex aequo et bono et ex suprema potestate iudicatur, arbitratorum, mercatorum et similium.* For other secular courts, it * has been questioned whether the *ius pontificium* should apply, but *communis opinio est, et ita usus observat, ut indistincte ex pactis nudis etiam in foro civili hodie detur actio.*[12] *

Wesenbecius' statement is clear, but there is some mystery about the authorities on which he seems to rely. It was certainly not *communis opinio doctorum* that the canon rule applied in the secular courts. After the passage I have quoted, he refers to Baldus, Salicetus and Jason, specifying that the latter *dicit esse communem.* A statement of this kind occurs indeed in Jason's text[13] but Jason is referring only to the *communis opinio*[14] that an action lies on a naked pact in the canon law. It would seem that Wesenbecius was rather negligent in handling his references.[15] He may also have been inspired by other sources without mentioning them. One of these could have been Franciscus Vivius, *Communes opiniones doctorum,*[16] where one finds some general statements ressembling very much those of Wesenbecius. Vivius specifies in particular that the rule *quod pactum nudum producat pariatque actionem* should apply *non solum in omnibus terris Ecclesiae sed in terris etiam Imperii secundum communem opinionem omnium Doctorum quam allegat Fortunius Garzia in c. 1 de pactis num. 10.* Here occurs indeed a *communis opinio doctorum* in the same context as in the passage from Wesenbecius. Fortunius Garcia may

---

[12] From the 1575 Bâle edition the last phrase reads: 'ut indistincte ex pactis nudis * *serio et deliberate initis* etiam in foro civili hodie detur actio. *Quod verum puto et sequendum'.*

[13] Jason Maynus on D. 2,14,7,4, num. 4 (In primam Digesti Vet. partem commentaria, Venetiis 1598, fol. 147 v°): 'Licet ista sit communis opinio quod pactum nudum de iure canonico producat actionem, contrarium tamen tenuit Salicetus ... et sequitur Angelus de Aretio ...' The statement about the communis opinio is completely torn from its context by Visser, op. cit., 646 - 647, who adds fragments of other phrases that can only be understood in their own context; p. 647 n. 48 gives wrong translations.

[14] Contradicted inter alios by Salicetus and Angelus Aretinus, cf. the preceding footnote.

[15] He probably took the references to Bartolus, Baldus and Salicetus all from Jason's commentary on § Sed cum nulla, Nrs. 4 and 11 (cf. ante, n. 13). The first of the two Bartolus citations has been mutilated: it should read 'l. Quintus [tit. Mandati, D. 17,1,48]'; in later editions (e.g. Basileae 1599) it has been "verschlimmbessert" to 'l. 7, § Quinimo ... hoc titulo [D. 2,14,7,5]'.The Baldus citations are right, but Baldus, just as Jason, does not speak about application of the *pacta*-rule in secular courts. 'Salycetus in l. Petens' is a mistake: it should be 'in l. Legem [C. 2,3,10]'. There Salycetus even denies that the *pacta*-rule applies in the canon law.

[16] I used the edition in Communes sententiae sive opiniones iurisconsultorum e iuris caesarei et pontificii fontibus haustae, Lugduni 1566, p. 1 sqq.; the quoted passage is on p. 98 (a more extensive quotation in *Feenstra / Ahsmann* (ante, n. 3), 42 - 43). In the edition Venetiis 1571 of the *Sententiae* it is found on p. 253; probably from that edition it is cited by Busius (see post, n. 29), where 'Vin. in lib. opin. 235' should be read as 'Viv. in lib. opin. 253'.

also have been a – hidden – direct source of Wesenbecius, who cites him for the *pacta*-rule in one of his *consilia.*[17]

III.

For the seventeenth century it is not immediately clear who were the most influential authorities in the Low Countries for our subject.

Nanz[18] gives much attention to the doctrine of a Leyden professor, who held, first in 1634, that even in the civil law all *pacta* were actionable: Jacobus Maestertius (1610 - 1658). In 1640 there was a very lively controversy on this doctrine.[19] Maestertius was attacked by his Leyden colleague Arnoldus Vinnius (1588 - 1657) and a private lecturer who in the next year became professor at Utrecht, Cyprianus Regneri ab Oosterga (1614 - 1687); his reply was followed by a *duplicatio* by Regneri in the same year and Vinnius attacked him again, six years later, in his *Tractatus de pactis*. This, however, was a scholarly controversy: Maestertius' opponents did not question that all *pacta* were actionable in practice.

Among the authors of the *Usus modernus* cited by Nanz[20] as followers of Wesenbecius there are quite a few from the Low Countries.[21] If we put them

---

[17] Cons. 38, published for the first time in his Tractatus et responsa quae vulgo consilia iuris appellantur, Basileae 1575; the reference to Garcia is found in num. 20, col. 895 - 896. It is curious that Wesenbecius here limits Garcia's statement to canon law: 'Pactum autem hodie ex Canonibus ad agendum est efficax, secundum communem c. 1, ubi hoc firmat Fortun. Garzia, nu. 10, 11 cum sequentibus, de pactis. Et licet non esset, tamen quae inde oritur naturalis obligatio sufficit pro causa obligationis insequentis, ne pro nuda haberi queat, quasi citra causam facta, l. 1 § fin., ubi Castrensis, l. qui autem § fin. et passim, de constituta pecunia'. The passage to which Vivius and Wesenbecius refer is in Fortunius Garcia, Repetitio in cap. Primum, De pactis (I used the edition in Repetitionum in iure canonico ad II. Decretalium librum volumen tertium, Coloniae Agrippinae 1618, p. 278 sqq.; nrs. 10 and 11 are found on p. 283 - 284). Garcia, a Spanish jurist from the beginning of the 16th century, there holds that pacts are actionable not only in canon law but also in secular law (and particularly in Spanish law). The
* passage is also cited by Coren, see post, at n. 41.

[18] Op. cit., 97 - 100.

[19] See *R. Feenstra,* Jacobus Maestertius (1610 - 1658), Tijdschr. v. Rechtsgesch., 50 (1982), 297 - 335, at 306 - 307 (already cited by Nanz); add my recent article Het Tractatus de pactis van Vinnius, Tijdschr. v. Rechtsgesch., 56 (1988), p. 199 - 208, where a detailed description of Vinnius part in the discussion will be found (he is the *incertus auctor,* mentioned in my previous article).

[20] 100 n. 33; not all the authors cited refer explicitly to Wesenbecius.

[21] As I am dealing with pact and contract in the Low Countries I will confine myself to this group of authors, who appear at the end of Nanz' footnote 33 on p. 100 (I exclude Gummarus Huygens, Breves observationes de contractu in genere etc., Leodii 1701, p. 13 - 14; for the *forum externum* this moral theologian here only quotes another moral theologian, who relies entirely on Zypaeus and Gudelinus, see post, at n. 42 and n. 28); I will add one or two not cited by Nanz. Among the 'Gegenstimme' against Wesenbecius Nanz, 101, mentions – apart from Simon van Leeuwen (see post, at n. 93 sqq.) –

more or less in a chronological order,[22] the first to be mentioned is Everardus Bronchorst (1554 - 1627), who was a Leyden professor for forty years (from 1587). He had been a pupil of Wesenbecius in Wittenberg and it is thus not astonishing that, in his work on controversies (*Enantiophana,* 1595[23]), he holds his masters opinion[24] that *ex pactis serio et deliberato initis* an action is to be given, not only in canon law but also *in foro civili.* He adds, however, a reference to the doctrine that the actionability *et jure civili defendi potest eo in casu si adversarius damno afficiatur eo quod pacta non serventur.*[25] The action in that case is the *actio de dolo,* but in general the *nudum pactum* is actionable with a *condictio ex canone.*[26]

The second influential author from the Low Countries who would seem to have followed Wesenbecius' opinion[27] is Petrus Gudelinus (1550 - 1619), professor at Louvain from 1582, whose *Commentariorum de jure novissimo libri*

Antonius Matthaeus [I] (1564 - 1637), who, after having taught at Herborn and Marburg, was a professor at Groningen University from 1625 to his death in 1637. I doubt whether Nanz is right in classifying Matthaeus that way. He cites 'Collegium Pandectarum, disp. 5 n. 41 (p. 55)'. In this passage (read p. 35 instead of 55) – which forms part of a *disputatio* held at Groningen – Matthaeus says indeed that he does not agree with Wesenbecius that the canon law differs from the civil law in giving more than an exception upon a *pactum nudum.* But in another *disputatio,* held at Marburg – Disputationes aliquot extraordinariae (the last part of his Collegia iuris sex, Groningae 1638, of which the Collegium Pandectarum forms the fifth part), disp. 3, nr. 75 (p. 25) – he states: 'Pactum autem si non iure canonico ... saltem usu et moribus actionem parit' (he refers to 'Petrus Heigius, in prin. Inst. de V. O.'); according to him 'Tantum non obsolevit stipulatio et in pactum degeneravit' (loc. cit., nr. 74). These passages are quoted literally by his pupil Wissenbach (post, n. 73), who cites Matthaeus as an authority for this doctrine, together with Wesenbecius, Christinaeus and Grotius.

22 No effort of this kind is made by Nanz.

23 At least the first two *centuriae* were published at Leyden in that year, see *Ahsmann-Feenstra* (ante n. 9), Nr. 56; we could only check the passage – Centuria I, Assertio 39 – in the 1597 Hanau edition (Enantiophanon centuriae duae et conciliationes eorundem, Hanoviae 1597, 67). The text corresponds almost litterally with passages in his lectures on the Code, see Ms. Leeuwarden, Provinciale Bibliotheek van Friesland, 573 IX, fol. 2 E 14v°; for finding these passages I am indebted to Mrs. M. Ahsmann (Leyden). *

24 He explicitly refers to Wesenbecius.

25 For this doctrine he cites Alciatus; it is already found, however, in Jason, loc. cit. (ante, n. 13), num. 18, who refers back to Bartolus and Baldus. *Nanz,* 120 - 121, has misunderstood the text, see the following footnote.

26 According to *Nanz,* op. cit., 120 - 121, Bronchorst identified the *actio de dolo* and the *condictio ex canone.* This is a wrong interpretation, as is the suggestion that Bronchorst wanted to combine the so-called doctrine of Alciatus (cf. however the preceding footnote) and that of Wesenbecius. Nanz is also wrong in stating that Bronchorst was copied literally by Henricus Zoesius (120 n. 162): the cited passage is an addition of the editor (Martinus Naurath) to Zoesius' commentary on the Code which appeared posthumously, see post, n. 42.

27 Gudelinus does not cite Wesenbecius in this context but he cites him elsewhere in his book. In general Gudelinus, like other authors from the Southern Netherlands, relied particularly on French authors, but he does not cite them either for his statement on pacta. *

sex were only published posthumously in 1620. According to *mores nostri,* he says, *pacta nuda* produce an *obligatio efficax* and an action, *sive hoc ex jure pontificio, aut potius ex ejus interpretatione, traductum sit in mores, sive ex eo quod posterioribus saeculis grave visum sit etiam in nudis pactionibus fidem fallere.*[28] Gudelinus' work was not only much cited in the Northern provinces but it was even published there in three editions (Arnhemii 1639, 1643 and 1661).

After these two professors, from Leyden and Louvain, a much cited practis- * ing lawyer[29] should be mentioned: Paulus Christinaeus (1543 - 1631). He was an advocate at the Grand Conseil at Mechlin and published a work on the decisions of this court[30] in 1626. A passage from this work on the effects of *pacta*[31] is often quoted by later authors, but it is only a statement of Christinaeus' personal opinion on the subject: *sciendum est quod hodie non curetur de verborum formula quodque ex omni conventione serio pacta et conclusa de re licita oriatur actio.* He refers to a well-known text from the commentary of Molinaeus (Charles Dumoulin, 1500 - 1566) on the Digest title *De verborum obligationibus,*[32] which indeed would seem to have been influential not only in France but also in the Netherlands;[33] it dates from 1562 and is thus about

---

[28] Petrus Gudelinus, Commentariorum de jure novissimo libri sex, lib. 3, cap. 6, vers. Porro videamus (ed. Antverpiae 1620, p. 95).

* [29] There seems to have been only one earlier practising lawyer in the Netherlands who has made a statement on our subject, which is, however, not cited by most of the later authors (for an exception see post), probably because it is too evasive. I am speaking of Paulus Busius († 1617), who from 1610 was a professor of law at the University of Franeker but who as an advocate in Zwolle had already published in 1608 - 1609 the first *Usus modernus* commentary in the Netherlands: Commentarius in Pandectas cum differentiis iuris canonici et consuetudinum Germaniae, Galliae et Belgicae. On the title *De pactis* of the Digest he states (nr. 11, ed. Zwollae 1608, p. 93): 'Plane tametsi nonnulli annotant propter minus usitatam solennitatem stipulationis hodie pacta ex moribus saltem observanda et actionem consequenter condictionis ex lege instar esse, tamen id omne temperationem recipit, ut is cui quid temere et minus cogitatum excidit non per hoc statim capiendus sit, sed an teneatur ex re nata arbitrio suo moderetur judex. Unde recte Doctores annotant conventionem sine verborum solennitate non prodesse praeterquam si ea provide geminetur aut semel interposita renovetur' [references, *inter alia* to Vivius, see ante, n. 16]. The main part of this passage (up to 'Unde recte') is quoted by Nicolaus Tuldenus, see post, n. 71 [Tuldenus wrongly reads 'interpretationem' instead of 'temperationem'].

[30] And some other courts, see the title in the following footnote.

[31] Paulus Christinaeus, Practicarum quaestionum rerumque in supremis Belgarum curiis iudicatarum observatarumque volumen II et III, vol. II decisio 91 (ed. Antverpiae 1626, p. 120 - 121).

[32] Carolus Molinaeus, Nova et analytica explicatio rubr. et leg. 1 et 2 π de verbor. obligat. (first edition Lugduni 1562), on rubrica, nr. 42 (ed. 1562, p. 19, also in his Opera, ed. Parisiis 1658, t. IV, col. 138; from this edition in *Feenstra / Ahsmann,* Contract (ante, n. 3), 41 - 42). Cf. *Nanz,* 75, who would seem, however, to underestimate the importance and the influence of this text. It should not be put on the same level as passages from his commentary on the Code (on the title *De pactis*), which was published only posthumously in 1604.

[33] According to *Nanz,* 75 n. 80, however, Christinaeus was the only author of the Usus modernus to cite this particular passage from Molinaeus.

six years older than the text of Wesenbecius,[34] which is not cited by Christinaeus.[35] It is only after a long analysis of the opinions of Molinaeus that Christinaeus continues: *Et sic alias censuit Suprema Curia;* this would seem to refer to a particular proposition cited from Molinaeus and not to the general principle quoted before. *

In the Northern Netherlands there is a work of a practising lawyer from about the same period that may be mentioned in this context:[36] the *Observationes rerum in [Supremo Senatu Hollandiae, Zelandiae et Frisiae] iudicatarum* of Jacobus Coren, who was a judge in the Supreme Court of the provinces of Holland and Zealand from 1621 to 1631.[37] He reports a case decided by this Court in 1623.[38] Here again the Court did not explicitly pronounce *pacta* to be actionable in general, but among the arguments advanced by the plaintiff we find *quod omni jure pacta inviolabiliter sunt servanda:* although according to *ius civile* and *ius praetorium* no action arises from a *pactum nudum,* it is notorious that the contrary disposition of the canon law has been received *usu* and is followed *in foro civili.*[39] This argument is *not contradicted* by the defendant. In a marginal note Coren puts a quotation of the passage in Wesenbecius which we have already dealt with[40] and a reference to Fortunius Garcia.[41]

IV.

For the period after 1630 we will have to confine ourselves mainly to authors of the Northern Netherlands.[42]

---

[34] It would not seem, however, that Wesenbecius was influenced by Molinaeus.

[35] Who, like Gudelinus (ante, n. 27), relied particularly on French authors.

[36] It is cited e.g. by Voet, see post, n. 92. Nanz does not mention it.

[37] The Observationes were published posthumously in 1633 at the Hague.

[38] Observatio 13 (ed. Hagae Comitum 1633, p. 75 - 81); see in particular nrs. 8 sqq. (p. 77 - 78).

[39] It should be noticed that for Holland there is no limitation to courts of merchants as has been contended, see my remarks in Tijdschr. v. Rechtsgesch. 27 (1959), 480 - 481.

[40] At Leyden Coren had studied law under Bronchorst, Wesenbecius' pupil (cf. ante, at n. 24).

[41] Cf. ante, n. 17; Coren refers to 'n. 118' of Garcia's *Repetitio,* which is probably a mistake.

[42] For the Southern Netherlands the main author who still deserves mention is Franciscus Zypaeus (1580 - 1650; he held various ecclesiastical functions at Antwerp), who is said to have written the first systematical treatise on the law of these regions: his Notitia juris belgici was published for the first time at Antwerp in 1635 (one of the later editions appeared at Arnhem in 1642); see on Zypaeus *L. Verbeek,* Tijdschr. v. Rechtsgesch. 36 (1968), 267 - 311, particularly 290 sqq. on the Notitia. In lib. 8, cap. De contrahenda stipulatione (ed. Antverpiae 1635, p. 196) Zypaeus states: 'Stipulationes hodie non frequentantur nec earum est necessitas: ex pactis actio datur per mores, forte ortos ex sententia interpretum qui jure canonico ex nudo pacto

The most important among them[43] is undoubtedly Hugo Grotius (1583 - 1645), who should not only be seen as a legal theorist but also as a man who, in the first part of his career, had been closely associated with the practice of the law of Holland and who therefore should also be considered in a chapter on the *Usus modernus Pandectarum* in the Netherlands.[44] His 'Introduction to the Jurisprudence of Holland' *(Inleidinge tot de Hollandsche rechtsgeleerdheid)* was written during his imprisonment at Loevestein (1619 - 1621) but was not published until 1631.[45]

---

actionem tribuunt vel quod magis fidei datae in rebus licitis habenda sit ratio quam legibus verborum deferendum'. Zypaeus does not mention his sources but he might have been inspired by Gudelinus, see ante, at n. 28 (cf. *Verbeek,* 292, who thinks that Gudelinus' influence on Zypaeus has been exaggerated). This passage is cited by e.g. Groenewegen and van Leeuwen.

Nanz does not mention Zypaeus. As to 17th century authors from the South (apart from Christinaeus) he only refers to the Louvain professor Henricus Zoesius (1571 - 1627), whom he states to have followed Wesenbecius in his posthumously published commentaries on the Digest and the Code. On D. 2,14 Zoesius says – without citing Wesenbecius – that a *pactum nudum* is binding *de moribus* but disagrees with Wesenbecius on the question whether it produces an action in the canon law (Commentarius ad Digestorum seu Pandectarum iuris civilis libros L, edited by Valerius Andreas, ed. secunda, Lovanii 1656, p. 93). On C. 2,3 (qu. 22) he only states his disagreement with Wesenbecius on the question of the actionability in the canon law (Commentarius in Codicem Justinianeum, edited by Martinus Naurath, Coloniae Agrippinae 1660, p. 39); a different opinion on that question and a statement that *pacta* are now binding in secular law occurs in note i to qu. 22 (ibidem, p. 42), which was added by the editor Naurath, who copied Bronchorst (cf. ante, n. 26). In Zoesius' – also posthumous – Commentarius ad Institutionum iuris civilis libros IV, on Inst. 3, 15 (14), the subject is only touched in an addition by the editor Valerius Andreas (ed. Coloniae Agrippinae 1671, p. 461 - 462).

On Nicolaus and Diodorus Tuldenus see post, n. 71.

43 Among the more or less contemporary authors I might mention in particular Lambertus Goris († 1651), a practising lawyer from Nijmegen, who in his *Adversariorum iuris subcisivorum liber singularis* – in which he comments on the law of Gelderland – says that it is no question at all 'utrum ex pacto actio detur necne, cum pridem apud pragmaticos tam hoc sit receptum ut apud nos analphabeto cuique innotuerit' (ed. Noviomagi 1632, p. 133, cap. 16 num. 20). In the second edition, Arnhemii 1635, p. 36 - 37 – where the text appears as tract. I, cap. 4, num. 20 – he adds references to Ludovicus Molina (De iustitia et iure, tom. 2, tractat. 2, disp. 257), to Christinaeus (see ante, n. 31) and to Grotius' Inleidinge (see post); in the first edition he quotes only a long passage from John of Salisbury, which he says to have found also cited by Marquardus Freherus. Goris, who is not mentioned by Nanz, would seem to be a more important authority than Joannes Arnoldus Corvinus († after 1668), who is cited by *Nanz,* 100 n. 33, for a passage on D. 2,14 in his Digesta per aphorismos explicata (ed. Amsterodami 1642, p. 75) which simply repeats what has been said by Wesenbecius (according to the preface the whole work is 'potissimum ex Wesenbecio concinnatum'). For some more recent authors who would seem to have been influenced directly by Grotius, see post, at n. 72 sqq.

44 *Nanz,* 139 - 149, deals with Grotius only in his chapter 'Die naturrechtliche Vertragslehre'.

45 The best critical edition is by F. Dovring, H. F. W. D. Fischer and E. M. Meijers, Leiden 1952.

The importance of the *Inleidinge* for our subject has already been underlined by Professor Ugo Petronio in his contribution presented to our study group. He has mainly used the Latin translation by Joannes van der Linden (1756 - 1835);[46] I will quote the English translation by R. W. Lee, published in 1926.[47] Both translations are of good quality but at some crucial points I will propose a correction of Lee.

Grotius holds that according to the law of nature there are two sources of personal right ('inschuld'): *toezegging* and inequality (*Inleidinge,* 3,1,9). *Toezegging,* as appears from his own marginal note, is intended as a vernacular equivalent of the Latin *promissio.*[48] This terminology, first used for describing the law of nature, is maintained when Grotius starts to describe the 'civil law'[49] (which is of course the part that is of interest for our subject). He states that 'the civil law, experience pointing the way, has introduced various new obligations' (3,1,21). He continues: 'And in order to restrain the imprudence of men in binding themselves, the same law has made some obligations legally unenforceable, and others has utterly annulled, depriving men of the power of contracting them'[50]. He says that he will follow the civil law in his treatment, referring where necessary to the law of nature (3,1,22).

After these preliminary statements follows his definition of obligation: 'Ob- *
ligation then, as appears from what has been said above, is an act of one person which confers upon another a personal claim' (3,1,24). Lee has called this a surprising definition: 'an obligation is not an act but a relation'.[51] In my opin-

---

[46] Published only in 1962: Hugonis Grotii Institutiones juris hollandici e belgico in latinum sermonem translatae a Joanne van der Linden, edidit H. F. W. D. Fischer (Rechtshistorisch Instituut Leiden, Serie I, 3; Haarlem 1962).

[47] The Jurisprudence of Holland by Hugo Grotius, The text translated with brief notes and a commentary by R. W. Lee, I: Text (1926, reprint 1953), II: Commentary (1936).

[48] This is also the term used by van der Linden in his translation. Lee translates *toezegging* mostly as 'contract', sometimes as 'promise' (see his Commentary, 223). The problem is that Grotius distinguishes between *toezegging* and *belofte.* The latter term is rightly translated by van der Linden as *pollicitatio;* Lee uses here 'promise'. The Dutch terminology of Grotius has been critisized by Ulricus Huber (post, n. 87), who uses 'belofte' where Grotius uses 'toezegging'. I will not follow Lee in his translation and use either *toezegging* or *promissio.*

[49] 'Civil law' in this context is not necessarily Roman law but could also be positive law in general: the Dutch term used here is 'burgher-wetten'. When Grotius means the Roman law in particular he sometimes speaks of 'Roomsche rechten' (cf. Inleidinge, 3,1,51).

[50] Cf. a letter by Hugo Grotius to his brother William of 28 February 1616 (Briefwisseling van Hugo Grotius, vol. I, ed. by P. C. Molhuysen, 1928, nr. 450, p. 499 - 503), where he develops the same thought; see *M. Ahsmann,* Willem de Groot (1597 - 1662) en zijn studie te Leiden in het licht van brieven van zijn broer Hugo, Tijdschr. v. Rechtsgesch., 50 (1982), 371 - 401, at 393.

[51] *Lee,* Commentary, 224. *Petronio,* in his report to the study group, published post *
in the present volume, calls the definition 'molto caratteristica' as it stresses 'la fattualità dell'obbligazione', which is also found in Alciatus.

ion Grotius uses the term 'verbintenisse' ('obligation') in two different senses: in that of 'relation' as well as in that of 'act of binding oneself'. In 'what has been said above' there are several passages in which he has used the term for 'act of binding oneself'[52] and it must be to these passages that he refers in his definition.[53]

Only at the end of the section dealing with obligations in general he speaks particularly about *promissio* as a source of obligations. '*Promissio* is either express or implied by the law (3,1,49); express may be either verbal or written (3,1,50)'. If implied by the law, *promissio* may be either with agreement or without agreement (3,6,1); in the margin Grotius gives *contractus* as equivalent of agreement ('overkominge').[54] The *promissiones* implied by the law are divided into real and consensual contracts (3,6,10). As appears from the examples Grotius here follows the Roman law rather closely. More interesting is what he says about verbal contracts which, together with written contracts,[55] form his category of express *promissiones*.

Grotius mentions the requirements for the verbal *promissio* of the Romans, the *stipulatio*, which gave not only a right of defence but also a right of action. He then states: 'Other verbal agreements gave a right of defence but no right of action, unless something had been handed over or the agreement in question formed part of[56] another contract,[57] as sale, hire, and the like' (3,1,51); there follows an observation on gift in 'the latest Roman law'. 'But since the Germans[58] from of old have esteemed no virtue above good faith such subtlety

---

[52] Inleidinge 3,1,19 in fine: 'verbintenisse is een gebruick van eens mensches vrije macht' ('obligation is a use of man's free power'); 3.1.21: 'den menschen de macht tot zodanige verbintenissen benemende' ('depriving men of the power of contracting them [i.e. obligations]'). A difficult text is 3,1,23: 'van 't bestaen der verbintenissen (want hieruit komt de inschuld) in 't gemeen'; here Lee's translation – 'of the origin of obligations in general (for to this they owe their binding force)' – is inadequate. Clearer, but not satisfactory either, is van der Linden's translation: 'de contrahendis obligationibus, ex quibus jus ad rem nascitur'. It should be something like 'the validity of obligations in general (for from this results the personal right)'. Here it could be 'act of binding oneself' as well as 'relation'; only at the end of 3,1,23 ('van 't vergaen der selver verbintenissen', 'how obligations come to an end') the accent would seem to be on 'relation'.

[53] Particularly to 3,1,19 and 3,1,21. It remains of course true – as *Lee* states, loc. cit. – that an obligation 'does not necessarily imply an act on the part of the person liable, e.g. in *negotiorum gestio* the *dominus rei gestae* is liable to the *gestor,* but he has been purely passive'; cf. also unjust enrichment as defined in 3,1,15.

* [54] *Petronio,* in his report, published post in the present volume, is certainly right in stating that Inleidinge 3,6,2 does not prove that contract has its origin in *consensus* only.

[55] Which we will leave aside.

[56] According to *Lee,* Commentary, 231, Grotius meant *pacta adjecta.* I doubt whether he is right. In my opinion Grotius only means that real and consensual contracts include reciprocal *promissiones,* cf. post, n. 61.

[57] The Dutch term is 'onderlinge handeling'. Lee's translation 'reciprocal transaction' would seem too literal; van der Linden has 'contractus consensualis'.

[58] Grotius uses the term 'de Duitschen'; he does not only mean the old *Germani* of the first centuries after Christ but also later 'Germanic' peoples including the Dutch.

has not been accepted by them, but it has been understood and used that all *promissiones*[59] which proceed from any reasonable causes, whatever be the form of words employed, whether the parties were together in one place or not, gave a right of action and of defence to an action' (3,1,52). 'Reasonable cause is understood to exist whenever the *promissio* or *pollicitatio*[60] takes place by way of gift or is incidental to some other contract,[61] whether such takes place at the time of the contract or after it' (3,1,53).

These passages of Grotius' *Inleidinge* have caused much controversy. I will not go into details. I agree with the observations made by Lee:[62] 'It is noticeable that Grotius has not thrown off the shackles of the Roman law. His verbal express contract [or: *promissio,* R. F.] is still the stipulation in modern dress.[63] He nowhere frames a comprehensive definition of contract as we understand it in the modern law'.[64] According to Lee it seems that 'Grotius fully accepts the principle that 'every paction begets an action' but he does not make this plain'.

---

[59] Not 'contracts' as in Lee's translation, cf. ante, n. 48; the Dutch term is 'toezegghingen'.

[60] 'toezegging ofte belofte', cf. ante, n. 48.

[61] I prefer 'contract' to Lee's translation 'transaction'. The Dutch has 'dient tot eenige andere handelinge"; van der Linden's translation: 'ad aliam contractus speciem perficiendam'. Grotius comes back to this point in 3,3,1: 'A *promissio* which is incidental to some other contract is designed either to confirm the usual rights applicable to the contract in question or to provide something outside those rights ...'. In chapter 3,3 he discusses mainly surety as an example of such *promissiones,* but he also had in mind cases where the principal debtor made an express promise confirming or departing from one of the usual types of contract, e. g. if a purchaser expressly promises payment or promises not to hold the vendor liable in case of eviction; cf. *R. W. Lee,* An Introduction to Roman-Dutch Law (5th ed., 1953), in Appendix F on Contract and Causa, 432.

[62] Introduction (ante n. 61), p. 432 - 433.

[63] Therefore the 'reasonable cause' in 3,1,52 and 53 should be understood as the *causa* of the Roman stipulation. This interpretation was already suggested by Groenewegen in a marginal note to 3,1,52, referring to D 44,4,2,3; among modern authors it is explicitly given by *E. M. Meijers,* Nieuwe bijdragen omtrent de leer der consideration en der causa, Tydskrif vir hedendaagse Romeins-Hollandse reg, 2 (1938), 43 - 54, reprinted in *E. M. Meijers,* Verzamelde privaatrechtelijke opstellen, III (1955), 301 - 310, at 308, and *J. C. Stassen,* Causa in die kontraktreg, Tydskrif etc., 42 (1979), 357 - 375, at 372. *Lee,* op. cit., 434, does not seem to accept this interpretation. According to him Grotius means 'a cause of a nature induce a reasonable man to give his promise, a cause which another reasonable man, the judge, considers apt to produce a legal obligation'. He states that with the reasonable cause of Grotius we 'practically ... arrive at the same result as when we say that a promise binds if it is given *serio et deliberato animo'*. In a footnote he refers *inter alios* to Simon van Leeuwen, Paratitula iuris novissimi, Lib. 4, cap. 1 *in fine;* indeed we find there a suggestion of this kind (see post, n. 97) but it would not seem that this was the right interpretation of Grotius' text. *

[64] There was still a distinction between the express *promissio,* which had acquired the force of a stipulation by usage, and the specific contracts, in which the *promissio* was raised by law. Similarly in De iure belli ac pacis he treats *promissa* and *contractus* in distinct sections, though his reason for distinguishing them is not so clearly brought out.

V.

Although Grotius' statements on pact and contract in his *Inleidinge* were not as clear as those of Molinaeus and Wesenbecius, they were nevertheless very influential and are almost always cited by later authors from the seventeenth century.

The first among them is Arnoldus Vinnius, whom we have already mentioned *obiter* as a participant in the controversy about the doctrine of Maestertius. The most frequently cited passages of Vinnius are from his commentary on the Institutes (1642) and his *Tractatus de pactis* (1646),[65] in which he indeed refers to Grotius. He had, however, already made a statement on our subject in his earliest work *Jurisprudentia contracta,* of which the relevant part had appeared in 1624, i.e. seven years before the publication of Grotius' 'Introduction'.[66] In the main text of this work he was largely inspired by Donellus' *Commentarii de iure civili,* but in marginal notes he also referred to less humanistic authors and even to practising lawyers. To the principle – derived from Donellus – *ex nuda pactione obligationem non nasci nisi facta sit legitima* he adds a note stating: *usu jam pridem receptum ut ex omni pacto, modo serio et deliberato inito actio detur,* with reference to Wesenbecius.[67]

In his Commentary Vinnius says: *mores ... hodierni pactorum et stipulationum iura fere confundunt: tam enim ex nudo pacto, modo serio et deliberato initum sit, obligatio et actio nunc nascitur quam ex stipulatione;*[68] for the origin of this statement he uses the phrase from Gudelinus which we have

---

[65] In his Tractatus de pactis, cap. 7, num. 6 (ed. Lugduni Batavorum 1646, p. 91) he copies more or less what he has said in his Commentary on the Institutes (see post n. 68) but cites as authorities only Gudelinus and Grotius ('lib. 3 introduct. ad jurispr. Batav. c.2'; it should be c.1 *sub fine,* as the ed. Amstelredami 1651, p. 156 has).

[66] See *Ahsmann / Feenstra* (ante n. 9), Nr. 824.

[67] A. Vinnius, Jurisprudentiae contractae sive partitionum juris civilis libri IV, lib. 2, cap. 2 (ed. Hagae Comitis 1631, second part, p. 3, note m *in fine*): 'Caeterum constat iam ubique fere invaluisse, ut non minus pacta nuda quam stipulationes obligationem et actionem pariant'; see also lib. 2, cap. 5 (ed. p. 12, note q *in fine*): '... usu iam pridem receptum, ut ex omni pacto, modo serio et deliberato inito, actio detur, add. Wes. parat. de pact. n. 9'. *Th. Mayer-Maly,* Die Bedeutung des Konsenses in privatrechtlicher Sicht, in: Rechtsgeltung und Konsens [Schriften zur Rechtstheorie, 49] ([1976]), 91 - 104, at 99, quotes only the main text of lib. 2, cap. 5: 'Si [pactio] nuda est, constans est veterum definitio ex nuda pactione obligationem non nasci, nisi facta sit legitima' and concludes that Vinnius, differing from Wesenbecius, kept to the discrimination of *pacta nuda.*

[68] A. Vinnius, Commentarius academicus et forensis in quatuor libros Institutionum, on Inst. 3, 16 (15), num. 4 (ed. Lugduni Batavorum 1642, p. 989); cf. also on Inst. 3,14 (13), 2, num. 11 (ed. p. 960). On Vinnius' opinion and its influence in England see recently *N. Benke,* "No inefficacy arises merely from the naked promise", Bemerkungen zu Consideration und Versprechen in Pillans v. Van Mierop, in: Ius commune, 14 (1987), 1 - 43, at p. 26 sqq.

already quoted.[69] Apart from Grotius and Gudelinus he refers to Antonius Gomezius,[70] Paulus Christinaeus and Diodorus Tuldenus.[71]

Leaving aside some other authors who may have been influenced by Grotius – e. g. Bernardus Schotanus (1598 - 1652)[72] and Johannes Jacobus Wissenbach (1607 - 1665)[73] – we come to the main authority for the legal practice in the province of Holland in the middle of the seventeenth century, Simon van Groenewegen van der Made (1613 - 1652). In his *Tractatus de legibus abrogatis et inusitatis in Hollandia vicinisque regionibus* (1649) he deals with our subject at various places; the most important passage[74] is in his commentary on C. 2,3,10: *Moribus nostris ex nudo pacto non solum exceptionem sed et actionem competere constat.*[75] The first authority cited[76] is Grotius' *Inleidinge,*

---

69 Ante, at n. 28.

70 Commentariorum variarumque resolutionum iuris civilis communis et regii tomi tres, tom. 2, cap. 9, num. 3 (ed. Francofurti 1597, p. 290 - 291). Gomezius refers to the statute of Alfonso XI of 1386, cf. *Coing,* op. cit. (ante, n. 3), 400. Gomezius (middle of the 16th century) is a much older authority in this context than Ludovicus Molina, cited by *Nanz,* 127 (who does not mention Gomezius). Cf. also Gomezius, lib. 2, cap. 11, num. 3 (ed. p. 322). *

71 On Inst. 3, 16 (15), 1, cap. 2 (Ad Institutionum juris civilis Iustiniani libros quatuor commentarius academicus simul ac pragmaticus sive forensis, Lovanii 1633, p. 332; I could not check the first edition of 1628). Tuldenus, who was a professor at Louvain University from 1620 to 1645, states indeed: 'Sed consuetudo ius nudae pactionis et stipulationis fere confudit in Belgio, Gallia, Hispania, dummodo constet, serio et meditato pactum intercessisse, non temere et inconsulto excidisse . . .'. He probably was mainly inspired by a note of his father, Nicolaus Tuldenus – which he cites – on Iodocus Damhouder, Praxis rerum civilium, cap. 47 (ed. Antverpiae 1617, p. 97 - 98); for the 'consuetudo in Belgio' this note only refers to the passage in Busius, quoted ante, n. 29.

72 B. Schotanus, Examen juridicum, on D. 2,14 (ed. Amstelodami 1645, p. 142; I could not check the first edition of 1639): 'Iuxta consuetudinem (modo sit justa causa obligandi) ex quolibet pacto actio datur nec hodie inter stipulationem et pacta distinguitur'. In a later, posthumous, edition, cum annotationibus practicis (Amstelodami 1669, p. 104; the first ed. is of 1662) references are added to Grotius' Inleidinge, Christinaeus, Gudelinus and Wesenbecius. Schotanus was a professor at the university of Franeker (1624 - 1635), Utrecht (1635 - 1641) and Leyden (1641 - 1652). *

73 J. J. Wissenbach, Disputatio . . . in quibus praxis discrepat a theoria, num. 77 (disp. 57 in his Disputationes on the Institutes, first edition under the title Disputationes juris civilis, Franekerae 1648, p. 471): 'Pactum autem, si non jure canonico . . . saltem usu et moribus actionem parit'. He gives inter alia references to Wesenbecius, Christinaeus, Grotius, Molina, Freher and Matthaeus. The quoted phrase has been copied literally from Matthaeus, see ante, n. 21. Most of the references – and a quotation from John of Salisbury – would seem to have been taken from Lambertus (ante, n. 43), whom he does not cite. Wissenbach returned to the subject in his Exercitationes on D. 2,14, num. 35 (ed. Lipsiae 1673, col. 60 - 61; first ed. Franekerae 1653); there he cites Wesenbecius, Christinaeus, Grotius, Molina, Freherus and John of Salisbury (in extenso). Wissenbach was a professor at the University of Franeker from 1640 to 1665; he had studied at Franeker and Groningen (where he was a pupil of Antonius Matthaeus). *

74 Cf. also statements on D. 12,4,5 (see post, n. 80) and on Inst. 3,19, num. 5 - 6 (where he is dealing mainly with the *stipulatio alteri*).

75 Critical edition, with English translation, by B. Beinart and M. L. Hewett, vol. 3, Johannesburg 1984, p. 59 (first ed. Lugduni Batavorum 1649; the 1984 ed. follows the third, revised, edition Amstelaedami 1669).

3,1,52. In his own edition of this work – with marginal notes[77] – he does not give much comment on that particular paragraph,[78] but he makes an important statement on *Inleidinge,* 3,6,11, where Grotius is dealing with the question whether there is a *locus poenitentiae* in innominate contracts before the thing is handed over: Groenewegen refers to a paragraph of the Costumes of Antwerp which denies it.[79] In his *Tractatus de legibus abrogatis,* commenting D. 12,4,5,[80] he remarks that the *locus poenitentiae* which that text allows has no place in the modern law: ... *cum jure canonico et moribus nostris nuda pacta eandem, quam stipulationes, vim habeant ... ideo hodie ex quolibet contractu innominato efficax actio oritur, quae etiam re integra poenitentiam excludit, nisi aliud actum appareat.*[81]

For the second half of the seventeenth century I will mention only the two most influential authors – who are often cited also outside the Netherlands –: Ulricus Huber (1636 - 1694) and Johannes Voet (1647 - 1713), adding some remarks on Simon van Leeuwen (1626 - 1682).

In his *Praelectiones* on Justinians Institutes (1678) Huber explicitly asserts that the *mores hujus seculi* have returned to the *simplicitas juris gentium* in making no distinction at all between *pacta* and *stipulationes:*[82] *tam quod ad verba quam quod ad effectus reales attinet omnia conveniunt.*[83] He does not refer to authorities here, but from a passage in his *Praelectiones* on the Digest,[84] where he makes the same statement about a return to the *simplicitas* of the *jus gentium,* one could infer that he was inspired in the first place by his teacher Wissenbach and – through him – by Wesenbecius.[85] It should be

[76] Other references are to Christinaeus, Gudelinus, Zypaeus, Vinnius, Fons (Practicque des Cours de France on Inst. 3,16 (15),1), Schultz (on the same text of the Institutes) and Autumnus (Conférence du droit françois, on D. 45,1,1).

[77] First edition Dordrecht 1644.

[78] Apart from the reference to D. 44,4,2,3 (cf. ante, n. 63) there are references to Zypaeus, Christinaeus, Vinnius (on Inst.) and to X,1,35,1. In later editions the latter references have been changed into a reference to his De legibus abrogatis on C. 2,3,10 and a reference to Cluverius on the good faith of the Germans has been added.

[79] Costumen van Antwerpen (1582), cap. 53, art. 4.

[80] Critical edition (ante, n. 75), vol. 2 (1975), p. 93 - 94.

[81] He refers not only to the Costumes of Antwerp but also to Grotius' Inleidinge, 3,6,11 and 3,31,8, who turns it the other way: *poenitentia* is possible except where there is an agreement to the contrary.

[82] U. Huber, Praelectiones on Inst. 3,16 (15), num. 2 (ed. Franequerae 1678, p. 248; in later editions the passage is at the end of num. 1).

[83] He continues: 'unde quicquid in capite de pactis et de verborum obligationibus reperitur, id omne, quod ad usum, conferri miscerique licet ac oportet'.

[84] On D. 2,14, num. 11 (ed. Franequerae 1689, p. 144). *Nanz,* 128, cites a 'Scholium in n. 2' on D. 2,14 as the opinion of Huber, but the passage he quotes is from an *additio* by Christian Thomasius, answering a *responsio* of Huber to his scholion on Huber's Positiones.

[85] He refers to a controversy on which action should be given on the basis of a *pactum:* Wesenbecius had proposed a *condictio ex lege,* Wissenbach, in his Exercitationes

noticed that Huber was a Frisian and that, in general, in the province of Frisia the Roman law was applied more strictly than in other parts of the Netherlands; therefore a statement about the *mores* as to pact and contract has more weight than it might have had if it came from a jurist of another province. Whereas in his *Praelectiones* he may not have been referring to the *mores* of Frisia in particular, he certainly did so in his *Heedendaegse rechtsgeleertheyt soo elders als in Frieslandt gebruikelijk* (1686). In the chapter on 'promises and engagements' he states:[86] 'at the present day we do not have this distinction between solemn and bare promises, but the practice of nations is satisfied with the simple law of nature, by which a person capable of binding himself can be effectively bound by all kinds of declarations verbal or written, in presence or absence, that he will make good to another a thing or an act.' Though he critisizes Grotius' terminology[87], he may well be indebted to the *Inleidinge* for his doctrine. According to Huber bare promises should be classified under innominate contracts;[88] for them just as for other innominate contracts there is no *locus poenitentiae.*[89]

As to Johannes Voet, the best known text[90] is in his *Commentarius ad Pandectas,* on D. 2,14 (published for the first time in 1698), nr. 9:[91] the distinctions of the Romans between *pacta* which do and which do not form the action could surely have been wrapped in silence for all the use they have in court practice, *eo quod nunc tralatitium prorsus est, et passim receptum, ex pactis nudis, serio ac deliberato animo interpositis, aeque ac ex contractibus actionem nasci.*[92] This should be attributed not so much to the Canon law as to the fact

---

on D. 2,14, num. 34 (cf. ante, n. 73), had criticized him for this opinion (cf. *Nanz,* 121). Huber himself would give the *condictio certi vel incerti,* applying the doctrine I have quoted ante, n. 83.

86 I quote the English translation: Ulric Huber, The Jurisprudence of my time (Hedensdaegse Rechtsgeleertheyt), translated from the fifth edition by Percival Gane, vol. I (Durban 1939), p. 500, but I have checked the passage – book 3, chapter 21, nr. 2 – in the first edition, vol. I, Leuwarden [sic] 1686, p. 557.

87 Same chapter, nr. 5: 'We do not here employ the distinction between promises and engagements ['beloften ende toezeggingen'] which Hugo de Groot makes [Grotius' definitions follow]. But that there is no such distinction between these words is evident from the common proverb, *A promise is a debt* ['beloften maken schuld']'.

88 Ibidem, nr. 3; cf. also the passage cited in the following note.

89 Book 3, chapter 23, nr. 3. This text occurs already in U. Huber, Beginselen der rechtkunde gebruikelijk in Frieslandt, Book 3, chapter 15, nr. 2 (ed. Leeuwarden 1684, p. 237). This is not the case with the passages cited ante, n. 86 and 87.

90 An earlier statement can be found in his Compendium juris juxta seriem Pandectarum on D. 2,14, num. 14 (first ed. Lucduni [sic] Batav. 1682, p. 54): '... hodie ... nascitur ... ex omni pacto serio prolato valida actio, aeque ac ex stipulatu'.

91 Ed. (of the *pars prior*) Lugduni Batavorum 1698, p. 173, Cf. also the English translation: The Selective Voet, being the Commentary on the Pandects (Paris edition of 1829) by Johannes Voet, translated by Percival Gane, vol. I, Durban 1955, p. 419 (from which the first part of the following quotation has been taken).

92 References *inter alia* to Coren, Goris, Gudelinus, Grotius, Groenewegen and Vinnius (De pactis).

that most nations thought that *bona fides* and *nuda jurisgentium simplicitas* ought to be preferred to the excessive *subtilitates* of the Roman law.

Voet criticizes[93] Simon van Leeuwen for declaring in his *Censura forensis theoretico-practica* (1662)[94] that it is also received in practice that an action is not given on a *nudum pactum*. Indeed, the cited passage in Van Leeuwen's *Censura* seems to have been the only statement in the Northern Netherlands during the seventeenth century in which the actionability of *pacta nuda* is denied. It is not exceptional, however, that this work of Van Leeuwen gives wrong information.[95] In his *Rooms Hollands Regt* (1664) the same author seems to agree with the opinions of Grotius in his *Inleidinge* (whom he is following rather closely in general).[96] The same applies to the work of his youth, on which the *Rooms Hollands Regt* was based: *Paratitula juris novissimi* (1652), where, in a passage on our subject,[97] he cites the wellknown texts from Grotius *(Inleidinge),* Christinaeus, Gudelinus and Zypaeus, adding that the requirement of Vinnius[98] that the *promissiones* should be *seriae, meditatae et constantes* echoes Grotius' statement that all *promissiones* should proceed from any reasonable causes.[99]

---

[93] Loc. cit. (ante, n. 91): 'Lapsus ergo est Simon van Leeuwen ...'.

[94] Pars 1, lib. 4, cap. 2, num. 2 (ed Lugduni Batavorum 1662, p. 445 - 446).

[95] There are, however, in the same work other passages giving *obiter* the right information. In 1,4,16,8 (ed., p. 522) he says 'quum ex nudo pacto hodie efficax detur actio, ut suo loco demonstravimus ...' (does he mean Rooms-Hollands Regt, cf. post, n. 96?). See also 1,4,18,4 (ed. p. 542): 'Quum tamen moribus nostris ex nudo pacto detur actio ...'. Cf. *Joubert* (ante, n. 3), 28.

[96] Book 4, chapter 1, nr. 3 - 4 (ed. Leyden and Rotterdam 1664, p. 275 - 276). Cf. the English translation: Simon van Leeuwen's Commentaries on Roman-Dutch Law, revised and edited by C. W. Decker, translated by Sir J. Kotze, 2nd ed., vol. 2, London 1923, p. 4 - 5 and App., p. 597 - 598, 604 - 616.

[97] Book 4, chapter 1, *in fine* (ed. Lugduni Batavorum 1652, p. 224 - 225); cf. the English translation, p. 615 - 616.

[98] Tractatus de pactis, cap. 7, num. 6 (see ante, n. 65).

[99] On this statement cf. ante, n. 63.

IX

Grotius' Doctrine of Unjust Enrichment as a Source of Obligation: its Origin and its Influence in Roman-Dutch Law *

In a volume dedicated to historical and comparative aspects of unjust enrichment it would seem very appropriate that one chapter should deal with Natural Law and Roman-Dutch Law together[1]. The key figure in this chapter has to be Hugo Grotius (1583-1645). He has written two works that have been leading in both fields for at least two centuries: one on Natural Law, *De iure belli ac pacis* (1625), and another on Roman-Dutch Law, *Inleidinge tot de Hollandsche rechtsgeleerdheid* (Introduction to the Jurisprudence of Holland), first published in 1631 but written about 1620. In the latter he does not confine himself to statements on the law that prevails in the province of Holland[2] (indigenous customary law as well as rules of Roman law "received" in that province) but

---

[1] The present contribution is based on three studies I have published many years ago. The most detailed study is in Dutch: De betekenis van De Groot en Huber voor de ontwikkeling van een algemene actie uit ongerechtvaardigde verrijking, in "Uit het Recht", Rechtsgeleerde opstellen aangeboden aan Mr. P. J. Verdam (1971), 137-159 (to be cited as "De betekenis"). Some aspects of the subject were dealt with in L'influence de la scolastique espagnole sur Grotius en droit privé: quelques expériences dans des questions de fond et de forme, concernant notamment les doctrines de l'erreur et de l'enrichissement sans cause, in La Seconda scolastica nella formazione del diritto privato moderno, Incontro di studio, Firenze, 16-19 Ottobre 1972, Atti (1973), 377-402, reprinted in my Fata iuris romani, Etudes d'histoire du droit (1974), 338-363 (to be cited from the latter edition as "L'influence"; the part on unjust enrichment is on 347-361). The third study is the text of a lecture of a more general character (not confined to Grotius and Huber): Die ungerechtfertigte Bereicherung in dogmengeschichtlicher Sicht, Ankara Üniversitesi Hukuk Fakültesi Dergisi, 29 (1972, published 1973), 289-305 (followed by a translation into Turkish by Özcan Karadeniz, 307-324); it will be cited as "Bereicherung".

Recently two studies have been published in which the question whether Grotius developed a general enrichment action has been dealt with mainly on the basis of my interpretations: *D. P. Visser*, Das Recht der ungerechtfertigten Bereicherung, in: Das römisch-holländische Recht, Fortschritte des Zivilrechts im 17. und 18. Jahrhundert (ed. by R. Feenstra and R. Zimmermann; 1992), 369-428, at 370-383, and by *D. H. van Zyl*, The general enrichment action is alive and well, Acta juridica 1992 (Essays in honour of Wouter de Vos), 115-130, at 120-128.

[2] It should be remembered that Holland was only one of the seven provinces of the Republic of the United Provinces that was established between 1579 and 1588 and existed until 1795 (after different intermediate phases it was finally succeeded by the present Kingdom of the Netherlands, founded in 1815). Holland was, however, by far the most important province from the economical and political point of view.

makes them fit in a "system" that is largely based on concepts of natural law, as developed by 16th century theologians (mainly Spanish[3] and therefore called the Spanish Scholastic School or the Spanish School of Natural Law) who in their turn commentated the *Summa theologiae* of Thomas Aquinas.

In this systematic approach[4] — which is also present in *De iure belli ac pacis*, though less evident to a reader who is not familiar with the concepts of the Scholastic School — unjust enrichment appears for the first time as a separate category among the sources of obligation. Certainly, the principle that nobody should be enriched at the expense of somebody else is already formulated in the Digest, the main text being that of Pomponius in the title *De regulis iuris*, D.50,17,206[5]: *Jure naturae aequum est neminem cum alterius detrimento et iniuria fieri locupletiorem*. But this is only a formula for a general principle of commutative justice. The Roman jurists did not develop unjust enrichment as a source of obligation, at the same level as contract and delict[6]. Nor is such a development to be found in the writings[7] of the medieval and 16th century interpreters of the Roman law, although some of them came near to it by alluding at the possibility of a general action based on the equity of the principle that nobody should be enriched at somebody else's expense[8]. The same applies to

---

[3] Among the authors cited below, Cajetanus and Lessius were not Spanish.

* [4] On Grotius' systematic approach in general see my article La systématique du droit dans l'oeuvre de Grotius, in La sistematica giuridica: Storia, teoria e problemi attuali (1991), 333-343.

[5] Cf. also another text of Pomponius, D. 12,6,14: "Nam hoc natura aequum est neminem cum alterius detrimento fieri locupletiorem".

[6] For a comparison between the "Generalklausel des Bereicherungsrechts" and the "Generalklausel des Deliktsrechts" see *E. von Caemmerer*, Bereicherung und unerlaubte Handlung, in: Festschrift für Ernst Rabel, I (1954), 333-401, reprinted in his Gesammelte Schriften, I (1968), 209-278; cf. for this comparison my remarks in De betekenis 157 n. 67 and in Bereicherung 293.

* [7] For these writings see above all the chapter by *J. J. Hallebeek* in the present volume. Earlier studies touching this subject are: *J. P. Dawson*, Unjust enrichment, A comparative analysis (1951), 63 sqq., and *H. Coing*, Zur Lehre von der ungerechtfertigten Bereicherung bei Accursius, Zeitschr. d. Savigny-Stiftung f. Rechtsgesch., Rom. Abt. 80 (1963), 396-399. Cf. also *C. Burzio*, Il campo di applicazione dell'actio de in rem verso nel diritto civile, Giurisprudenza italiana, 49 (1897), IV, col. 110-139, at col. 111-125, and Nuove note sul campo etc., ibidem 51 (1899), IV, col. 305-318, and *G. Astuti*, Arrichimento (azione di), Premessa storica, in Enciclopedia del diritto, III (1958), 52-64 (with further references). The period is also dealt with in several publications in Afrikaans or Dutch: *D. G. John*, 'n Oorsig van onregverdige verryking as gedingoorsaak in die Suid-Afrikaanse Reg (thesis Leiden 1951), *D. H. van Zyl*, Die saakwaarnemingsaksie as verrykingaksie in die Suid-Afrikaanse Reg (thesis Leiden 1970) and *J. J. Hallebeek / E. J. H. Schrage*, Ongerechtvaardigde verrijking, Grepen uit de geschiedenis van de algemene verrijkingsactie van het NBW (1989).

[8] See *Hallebeek* (above n. 7) at notes 238 sqq. and *Hallebeek / Schrage* (above n. 7) 53-55; cf. my De betekenis n. 38-39 on 153, L'influence 348 n. 32 and Bereicherung 299-300. For an important text of Baldus see below n. 115; he speaks of a *condictio certi* as an *actio generalis* arising from the *aequitas generalis* of the rule that nobody should be enriched *cum aliena iactura*. Equally important are statements by Paulus de

the Canonists: the maxim of Pomponius had been incorporated in the title *De regulis iuris* of the *Liber Sextus*[9] and at least one canonist[10] was of the opinion that in general the *officium iudicis* could be implored against somebody in whose hands a *res aliena* had come *sine iusta causa,* but nowhere is unjust enrichment explicitly mentioned as a source of obligation. Even the Spanish *Scholastici* (and the Spanish jurists influenced by them) did not put it that way: following the principles of Thomas Aquinas they developed a system of "obligations" (in a sense different from that of Roman law) which led to *restitutio* in cases of *inaequalitas* (inequality), either *ratione acceptionis* or *ratione rei acceptae*[11], but these concepts were much too wide as to allow for a specific concept of unjust enrichment that could function as a source of obligation on the same level as contract or delict[12].

Castro, who on D. 12,1,32 speaks of a *condictio generalis* on the ground of *equitas naturalis* (ed. Lugduni 1561, fol. 204 v) and on D. 12,6,33 mentions a case of building on otherman's soil in which he has helped his client with an *actio in factum ex equitate l. Si [et] me et Titium* [D. 12,1,32] (ed. fol. 240 r). The latter passage is not only quoted by Iason de Mayno (see below n. 114) but also by Charles Dumoulin in his commentary on the Coutume de Paris, titre des fiefs, § 1, tit. I, gl. V, no. 108 (ed. in his Opera omnia, I, Parisiis 1658, col. 177). As to French law in the Middle Ages, the decision of the Parlement de Paris of 1351, to which I referred in L'influence 348 n. 32 (and in the notes additionnelles on 399) is not of a general character and would not seem to have been inspired by the medieval commentaries on the *Corpus iuris civilis.*

9 Regula 48: "Locupletari non debet aliquis cum alterius iniuria vel iactura". *Dawson* has neglected this and other canon law texts on unjustment enrichment; he has not seen (174-175 n. 88) that the "enrichment-through-another's-loss principle in a long list of Latin maxims in [Bouteiller, Somme rural] Book II tit. 38" is simply a citation from the title *De regulis iuris* of the Liber Sextus, which was added *in toto* to the manuscripts of the Somme rural (Dawson has taken over this error from *G. Andreoli,* L'ingiustificato arricchimento (1940) 35 n. 1).

10 Hostiensis in his *lectura* on *c. Bonae memoriae, Extra de appellationibus* (X 2,28,51): "et contra illum ad quem qualitercumque sine iusta causa res aliena pervenit secundum canones officium iudicis generaliter imploratur" (he refers *inter alia* to D. 12,6,14 and D. 12,1,32); *cf. Dolezalek,* in his article cited in the following note, 109 n. 11. Reference to Hostiensis is made by Iason de Mayno, cf. below n. 114. See also a passage of Hostiensis in the proemium of his *Summa* on the Decretals, § Unde habuit originem (ed. Venetiis 1605, col. 6): "Ex hac lege [i. e. ex naturali lege et communi] etiam procedit quod nemo fiat locupletior cum alterius detrimento, ff. de cond. inde., Nam hoc natura [D. 12,6,14], licet domini legum exponant illud de iure gentium . . ."; there follows a long discussion, cf. the paraphrase in John (above n. 7) 8-9 (John does not refer to Hostiensis' *Lectura,* cited above). Hostiensis is not mentioned at all by *Hallebeek / Schrage* (above n. 7).

11 For Aquinas' doctrine of restitution see lastly *G. Dolezalek,* The Moral Theologians' doctrine of restitution and its juridification in the sixteenth and seventeenth centuries, Acta iuridica 1992 (Essays in honour of Wouter de Vos) 104-114, at 110-112. See also *K. Weinzierl,* Die Restitutionslehre der Frühscholastik (1936) and *G. Nufer,* Über die Restitutionslehre der spanischen Spätscholastiker und ihre Ausstrahlung auf die Folgezeit (thesis Freiburg im Breisgau 1969); cf. *G. Otte,* Das Privatrecht bei Francisco de Vitoria (Forschungen zur neueren Privatrechtsgeschichte 8; 1964) 65-75.

12 Cf. below sections 1, 2 and 3.

It is Grotius' merit to have moulded these theological concepts into juridical categories that could also be used in practice, i. e. in the *forum externum;* one of them was unjust enrichment as a source of obligation in the sense of the Roman law. We will start with his *Inleidinge tot de Hollandsche rechtsgeleerdheid,* not only because he wrote this work before *De iure belli ac pacis*[13] but also because its "system" is clearer than that of the treatise of 1625.

I. The Inleidinge tot de Hollandsche rechtsgeleerdheid

The *Inleidinge* is divided into three books, dealing respectively with the law of persons, the law of things and the law of obligations[14]. Although the contents correspond, roughly speaking, with the order of Justinian's Institutes, it should be kept in mind that the division of the subjects dealt with in books II and III — things and obligation — is based on a hierarchy of subjective rights[15]. For what in modern legal terminology is a subjective right Grotius uses the term "[recht van] toebehoren" (translated by Lee as "right of property"). He distinguishes[16] two main categories of "recht van toebehoren": *beheering (jus in rem)* and *inschuld (jus in personam sive creditum)*[17], in modern terminology real right and personal right. The definition of the latter — "a right of property which one man has over another to obtain from him some thing or some act"[18] — is repeated at the beginning of book III[19], bearing the title "Van inschuld" ("Of personal

---

13 It was written during his imprisonment at Loevestein (1619-1621); it was not published, however, until 1631.

14 The best and most recent critical edition is by *F. Dovring, H. F. W. D. Fischer* and *E. M. Meijers* (1952); it includes Grotius' handwritten marginal notes in his own copy of the 1636 edition, see below, at n. 46. It is this edition that I will quote in the footnotes. In the text I will use the English translation by *R. W. Lee* (The Jurisprudence of Holland by Hugo Grotius, I: Text (1926; 2nd ed. 1953, reprint 1977). There also exists a Latin translation, made by Joannes van der Linden about 1830-1835 but published only in 1962 under the title *Hugonis Grotii Institutiones juris hollandici,* ed. H. F. W. D. Fischer (1962). For details see my article L'influence (above n. 1) 349 n. 33; there the passages from the Inleidinge are cited from the Latin translation instead of the English one.

* 15 See my La systématique (above n. 4) 338-339; cf. also my article *Dominium* and *ius in re aliena:* the origins of a Civil Law distinction, in New perspectives in the Roman law of property, Essays for Barry Nicholas (1989) 118 and n. 48.

16 Inl. 2,1,57-59.

17 The Latin equivalents of the Dutch terms are given by Grotius himself in the margin (from the first edition onwards), cf. the preface (ed. Lee, XV).

18 Inl. 2, 1,59: "Inschuld is 't recht van toe-behooren dat den eenen mensch heeft op den anderen om van hem eenige zake ofte daed te genieten". The English translation given in the text is Lee's translation of Inl. 3,1,1 (where the definition is repeated), which differs from his translation of Inl. 2,1,59 although the Dutch text is identical in both passages; I prefer the translation of Inl. 3,1,1 except for the rendering of the term *inschuld,* cf. the following note.

right"[20]). For our purposes it is mainly the first section of this book which needs attention; it is entitled "Of obligations in general, their origin and kinds"[21]. It is interesting that Grotius' terminology is not perfectly consistent[22]: at one moment he uses the word for the active side of the obligation ("inschuld", *creditum),* at the other he uses one of the words for the passive side of the obligation; the most appropriate of these words would seem "schuld" or "uitschuld" *(debitum*[23]) — contrasting with "inschuld" — but more frequently he uses "verbintenisse", which translates *obligatio*[24]. The latter term, he states[25], is another word for "schuld" ("duty") in the narrow sense[26]; both contemplate "inschuld" ("personal right") and cannot exist without it.

In *Inleidinge* 3,1,9 he starts dealing with what we would call the sources of obligation (but he uses here the word for the active side, "inschuld", personal right)[27]:

> The law of nature considered in itself exhibits two sources of personal right, namely promise[28] and inequality.

We will not dwell here on "promise" (he uses the Dutch word "toezegging" for the Latin *promissio).* Although Grotius' concept of "promise" has its origin in that of Thomas Aquinas and his commentators, he links it with the categories of Roman law and builds up a system of "promises" that is not perfectly clear[29].

---

19 Inl. 3,1,1; here Lee translates *inschuld* as "obligation" whereas in Inl. 2,1,59 he had more properly rendered the Dutch term as "personal right" (cf. his translation of the title of book III, see the following note).

20 This would seem more correct than "personal rights", as Lee translates.

21 "Vande verbintenissen in 't gemeen, haer oorsprong ende verdeling".

22 For what follows see my article "Inschuld", "Schuld" en "Verbintenisse" bij Hugo de Groot, in "Houd voet bij stuk", Xenia iuris historiae G. van Dievoet oblata (ed. by F. Stevens and D. van den Auweele; 1990) 455-470, at 460 sqq.

23 This Latin term is *not* given in the margin (cf. above n. 17).

24 This Latin term does occur in the margin (cf. above n. 17).

25 Inl. 3,1,7: "Maer schuld eng ghenomen slaet op inschuld, ende kan zonder dezelve niet bestaen, ende werd anders genoemt verbintenisse" [in the margin: *obligatio]*. But *verbintenisse* also occurs in other senses, see my article cited above n. 22, at 466 and n. 31; cf. also my contribution Pact and contract in the Low Countries from the 16th to the 18th century, in Towards a general law of contract (ed. by J. Barton; 1990) 197-213, at 206-207.

26 "Schuld" ("duty") in a wider sense has been dealt with by Grotius in the preceding paragraphs: "weldaed-schuld" ("duty of benevolence", § 4) and "trouw-schuld" ("duty of keeping faith", § 5); "neither of these duties viewed in itself gives to another person any such right as we term a personal right" (§ 6).

27 "Wat de aengheboren wet in haer zelve inghezien zijnde aengaet, de zelve opent ons twee oorsprongen van inschuld: te weten toezegging en onevenheid".

28 Lee wrongly translates "contract"; Grotius uses the word "toezegging" mainly as an equivalent of the Aquinian term *promissio,* see below and cf. my article Pact and contract (above n. 24) 206 and n. 48.

29 See Pact and contract (above n. 24) 207-208.

"Inequality" certainly is a concept taken from Thomas and the School of Natural Law[30]. A first subdivision of inequality as a source of obligation is given in *Inleidinge* 3,1,14[31]:

> With regard to inequality, it is not every kind of inequality which is taken into account, for men cannot be equally rich, but only the inequality which actually profits another, or would[32] profit another, if something were withheld; or which is caused by another person.

The latter category — "which is caused by another person" — does not concern us directly in the present context. We may, however, draw attention to the fact that it must be considered as rendering the *inaequalitas ratione acceptionis* of the theologians (as opposed to *ratione rei acceptae,* which is the former category in Grotius' text). In *Inleidinge* 3,1,16 it is subdivided in its turn into "caused by the wish of the person affected" and "caused against his wish"[33]; the second category[34] leads to the obligation arising from another's wrongdoing in the widest sense, a sort of equivalent of the principle of art. 1382 Code civil[35].

What interests us most is "the inequality which actually profits another or would profit another[36], if something were withheld". According to *Inleidinge* 3,1,15[37] it[38]

---

30 Cf. above, at note 11.

31 "Wat onevenheid aengaet, zoo en komt alhier niet in aenmerckinge allerhande onevenheid. Want de menschen en konnen niet even rijck zijn; maer die onevenheid alleen die een ander datelick batet, ofte door onthoudinge baten zoude, ofte die door een ander is veroorzaeckt".

32 Here Lee rightly translates "would" but in Inl. 3,1,15, where the formula is repeated, he wrongly gives "might"; cf. below n. 36.

33 "Onevenheid door een ander veroorzaeckt gheschied ter minne ofte ter onminne".

34 The first category is elaborated in Inleidinge 3,31, dealing with what are usually called innominate contracts. In 3,31,3, however, he observes that a number of other contracts might be included in this category, but "since these contracts have acquired by constant use settled characters of their own, which are held to be expressly consented to by the parties, we have considered them already in speaking of promises: for of the two causes of obligation, namely causing inequality and reasonable promise, promise is the most familiar" (Lee's translation, adapted at some points). In 3,31,11 he explains why he does not deal with the innominate contracts under the heading of *baet-treckinge*. It is not quite correct to qualify Inl. 3,31 as "the final contractual title", as is done by *P. Birks / G. McLeod,* The implied contract theory of quasi-contract, Civilian opinion current in the century before Blackstone, Oxford Journal of Legal Studies, 6 (1986) 46-85, at 64 n. 76; for the rest their analysis of Grotius' texts (59-64) is excellent, in particular in demonstrating that "Grotius does not turn out to be the unequivocally strong supporter of the implied agreement theory of quasi-contractual liability that one might have expected, especially after reading Stair's criticism of him for holding it" (64). For Stair cf. below n. 66.

35 "Tout fait quelconque de l'homme, qui cause à autrui un dommage, oblige celui par la faute duquel il est arrivé, à le réparer".

36 For the interpretation of "would profit another" see *J. E. Scholtens,* Unjust enrichment: benefits which might have accrued, South African Law Journal, 70 (1953) 9-11 (he only refers to *Inleidinge* 3,30,1, cited below at note 51, but a similar terminology

> binds the person profited to make compensation, without regard to the way in which he came to the profit, and this with regard not only to things in *specie* but also to things *in genere* . . .

Two examples are given of this obligation to make compensation. Only the first appeared in the contemporary editions of the *Inleidinge:*

> e. g. if one man were fed with another man's food[39].

This example has probably been taken from one of the theological sources used by Grotius[40]. It is found e. g.[41] in the commentary of Cajetanus (Thomas de Vio Cajetanus, an Italian Dominician, 1469-1535) on the *Summa Theologiae* of Thomas Aquinas[42]. That Grotius mentions this example which was common in theological sources[43] suggests that also for the rule itself he was indebted to the theologians. Of course he may also have had in mind Pomponius' maxim or the *regula* of the Liber Sextus. But there are two other elements that would seem to indicate theological influence: the fact that he specifies that it is immaterial how the profit was obtained[44] and the observation in *Inleidinge* 3,30,3 — that is in the section elaborating the obligation mentioned in 3,1,15 — that this *

occurs already in Inl. 3,1,14 and 3,1,15). Scholtens rightly says that the formula refers to "future profits which will be acquired, rather than to benefits which could have been but actually were not acquired"; he criticizes a South-African judge, who in a decision of 1952 had expressed the view, *inter alia* on the strength of Inl. 3,30,1, "that a claim based on undue enrichment included profit which the defendant might or could have derived from the use of stolen property".

37 "Onevenheid die een ander baet ofte baten zoude (te weten buiten toe-zegging) verbind den gebatede tot vergeldinghe, zonder aenzien hoe hy aen de baet ghekomen is, ende dit niet alleen ten aenzien van enckele, maer oock van gheslachtelicke zaken . . ."

38 In Inl. 3,1,15 Grotius specifies that it only concerns inequality arisen "besided promise" ("buiten toe-zegging").

39 "ghelijck of iemand ware gevoed met eens anders spijs".

40 To the example just quoted he adds: "for by the law of nature he is bound to make compensation, that is to re-establish equality" ("want die is nae 't aenghebooren recht schuldig vergoedinghe, dat is evening te doen").

41 It also occurs in Didacus Covarruvias, Regulae *Peccatum,* De regulis iuris, Libro Sexto, relectio, Pars III, init., 3 (in his Opera omnia, I, Lugduni 1661, p. 506) but with the addition "quod Caietan. expressim respondet in 2.2 quaest. 62. art. 6". Cf. also Iason de Mayno's commentary on the lex Si et me et Titium (D. 12,1,32), cited below n. 114.

42 On Secunda Secundae, quaestio 62, art. 6, a text which Grotius first cites when he deals with the subject in his De iure belli ac pacis, see below n. 89. Grotius' copy of the Summa theologiae of Thomas Aquinas with the commentary of Cajetanus ist still in existence: it can be found in the Library of the University of Lund, cf. below n. 46; in the passages quoted below n. 79 and n. 89 there are some underlinings.

43 See *Schrage* in Hallebeek / Schrage (above n. 7) 67 n. 7; I do not share his opinion that a direct influence of Cajetanus on Grotius is less probable than influence of a rhetorical or theological *locus communis.*

44 Besides Inl. 3,1,15, cited above, cf. Inl. 3,30,3 and 3,30,19. This element is reminiscent of the doctrine of *restitutio ratione rei acceptae* of the Spanish Scholastics, cf. *Nufer* (above n. 11) 13-14 and 41 sqq. Cf. also De iure belli ac pacis 2,10,1,3.

kind of inequality is not tolerated by equity "after the division of property amongst men"[45].

The second example of this obligation mentioned in *Inleidinge* 3,1,15 was added by Grotius — about twenty years later — in a marginal note in his own copy of the book[46]:

> From this principle it follows that a possessor, even should he be mala fide, in returning the property may claim necessary expenditure and improvements[47].

* This example may have been inspired by an opinion of the glossator Martinus[48], mentioned in the gloss *Actionem* on D. 3,5,5,5. In *De iure belli ac pacis* Grotius refers to this text of the Digest with the implication that the action allowed to one who has carried on my business not in my interest but for his own advantage is not an (extended) *actio negotiorum gestorum* but an action for enrichment based on natural law[49].

The two examples of the principle embodied in *Inleidinge* 3,1,15 both go beyond the solutions given in the texts of the *Corpus iuris civilis*. This is of great importance for the interpretation of the special section (3,30) in which Grotius elaborates the principle. The section bears the title *Van verbintenisse uit baet-trecking*. Lee translates this as "Of obligation from enrichment"; I would prefer to translate it more literally by "Of obligation from deriving profit", thus showing the direct link with *Inleidinge* 3,1,15 ("the person profited" is bound "to make compensation")[50]. In *Inleidinge* 3,30 Grotius has created a new, short terminology of his own. The first paragraph gives the principle of 3,1,15 in the following way[51]:

---

* 45 "want de billickheid laet niet toe nae de scheidinge der eigendommen, dat iemand hem zal verrijcken over eens anders schade". For the concept of "division of property amongst men" see also De iure Belli ac pacis 2,10,1, discussed below, at n. 81. Grotius had already dealt with it extensively in *De iure praedae* and *Mare liberum*, see my article Hugo de Groot's eerste beschouwingen over *dominium* en over de oorsprong van de private eigendom: *Mare liberum* en zijn bronnen, Acta Juridica 1976 (Essays in honour of Ben Beinart, I; published in 1978) 269-282, at 273 sqq.; cf. also Der Eigentumsbegriff bei Hugo Grotius im Licht einiger mittelalterlicher und spätscholastischer Quellen, in Festschrift für Franz Wieacker (1978) 209-234, at 226.

46 On these marginal notes see the preface in the Dovring-Fischer-Meijers edition. They were discovered in 1948 by Dovring in a copy of the 1636 edition of the Inleidinge in the Library of the University of Lund, together with copies of other works that have belonged to Grotius, *inter alia* his copy of the Summa theologiae of Thomas Aquinas (cf. above n. 42). The annotation is dated by Grotius himself: the ed. reads "Julio 1639" but one could also read "Julio 1638".

47 "Hier uit comt dat een bezitter, schoon ter quader trouwe, de begeven zaecke wedergevende, mach eyschen de nodige costen ende verbeteringen by hem gedaen".

48 On Martinus' opinion see *Hallebeek* in his contribution to the present volume, at notes 87 sqq.

49 Cf. below, at notes 145 and 146.

50 See also Inl. 3,1,14 (above, at n. 31): "which actually profits another".

51 Inl. 3,30,1: "Verbintenisse door baet-trecking ontstaet, wanneer iemand zonder voorige recht-gunninghe baet treckt, ofte zoude komen te trecken, uit eens anders goed".

> Obligation from deriving profit *(baet-trecking)* arises when some one without legal title[52] derives or would derive profit[53] from another person's property.

After some general remarks on the character of this obligation[54] Grotius gives four examples, mainly taken from the Roman *condictiones*[55]; at the end of the section (3,30,18) he deals with the fourth example in these words[56]:

> The fourth case is repetition of anything which in any other way, without gift, payment, or promise, has come to a man from another man's property apart from any lawful cause; for example, someone thought he was receiving money from a third person and my money was actually paid to him. Here there is no contract of loan, for this is excluded by the error; all the same it is reasonable that a man who has been profited[57] by my property should make compensation.

Some modern authors[58] have denied that the acceptance of a general enrichment action could be gathered from the first sentence of this paragraph. Grotius would only have meant the Roman *condictio sine causa,* more specifically the so-called *condictio sine causa specialis*[59], which since the Middle Ages was considered

---

52 Inl. 3,30,2 explains "without legal title" ("zonder voorige recht-gunninghe") as "without antecedent gift or other promise ("toe-zegging")".

53 For "would derive profit" see above n. 36.

54 Given in Inl. 3,30,3. After mentioning its equity "after the division of property amongst men" (already discussed above, at note 45), it deals with the natural obligation of the heirs of a wrongdoer and that of "minors and others who are not bound by contract and infants and lunatics who are not bound by delict as such". For the obligations of minors see below, section 3.

55 In the margin the Latin terms for these *condictiones* are given: *condictio indebiti* (3,30,4-11), *condictio promissi sine causa* (3,30,12-14), *condictio sine causa dati* (3,30,15-16) and *[condictio] ex turpi causa* (3,30,17). As the two latter constitute together one "example", these *condictiones* produce in total three examples; it is striking that the fourth example (dealt with in the text below) is not accompanied by the mention of a Roman *condictio.* We will not deal here with Grotius' interpretations of the Roman *condictiones;* the best and most recent study on the subject, in particular on the *condictio indebiti,* is *Visser* (above n. 1) 383-415.

56 "Ten vierde, weder-eissching van alle 't gunt andersins zonder gheven, betalen ofte belooven, aen iemand is gekomen uit eens anders goed buiten rechtelicke oorzake: als by voorbeeld, iemand heeft ghemeent geld te ontfanghen van een derde, ende mijn geld is hem aengetelt. Hier en is gheen overkoming van leening: want de dwalinge sulcks belet: nochtans is het redelick dat het gunt een ander door het mijne is ghebaet, my werde vergoedet".

57 Lee has "enriched", but cf. above, at note 50.

58 See in particular *W. de Vos,* Verrykingsaanspreeklikheid in die Suid-Afrikaanse reg, 3rd ed. (1987) 72-74. Hesitation in *R. W. Lee,* The Jurisprudence of Holland by Hugo Grotius, II: Commentary (1936, reprint 1977) 330: "Grotius perhaps generalizes the specific instances to be found in the Roman Law and in doing so enlarges the scope of the remedy for undue enrichment". Not very clear is *A. S. de Blécourt,* Kort begrip van het oudvaderlandsch burgerlijk recht, 5th ed. (1939) 457 (taken over in the 6th ed. 1950, 320), stating that Grotius' fourth *species* in Inl. 3,30,18 is "bijna de algemeene regel zelf" ("nearly the general rule itself").

59 On the interpretation of the *condictio sine causa* (D. 12,7 and C. 4,9) in the Middle Ages and modern times see e. g. *A. Söllner,* Die causa im Kondiktionen- und Vertragsrecht des Mittelalters bei den Glossatoren, Kommentatoren und Kanonisten, Zeitschrift der

to be the appropriate action for *inter alia*[60] the example mentioned by Grotius — "someone thought he was receiving money from a third person and my money was actually paid to him" —, an example directly taken over from a text by Celsus[61] (D.12,1,32)[62], known as the lex *Si et me et Titium*. Although it cannot be conclusively proved that in this passage Grotius was thinking of cases not mentioned in his source, that he had gone beyond the traditional Roman solutions in his introductory remarks in 3,1,15 and had explicitly based this extension[63] upon natural law would suggest that he was: the example given in 3,1,15 — "if one man were fed with another man's food" — can only be brought under the action meant in 3,30,18. It would seem obvious[64] that Grotius wanted to bring

---

Savigny-Stiftung für Rechtsgeschichte, Rom. Abt. 77 (1960) 182-269, at 189-212; cf. also *Dawson* (above n. 7) 76, *John* (above n. 7) 88 sqq., and *R. Schmitt,* Die Subsidiarität der Bereicherungsansprüche (Schriften zum deutschen und europäischen Zivil-, Handels- und Prozessrecht, 54; 1969) 27 n. 9. The interpretation of Inl. 3,30,18 as meaning only the traditional examples of the *condictio sine causa specialis* is e. g. found already in Johannes Voet, Commentarius ad Pandectas, lib. 12, tit. 7, num. 2 (ed. Hagae Comitum 1731, I, 659-660); according to De Vos (above n. 58) 73 also Gerlach Scheltinga is of this opinion (I was unable to check the cited ms., cf. below n. 221). But Voet is criticized by D. G. van der Keessel in his Praelectiones iuris hodierni ad Hugonis Grotii Introductionem ad Iurisprudentiam Hollandicam, ed. by P. van Warmelo, L. I. Coertze, H. L. Gonin and D. Pont, tom. V (Amstelodami / Promunturii B. S. in Urbe 1967) 312 (commentary on Inl. 3,30,18): ". . . Voetius . . . credidit esse hanc [condictionem] speciem condictionis sine causa. Sed magis mihi esse videtur condictio veluti ex muuo ex mera aequitate recepta, d. L. 32 [D. 12,1,32], cum condictio sine causa detur ipsi qui dedit" (the translation into Afrikaans is not correct, nor is the interpretation by De Vos (above n. 58) 73, see below at n. 225). Joannes van der Linden, however, in his Latin translation of Inl. 3,30,18 (above n. 14) 152, follows Voet: "Quarto, specialis condictio sine causa, ad repetendum etc.".

60 Also e. g. for the case mentioned in D. 12,1,23.

61 It was his full name, Publius Iuventius Celsus, which has inspired the term *condictio Iuventiana* for the action given in D. 12,1,32. This term seems to have been invented by Joh. Lud. Conradi in 1774, see *J. J. Hallebeek,* Some remarks concerning the so-called condictio Iuventiana (D. 12,1,32), Revue internationale des droits de l'antiquité, 3rd series, 32 (1985) 247-255, at 248 n. 2.

62 Celsus 5 digestorum: "Si et me et Titium mutuam pecuniam rogaveris et ego meum debitorem tibi promittere iusserim, tu stipulatus sis, cum putares eum Titii debitorem esse, an mihi obligaris? subsisto, si quidem nullum negotium mecum contraxisti: sed propius est, ut obligari te existimem, non quia pecuniam tibi credidi (hoc enim nisi inter consentientes fieri non potest): sed quia pecunia mea quae ad te pervenit, eam mihi a te reddi bonum et aequum est". On this text cf. also below, at n. 102 and n. 113 sqq.

63 The first example of this extension was, as we have seen (above, at n. 40), taken from one of his theological sources. On the other hand the second example, which he subsequently added (above, at n. 46), was taken from the medieval Romanists, but the action founded upon the Digest text which is authority for it is treated as based on natural law in De iure belli ac pacis 2,10,9,2, cf. below, at notes 145 and 146. The interpretation of Inl. 3,30,18 as not including the second example of Inl. 3,1,15, by *De Vos* (above n. 58) 74, is not convincing.

64 For a satisfactory interpretation of the passages in the Inleidinge see *J. E. Scholtens,* The general enrichment action that was, South African Law Journal 83 (1966) 391-402, at 394.

under this paragraph other cases in which the existence of an obligation according to natural law was — or could be — accepted. Grotius gives a number of such cases in his *De iure belli ac pacis,* to which we will have to turn now.

II. De iure belli ac pacis

The relevant passages in Grotius' main work have received very much less attention than they deserve from the modern writers on the subject[65]. Of course they have no direct conclusive force for the Roman-Dutch law. However, they can, as we have seen, contribute to the interpretation of the passages in the *Inleidinge;* moreover they may have had some influence on 17th and 18th century authors who were not dealing specifically with Roman-Dutch law[66].

---

[65] *Dawson* (above n. 7) 170 n. 72 only cites Grotius, De iure belli pacis, 2,10, as "speaking of the "most evident" equity of Pomponius' principle". As we will see, the qualification "most evident" given in 2,10,2,2 to the equity of a rule concerning unjust enrichment clearly does not refer only to Pomponius' principle. It is certainly wrong to continue, as Dawson does, by stating "The illustrations given, however, are the standard illustrations of Roman law and of the glossators, including the case of money borrowed by the father and used to buy food for his sons". See below, at notes 112 sqq.; cf. also at notes 95 sqq. *John* (above n. 7) 11 sqq. gives somewhat more attention to De iure belli ac pacis 2,10, but his interpretation of the text is not always satisfactory. *De Vos* (above n. 58) 74 mentions this text only for the negative conclusion that if the Roman-Dutch law had known a general enrichment action, Grotius would have drawn attention to it here; in n. 32 he rejects the criticism on that conclusion — appearing already in the first edition of his book (1957) — by *Scholtens* (above n. 64) 395 (a criticism he had accepted in his second edition, 70 n. 27). The latter author does not comment at length on De iure belli ac pacis 2,10 but rightly insists on the importance of § 8 of the Prolegomena of this work for our subject, see below at n. 69. For a good analysis of Grotius' text *Birks / McLeod* (above n. 34) 59-64.

[66] As examples I may mention the well-known Scottish jurist Stair (James Dalrymple, Viscount Stair, 1619-1692) and the famous German natural lawyer Samuel Pufendorf (1632-1694). For Stair it may suffice to refer to the contribution to the present volume by *David Sellar* and *Hector L. MacQueen,* at notes 2 and 6 sqq.; see also *Birks / McLeod* (above n. 34) 56-58 and *P. Birks,* Six questions in search of a subject: Unjust enrichment in a crisis of identity, The Juridical Review 1985, 227-252, at 229-230. As to Pufendorf, in the chapter "De obligationibus quae ex dominio rerum per se oriuntur" (lib. 4, cap. 13, of his De jure naturae et gentium libri octo; ed. Francofurti et Lipsiae 1744, p. 653-664) he is largely inspired by Grotius, De iure belli ac pacis 2,10, in particular by Grotius' concept of an obligation *ex dominio e rebus non extantibus;* see lib. 4, cap. 13, § 6 sqq. (ed. p. 658-664). He even transcribes Grotius' *quaestiones* in this context (cf. below, at n. 118 sqq.), see § 7 (ed. p. 659): "Ex hisce dependet decisio plurimarum quaestionum, quae ab Iurisconsultis et Moralistis agitari solent, quas ex Grotii dicto loco huc transcribere placet". On Pufendorf's opinion on quasi-contract, as developed in lib. 4, cap. 13, and on Barbeyrac's notes on this chapter see *Birks / McLeod* (above n. 34) 65-68; cf. below n. 168. What *Astuti* (above n. 7) 61 cites from Pufendorf would not seem very relevant; his general remark that the principle of Pomponius would not have been "oggetto di particolare approfondimento ad opera dei giusnaturalisti" is certainly wrong (Astuti does not even refer to Grotius in this context!). *

Already in the *Prolegomena* of *De iure belli ac pacis,* in § 8[67], Grotius mentions as the first of four principles of natural law[68]:

> alieni abstinentia, et si quid alieni habeamus aut lucri inde fecerimus restitutio[69].

This principle is dealt with in the second book of his treatise. In order to understand the systematical order in this book we should first refer to the well-known passage[70] in which he states that "the sources from which wars arise are as numerous as those from which lawsuits *(actiones forenses)* spring, for where judicial settlement fails, war begins". He then gives a survey of the different actions. They lie "either for wrongs not yet committed, or for wrongs already done". The latter type of action lies for restitution[71] *(ut reparetur)* or for punishment *(ut puniatur)*. Restitution is concerned either with what is or has been ours,

---

* [67] We use the edition: Hugonis Grotii De iure belli ac pacis libri tres, curavit B. J. A. de Kanter-van Hettinga Tromp, Lugduni Batavorum 1939, which has been reprinted by Scientia, Aalen, in 1993 with additional notes by R. Feenstra and C. E. Persenaire (with the collaboration of E. Arps-de Wilde); we will cite it as "Djbap". For the need of using the additional notes in general see *R. Feenstra,* The most usable editions of Grotius' main legal works, Grotiana 11 (1990) 66-71, at 66-67; below we will have to refer regularly to these notes (and to passages in our previous studies (above n. 1) on which many of the notes on book 2, chapter 10, are based). In principle we will only cite the Latin text. Those who prefer a translation should use the English translation which forms part of the edition in "The Classics of International Law": De jure belli ac pacis libri tres by Hugo Grotius, II: The Translation, by *F. E. Kelsey* (etc.), 3 vol. (1925 [de facto 1927-1928]; reprinted 1964 and 1984); for some flaws in this translation would seem wrong (for mistakes in the references the additional notes in 1993 reprint of the Latin text should be used); in the text we will make use of the translation see Grotiana 11 (1990) 67-68 and the introduction to the 1993 reprint of De iure belli ac pacis. Below, in the footnotes, we will indicate some passages where the translation would seem wrong (for mistakes in the references the additional notes in the 1993 reprint of the Latin text should be used); in the text we will make use of the translation for paraphrasing Grotius' train of thought in parts which need not be cited fully in Latin.

[68] Strictly speaking: of "the law properly so called", whose source is "the maintenance of the social order".

[69] Djbap, Prol. 8 (ed. p. 9).

[70] Djbap, 2,1,2,1 (ed. p. 170): "Ac plane quot actionum forensium sunt fontes, totidem sunt belli: nam ubi iudicia deficiunt incipit bellum. Dantur autem actiones aut ob iniuriam non factam, aut ob factam. Ob non factam, ut qua petitur cautio de non offendendo, item damni infecti, et interdicta alia ne vis fiat. Factam, aut ut reparetur, aut ut puniatur: [quos duos obligationum fontes recte distinguit Plato nono de legibus (addition in ed. 1631 and subsequent editions)]. Quod reparandum venit, aut spectat id quod nostrum est vel fuit, unde vindicationes et condictiones quaedam; aut id quod nobis debetur sive ex pactione, sive ex maleficio, sive ex lege, quo referenda quae ex quasi contractu et quasi maleficio dicuntur, ex quibus capitibus nascuntur condictiones caeterae. Factum ut puniendum parit accusationem et iudicia publica". To this passage should be compared that of Djbap 3,1,2 (ed. p. 612-613).

[71] I prefer this translation to "reparation" (as the 1925 ed. has); it better suggests the use of a more or less technical concept. Although Grotius' treatise does not include a special section "De restitutione" as the works of the Spanish Scholastics have, it is clear that he has their concept "restitutio" in mind also where he uses other terms. He uses "restitutio" e. g. in Prol. 8 (above, at n. 69) and in 2,10,3 sqq. (see below, at notes 132 sqq.); cf. also the *Index rerum praecipuarum ac verborum* (made by Grotius himself) s. v.

giving rise to *vindicationes*[72] and certain *condictiones*[73] or with what is owed to us *sive ex pactione, sive ex maleficio, sive ex lege*[74].

It will be clear that our first principle is meant where he speaks of "restitution ... giving rise to *vindicationes* and certain *condictiones*". This subject is elaborated[75] in chapter 10 of the second book, which is entitled *De obligatione quae ex dominio oritur.*

This terminology might confuse a modern civil lawyer, who would not find it easy to treat a *vindicatio* as founded upon an obligation arising from *dominium.* But Grotius is using here the concepts of the *Scholastici*[76], who did not care for the Roman distinction between *actiones in rem* and *actiones in personam.* That

---

72 I have maintained the Latin technical terms *vindicationes* and *condictiones* (and also the Latin terms for the sources of obligation) instead of giving the English periphrases of the 1925 edition, part of which would seem inadequate.

73 The remaining *condictiones* arise from "what is owed to us *sive ex pactione, sive ex maleficio, sive ex lege*": "ex quibus capitibus nascuntur condictiones ceterae" (cf. above n. 70).

74 This scheme of the sources of obligation (i. e. of obligation in the strict — Roman — sense, as opposed to obligation in the wider — scholastic — sense, based on the concept of *restitutio)* would seem to be largely inspired by the traditional schemes of the Roman law: *ex lege* is explained by "quo referenda quae ex quasi contractu et quasi maleficio dicuntur" (cf. above n. 70). However, *quasi contractus* and *quasi maleficium* are not dealt with separately in any of the following chapters of book 2 of De iure belli ac pacis. Where Grotius comes to an elaboration of the obligations *ex lege* (for the structure of book 2 see the following note), he only mentions special obligations arising from the *ius gentium voluntarium,* such as those connected with "the right of legation" *(De legationum iure,* chapter 18) and "the right of sepulchre" *(De iure sepulturae,* chapter 19). Cf. the opening statement in Djbap 2,18 [ed. p. 435]: "Hactenus ea memoravimus quae ex iure naturae debentur nobis, paucis dumtaxat additis de gentium iure voluntario, quatenus ab eo aliquid erat iuri naturae superadditum. Restat veniamus ad obligationes quas ipsum per se ius illud gentium, quod voluntarium dicimus, induxit. Quo in genere praecipuum est caput de iure legationum". It is to be noted that in his Inleidinge Grotius gives the traditional examples of obligations *ex lege* ("door wetduiding"), see Inl. 3,26,2 for *ex quasi contractu* and Inl. 3,32,2 and 3,38,1 for *ex quasi maleficio.* In my La systématique (above n. 4) 336 and in my Romeinsrechtelijke grondslagen van het Nederlands privaatrecht (5th ed., 1990) 131 (nr. 224) I have wrongly limited Grotius' category *ex lege* to quasi-contract and quasi-delict.

75 Chapters 2 to 19 of book 2 elaborate what Grotius has said in Djbap 2,1,2,1 on actions for restitution *(ut reparetur):* chapters 2-9 deal with "what is ours", i. e. with property and with the rights we have over ourselves or over other persons; chapter 10 deals with the obligation for others to give back "what is or has been ours"; chapters 11-16 deal with obligations *ex pactione;* chapter 17 with obligations *ex maleficio;* chapters 18-19 with obligations *ex lege* (cf. above n. 74).

76 Cf. also what Grotius writes in chapters 2 and 7 of his *De iure praedae* where he deals with what he calls Lex V *(Malefacta corrigenda)* and Lex VI *(Benefacta repensanda)* (for editions of this treatise see my article in Grotiana (above n. 67) 68-69; in the 1868 ed. by H. G. Hamaker the passages are found on p. 15, 17-18 and 67). There he not only refers to the concept *restitutio* of the Scholastici (ed. p. 15) but also to the "jurisconsulti" (i. e. the Roman jurists) who "ad remunerandum naturalem esse volunt obligationem et natura iniquum esse, ut locupletetur quisquam aliena iactura et suum alicui beneficium damnosum sit" (ed. p. 17; he cites D. 5,3,25,11).

in chapter 10 Grotius is under the influence of scholastic authors appears also from his subdivision of the *obligatio ex dominio*[77]: it can originate either *a rebus extantibus* ("from things still in existence") or *e rebus non extantibus* ("from things no longer in existence"[78]). This subdivision would seem so have been inspired by a text of Cajetanus[79].

We will not go into his explanation of the restitution of things still in existence[80]. We may only draw attention to the fact that the concept of an *obligation* of restitution in this case is based on the doctrine of natural law according to which originally all property was common and private property was created by an explicit or a tacit convention between men[81]. This obligation is therefore "binding upon all men, as if by universal agreement" *(tamquam ex contractu universali)*[82].

For our present subject the main interest lies in what Grotius says on the restitution of things no longer in existence. This exposition opens in 2,10,2,1 with the following statement[83]:

> De rebus non extantibus hoc humano generi placuit, ut si tu ex re mea factus es locupletior, me rem non habente[84], in tantum tenearis, in quantum es factus locupletior.

---

[77] Djbap, 2,10,1,1 (ed. p. 319): "explicato quantum instituto nostro sufficit iure eo quod in personas aut res nobis competit, videndum etiam quae exinde nascatur obligatio adversum nos. Nascitur autem haec aut e rebus exstantibus (rerum nomine iam comprehendam etiam ius in personas qua utile nobis esse potest) aut non exstantibus".

[78] This is the right translation, given by ed. 1925 in Djbap 2,10,2,1; in 2,10,1,1, however, the 1925 ed. wrongly gives "things, which do not exist". *John* (above n. 7) 11 also wrongly translates "dinge wat nie bestaan nie". For "e rebus exstantibus" the 1925 ed. gives only "from things which exist" (John: "uit dinge wat betaan"); it should be "still in existence". It is clear that the distinction should correspond more or less to "quod nostrum est vel fuit" (Djbap 2,1,2,1, above n. 70).

[79] See Cajetanus in his commentary on the Summa of Thomas Aquinas, referred to by Grotius in Djbap 2,10,2,1 (cf. below n. 89), i. e. on Summa 2,2,62,6 (ed. Lugduni 1581, p. 210-212; for reference to the 1897 edition of Cajetanus on Thomas see my L'influence (above n. 1) 355 n. 57). There one reads (p. 210): "Sed occurrit hoc in loco dubium, an res dicatur esse apud aliquem solummodo quando res ipsa, puta vestis, vinum, frumentum, extat apud eum, vel intelligendum est quando vel res ipsa salva vel aliquid loco [eius] extat, puta pretium vel effectus ipsius, puta conservatio proprii vini aut proprii frumenti, quod consumpsisset dum consumpsit alienum, vel alius effectus, puta nutritio et huiusmodi quae ex consumptione relinquuntur, vel amicitia quae ex donatione, si rem donando distraxit, consequitur vel aliquid aliud huiusmodi . . .".

[80] This explanation is given in Djbap 2,10,1,2-5 (ed. p. 319-321); it starts: "E rebus extantibus obligatio haec nascitur, qua tenetur is qui rem nostram habet in potestate, efficere quantum in se est, ut in nostram potestatem veniat".

[81] Cf. Djbap 2,2,2,5 (ed. p. 189).

[82] Djbap 2,10,1,4. For the interpretation of this text (and other related texts) see *Birks / McLeod* (above n. 34) 60-63.

[83] Ed. p. 321.

[84] For "me rem non habente" the emendation "me *ratum* non habente" has been proposed by *J. C. Naber*, Hugo Grotius, iuris romani et iurisprudentiae comparatricis cultor, in Actorum Academiae universalis iurisprudentiae vol. I, ed. by E. Balogh (1928) 51-62 at 52. Indeed "rem non habente" is not quite satisfactory.

This rule of natural law is the equivalent of the one in *Inleidinge* 3,1,15. Like that rule, it is founded upon inequality, which in the *Inleidinge* is one of the two main sources of obligations, which arise either from promise or from inequality[85]:

> quia quatenus ex meo lucratus es, plus habes, cum ego minus habeam: introducta autem sunt dominia ad servandam aequalitatem in eo scilicet, ut quisque suum haberet[86].

While the *Inleidinge* gives no references at all, *De iure belli ac pacis* abounds in this respect. Part of the references are given in the form of citations in the text:

> Contra naturam esse ait Tullius, ex hominis incommodo suum augere commodum. Et alibi: Illud natura non patitur, ut aliorum spoliis nostras facultates, copias, opes augeamus[87].

The rest of the references occur in the margin[88]. The first is to the commentary of Cajetanus on the *Summa theologiae* of Thomas Aquinas[89]. The second is to the Digest, but not to the text one would have expected[90]: it is D. 5,3,20,6[91] which is cited, a text seldom referred to by Romanists in the context of unjust enrichment[92]. This choice can be easily explained: Grotius simply took this

85 In the Inleidinge, however, delict also is brought under inequality whereas in Djbap delict is an independent source of obligation, on the same level as promise; both are opposed to the *obligatio ex dominio*.

86 This is the continuation of the passage quoted at n. 83.

87 Continuation of the passage quoted at n. 86. The quotations are from Cicero, De officiis, 3,5,21 and 22. These texts are cited by the Spanish Scholastics, cf. *Nufer* (above n. 11) 13. Cajetanus does not refer to Cicero in the passage of his commentary on the Summa of Thomas, referred to by Grotius (cf. below n. 89).

88 In the 17th century editions of Djbap these references were not linked to the text by letters or numbers (with a few exceptions). For the mistakes that have been made in later editions in adding such a linkage see the introduction to the reprint of the 1939 edition (cf. above n. 67); cf. already my De betekenis n. 30 on 152 and my L'influcence 341 and n. 12.

89 "Caietan. ad Th. 2,2,62. Art. 6"; cf. above n. 79. The most important passage from Cajetanus would seem to be the following (ed. p. 211): "... Si recte igitur perspiciamus formam commutativae iustitiae antedictae, apparebit quod non solum res ipsa aliena obligat possessorem ad restitutionem, sed etiam quicquid loco rei successit, ut pretium vel effectus, si ex his factus est possessor locupletior, obligat eundem ad restitutionem. Ita quod inter rem ipsam alienam et id quod loco eius successit haec est differentia in proposito, quod res ipsa obligat possessorem simpliciter et absolute; id vero quod loco rei successit obligat possessorem solummodo in casu, quando scilicet ex hoc factus est locupletior, et ad tantum quantum factus est locupletior, ut bene ius civile decernit. Et de re quidem ratio manifesta est, de eo vero quod loco rei successit ad lucrum, manifestatur: quia quicquid lucri ex re aliena apud possessorem est, suum non est; ac per hoc, quantum habet de huiusmodi lucro, tantum habet plus quam suum est; et cum dominus rei tantundem habeat minus de suo, oportet, secundum iustitiae commutativae formam, auferri a possessore non suo et dari domino rei, ut sic inter eos sit aequalitas".

90 I. e. D. 50,17,206 (cf. above, at n. 5).

91 The passage meant is § 6c: "Item eos qui bona invasissent, cum scirent ad se non pertinere, etiamsi ante litem contestatam fecerint quo minus possiderent, perinde condemnandos quasi possiderent: eos autem, qui iustas causas habuissent, quare bona ad se pertinere existimassent, usque eo dumtaxat, quo locupletiores ex ea re facti essent".

reference from Cajetanus[93]. The third reference only specifies where the passages of Cicero cited in the text can be found[94].

There is a fourth reference[95], immediately following the one to Cicero, but it occurs only in the second and subsequent editions of *De iure belli ac pacis,* i. e. from 1631 onwards. It mentions the famous text of Pomponius in the Digest, D. 50,17,206, and "its interpreters"[96]. Was it really an afterthought of Grotius or had the reference simply been omitted as a result of a printing error in the first edition? How ever this may be[97], its place (after Cajetanus, the other Digest text and Cicero) would suggest that Grotius was not inspired in the first place by Roman law.

It is only in the continuation of his discourse that Roman law takes a prominent part. In 2,10,2,2 we read[98]:

> Est huius dicti[99] tanta aequitas ut multa hinc definiant Iurisconsulti extra legum praescripta, semper ad ipsam aequitatem, ut evidentissimam, provocantes.

The *Iurisconsulti* are the Roman classical jurists[100], whose texts occur in the Digest. Grotius actually continues by mentioning a number of examples taken

---

92 It does not occur among the texts to which reference is made by the Accursian Gloss on D. 12,6,14 and D. 50,17,206; cf. *Coing* (above n. 7) and *Dawson* (above n. 7) 67 and n. 36 (on 164).

93 Ed p. 211: "Dicitur deinde quod quandocumque possessor bonae fidei factus est ex re aliena locupletior, tenetur ad restitutionem: et ad hoc est textus iuris civilis, ff. de petit. hered., l. Item veniunt § Eos autem [D. 5,3,20,6c in medio]" What Cajetanus calls § Eos autem is a separate paragraph in very ancient editions (e. g. in the 1488 Venice edition) whereas in more recent editions (one of which may have been used by Grotius) this passage is only part of § Praeter haec, cited by Grotius. In the continuation of the passage of Cajetanus we have just quoted there is also a reference to D. 5,3,25,16 (l. Sed et si lege, § Quod autem); Grotius refers to this lex (not to the paragraph) in Djbap 2,10,8 (ed. p. 323 n. 7) and to another paragraph of the lex in De iure praedae (above n. 76) ed. p. 17 n. 9.

94 Cf. above n. 87.

95 It is indeed to be linked to the same passage as the preceding three references, cf. the additional note in the 1993 reprint (referring to my articles of 1971 and 1973 (above n. 1); see in particular De betekenis n. 30 on 151 - 152, whereas the alternative solution mentioned in my L'influence 357 n. 65 would seem to me less probable now). Cf. the solution given by Jean Barbeyrac in his French translation (Le droit de la guerre et de la paix par Hugues Grotius, Nouvelle traduction par Jean Barbeyrac, ed. Amsterdam 1724, I, p. 391 n. 3).

96 Probably the Glossators and Postglossators are meant.

97 I am now inclined to prefer the latter solution (in my L'influence a preference for the former solution is implicitly suggested).

98 Ed. p. 321 - 322; the passage follows immediately the one cited above, at n. 87.

99 The dictum of the first sentence of Djbap 2,10,2,1 would seem to be meant (above, at n. 83).

100 The translation "jurists" (without any specification) of the 1925 ed. would not seem very adequate.

from the Digest; these occur respectively in D. 14,3,17,4; D. 16,1,7; D. 24,1,55; D. 19,1,30pr; D. 13,6,3pr[101]; D. 20,5,12,1 and D. 12,1,32[102].

In 2,10,2,3[103] Grotius says that this line of thought has been developed by the medieval interpreters of the *Corpus iuris civilis*. In the margin he refers to the Accursian Gloss on D. 20,5,12,1[104]. The question raised in this text of the Digest[105] is whether, if property not belonging to the debtor is mortgaged and sold by the creditor, the proceeds received free the debtor from a personal action on the loan. If the creditor be not answerable for eviction the debtor will be discharged but, the text adds, he will be liable to the owner, "that he may not profit from another's loss"[106]. The Accursian gloss *Tenetur* specifies that the owner, when he ratifies the sale[107], has an *actio negotiorum gestorum* against the debtor[108]; reference is made to C. 3,32,3 and D. 3,5,48[109].

---

101 For this text see below n. 161 (in the text of my De betekenis (above n. 1) 140 there is a printing error: the reference to note 31 should have been attached to this text and not to D. 14,3,17,4).

102 Cf. above, at n. 62.

103 Ed. p. 323: "Posteriores quoque iuris interpretes ad facta similia haec recte producunt: nempe ut cuius latitantis bona venum ierant, cum exceptionem haberet, is ad pecuniam ex bonis suis redactam admittatur; et ut qui pecuniam patri credidit ad alendum filium, si pater solvendo non sit, in ipsum filium bona materna habentem actionem habeat" (this should be the end of Djbap 2,10,2,3, cf. below n. 118).

104 This text had already been paraphrased in Djbap 2,10,2,2. Grotius refers to "Accursius in d. l. rescriptum [D. 20,5,12]" in the margin of the passage "Posteriores quoque producunt" (see above n. 103). In his 1720 and 1735 editions and in his French translation (cf. above n. 95, I, p. 393) Barbeyrac wrongly links this reference to "cuius latitantis . . ." (see above n. 103), an error which has been taken over by all subsequent editions. In 1971 I have been myself a victim of this wrong attachment; I now reject the interpretation given in De betekenis (above n. 1) 141 and n. 35 and 36 on p. 152

105 The relevant passage reads: "Si aliena res pignori data fuerit et creditor eam vendiderit, videamus, an pretium quod percepit creditor liberet debitorem personali actione pecuniae creditae, quod vere responderetur, si ea lege vendidit, ne evictionis nomine obligaretur, quia ex contractu et quali quali obligatione a debitore interposita, certe ex occasione eius redactum id pretium aequius proficeret debitori, quam creditoris lucro cederet. sed quantum quidem ad creditorem debitor liberatur: quantum verum ad dominum rei, si necdum pignus evictum est, vel ad emptorem post evictionem ipsi debitor utili actione tenetur, ne ex aliena iactura sibi lucrum adquirat . . .". A sentence from the continuation of this text is cited — in a quite different context — in Djbap 3,2,5,1.

106 "Ne ex aliena iactura sibi lucrum adquirat", cf. above n. 105.

107 i. e. when he does not bring a *reivindicatio* against the buyer.

108 ". . . sed domino rei contra debitorem datur negotiorum gestorum actio si habeat ratam venditionem, ut C. de rei vind. l. III [C. 3,32,3] et supra, de neg. gest. l. fi. [D. 3,5,48]".

109 This text is of particular importance. Together with D. 12,1,23, it constitutes the *sedes materiae* for the question whether any, and if so what action should be granted against the former *bona fide possessor* of another's property, if it perished after he had sold it to a third party and received the price; see about this question *Van Zyl* (above n. 7) 29 sqq., 45 sqq., 58 sqq., 68 sqq., 79 sqq., 86 sqq. and 94sqq. (with further references). Cf. also below n. 137.

Grotius continues by mentioning two other examples taken from the medieval Romanists.

The first concerns a person whose goods had been sold on his non-appearance in court; if he had an exception to the action justifying the sale by his creditor, he is entitled to the money received from his property[110]. This example goes back to the Accursian gloss *Oportet fraudationis* on D. 42,4,7,2; Grotius does not mention this gloss but he may have found it through a reference in Iason de Mayno to whom he refers somewhat further in the margin of his text[111].

The second example goes back to Bartolus[112] but has been taken from Iason de Mayno[113]. It concerns a person who has lent money to a father for the support of his son *(ad alendum filium);* if the father becomes insolvent, the lender may have an action against the son if the son have inherited his mother's property. Iason, in his text[114], bases his opinion principally[115] upon D. 12,1,32 from which

---

110 The translation in the 1925 ed. (323) wrongly has: "a man, whose goods have been sold on his non-appearance, is entitled to the money received from his property, on properly filing an exception to the action"; the "latitans" can not use the exception any more.

111 This reference is wrongly linked only to "ut qui pecuniam patri . . ." (see above n. 103) in Barbeyrac's editions and translation, followed by all subsequent editions, cf. above n. 104. Grotius refers to "Iason in d. l. si me et Titium [D. 12,1,32]"; some lines before the passage cited below n. 114 Iason actually says: "super aequitate huius legis fundatur . . . pulchra decisio glosae in l. Fulcinius § 1 et 2 ff. ex quibus cau. in pos. ea. [D. 42,4,7,1-2], ubi glosa allegat istam legem".

112 Bartolus on the lex His solis [D. 12,6,49] (ed. Venetiis 1590, II, fol. 57 r-v). Bartolus leaves the question undecided ("cogitabitis") whether the lender should be granted an action against the sons (cf. Iason's remark, below n. 114) but observes that the lex His solis could provide an argument in favour of such an action. It is of course possible that Bartolus took the example from an older source. The gloss "Proficit" on D. 12,6,49 already suggested a decision in Bartolus' sense: ". . . sed quid si ille non est solvendo, cui est solutum: an in subsidium ille cui proficit convenitur? Argue quod sic, si causam lucrativam habet forte, alias non . . ." ("Argue . . . alius non" is probably a later addition to the gloss; it does not occur in Mss. Bâle C I 4, Kampen, Gemeentearchief 203, and Leiden BPL 6C); the gloss, however, does not give the example. On this example cf. *Dawson* (above n. 7) 75 and *Burzio* (1897, above n. 7) 116 sqq., where other authors (besides Iason) are cited; cf. in particular Angelus [de Ubaldis] on D. 12,6,49 (ed. Venetiis 1580, fol. 223 r.).

113 See above n. 111 and below n. 114.

114 Iason de Mayno on the lex Si et me et Titium [D. 12,1,32] (ed. Venetiis 1598, II, fol. 42 v): "Item facit ista lex [D. 12,1,32] quod si mutuavi pecuniam vel frumentum pauperi qui non est solvendo et ex illa pecunia vel frumento alimentavit filios, quod possum agere contra ipsos filios habentes forte res maternas, ex aequitate huius legis. Facit l. Ei qui, ad fi., C. quod cum eo [C. 4,26,7,3] quamvis Bartolus istud indecisum reliquerit in l. His solis, infra de cond. ind. [12,6,49] . . ." Cf. also Iason's commentary on the lex Si in area [D. 12,6,33] (ed. Venetiis 1598, II, fol. 145 v), quoting the passage of Paulus de Castro on the same lex which I have mentioned above n. 8, and on the lex His solis [D. 12,6,49] (ibidem, fol. 157 r), where he refers to Angelus on the same lex (cf. above n. 112 in fine). In his commentary on D. 12,1,32 Iason also refers to Canonists, in particular to Hostiensis and Johannes Andreae; for Hostiensis see above n. 10.

Grotius, as we have seen[116], took the example in *Inleidinge* 3,30,18, which might suggest that in his observations upon *baet-trecking* ("deriving profit")[117] Grotius had the medieval extensions of the Roman text in mind, as well as the text itself.

After the examples from the medieval Romanists Grotius gathers up the thread of his discussion of the *obligatio ex dominio* in general. Referring to the main rules he had given for restitution of things still in existence and of things no longer in existence he says[118]:

> His regulis duabus recte intellectis non difficilis erit responsio ad eas quaestiones quae et a Iurisconsultis et a Theologis internum animi tribunal instruentibus proponi solent.

---

115 Iason also refers to the lex Ei qui, ad finem [C. 4,26,7,3], which states: "Alioquin si cum libero rem agente eius, cuius precibus meministi, contractum habuisti et eius personam elegisti, pervides contra dominum nullam te habuisse actionem, nisi vel in rem eius pecunia processit vel hunc contractum ratum habuit". The commentaries of the medieval Romanists on this lex have been dealt with at some length by *Hallebeek* (above n. 7), at notes 205 sqq.; cf. also *Hallebeek / Schrage* (above n. 7) 33-35, 49-55 and 127-129. Following what I already observed in De betekenis n. 39 on p. 153 and in Bereicherung 300 I would like to emphasize the importance of the commentary of Jacques de Révigny, an Orléans professor from the second half of the 13th century (part of this commentary has been reproduced in *Hallebeek / Schrage* 128 but the most relevant part has been omitted). Révigny puts the question which action should lie in the case that there was no *ratihabitio* but only in *rem versio*. There can be no *actio de in rem verso* because the intermediary is a *liber homo*. He rejects the solution given by some other authors (not named) that the action could be a "condictio sine causa ex equitate illius legís, si certum petatur, l. Si et me et titium [D. 12,1,32]"; this action would only lie where the intermediary was insolvent, as e. g. in the lex His solis [D. 12,6,49]. The present lex [C. 4,26,7] "loquitur ubi etiam est solvendo, quia loquitur indistincte". He considers ("tu potes dicere") an *actio institoria* on the ground of a presumed *ratihabitio* ("quia utiliter gestum cogitur habere ratum") but he seems to prefer ("si urgeres me") to say "quod ageretur equitate huius legis que hoc dicit et sic condicit ex hac lege", i. e. a *condictio ex equitate huius legis* [C. 4,26,7] (this summary of Révigny's opinion is based on Iacobus de Ravanis, Lectura super Codice, Bologna 1967 (reprint of Petri de Bella Perthica . . . Lectura . . . super prima parte Codicis, Parrhisiis 1519), fol. 186 vb, heavily corrected from Ms. Paris, Bibliothèque Nationale, Latin 14350, fol. 400 v). This passage would not seem to have had much influence on Pierre de Belleperche, Cynus and Bartolus but it might have inspired Baldus' commentary on C. 4,26,7,3 (ed. Venetiis 1586, fol. 76 v) where he says that here the obligation of "ille qui non intenditur obligari" arises "ex alia equitate, puta ne locupletetur cum aliena iactura, ut hic [he also cites D. 12,1,32 and D. 14,3,17,4]". This brings him to the general statement: "hec est etiam equitas generalis, que quocumque casu representata parit actionem generalem, scilicet certi condictionem, quod est notandum". See on this statement of Baldus *Dawson* (above n. 7) 86 and n. 78 on 171, whose interpretation is not fully convincing; also *N. Horn*, Aequitas in den Lehren des Baldus (Forschungen zur neueren Privatrechtsgeschichte 11; 1968) 115-116. Cf. above n. 8.

116 Above, at n. 61.

117 Above, at n. 51 sqq.

118 Djbap 2,10,2,3 in fine (ed. p. 323). As I have argued in De betekenis 142 and n. 42 on 153 and in L'influence 358 n. 68, this passage would better have been numbered as a separate paragraph, 2,10,2,4.

In the margin of this passage[119] reference is made[120] to some of these "jurists" and "theologians who lay down rules for the tribunal of conscience"[121]. The theologians are in the majority: Dominicus Soto[122], Sylvester Prierias[123], Johannes Medina[124] and Leonardus Lessius[125] (to them could be added Cajetanus, already referred to in a previous passage[126]). The two jurists mentioned[127] are Didacus Covarruvias[128] and Navarrus (Martinus de Azpilcueta)[129].

Ten of the "questions which are commonly raised" by these authors are dealt with in the remaining paragraphs of the chapter on *obligatio ex dominio*. It is certainly not by chance that all ten occur — although in a different order and with a different emphasis — in Lessius[130], the Flemish theologian (1554-1623) whose *De iustitia et iure* was largely used by Grotius also in other parts of his work (not always with acknowledgement)[131]. In following Lessius and his predecessors Grotius sometimes adds argumentation of Romanistic character, citing texts of the *Corpus iuris civilis* and of its medieval interpreters. In a few cases he uses these texts to reject the solutions of the scholastic authors but mostly he sticks to these solutions and adapts the Roman texts to the doctrine of *restitutio*[132].

---

119 Which is neglected by *Nufer* (above n. 11) 74.

120 In the 1939 edition the reference to the authorities is wrongly linked exclusively to "Iurisconsultis"; it also belongs to "Theologis internum animi tribunal instruentibus".

121 In De betekenis 142 and in L'influence 358 I have wrongly interpreted "internum animi tribunal instruentibus" as belonging not only to the theologians but also to the jurists.

122 De iustitia et iure libri decem (ed. Venetiis 1589); liber IV, quaestio 7, articulus 2 is cited (ed. p. 377-383).

123 Sylvestrinae Summae pars prima [secunda] (ed. Antverpiae 1569, 2 tom.); "in verbo Restituta n. 3, quae. 6" is cited, but it should be quaestio 7 (ed. II, p. 363-364).

124 Ioannes Medina, [De paenitentia, restitutione et contractibus], tom. II (ed. Ingolstadii 1581 [Reprint Farnborough (Hants.) 1967]; quaestio 10 is cited (ed. p. 80-85).

125 Leonardus Lessius, De iustitia et iure caeterisque virtutibus cardinalibus libri quatuor (ed. Antverpiae 1609); liber II, caput 14 is cited (ed. p. 169-178).

126 Above n. 89; he is also cited in the continuation of Grotius' text, Djbap 2,10,9 (ed. p. 325 n. 2).

127 Other jurists are cited in the continuation of Grotius' text (chapter 10).

128 Didacus Covarruvias, Regulae *Peccatum*, de regulis iuris, Libro Sexto, relectio, in his Opera, tom. I (ed. Antverpiae 1610, p. 462-518); "par II, § 1" is cited but it should be pars III, initio (ed. p. 513-515). Covarruvias was not exclusively a jurist; he had also studied theology under Vitoria and Soto.

129 Martinus ab Azpilcueta, Doctor Navarrus, Enchiridion sive Manuale confessariorum et poenitentium, in his Opera, tom. III (ed. Coloniae Agrippinae 1616, p. 21-331); caput 17, num. 7 is cited (ed. p. 106).

130 Many of the questions, however, are already dealt with by earlier authors, from Cajetanus onwards, cf. e. g. *Nufer* (above n. 11) 42-43.

131 Cf. L'influence 344.

132 Below, at n. 138 sqq.

The questions concern cases of restitution of things still in existence as well as of things no longer in existence. In principle [133] we will only deal with the latter category, corresponding more or less to what in modern continental doctrine is called unjust enrichment. In this context I may mention the following obligations:

1. The obligation of a *bona fide possessor* to make restitution not only for the thing itself but also for the *fructus* that have been used up, provided that he would have used just as much under other conditions, "for in that respect he is considered to be richer" (2,10,5) [134].
2. The obligations of a *bona fide possessor* to make restitution if he has donated or sold the thing to a third person, specified as follows:
   a) If he has acquired the thing by donation and donated it in his turn to a third person, he is not liable to the owner, unless he would have donated the equivalent amount in any case and would thus have spared his own property (2,10,7) [135].
   b) If he has sold a thing he had bought, he is not liable to the owner, except in so far as he may have sold it at a higher price (2,10,8; first sentence) [136].
   c) If he has sold a thing he had acquired by donation, he is bound to restore the price to the owner, unless he has squandered it, and would not have squandered a similar sum of money had he not received it (2,10,8; second sentence) [137].

---

133 I will not deal with cases in which Grotius explicitly denies an obligation *ex dominio*, e. g. in Djbap 2,10,3 (no restitution, even not of *lucrum ex re*, if the thing perishes in the hands of a *bona fide possessor)*, in 2,10,4 (no restitution of *industriae fructus*, even if they would not have come into being without the thing), in 2,10,6 (no restitution of *fructus quos percipere neglexit)* and in 2,10,12 (according to natural law no restitution of what "ob causam turpem aut honestam ad quam quis obligabatur acceptum est").

134 "Tertio, bonae fidei possessorem teneri ad restitutionem et rei et fructuum consumtorum, si modo alias quoque tantumdem consumturus fuerat: nam in hoc locupletior censetur . . ." (ed. p. 323).

135 "Quinto, si talis possessor rem sibi donatam alii donaverit, non teneri eum nisi omnino etiam sine hac re donaturus tantumdem fuisset: tunc enim lucrum erit rei suae pepercisse" (ed. p. 323).

136 "Sexto, si rem emtam vendiderit, non teneri, nisi quatenus forte pluris vendiderit" (ed. p. 323). At "non teneri" there is a reference to D. 47,2,48,7; at "pluris vendiderit" to D. 5,3,22 and D. 5,3,25, dealing with a *possessor hereditatis*. As to the linking of the references to the text there can be some doubt: this linking is the work of Barbeyrac in his 1720 and 1735 editions and does not correspond to the place they have in the margin of the 1625 and 1646 editions, but this place would seem wrong in any case. Cf. for further comment on this passage my De betekenis n. 50 on 154-155.

137 "Quod si donatam vendiderit, teneri ad restituendum pretium, nisi forte prodegerit pretium, alias non prodacturus" (ed. p. 323-324). At "restituendum pretium" there is a reference to D. 12,1,23; for the linking cf. above n. 136.

Considering whether, and in what cases, a *bona fide possessor* may refuse to restore the thing to the owner unless he be repaid the price which he gave for it[138], Grotius says that he does not hold it necessary that he should have bought it in order to restore it to the owner (2,10,9,1)[139]: this might be material, if the question were whether an *actio negotiorum gestorum* would lie, but "this action arises from the civil law; it contains none of those basic elements by virtue of which nature imposes an obligation"[140]. This induces him to mention (2,10,9,2)[141] three similar cases dealt with by the Roman jurists in which the action granted is not (or at least not properly) an *actio negotiorum gestorum* but the obligation is based on other grounds. He cites:

1. A statement by Ulpian on funeral expenses made against the will of the heir (D. 11,7,14,13[142]): they can be reclaimed with an *actio funeraria* because "the just judge should not simply follow the *actio negotiorum gestorum* but should seek an equitable decision along more liberal lines, since the nature of the action allows him this freedom"[143].

---

* [138] On this question of the so-called "Lösungsrecht" see my article De pecuniaire bescherming van de koper te goeder trouw van andermans zaak in Hugo de Groots De iure belli ac pacis, in Huldigingsbundel Paul van Warmelo (1984) 69-80. Grotius has also dealt with it in other works: Inleidinge 2,3,5-6 and the Prolegomena to Historia Gothorum (cf. the text in the 1952 edition of the Inleidinge (above n. 14) 395-399, at 397); see my article 70-72. Cf. on the subject also my Zum Ursprung des Lösungsrechtes beim Kauf gestohlener Sachen auf dem Markte, besonders nach einigen spanischen und südfranzösischen Quellen, in Festschrift Guido Kisch (1955) 237-259 (reprinted in my Fata iuris romani (1974) 73-95), in particular at 241 (77) n. 18.

[139] "... Neque hic requiro ut emta res sit cum animo ut domino restitueretur, quo casu negotiorum [read "negotiorum gestorum] actionem nasci sunt qui aiant, sunt qui negent ..." (ed. p. 324). For the references in the margin (and the flaws in the 1939 edition) see my article (above n. 139) and the additional notes in the 1993 edition.

[140] "Nam negotiorum gestorum actio ex lege civili nascitur: nullum enim habet eorum fundamentorum ex quibus natura obligationem inducit" (ed. p. 324). He adds: "Nos autem id quod naturale est hic quaerimus".

[141] "Non dissimile est quod de funeraria scripsit Ulpianus, iustum iudicem in ea non meram negotiorum gestorum actionem imitari, sed solutius aequitatem sequi, cum hoc ei actionis natura indulgeat. Et quod alibi idem ait, si quis negotia mea gesserit, non mei contemplatione, sed sui lucri causa, et circa res meas aliquid impenderit, non quidem in id quod dedit, sed in id quod ego locupletior sum, habiturum actionem. Sic enim et domini rerum quarum iactu levata est navis, partem recuperant ab aliis quorum res iactu servatae sunt: quia et qui rem alioqui perituram servavit, in hoc videtur locupletior" (ed. p. 324-325). For the references added to this passage see below notes 142, 144, 146 and 147.

[142] The 1939 ed. wrongly refers to D. 11,7,14,12. A reference to "Balsamo ad can. X Greg. Thauma." has been added by Grotius in the 1631 and subsequent editions.

[143] For the Latin text see above n. 141; it is a literal quotation from D. 11,7,14,12. For medieval opinions on the action in case of funeral expenses made against the will of the heir see *Hallebeek* (above n. 7), at note 47; cf. *J. Hallebeek*, A Catalonian custom and a forbidden negotiorum gestio, Journal of Legal History 12 (1991) 117-131, and *E. J. H. Schrage*, De opgedrongen verrijking: over de *actio funeraria*, de *actio negotiorum gestorum* en de kosten van de begrafenis, Acta juridica 1992 (Essays in honour of Wouter de Vos) 48-56. Hallebeek and Schrage both edit the same passage from Pierre

2. A statement by the same jurist on the position of a man who has carried on my business not in my interest, but for his own advantage (D. 3,5,5,5[144]): according to Grotius, probably following the opinion of the glossator Martinus, he has an action[145], not for his expenses but for my enrichment[146]. *

3. The rule that owners of goods, which have been thrown overboard to lighten a ship, recover a part of the value from the others whose property was saved by the lightening (D. 14,2,1)[147].

Grotius' chapter on *obligatio ex dominio* ends with this discussion of the ten "questions". It might seem at first sight to support Nufer's opinion[148] of Grotius' doctrine of restitution in general: that he did not go much beyond the Spanish scholastics. This, however, does less than justice to the originality of his concept of *obligatio ex dominio e rebus non extantibus,* which may be less clearly formulated than his *Verbintenisse uit baet-trecking* ("obligation from deriving profit") in the *Inleidinge,* but which he did not owe to his predecessors.

III. Grotius' letter to his brother of March 1616

Besides the *Inleidinge* and *De iure belli ac pacis* there is a third source for Grotius' opinions on what we now call unjust enrichment: a letter written to his brother in March 1616[149]. Although it has not exercised any influence on other authors, it has some importance for the interpretation of his two main legal works to which it is anterior by about four or eight years respectively.

The letter is part of a correspondence between Hugo Grotius and his younger brother Willem concerning *disputationes* the latter was preparing as an exercise

---

de Belleperche's commentary on C. 2,18,24 but their readings and interpretations differ; neither of them is fully satisfactory, but it is clear that Belleperche was of the opinion that the action in this case was an *actio in factum* based on equity.

144 The 1939 ed. wrongly refers to D. 27,5,6,3 and links the reference wrongly to "indulgeat" instead of "Et quod alibi idem ait" (cf. the Latin text above n. 141).

145 Not an *actio negotiorum gestorum* but an action for enrichment based on natural law; cf. above, at notes 48-49.

146 At the end of this passage (at "actionem", cf. above n. 141) there is a reference to Caietanus, Soto and Covarruvias, probably to emphasize that in natural law also the liability is limited to the actual enrichment. The 1939 ed. wrongly adds to the same note the reference to D. 14,2,1, which belongs to the following passage ("Sic enim . . .", cf. above n. 141), see below n. 147; cf. my De betekenis n. 55 on 155.

147 For the Latin text see above n. 141. The reference is wrongly linked, see above n. 146.

148 *Nufer* (above n. 11) 77; full citation in my L'influence 360-361 and n. 77.

149 Briefwisseling van Hugo Grotius, ed. by P. C. Molhuysen, I (Rijks Geschiedkundige Publicatiën, 64; 1928) nr. 452 (p. 506-508); it was published for the first time in Hugonis Grotii Epistolae quotquot reperiri potuerunt (Amstelodami 1687) 753-754. For some further details see my De betekenis n. 59 on 156; at 143-145 I gave a full analysis of the contents.

during his law studies at Leyden University[150]. In one of these disputations[151], dedicated to the title *De verborum obligationibus* of the Digest (D. 45,1), Willem was planning to discuss the legal position of a *pupillus* with regard to *stipulationes*[152]. In the beginning of his letter Grotius writes:

> De pupillo quod quaeris brevi mihi videatur expediam. Considerandae sunt leges duae, utraque a natura. Prior est implendam promissi fidem, altera neminem locupletandum ex iactura aliena. Hae duae leges concurrunt interdum, saepe per se singulae substant. Quomodo per se prior substet prioribus literis[153] explicavi. Posterioris notabile est exemplum in 1. Si me et Titium Dig. de rebus cred.[154], ubi citra contractum oritur debitum ex illa sola lege . . .

There follows a discussion of the effect of the *lex a natura* prescribing *implendam promissi fidem* in the case of a *pupillus*. The conclusion is that a *pupillus* who is *pubertati proprior* or *maturioris iudicii* is bound according to natural law considered *absolute* but not bound according to natural law considered *ex hypothesi legis humanae,* neither *ex promissione* nor *ex contractu quovis*[155]. Grotius continues:

> Altera autem lex illa, quae locupletari quenquam cum aliena iactura, quod Aristoteli τὸ πλεῖον ἔχειν, non patitur, pariter locum habet in pupillo atque in alio quolibet: non enim voluntas, sed res ipsa, hoc est lucrum unius ex damno alterius, hic respicitur. Circa hanc legem naturalem ius civile vetus Romanorum habuit se non positive, aliquid contra statuens, sed negative, hoc est non assistendo[156]. Itaque actio inde nulla antiquitus oriebatur. Sed retinendi ius erat, unde et repetitio cessabit[157]. Quanquam autem Divus Pius huic obligationi ius agendi primus dedit [references to D. 26,8,5pr., D. 13,6,3pr. and D. 3,5,3,4], tamen Iurisconsulti etiam qui post Pium exstiterunt saepius respiciunt ius illud vetus atque perpetuum quam novum illud atque arbitrarium, quod saepe mutatis Imperatoribus mutabatur. Eo autem id iustius faciebant Iurisconsulti, quod ipsi plerumque ad vetustiores iuris auctores commentabantur . . .

---

150 See *M. Ahsmann,* Willem de Groot (1597 - 1662) en zijn studie te Leiden, in het licht van brieven van zijn broer Hugo, Tijdschrift voor Rechtsgeschiedenis 50 (1982) 371 - 401, at 390 sqq.

151 An — incomplete — copy of this disputation has been preserved; it is now in the Leiden University Library. When I wrote my De betekenis (where I was the first to discuss Grotius' letter in the context of unjust enrichment) the disputation had not yet been found.

152 Eventually this subject was dealt with rather *obiter* in the disputation.

153 This refers to a letter dated 28 February 1616, published in Briefwisseling (above n. 149, as nr. 450 (p. 499 - 503).

154 D. 12,1,32. It should be 1. Si *et* me et Titium; the omission of "et" is probably due to Grotius himself (the same omission occurs in Djbap, cf. above n. 111).

155 Grotius refers to D. 44,7,58 and D. 12,6,41. For a further analysis of Grotius' observations cf. *Ahsmann* (above n. 150) 396.

156 This antithesis *"positive-negative"* had already been used by Grotius of the *promissio* of a *pupillus,* upon which, in his opinion, the *ius civile* operated not only *positive,* but *negative,* by prohibiting even a *naturalis obligatio* from arising.

157 Legendum "cessabat"?

Grotius then alleges texts on the natural obligation of the *pupillus;* he observes that according to the *ius vetus Romanum* a *promissio* by the *pupillus* by which he binds himself to what he owes on the ground of a *naturalis obligatio* is — in contradistinction to what has been said about his *promissiones* in general — binding *naturaliter,* not, however, *ex lege de promissis* but *ex lege de nemine locupletando ex aliena iactura.* After considering the reading of the text of D. 36,2,25 and D. 46,3,95,2[158] Grotius concludes his discussion of the obligations of the *pupillus* by observing that he has provided a somewhat clearer explanation of what is more briefly but more obscurely stated in Cujacius' commentary on D. 45,1,127[159].

What can we infer from this letter as to Grotius' opinion on unjust enrichment as a source of obligation? The rescript of Antoninus Pius which he mentions is one of the standard authorities for an action for unjust enrichment[160]. Following Cujacius, Grotius explains that this rescript has, exceptionally, converted a natural law obligation based on unjust enrichment into a civil law obligation, but that the Roman jurists later than Antoninus Pius did not always follow his decision, but preferred the old rule which they found in the writings of their predecessors which they commented. This is a purely historical observation on Roman law: he is pointing out that the *actio utilis* against the enriched *pupillus* — which he was to mention later in his *De iure belli ac pacis* without any proviso[161] — was not as generally accepted in Antiquity as some interpreters apparently assumed. On the other hand he makes it clear that in some other cases even the Roman jurists raised the natural law rule on unjust enrichment to positive law: at the beginning of his discussion he cited the *lex Si et me et Titium* (D. 12,1,32), creating a civil law obligation where there is no contract, as an example of the natural law rule of unjust enrichment. This is reminiscent of *Inleidinge* 3,30,18[162],

---

158 The reference in the text is incomplete ("in l. Stichum § Aditio") and has therefore not been solved by Molhuysen in his edition, but there is no doubt that D. 46,3,95,2 is meant.

159 See Iacobus Cuiacius, Commentarius in titulum Digestorum de verborum obligationibus, ad l. 127 (in his Opera, Francofurti 1623, II, col. 369-371).

160 For the influence of the Roman law texts on enrichment of the *pupillus* since the Middle Ages see *Van Zyl* (above n. 7) 40 sqq., 51, 56 sqq., 63 sqq., 76 sqq., 84 sqq. and 90 sqq. (all only in the context of *negotiorum gestio)* and *John* (above n. 7) 76 sqq., with further references; cf. also *De Vos* (above n. 58) 95-96. None of these authors mentions the passage in Grotius letter. Nor is there any reference to a short legal opinion of Grotius, in Hollandsche Consultatiën I, nr. 255 (Consultatien, Advysen en Advertissementen gegeven en geschreven by verscheide treffelyke rechts-geleerden in Holland en elders, ed. Amsterdam-Utrecht 1768, p. 414), on which see my De betekenis n. 65 on 156. The most important text to compare to the passage in Grotius' letter is Inleidinge 3,30,3.

161 Djbap 2,10,2,2: "... Pupilli non tenentur commodati secundum leges Romanas; tamen utilis actio dabitur si pupillus locupletior factus sit ..." (with reference to D. 13,6,3); for the context see above, at n. 101. From the opinion cited above n. 160 and from Inleidinge 3,30,3 it may be inferred that Grotius held that an action regularly lay against the enriched *pupillus* in the "modern Roman law of his time".

where the lex *Si et me et Titium* is also used as an example. The emphasis with which he states that in respect of this rule the *ius civile vetus Romanorum* has acted only *negative*, by not assisting it in the case of the pupil, and not *positive*, by stating something contrary to it[163], could be an *a contrario* argument in favour of the idea that in principle other applications of the rule beyond the strict bounds of the Roman law were possible.

IV. Grotius' influence in the 17th century, in particular on Huber

Grotius' doctrine of *baet-trecking* as a source of obligation would not seem to have exercised much influence in the province of Holland during the 17th century[164]. Only Simon van Leeuwen (1626-1682), in his *Het Roomsch Hollandsch recht*, mentions *baattrekking* as a source of obligation but in the relevant passage[165] he is simply copying Grotius[166]; he does not take any trouble in elaborating this concept[167]. Arnoldus Vinnius (1588-1657), who in his *Commen-*

162 See above, at n. 56 sqq.

163 Cf. above, at n. 156.

164 Besides the authors cited below in the text mention should be made of two main writers who commented upon the Inleidinge in the 17th century: Simon van Groenewegen van der Made (1613-1652) and Johannes Voet (1647-1713). As to Groenewegen, in his edition of the Inleidinge with marginal notes (first edition Dordrecht 1644) he does not provide, on the relevant passages, much more than some traditional references (e. g. to D. 50,17,206 and Liber Sextus, de regulis iuris 48 (on Inl. 3,1,15), to D. 12,1,32 (on Inl. 3,30,18); only on Inl. 3,30,1 he gives references to some 16th and 17th century sources, as Neostadius, Peckius and Bugnyon, none of which would seem very convincing (for Bugnyon's treatise De legibus abrogatis, which is also cited in this context by Groenewegen in his own work De legibus abrogatis, see below notes 170 and 184). As to Voet, no observation or reference of any importance is found in his Observationes ad Hugonis Grotii manuductionem, lecture notes published only in 1987 (by *P. van Warmelo* and *C. J. Visser;* on this edition see my article cited below n. 221); in his Commentarius ad Pandectas (first edition 1698-1704) he does mention Inleidinge 3,30,18 when dealing with the *condictio sine causa* (on D. 12,7, ed. Hagae Comitum 1731, I, p. 659-660), but implicitly seems to limit Grotius' statement to the traditional cases of the *condictio sine causa specialis,* an interpretation for which he is criticized by Van der Keessel, see above n. 59. For a further reference to Voet see *Visser* (above n. 1) 380-382 arguing that in his commentary on D. 19,2 (nr. 40) Voet was in favour of an extension of actions on the ground of unjust enrichment.

For a general discussion of the authorities of the Roman-Dutch law on unjust enrichment see *de Vos* (above n. 58) 61-119 and *John* (above n. 7) passim. Cf. also *R. Zimmermann,* The Law of Obligations, Roman foundations of the civilian tradition (1990), 857-887, in particular 885-886. For one particular aspect see *M. H. J. van der Horst,* Compensation for improvements, The Roman Dutch Law in Sri Lanka (thesis Free University Amsterdam 1989) passim; on 63 she says that Grotius and Huber accepted *baattrekking* as a source of obligations "under influence of the French humanists" but does not give references for this rather surprising statement.

165 Het Roomsch Hollandsch recht, 4,1,9 (ed. Amsterdam 1783, II, p. 6).

166 As he does in many other parts of his book.

tarius in quatuor libros Institutionum often cites Grotius and follows him on certain points, does not refer to Grotius' system of sources of obligation; when dealing with Inst. 3,14,2, he observes that besides the obligations deriving from the four *causae obligationis* mentioned by Justinian there are certain obligations which do not originate from one of these causes but *ex sola et singulari aequitate*[168]. The first example is D. 12,1,32 — the *lex Si et me et Titium* —; it is followed by other Roman law examples. Inspiration by Grotius is not apparent.

Outside the province of Holland Grotius has had one important adherent: the Frisian Ulrik Huber (1636-1694). The most frequently cited passage is in his *Praelectiones juris romani et hodierni,* on the Digest title *De in rem verso* (D. 15,3)[169]. After a reference to what he has said on the original Roman *actio de in rem verso* in his commentary on the Institutes (4,7,4) he discusses the question whether this action can also be granted if a person has been enriched by a contract

---

167 A passage on the *condictio sine causa generalis* in his Censura forensis theoretico-practica, lib. 4, cap. 14, num. 2 (ed. Amstelodami 1678, I, p. 357) — to which reference is made by *Honoré* (below n. 169) 246 and *De Vos* (above n. 58) 76 — does not refer to Grotius and would seem of no importance.

168 Commentarius in quatuor libros Institutionum, ad Inst. 3,14(13),2, num. 3 (ed. Lugduni Batavorum 1642, p. 956). This passage would seem more important than his commentary on Inst. 3,28(27)pr., num. 3-5 (ed. p. 1151-1152), cited by *E. J. H. Schrage,* La Scuola elegante olandese, Studi Senesi 104 (1992) 534-547, at 545; there Vinnius mentions only the five classical categories of obligations *quasi ex contractu,* not an enrichment case like D. 12,1,32. The latter passage of Vinnius could in any case not have inspired the general enrichment action mentioned by Pauw (cf. below, at n. 204), as *Schrage* 546 suggests. His references to Pufendorf and Heineccius (546 n. 23) in contradistinction to Vinnius are not convincing either. The notes he attributes to Pufendorf are from Barbeyrac, not from Pufendorf, who, on the other hand, in his text followed Grotius very strictly in his concept of *obligatio ex dominio,* cf. above n. 66. As to Heineccius, whose Syntagma III, 28 in pr. is cited by Schrage, it would seem much more important to observe that he was more or less in agreement with Vinnius' statement on Inst. 3,14(13),2, num. 3, which I have cited in the text. In his notes on Vinnius' commentary on that paragraph of the Institutes (first edition Lugduni Batavorum 1726, p. 594) he refers to the division made in his Elementa iuris civilis § 771 (on Inst. 3,14(13); ed. Lugduni Batavorum 1751, p. 252): "Omnes obligationes ex aequitate vel lege sunt . . . aliae immediate ex aequitate naturali vel ex lege civili nascuntur, aliae mediate accedente facto obligatorio" (under "factum obligatorium" come the four traditional Roman sources of obligation); the same distinction occurs in his Syntagma, III, 14,3. For the opinions of Vinnius, Pufendorf and Heineccius on quasi-contract see the detailed analysis by *Birks / McLeod* (above n. 34) 65-72 and 76-77, from whom Schrage may have taken his references.

169 Ed. Lipsiae 1735, p. 929 (this is not the editio princeps as *Schmitt* (above n. 59) 42 seems to suppose; the first edition is from 1689). This passage has been dealt with by nearly all the modern authors writing on the history of unjust enrichment. Apart from *Burzio,* Il campo (above n. 7) col. 123, *Dawson* (above n. 7) n. 80 on 172, *John* (above n. 7) 97 sqq., and *De Vos* (above n. 58) 88 sqq., see *M. H. Bregstein,* Ongegronde vermogensvermeerdering (thesis Amsterdam 1927, also published 1928) 127-128, and his report "L'enrichissement sans cause" in Travaux de l'Association Henri Capitant pour la culture juridique française 4 (1948) 56-87, at 66; *A. M. Honoré,* Third party enrichment, Acta juridica 1960, 236-253, at 243-244.

which a free man (not a slave or a *filius familias)* has concluded with me. He gives the following example:

> Amicus tuus emit a me frumentum, ad alendam familiam tuam. Ille mihi non solvit; quaeritur an tu tenearis ad solvendum.

He criticizes Simon Groenewegen[170] and continues:

> Jure civili *casu nostro* non datur actio, nisi in patrem vel dominum e contractu servi aut filii familias ut hoc titulo videmus: inter alios nulla est causa obligationis vel actionis cum nihil inter se egerint. Produci tamen hanc actionem ad conjuges, imo ad omnes hominum liberorum contractus, per quos alii sunt locupletiores, hodiernis moribus, observat ex Schultsio et Hahnio Bekman. observ. pract. ad h. t.

This constitutes a reference to the German *Usus modernus Pandectarum*[171] as described by Johann Volkmar Beckmann (1624 - 1689)[172]. This author refers in turn to Georgius Schultzius and Hieronymus Treutler[173] for an extension of the action to *conjuges* and to Heinrich Hahn (1605 - 1668) for an extension to any free man[174]. The latter extension is carried back[175] to Johann Oldendorp (c. 1488 -

---

170 Simon a Groenewegen van der Made, Tractatus de legibus abrogatis et inusitatis in Hollandia vicinisque regionibus, ad D. 15,3 (ed. with an English translation by B. Beinart, Johannesburg 1975, II, p. 113 - 114; the first ed. is from 1649). He is accused by Huber of confounding the *actio negotiorum gestorum* and the *actio de in rem verso*. There is another passage of Groenewegen on the action of the *aedificans in alieno solo* (ad Inst. 2,1,30, ed. I, p. 38), where he mentions D. 50,17,206 and refers to Bugnyon, De legibus abrogatis, l. 1, sect. 202, l. 2, sect. 123 and l. 4 lem. 2 (cf. below n. 184).

171 For the *Usus modernus Pandectarum* on unjust enrichment in general see *B. Kupisch,* Die Versionsklage, Ihre Entwicklung von der gemeinrechtlichen Theorie des 17. Jahrhunderts bis zum österreichischen Allgemeinen Bürgerlichen Gesetzbuch (Heidelberger Rechtswissenschaftliche Abhandlungen, N. F. 17; 1965) 17 sqq. and idem, Ungerechtfertigte Bereicherung, Geschichtliche Entwicklungen (Heidelberger Forum 51; 1987) 30 sqq.; cf. also *R. Schmitt* (above n. 59) 26 sqq. Of no importance for the *Usus modernus* is *R. Schartl,* Ungerechtfertigte Bereicherung nach deutschen Rechtsquellen des Mittelalters, Tijdschrift voor Rechtsgeschiedenis 60 (1992) 109 - 126.

172 J. V. Bechmann, Commentarius Pandectarum theoretico-practicus, on D. 15,3,1,1 (ed. Francofurti 1668, voluminis primi pars secunda, p. 65): "... hodie si uxor sciente marito bona administrat, mutuum accipit, idque vertit in rem mariti, tunc hic tenetur illud solvere, sicut tradit Schulz. d. l. ex Hieronymo Treutl. Et Dn. Hahn h. n. 4 generalius notat ex Oldendorpio quod actiones de in rem verso et quod iussu hodie utiliter dentur, si homo sui juris gerat negotium in utilitatem vel jussu alterius ...".

* 173 See the quotation above n. 172. "Schulz." refers to a Synopsis Institutionum by Georgius Schultzius, a rather obscure author from Wittenberg (first half 17th century); I found the relevant passage in the fifth edition of this work (Wittebergae 1665) on p. 563 - 565. He refers in his turn to Hieronymus Treutler's Disputationes, vol. 2, disp. 7, th. 7, lit. i, vers. aliud est si sciente marito (ed. Francofurti ad Moenum 1649, II, p. 53 - 54). Treutler (1565 - 1607) published his work for the first time in 1592 - 1593.

174 Henricus Hahnius, Observata theoretico-practica ad Matthaei Wesenbecii in L libros Digestorum commentarios, on D. 15,3 (ed. Helmaestadii 1668, I, p. 452). He refers not only to the passage in Treutler (above n. 173) but also to Johannes Oldendorp, see below n. 175. (In my De betekenis n. 74 on 157 I have wrongly denied this.)

175 See the quotation above n. 172 and cf. above n. 174. Oldendorp is mentioned as the oldest source by *Kupisch,* Die Versionsklage (above n. 171) 17 n. 1 and 20 n. 16.

1567), who, however, appears not to propose an extension to all free men but only to those who are serving other people (who are *in famulitio)*[176]. How ever this may be, Huber did not want to discuss whether this doctrine, which had become current in Germany, was right: according to his opinion, in the case he had mentioned as an example an action should be granted based not on *hodierni mores* but on *ipsum ius civile*[177]. This is what he argues in a passage following immediately the one quoted above:

> Dicamus ita potius, ex ipso jure civili. Si revera actu alius ex meo per contractum tertii sit locupletior et tertius qui mecum contraxit non sit solvendo, ex aequitate contra alium dandam in subsidium actionem, quia quod de meo ad te pervenit, hoc a te mihi reddi bonum et aequum est, l. 32 de reb. cred. [D. 12,1,32] ac ita Grotius, Introduct. lib. 3, c. 30, n. 49 [Inl. 3,30,18].

This passage has been misunderstood by a recent author on the subject, Rolf Schmitt[178]. He interprets the action proposed by Huber only as an extension of the Roman *actio de in rem verso*. However, the reference to Grotius — which is repeated in a more explicit way in the continuation of the passage[179] — makes it clear that Huber is thinking of a pure enrichment action[180] based on D. 12,1,32, an action which, unlike the *actio de in rem verso [utilis]* of the German authors he cites, will not lie against a defendant who, by reason of some subsequent accident, is not in fact enriched. Huber prefers, be it only *in subsidium* in the case of insolvency, a general enrichment action as proposed by Grotius to the *actio de in rem verso [utilis]* favoured by the German authorities cited.

---

176 Johannes Oldendorpius, Actionum forensium progymnasmata, classis quartae actio septima (ed. Francofurti 1661, p. 500-517). On p. 503 he says the actions *de in rem verso* and *quod iussu:* "sunt utiles si homo sui juris gerat negotium in utilitatem vel iussu alterius, quamquam non sit in eius potestate"; on p. 504, however, he speciefies about the *actio in rem verso:* "Item exercetur hodie ista actio ab omnibus qui cum liberis hominibus contraxerunt cum in famulitio alicuius essent et in rem domini sui vertissent res contrahentium. Eadem enim ratio transferenda est a servis, quibus non utimur, ad famulos qui vicem servorum referunt."

177 In my opinion Huber does not say, as *De Vos* (above n. 58) 88 suggests, that this action based on the *ius civile* is to be called an *actio de in rem verso utilis:* in the continuation of his discourse (see below n. 179) he clearly contrasts the action founded on the *ius civile* with the *actio de in rem verso* of the Digest title 15,3, see *John* (above n. 7) 98; neither *Bregstein* (above n. 169) thesis 127-128 and report 166, nor *Honoré* (above n. 169) 244 are perfectly clear on this point. There is, however, some reason for confusion because elsewhere Huber translates *uyt baettreckinge* simply as *de in rem verso,* see below, at n. 183; cf. also n. 191.

178 *Schmitt* (above n. 171) 42; cf. *Kupisch* in his review of this book, Zeitschrift der Savigny-Stiftung für Rechtsgeschichte, Rom. Abt. 86 (1969) 568 n. 4.

179 "Sed quia haec actio non oritur ex aliquo facto ejus, in cujus rem versum est, verum ex eventu utilitatis perceptae, *uit baettreckinge,* ut Grotius, ideo, si frumentum in superiore casu corruptum sit vel arserit, non videtur haec actio dari, secus ac *de in rem verso,* quod est hujus tituli, traditur in l. 3 § 7 et § ult. h. t. [D. 15,3,3,7 and 10] . . ."). This continuation is not cited by Schmitt and Kupisch (above n. 178).

180 Which, in his Eunomia (cf. below n. 181), he also calls *actio de in rem verso,* cf. below, at n. 183. This terminology would seem somewhat confusing.

Huber returned to the subject in his *Eunomia Romana*[181]. He there holds the same opinion[182], though his arguments are fuller and slightly different. In a first paragraph he puts the question why the Roman law has only given an *actio de in rem verso* for contracts made by persons *in aliena potestate:* are not all people *ex eo quod de alieno in rem ipsorum versum fuerit* bound *ex obligatione quae ex re, id est ex ipsa naturali aequitate nascitur?* He refers to Grotius' obligation *uyt baettreckinge*[183], a term which he translates as *de in rem verso;* he also refers to D. 12,1,32 and D. 2,15,8,22. As a further argument he repeats the observation in his *Praelectiones* that according to Beckmann, who refers to Schultzius and Hahn, *moribus nostris* the *actio de in rem verso* is extended *ad omnes hominum liberorum contractus per quos alii sunt locupletiores.* It would seem, he says, that the Roman law had completely deviated from the path of Justice; therefore its *Censores*[184] do not hesitate to place this Roman doctrine *inter leges abrogatas.*

In a second paragraph, however, Huber rejects this *censura* of the Roman law. For Grotius' action *uit baet-trecking* it is required that a person has been enriched *sine praevia juris in ipsum translatione*[185]. In the case of the Roman *actio de in rem verso* there is a *duplex negotium:* one between the creditor and the son, another between the son and his father; the latter is enriched by a *nova juris in patrem translatio*[186]. Exceptionally the Roman law gives an action against the father — and the master of a slave — in the case of such a *juris translatio.* This is *ius singulare:* it should not be extended to cases in which other persons have acted as intermediaries. In these cases even according to natural law there does not exist an obligation of the third person towards the first[187].

---

181 Ulricus Huber, Eunomia Romana on D. 15,3,1. Originally the passage occurred in a disputation, written by Huber but to be defended by a student at Franeker University: Continuat. Eunom. ad lib. XIV et XV Pand. vigesima tertia (no title page available; I used a microfilm from a copy in the Municipal Library of Leeuwarden which was kindly made available to me by Dr. T. J. Veen (Amsterdam); the passage is to be found there on p. 29-30. The text was republished posthumously, with a number of changes (mostly unimportant, but cf. below n. 186 and n. 190), as part of a volume containing all 36 disputations: Eunomia Romana sive censura juris Justinianei, Franequerae 1700 (reprint Amstelodami 1724); the passage dealt with in the text occurs there at p. 571-572. For comments see *John* (above n. 7) 98 sqq., *Honoré* (above n. 169) 244 and *De Vos* (above n. 58) 88-90; the passage is not dealt with by Burzio, Bregstein, Schmitt and Kupisch.

182 This is wrongly denied by *Honoré* (above n. 169) 244; cf. below n. 191.

183 He cites Inleidinge 3,30,1 and 3,30,18.

184 Citing Groenewegen on Inleidinge 3,30,1 (cf. above n. 165) he refers to Bugnyon, De legibus abrogatis et inusitatis in regno Franciae l. 2 sect. 124. Probably Huber has copied this reference from Groenewegen without checking it: at l. 2 sect. 124 Bugnyon has nothing on the subject; Groenewegen may have meant l. 1 sect. 201 and / or l. 4 sect. 22, see Ph. Bugnyon, Legum abrogatarum et inusitatarum . . . tractatus, ed. Bruxelles 1677, I, p. 189-190, and II, p. 31-32; cf. above notes 164 and 170.

185 Inleidinge 3,30,1 and 2, cf. above notes 51 and 52.

186 Further down Huber observes: "Ejusmodi duplex negotium aut nova in juris in alium translatio non fuit in casibus e Grotio supra expositis". This sentence only occurs in the 1700 edition, it is lacking in the original text of the disputation, cf. above n. 182.

Huber then refers to the following passage in his *De jure civitatis*[188]:

> Quando quis ex alieno facto est locupletior, cum id alteri abest, haec etiam est justa obligationis causa, modo non ex datione vel facto alieno ad illum justo titulo pervenerit, quo casu ille cui res abest, adversus eum qui in alium id contulit, actionem habet, non in tertium. Nisi quod pater et dominus e contractu servi vel filii familias locupletiores facti, ob arctitudinem potestatis et conjunctionem personarum, probabili ratione, de in rem verso tenentur jure romano. Sed qui immediate locupletior est factus, re obligari dicitur: quomodo et reliquae species obligationum, quae non habent speciale nomen, sed quas ipsa res et aequitas dictat esse dandas, aperte designantur. Adde Grotium d. cap. 10 n. 2[189].

In *Eunomia Romana* he concludes by stating that he does not want to deviate from what he has stated in his *Praelectiones:*

> Nec tamen ab hac aequitate recedimus quam in Praelect. ad h. tit. n. 2 collocavimus, te in superiori specie facti[190], si Titius solvendo non sit, utilem et subsidiariam videri actionem habere, qua petas a me quod Titius a me petere potuisset arg. l. 2 [D. 14,3,2].

---

187 It is striking that Huber does not refer to C. 4,26,7,3, a text which has played a prominent part in the development not only of the *actio de in rem verso* but also of the doctrine of unjust enrichment in general, see above n. 115.

188 Ulricus Huber, De jure civitatis libri tres, lib. 2, sect. 6, cap. 5, num. 7. The passage is reproduced from the "editio tertia", Franequerae 1698, p. 457; except for the title page this edition is identical with the "editio tertia" published at Franeker in 1694, the last edition prepared by the author himself, see *T. J. Veen,* Recht en nut, Studien over en naar aanleiding van Ulrik Huber (thesis Groningen 1976) 344-345. The passage does not occur in the edition Francofurti et Lipsiae 1752, in which Huber's text is completely remodelled by N. C. de Lyncker (1643-1726) and which cannot be used for the study of Huber's thought, see *Veen* 347-348 and 96-99.

189 This is a reference to De iure belli ac pacis, 2,10,2 cf. above, at n. 83 sqq. In §§ 9-23 of De iure civitatis, lib. 2, sect. 6, cap. 6 Huber deals with the *obligatio ex dominio,* also with reference to Grotius Djbap 2,10 but without following him in all respects. The examples given in Heedensdaegse Rechtsgeleertheyt 3,35,16 (cf. below n. 191) do not occur here.

190 Shortly before he had given the following example: "Tu dedisti pecuniam mutuam Sempronio [read "Titio"], *est unum negotium* [these three words are lacking in the original edition, which, however, also has the error "Sempronio" instead of "Titio"]: quam hic mihi donavit vel rursus mutuo dedit aut in rem meam impendit, *est alterum* [these two words not in the original edition]. Hic jus in me per actum peculiarem est translatum. Tu si agas contra me, dicam me nihil egisse tecum. Si replicas ex tuo me esse locupletiorem, duplicabo ex hac causa me Titio teneri, non tibi, cum nihil inter nos sit actum et gestum". This example is somewhat broader than the one in the Praelectiones, where moreover the social argument of the alimentation of the family plays a part. Cf. *John* (above n. 7) 99 sqq., who is criticized by *De Vos* (above n. 58), 89-91. See also *Honoré* (above n. 169) 244, who sees an inconsistency between the Eunomia and the Praelectiones; he prefers the Praelectiones, stating that the Eunomia was published after Huber's death and might not accurately reflect Huber's considered views. This argument is rather weak, cf. what I have mentioned above n. 181; moreover I do not see the inconsistency.

The example given goes back to the medieval authorities, cf. above n. 112; in these authorities one can also find examples for the subsidiarity of the action.

Thus, on the one hand Huber acknowledges the general character of Grotius' obligation *uit baet-trecking,* on the other he emphasizes its limitation in the case of a *duplex negotium*: in that case there is only an action when the intermediary is insolvent [191].

V. Grotius' influence in the 18th century, in particular on the decisions of the Hooge Raad reported by Bijnkershoek and Pauw

For the 18th century the most interesting source is constituted by the private notes of two judges of the *Hooge Raad,* the Supreme Court of the provinces of Holland and Zealand [192], the famous Cornelius van Bijnkershoek and his son-in-law Wilhelmus Pauw [193]. In these notes, called *Observationes tumultuariae,* we find important source material for the acceptance of a general enrichment action in the province of Holland, probably mainly under the influence of Grotius' *Inleidinge* [194].

---

191 An allusion to this line of argument can be found (in rather succinct form) in Huber's Heedensdaegse Rechtsgeleertheyt, soo elders als in Frieslandt gebruikelijk, book 3, section 24, nr. 7, where he says that against a third party who has been enriched "sometimes a beneficial or fictitious action is allowed on the ground of special circumstances of equity" (translation of Percival Gane in Ulrich Huber, The Jurisprudence of my time, vol I (Durban 1939), p. 569-570; the Dutch text in the *editio princeps,* Leuwarden [sic] 1686, p. 587, has "ten ware somtijts om bysondere omstandigheden van billijkheyt nutlijke of oneygentlijke aenspraek wierde gegunt"). It would seem as if Huber is considering here an *actio [de in rem verso] utilis* in the line of the German authors whose opinion he rejects in his Praelectiones, cf. above n. 177.

There is another passage in his Hedensdaegse Rechtsgeleertheyt — book 3, section 35, nr. 16 — which is usually cited in the context of unjust enrichment; see e. g. *Bregstein* (above n. 169) thesis 128, report 66, *De Vos* (above n. 58), 75 and 82, my article De betekenis 148 (citing wrongly 3, 35, 15). It occurs in the section on undue payments and states (English translation, p. 570, ed. princeps 1686, p. 637): "Finally, equity demands also that I may claim that of mine which has come into another's hands with or without my assistance, although no longer corporeally available (for then I should be able to attach it), as if a person, intending to give you money or a horse, had delivered you my moneys or my horse; unless he had owed you so much money or a horse; then you would not be bound, but the giver only". Rejecting my interpretation in De betekenis 148 (where I also wrongly supposed a link with the *restitutio* doctrine of the natural law authors), I would consider this passage only as an equivalent — but less clear than those in the Praelectiones and the Eunomia — of the passage in Grotius' Inleidinge 3,30,18 (cf. above, at n. 56).

192 Full name: *Hooge Raad van Holland, Zeeland en West-Vriesland.*

193 Cornelius van Bijnkershoek, Observationes tumultuariae, t. 1-4 (1926-1962); Wilhelmus Pauw, Observationes tumultuariae novae, t. 1-3 (1964-1972). Cf. *M. S. van Oosten,* Systematisch compendium der Observationes tumultuariae van Cornelis van Bijnkershoek (1962), and *P. van Warmelo,* Registers op die Observationes tumultuariae van Cornelis van Bijnkershoek en van Willem Pauw (s. a.; 1982?) A number of *observationes* of Pauw have been translated in English: Some cases heard in the Hooge Raad reported by Willem Pauw, translated by R. Feenstra / P. van Warmelo / D. T. Zeffertt [South African Law Commission, Research Series, 6] (1985).

In the *Observationes* of Bijnkershoek the most frequently cited case is that of *obs.* 303, decided in 1707[195]. A carpenter had done some work in a house at the instance of a purchaser who was in possession but to whom the ownership of the house had not yet been legally transferred[196]. The purchaser, who had not paid the purchase price, became insolvent and the house passed again into the possession of the seller. The carpenter claimed his expenses from the seller, who refused to pay on the ground that there was no contract between them. The *Hooge Raad* decided in favour of the carpenter. According to Bijnkershoek[197] the reason was that, as the expenses were necessary and useful, it was not thought proper that the seller should be enriched by them at the expense of the carpenter, especially as the latter had offered[198] to buy the house for the price agreed with the insolvent purchaser.

Earlier in the same year there had been an other decision which could be seen as an example of recognizing a liability arising solely from enrichment. In *obs.* 277[199] the case is discussed of a widower continuing to occupy for three months the house he had inhabited with his wife who was only fiduciary owner. The *Hooge Raad* decided — Bijnkershoek dissenting — in favour of the fideicommissaries who claimed rent for this period, on the ground that the husband had had use of a *res aliena*.

---

194 *Honoré* (above n. 169) 244 does not mention Grotius; he suggests that there was influence of the views expressed in Huber's lectures. This is possible but I would doubt that in Holland his influence was more important than that of Grotius.

195 Ed. I, 154. For an amended text (see below n. 198) and a Dutch translation see Geschiedenis van het vermogensrecht, Tekstenboek, ed. by R. Feenstra en J. Th. de Smidt (2nd ed.; 1978) 140 (no. 209); the partial translation in *Hallebeek / Schrage* (above n. 7) 70-71 is not satisfactory. For an analysis of this text see above all *J. E. Scholtens,* Enrichment at whose expense?, South African Law Journal, 85 (1968) 371-379, at 376-379, who also cites the unpublished minutes of the deliberations of the members of the *Hooge Raad.* Cf. also *De Vos* (above n. 58) 93-94 and *Honoré* (above n. 169) 244. The latter discusses (245) as a second case of third party enrichment reported by Bijnkershoek *obs.* no. 1343 (wrongly cited as no. 134), relating to a decision of 4 May 1717 (Ed. II, 207-208); his analysis, however, is not very convincing and contains some flaws (instead of *actio institoria* read *actio exercitoria;* the text does not say that "the *a. de in rem verso* is restricted to the case where the contract between A and B is void"; note 63 gives a wrong interpretation of the opinion of *"alii senatores").*

196 Transfer of ownership of immovables had to be effectuated in a magistrate's court *("coram lege").*

197 From the minutes of the deliberations it can only be inferred "that the members of the *Hooge Raad* unanimously deemed it to be too hard that the respondent, who had so greatly improved the property, would have nothing thereof" *(Scholtens* (above n. 195) 378).

198 On this offer see *Scholtens* (above n. 195) 378. In the original edition of the *observatio* the passage concerning the offer is corrupt: instead of "Neque tamen" the manuscript has "De quo tamen".

199 Ed. I, 139 (in the first line read "quae qua fiduciaria" instead of "quae fiduciaria"; the ms. has only "qua fiduciaria"). For an analysis see *Scholtens,* The general enrichment action (above n. 64) 396; cf. *De Vos* (above n. 58) 112.

In neither of the two *observationes* is reference made to the type of action on which the decision might have been based. This is different in *obs.* 586, relating to a case decided in 1710[200]. Goods had been sold abroad by the mandataries of a ship's captain to whom the plaintiff had entrusted them for sale, and the defendant had received the proceeds of the sale, knowing that he was not entitled to them, and refused to pay them over to the plaintiff. Some judges were of the opinion that the receiver of the money was not liable to the original owner *neque ex contractu vel quasi neque ex maleficio vel quasi;* they added: *et tamen alios fontes non esse obligationum et actionum.* This opinion was rejected by a majority which was in favour of granting an action. The judges belonging to this majority were, however, divided over the type of action. Rejecting various other solutions Bijnkershoek backed the *quidam*[201] who *ex sola aequitate [pecuniam] reddendam respondebant adducta, satis commode, l. 32 ff. de r. c.* [D. 12,1,32]; he added himself D. 12,5,6 as a ground for a *condictio [ob iniustam causam].*

These texts are perhaps alluded to rather cryptically in another *observatio* (no. 1805, relating to a decision of 1721)[202] which is also concerned with the liability of a person who knowingly receives money which belongs to another with whom he is not in any contractual relation. Bijnkershoek says: *cedo auctoritatem juris quae ait, inde [*i. e. from *the scientia* of a receiver*] nasci actiones inter eos qui invicem non contraxerunt.* There is, however, not a direct link between this statement and the decision.

In *obs.* 2751 (dating from 1733)[203] Bijnkershoek proposed — and the *Hooge Raad* awarded — compensatory interest in an action against the West India Company on the ground that it would be *iniquum* if the company received a gratuitous benefit from the interest on the proceeds of property which it had confiscated but had to restore. He mentions no type of action, but it has rightly been argued that this could only be an action solely based on enrichment.

---

200 Ed. I, 330 (instead of "damnatus" read "damnatur"). This *observatio* is not discussed by *Scholtens* (above n. 199), probably because he considered it as mainly relating to a *condictio ob iniustam causam* and other actions, not to a general enrichment action. This is, in any case, the position of *De Vos* 68, 99 and 111; cf. as well the rejection of the text by *Bregstein*, Ongegronde vermogensvermeerdering (above n. 169) 130. *John* (above n. 7) 17-18, however, rightly stresses the importance of the opinion of some of the judges who referred to D. 12,1,32, see the following note.

201 These judges might be seen as favouring a general enrichment action of the same type as later mentioned by Pauw (see below, at n. 218). Bijnkershoek apparently did not disapprove of this solution although he seems to prefer a *condictio ob iniustam causam*.

202 Ed. II, 544-546 (it is a continuation of *obs.* 1792 on 533-534); not discussed by Scholtens.

203 Ed. III, 535-537; there is a continuation in *obs.* 2754, p. 539-540. My description of *obs.* 2751 has been taken over from *Scholtens* (above n. 64) 396; in his continuation he would seem to refer wrongly to *obs.* 2753 instead of *obs.* 2754. Cf. for a longer discussion of the texts *De Vos* 112-114.

In the *Observationes tumultuariae novae* of Pauw the most interesting text is no doubt *obs.* 12, relating to a decision of the *Hooge Raad* of 13th March 1743[204]. It has been very thoroughly discussed by J. E. Scholtens[205], who has also examined the unpublished minutes of the meeting of the Court leading to this decision. We may give the facts of the case in his words[206]:

> Isaac Fidanqué, a son of the appellant, had absconded from Amsterdam, taking with him his property, but the next day at The Hague his person and his property had been attached at the instance of some of his creditors. In order to obtain the release of her son the appellant [Sara de Medina, widow of Jacob Fidanqué] had paid these creditors their claims and the costs of the attachment. Her son, who meanwhile had been declared bankrupt, was duly released. His property was transported to Amsterdam and sold an behalf of the insolvent estate. The appellant had filed a claim for the amount paid by her on behalf of her son to the attaching creditors, which claim was contested by one of the creditors, but which the court at Amsterdam admitted. The case came before the Hooge Raad on appeal from a decision of the Hof van Holland, which on appeal had rejected Sara de Medina's claim.

The *Hooge Raad* allowed the concurrent claim of the mother[207] against her son's insolvent estate for the amounts paid by her in order to obtain his release. According to Pauw the advocates had kept harping on the question whether the appellant could avail herself of the *actio negotiorum gestorum*. A considerable part of the judges held this action to be available to her. Although she had primarily intended to attend to the affairs of her son, *i. e.* to free him from arrest, in the result she had also administered the affairs of the estate through the elimination of creditors from the bankruptcy proceedings. Pauw apparently was not opposed to an *actio negotiorum gestorum*[208] but preferred another solution:

---

204 Ed. I, 4; for an amended text and a Dutch translation see Geschiedenis van het vermogensrecht (above n. 195) 141-143 (no. 210). An English translation occurs in Some cases heard in the Hooge Raad (above n. 193) 1-2, where some emendations of the Latin text are mentioned (unfortunately there is a typing error in note 2, read "obnoxia" instead of "abnoxia").

205 The General Enrichment Action (above n. 64) 397-401. The text is also discussed by *De Vos* 114-115 (his remark in 115 n. 2 that Pauw's report was not fully correct is not convincing). Cf. as well *Hallebeek / Schrage* (above n. 7) 72, whose quotation of the text in note 15 contains some typing errors.

206 Also in rendering the rest of the contents of the *observatio* I have largely drawn on Scholtens' paraphrase of the text.

207 Another issue discussed by the *Hooge Raad* was whether the mother had paid the attaching creditors with moneys actually belonging to her son. This issue is not important for our present subject.

208 This appears from the minutes of the deliberations, as given by *Scholtens* (above n. 64) 399: "Heer Pauw . . . De actie van d'Impetrante word hier geboren ex aequitate. 't doet er niet toe wat naam men se geeft. Soude evenwel ook geen swarigheid maken om se te noemen negotiorum gestorum . . .".

Sed licet ea actione [i. e. negotiorum gestorum] destitueretur Sempronia [= Sara de Medina], praesto ipsi erat alia, quae ex sola aequitate nascitur quaeque accommodatur si alia deficiat, ne quis cum alterius detrimento lucrum faciat, quod certe hic accidisset si repelleretur Sempronia, cum aere suo alios creditores dimiserit, qui ceteroquin in partem venissent.

As Scholtens says[209], the existence of a general enrichment action available in cases not covered by one of the existing actions could not be more clearly stated. He adds that the possible objection that this might be a personal opinion of Pauw is refuted by the minutes of the deliberations. The so-called *rapporteur* (one of the judges who had to give an exposition of the case and his opinion as to the decision to be taken) rejected an *actio negotiorum gestorum* and held that in this case there was an obligation arising out of what Grotius, in *Inleidinge* 3,30, called *baet-trecking*. Two judges concurred unreservedly. A fourth judge also admitted an action *uit baet-trecking*, adding that he considered the action given in D. 3,5,5,5 — which had been alleged as applicable by one of his colleagues — was not an *actio negotiorum gestorum* but an action *quae nascitur ex aequitate*. A fifth judge only stated that in the present case there should be an action *ex aequitate* "that pervades the whole law". Four other judges, though willing to allow the *actio negotiorum gestorum* to prevent an enrichment in this case, yet stressed the existence of an enrichment action arising merely out of *baet-trecking* or equity; three of them referred to the utter irrelevance of the name to be attached to this enrichment action, the action being anyhow available.

There are several other *observationes* of Pauw which are important for our subject[210].

---

209 *Scholtens* (above n. 64) 400.

210 In addition to the *observationes* considered in the text, we may also mention *obs.* 499 (relating to a decision of 1754, ed. I, 369-371) in which one judge is said to have been willing to grant an *actio in factum "ex aequitate scilicet, ne ceteri ex detrimento ejus* [i. e. of the plaintiff] *locupletarentur"* to an unpaid vendor against a second buyer of his goods to whom he had lost his ownership; his opinion was not followed by his colleagues but that was mainly because they judged differently the circumstances under which the vendor had lost his ownerhsip. For details see the text of the *observatio* of which an English translation occurs in Some cases heard in the Hooge Raad (above n. 193) 43-46. In the index of this publication three other references in voce "Unjust enrichment" are given but they are all more or less deficient: instead of "13" read "12" (which has been dealt with above); nr. 148 does not mention unjust enrichment as such but only the *condictio indebiti*; nr. 196 is in itself right (see below), but does not occur in "Some cases". In another index, *P. van Warmelo's* Registers (above n. 193), there are further references to nrs. 967 and 979, but neither of these *observationes* would seem to deal with an action on the ground of unjust enrichment. In the general index in vol. III (1972) of the edition of Pauw's Observationes references to other appropriate numbers than nr. 12 have been wrongly omitted. *Van Zyl* in his 1992 article (above n. 1) 128 n. 78 mentions these other numbers (145, 196, 558 and 1065) but is mistaken in adding "2982-7"; these numbers refer to Kemper's draft for a Dutch code (1820). *De Vos* (above n. 58) and *Hallebeek / Schrage* (above n. 7) omit nr. 1065.

Obs. 145 (relating to a decision of 1745)[211] deals with the case of two partners in a wine firm. One of them had bought, without the other's consent, a certain quantity of wine; it was delivered but not paid. The seller claimed the price not only from the buyer, *qui nihil in bonis habebat,* but also from his (former) partner. The latter argued that he was not liable as the partnership contract stipulated that wine should only be bought with the consent of both parties. The *Hooge Raad* conceded that he could not be held on the ground of the contract of sale but, as after the dissolution of the partnership he had attached the funds acquired by the sales of wine and among them there certainly was a part proceeding from the sale in question, the court considered the possibility of a liability of the partner *de in rem verso:* the seller was admitted to prove that — and to what amount — proceeds from that sale could be found in the attached funds. This would seem the acceptance by the *Hooge Raad* of an action for enrichment beyond the traditional cases.

Obs. 196 (decision of 1746)[212] reports a case in which a married woman had borrowed money without her husband's consent from another married woman. After the deaths of the husband of the borrower, of the borrower herself and of the lender, the lender's husband, and after his death, his heirs, demanded the money from the borrower's daughter, who argued that the contract was void because it had been made without her father's consent. This defence was rejected by a large majority of the judges, but for different reasons. Two judges were of the opinion that the contract was valid as the money had been borrowed in *usum domesticum;* in the deed it had been specified that this was the purpose of the loan. Others denied that it could suffice to declare such a purpose in the deed; this would mean that married women could always make their husbands liable. Pauw continues:

> Sed quamquam hic deerat actio ex mutuo directa, non tamen quodvis juris remedium deficiebat, supererat enim actio de in rem verso seu condictio ex aequo et bono; Sempronia [i. e. the borrowing woman] quippe ex hoc negotio facta erat locupletior et in rem suam verterat illam pecuniam uti chirographo suo fatebatur . . .

The terminology is interesting: apparently Pauw considered *actio de in rem verso* and *condictio ex aequo et bono* as perfect equivalents.

---

[211] Ed. I, 100 (several corrections of the edition are needed; the main one is on the last line of the first column where should be read "'t contract van societeit de Societeit"). For discussion see *De Vos* (above n. 58) 115-116 and *D. P. Visser,* Responsability to return lost enrichment, Acta juridica 1992, 175-202, at 184; the text is not mentioned by Scholtens. Cf. also *Hallebeek / Schrage* (above n. 7) 72-73, whose quotation of the text in note 16 contains some flaws.

[212] Ed. I, 147-148 (containing some minor printing errors). Cf. *Scholtens* (above n. 64) 396-397, *De Vos* (above n. 58) 116-117 and *Hallebeek / Schrage* (above n. 7) 73 (some printings errors in note 17).

Obs. 558 (decision of 1755)[213] deals with a case in which enrichment was treated as a ground of set off. The defendant claimed to set off against a debt due to the plaintiff a sum which the defendant had paid to a third party who had used it to discharge a debt to the Treasury of the Province of Zealand for which the plaintiff was also liable. Most judges were in favour of the set-off: it did not matter whether the payment to the Treasury[214] had been made on the instruction of the plaintiff or against his wishes, as *vel ex eo solo teneretur . . . quod inde utilitatem senserit*[215]. It would seem that the considered it as a case of liability out of *baattrekking*[216].

In *obs.* 1065 (decision of 1768)[217], finally, we find again[218] reference made to D. 12,1,32. The Indian Council *(Raad van Indië)* in Batavia had been accused by the Board of Directors of the East Indian Company (in Holland) of not executing its buying instructions; this would have caused to the Company damages amounting to 385 000 guilders. The Governor General falsely put all the blame on his deputy, called the Director General; together with the other members of the Council the Governor decided to debit the Director's salary account with 216 656 guilders. As the latter wanted to leave East India it was decided that, as nobody could leave the country with an overdrawn salary account, he had to pay 178 376 guilders to the Company in Batavia, being the difference between what he owed for damages and his outstanding salary. So he did, but after his return in Holland he claimed back from the Board of Directors of the Company his blocked salary and the sum he had been obliged to pay before leaving Batavia. When the case came before the *Hooge Raad* decision was given in his favour. Pauw observes:

> Cumque ita pecunia ista ex nulla, quin et ex iniusta causa pervenisset ad curatores Societatis Eoae, nil quidquam obstabat, quominus condictione ex 1. 32 D. de reb. cred. [D. 12,1,32] ea posset repeti.

It would seem that for Pauw there was not much difference between this *condictio* on the ground of D. 12,1,32 and the *condictio ex aequo et bono* he had mentioned in *obs.* 196; nor did these *condictiones* differ very much from the *actio ex sola aequitate* in *obs.* 12, which we have seen to be the equivalent of an action on the ground of *baattrekking* in Grotius' terminology.

Whereas in the case reported by Bijnkershoek in 1710 only some of the judges in the *Hooge Raad* were in favour of an obligation arising from D. 12,1,32, in

213 Ed. I, 421 (for an amendment see following note). Cf. *Scholtens* (above n. 64) 396, *De Vos* (above n. 58) 117 and *Hallebeek* / *Schrage* (above n. 7) 73 (whose analysis has some flaws while the quotation in note 18 is mutilated).

214 At the end of the text, instead of 'an invito Sempronio ea solutio Maevio sit facta' one should read 'an . . . solutio *a* Maevio sit facta' (the ms. is to be amended in this sense).

215 The *utilitas* being that his debt had been reduced.

216 See *Scholtens* 396.

217 Ed. II, 390-392, not discussed by any of the authors cited above.

218 As in Bijnkershoek's *obs.* 586, see above, at note 200, and below, at note 219.

the 1768 decision reported by Pauw the judges were apparently agreed[219] that a *condictio* might be granted upon this text, which had also been an important Romanistic authority for Grotius' natural law obligation arising from *baattrekking*.

Apart from these decisions of the *Hooge Raad* there are not many authorities from the 18th century to be cited in favour of an acceptance of a general action on the ground of *baattrekking*. Among the later commentators of Grotius' *Inleidinge*[220] the only important author[221] for the present purpose is Dionysius Godefridus van der Keessel (1738-1816) whose lectures on the *Inleidinge* have been published only in 1961-1967. On Inl. 3,30,18 he states[222]:

> . . . Grotius, hic tam generaliter locutus ut omnes eos casus[223] sermone complectatur, videtur docere voluisse semper condictionem adquiri illi cuius nummi fuerunt, cum hic obligatio non nascatur ex contractu sed ex re, ne accipiens cum alterius damno fiat locupletior.

After criticizing Voet[224] he says that the action to be given on the ground of Inl. 3,30,18 is a *condictio veluti ex mutuo ex mera aequitate recepta*[225]. Although this formula does not indicate a general enrichment action that could be granted in any case of unjust enrichment, it is clear that Van der Keessel was prepared to give this *condictio ex mera aequitate* in other cases than the traditional Roman examples[226].

---

219 Nor had there been much doubt in the case reported in Pauw's *obs.* 12, discussed above at n. 204 sqq.

220 For the 17th century commentators Groenewegen van der Made and Voet see above n. 164. Apart from commentators on the Inleidinge reference has been made to an opinion of the Gueldrian jurist Johan Schrassert of 1729, see his Consultatien, Advysen en Advertissementen, II, cons. 53 (ed. Harderwyck 1740, p. 348-351), see *John* (above n. 7) 103 and *De Vos* (above n. 58) 92-93; the text is, however, not very clear.

221 Not important for our subject is Gerlach Scheltinga (1708-1765) whose *dictata* on the Inleidinge have recently been published: Scheltinga se "Dictata" oor Hugo de Groot se "Inleiding tot die Hollandsche Rechtsgeleerdheid", ed. by W. de Vos and G. G. Visagie (Johannesburg 1986; cf. on this edition my article Dictata van Johannes Voet en Gerlach Scheltinga op de Inleidinge van Hugo de Groot, Tijdschrift voor Rechtsgeschiedenis 56 (1988) 93-133, at 112 sqq.). According to the edition there seems to be no comment on 3,30,18: what is mentioned on 457 n. 5 should probably be linked to Inleidinge 3,30,16. But *De Vos* (above n. 58) 73 and n. 22 refers to a passage in a Cape Town manuscript which is not reproduced in the edition, see above n. 59.

222 For the edition see above n. 59.

223 Van der Keessel had just mentioned D. 12,1,11,2, D. 12,1,13 pr. and 1, and D. 12,1,32.

224 The passage quoted above n. 59 follows immediately the text just cited.

225 I would translate: "a condictio as it were on the ground of loan accepted on the ground of pure equity in D. 12,1,32"; the translation in Afrikaans wrongly has "'n condictio as 't ware op grond van blote billikheid uit verbruikleen oorgeneem (D. 12,1,32)". It is not certain whether "d. l. 32 [D. 12,1,32]" (cf. above n. 59) should be interpreted as "dictae legis 32" ("the pure equity of lex 32"), as I did in De betekenis n. 19 on 150-151.

226 See *Visser* (above n. 1) 379.

VI. Conclusion

It falls outside the scope of this contribution to sketch the developments in the Netherlands from the end of the 18th century to the present time[227]. The Roman-Dutch law was officially abolished there in 1809 and although Grotius' concept of *baattrekking* had some influence in the efforts to achieve a codification of indigenous character it was abandoned in the 1820s for more traditional concepts borrowed from the French Code civil.

A different development is to be seen in the countries where the Roman-Dutch law survived, i. e. mainly in the present-day Republic of South Africa[228]. This development did not go in the direction indicated by the decisions of the *Hooge Raad* and the lectures of Van der Keessel, whose texts remained unknown until the 1960s. Authorities like Vinnius and Voet were preferred to Huber and in a decision of the Appellate Division of the Supreme Court of 1966 the possibility of a general enrichment action was rejected. It is not impossible, however, that the Court may yet return to the true interpretation of Grotius' doctrine of unjust enrichment.

---

* [227] See Schrage' chapter on this period in the present volume.

* [228] For statements on present-day South African law see, apart from the studies by De Vos, Scholtens, Van Zyl en others cited above, *J. G. Lotz,* Enrichment, in W. A. and Joubert (ed.), The Law of South Africa, vol. 9 (1979) 45-66.

X

Family, Property and Succession in the Province of Holland during the Sixteenth, Seventeenth and Eighteenth Centuries

This contribution to the comparative legal history of family, property and succession was originally supposed to deal with the special features of the law of all the Northern provinces of the Netherlands in the same way as Professor * Godding has taken account of all the Southern provinces. This would have been the usual way of proceeding. As far as our sources go back – i. e. to the 12th century – we can state that there were different regimes in the various Northern provinces as in the Southern ones. These differences continued to exist after the Revolt, which divided the Netherlands,[1] the Republic of the United Provinces being established in the North between 1579 and 1588. In this Republic there was no central legislation and even provincial legislation, as far as it existed, did not make great changes in the variety of the matrimonial property law and the inheritance law of the provinces concerned. It would thus have been natural to deal with these provinces separately from the 12th to the 18th century. But this would have obliged me to treat for the North many of those developments, especially during the Middle Ages, which Professor Godding has already discussed for the South. I have therefore finally preferred to take another course which would seem to make a more specific comparison possible.

In this paper I will concentrate on one of the seven provinces, Holland, which was by far the most important from the economical and political point of view, as is sufficiently demonstrated by the fact that the term Holland is still used – by foreigners in particular, but also by many of my countrymen – for the whole territory of the United Provinces and its successor the Kingdom of the Netherlands. The prosperity of the province of Holland in the 17th and 18th centuries was in part a result of the division of the Netherlands: many refugees came from the South and the influence of Antwerp merchants on the develop-

---

[1] It should be reminded that the term Netherlands has been in use only since the 15th century, when it served as a name for the various principalities that were gradually acquired by the Dukes of Burgundy in what is now the territory of the kingdoms of the Netherlands and Belgium. These territories were on their way to become a centralized separate state when the Revolt of the Northern provinces caused the division.

ment of Amsterdam as a world trade center is well known. This prosperity may account for the numerous law suits that occurred on matters like antenuptial contracts and inheritance. I have not done any research in judicial archives, but for the 18th century a very interesting source is now available in print: the private notes of two judges of the Supreme Court *(Hoge Raad)* of the provinces of Holland and Zealand, the famous Cornelius van Bijnkershoek and his son in law Wilhelmus Pauw.[2]

Reading the cases reported by these two judges makes one aware of another special reason to choose the province of Holland as the main subject for this paper: the fact that the province had two principal systems of intestate succession which differed fundamentally, the socalled Aasdoms and Schependoms Law. I will consider them more fully below; for the moment it may suffice to say that by the Aasdoms Law 'the nearest blood inherits the goods' whereas by the Schependoms Law 'the goods must go whence they came'. The Aasdoms Law prevailed in the North of the province, the Schependoms Law in the South;[3] the boundary was approximately marked by the course of the Yssel (a stream which is not to be confused with another river of the same name in the eastern part of the Netherlands). In 1580 the States of Holland tried to establish one uniform system of intestate succession for the whole province by legislation, a system mainly based on the Schependoms Law, but that statute failed to win the adhesion of most of the towns and districts of the northern part of Holland and accordingly in 1599 the States enacted a new statute designed to supply a common law for North Holland alone, based on the Aasdoms Law.[4]

---

[2] Cornelius van Bijnkershoek, Observationes tumultuariae, t. 1 - 4 (1926 - 1962); Wilhelmus Pauw, Observationes tumultuariae novae, t. 1 - 3 (1964 - 1972). Cf. *M. S. van Oosten,* Systematisch compendium der Observationes tumultuariae van Cornelis van Bijnkershoek (1962), and *P. van Warmelo,* Registers op die Observationes tumultuariae van Cornelis van Bijnkershoek en van Willem Pauw (s. a.; 1982?). A number of *observationes* of Pauw have been translated in English: Some cases heard in the *Hooge Raad* reported by Willem Pauw, translated by R. Feenstra / P. van Warmelo / D. T. Zeffertt [South African Law Commission, Research Series, 6] (1985).

[3] And in the whole province of Zealand.

[4] For details see post, at n. 28f. Readers to whom literature in Dutch is not accessible are referred to *R. W. Lee,* An Introduction to Roman-Dutch Law (5th ed., 1953), 395ff. In the text of my paper – here and at the following pages – I have taken the liberty to draw heavily from this excellent survey of the ancient law of Holland, using even a good deal of *Lee's* English phrases in stead of trying to paraphrase them in my own clumsy English. The same applies to *Lee's* commentary on Grotius' Inleidinge tot de Hollandsche rechtsgeleerdheid in The Jurisprudence of Holland by Hugo Grotius, The text translated with brief notes and a commentary by *R. W. Lee,* I: Text (1926, reprints 1953 and 1977), II: Commentary (1936, reprint 1977). I add, however, references to modern Dutch legal historians. The main textbook is still *A. S. de Blécourt,* Kort begrip van het oudvaderlands burgerlijk recht (6th ed. by *H. F. W. D. Fischer,* 1950. Reprints in 1959, 1967 and 1969, all called '7th ed.', but the text does not differ from the 6th ed. apart from some very small corrections; only in 1967 and 1969 new literature has been added in an appendix); for Aasdoms and Schependoms Law, see 338ff.

The province of Holland had, on the other hand, only one system of matrimonial property: in the absence of contract to the contrary, marriage created community of property (community of goods, *communio bonorum*) between the spouses.[5] It was a universal community, i. e. it covered in principle all the property of the spouses; the main exceptions were[6] land held by feudal tenure – not a very important element in most of the fortunes in the province during the 17th and 18th centuries[7] – and property burdened by a *fideicommissum,* an institution on which I will have more to say.[8] This system of universal community prevailed not only in Holland, but also in other provinces: Zealand, Utrecht, Gelderland and most of Overijsel.[9] It is to be distinguished from the community of postnuptial acquisitions (or, as is often said, of profit and loss), which e. g. prevailed in Frisia, and from the community of moveables (brought into marriage and after acquired).

There have been many theories of the historical origins of this universal community;[10] the earliest are those of 17th century Dutch authors themselves. One was the 'theory of the influence of trade and industry'; according to A. H. van Wyk it could also be called the theory of female cupidity, because it argued[11] that Dutch ladies, their covetousness being aroused by the huge profits made by their merchant husbands, would have stipulated in their antenuptial contracts that they should share in these profits, taking a risk of a loss, and that this stipulation would have become part of the customs of Holland.' Another theory was that of an ancient Germanic origin, favoured e.g. by Grotius,[12] who wrote that the ancient Germans – among them the Batavians

---

[5] *Lee,* Introduction, 67; *de Blécourt-Fischer,* 73 ff.

[6] *Lee,* Introduction, 68; Grotius, Inleidinge, 2, 11, 10.

[7] On the feudal law of Holland see *J. J. A. Wijs,* Bijdrage tot de kennis van het leenstelsel in de Republiek Holland [thesis Leyden] (1939), and *G. G. Visagie,* Die leenreg in Holland (1974).

[8] Post, at n. 32 ff.

[9] *Lee,* Introduction, 67 n. 4; *de Blécourt-Fischer,* 73 (adding that since 1374 community of property also prevailed in the city of Groningen).

[10] For the following see *A. H. van Wyk,* Theories on the historical origins of community of property between spouses, Acta juridica 1978 (Cape Town 1979: Essays in honour of Ben Beinart, III), 279 - 293 (for my use of this article the same applies as for my use of Lee, ante, n. 4). Cf. also *J. E. D. M. Thielen,* Oude en nieuwe opvattingen over het ontstaan van de algemene gemeenschap van goederen (1965; Amsterdam thesis).

[11] This argument is given by Cornelius Neostadius (1549 - 1606) in his De pactis antenuptialibus rerum iudicatarum observationes, obs. 9, see the English translation, cited post, n. 47, at 118.

[12] In his "De antiquitate reipublicae Batavicae", ch. 2 (ed. Lugduni Batavorum 1610, p. IX - X). The passage is quoted in an editors' footnote to Inleidinge, 2, 11, in the best critical edition of this work, by F. Dovring / H. F. W. D. Fischer / E. M. Meijers, Leiden 1952 (reprints in 1965 and 1972), 80 n. 2. Grotius relies on Tacitus, De Germania, ch. 18 (which is expressly quoted in the above Latin edition; it is not quoted in the Dutch version used by *Van Wyk,* 280 and n. 15).

who were the ancestors of the Dutch – had regarded the wife as her husband's companion in labour and in all dangers, in war and in peace. A third was that of a Christian origin, advanced e.g. by Antonius Matthaeus II,[13] who argued that the Christian principle of unity of the spouses *(et erunt duo in carne una)* had naturally led to the merger of the spouses' estates as well. We need not go into the merits of these ancient theories nor into those of modern legal historians, among whom there is nothing approaching a consensus,[14] except perhaps upon three very general propositions, viz. that '(a) the roots of the community go back to at least the eight century; (b) that there must have been several influences whose interaction led to the rise of the community; (c) that Christianity and social and economic conditions must be included among those influences.[15]

In any case the universal community was not peculiar to the province of Holland and its inhabitants were not specially addicted to it because many of them made antenuptial contracts which excluded it or modified its operation.

We will not discuss all the varieties of stipulations that were made in antenuptial contracts for this purpose. For our topic it is more interesting to look at stipulations of another kind: those which, according to R. W. Lee,[16] may be described as 'settlements'. Lee mentions:[17] (1) gifts made to one or other of the spouses, but more especially to the wife, either by the husband or by some third party, and taking effect immediately upon the conclusion of the marriage [*morgengave*], (2) contracts whereby the wife or husband is to receive something by way of gift at some future date, usually upon the death of the other spouse [*douarie*], (3) provisions regulating the devolution of the property brought into the marriage (or part of it) upon the dissolution of the marriage by death.[18]

It should be noticed that when a husband made a gift or promised a *douarie* to his wife, by statutory enactment – Perpetual Edict of Charles V of 4

---

[13] Antonius Matthaeus, Paroemiae Belgarum jurisconsultis usitatissimae, Ultrajecti 1667, Paroemia secunda, num. 5, p. 23 - 25.

[14] *Van Wyk,* 287.

[15] *Van Wyk,* 289.

[16] Introduction, 80.

[17] Cf. for the following *de Blécourt-Fischer,* 82. On the history of antenuptial contracts in Holland see also *Lee,* Commentary, 123ff., *F. Bosman,* Huweliksvoorwaardeskontrakte: Gister en Vandag, Tydskrif vir Hedendaagse Romeins-Hollandse Reg, 41 (1978), 402 - 408, at 405ff., and *H. R. Hahlo,* The History of the Roman-Dutch Law of Marriage, Tydskrif etc., 7 (1943), 68 - 93, at 87ff.

[18] Another frequently occurring provision was a clause to the effect that on the dissolution of the marriage the wife should have the option whether to take her share of the community, and thus of the profits of the marriage, or to receive back intact, without profit or loss, whatever she had brought into the marriage (*Hahlo,* 89; cf. *Lee,* Commentary, 112f.).

October 1540 – her claim was postponed to the demands of her husband's creditors.[19]

As far as the pacts relating to future succession are concerned, special attention should be drawn to those relating to the succession to the children of the marriage, particularly in the event of their dying in childhood and therefore intestate.[20] D. G. van der Keessel, the latest commentator upon the Law of Holland (end of the 18th century), mentions three varieties:[21]

(1) The spouses determine the course of intestate succession of their children by choosing a system of succession other than the standard inheritance law, i. e. Schependoms Law when they live in a district with Aasdoms Law and vice versa. This 'choosing of the law of succession' *(verkiezing van landrecht)* could also be done in a (mutual) will and we will come back to it when we deal with inheritance law.[22]

(2) The property of one spouse or of both spouses is to go to the children, and if one dies without issue, then to the others, and finally to the side whence it came. This clause also often occurs in mutual wills. Unless an express *fideicommissum* is created or a prohibition of alienation is added, the clause does not burden the spouses or the children with a *fideicommissum;* they have full power of disposition *inter vivos* or by will.

(3) On failure of the last surviving child[23] the property is to go to a specified person. If this person has consented to the arrangement the disposition may not be changed by the testament of the parents; otherwise it may.

Finally it should be observed that antenuptial contracts could not be revoked or modified by acts *inter vivos;* by testament, within certain limits, they might, provided such an intention was clearly expressed or implied by the will.[24]

---

[19] *Lee,* Introduction, 80; cf. *Bosman,* 405f. (p. 406 n. 17 the text of the relevant paragraph of the Edict).

[20] *Lee,* Introduction, 82f. For pacts on succession in marriages without children cf. post, at n. 34 and 40.

[21] For the following see *Lee,* Commentary, 126f. *Lee* relies on a manuscript version of Van der Keessel's *dictata* on Grotius' Inleidinge. These *dictata* are now available in a printed edition: D. G. van der Keesselii Praelectiones iuris hodierni ad Hugonis Grotii Introductionem ad iurisprudentiam hollandicam, ed. by P. van Warmelo / L. I. Coertze / H. L. Gonin (6 vols., 1961 - 1975).

[22] Post, at n. 45.

[23] Dying without issue: Van der Keessel concludes by saying that it is a prudent precaution to insert in pacts of the three kinds above-mentioned a clause *si sine liberis decesserit,* adding that the clause, even if omitted, will be imported to the contract, see *Lee,* Commentary, 126; Van der Keessel's full text now in D. G. van der Keesselii Praelectiones iuris hodierni ad Hugonis Grotii Introductionem ad iurisprudentiam Hollandicam, II (1963), 240.

[24] *Lee,* Introduction, 83.

Before we pass to inheritance law mention should be made of an institution which was closely linked with the universal community of property between spouses: the continuation of the community between the surviving spouse and the children of the marriage, usually until the youngest child came of age.[25] This institution, called *boedelhouderschap,* originally was often provided for by local custom. It effected a general community between the surviving parent on the one side and the children on the other, but to the exclusion (generally) of acquisitions by way of inheritance or gift. During the 15th and 16th centuries this form of continued community fell gradually into disuse when Orphan Chambers came into existence charged with protecting the interests of the minor children. It remained, however, possible to produce the same result by antenuptial contract or by mutual will or by the separate will of the spouse first dying.

Sometimes another type of *boedelhouderschap* occurred that was penal in character.[26] It took place if the surviving parent being at the same time guardian of the children failed within the time fixed by the local statute, and at latest before contracting a second marriage, to make a division of the joint estate for the benefit of the minor children. In such case the community continued, but with a one-sided operation, in the sense that the children shared in the profits arising from the joint estate while the losses were borne by the surviving spouse alone. It was not a part of the common law of Holland, but depended everywhere upon local enactments.

We now come to the law of inheritance. I have already mentioned the two systems of intestate succession that principally prevailed in Holland,[27] the socalled Aasdoms Law and Schependoms Law, and the legislation by the States of Holland who at first tried to establish one uniform system for the whole province, mainly based on the Schependoms Law, but finally had to concede to the towns and districts of the northern part of Holland another system, based on the Aasdoms Law. The legal historian therefore has to distinguish between four systems: (1) the Old Aasdoms Law prevailing in North Holland until 1580, the year of the first enactment by the States, called Political Ordinance *(Politieke Ordonnantie);* (2) the Old Schependoms Law, prevailing in South Holland until 1580 (and which, by the way, continued to prevail in the province of Zealand, linked with Holland by a common Supreme

---

[25] *Lee,* Introduction, 95f.; cf. *Lee,* Commentary, 131f., and *Hahlo,* 87. See also *de Blécourt-Fischer,* 81, and *J. Th. de Smidt,* Een nieuw huwelijksbeletsel? [inaugural lecture Amsterdam] (1956), 5ff.

[26] *Lee,* Introduction, 96, and Commentary, 132; *de Smidt,* 9ff.

[27] The two systems did not apply in succession to feuds, see Grotius, Inleidinge, 2, 26, 6 and 2, 41, 5. On the feudal law of succession see the works of *Wijs* and *Visagie,* cited ante n. 7.

Court, the *Hooge Raad,* whose cases are reported by Bijnkershoek and Pauw, as has been mentioned already); (3) the New Schependoms Law, introduced by the Political Ordonnance in 1580 for the whole province but limited to South Holland after 1599; (4) the New Aasdoms law, enacted for North Holland by a special statute in 1599.

We need not go into all the details of these four systems but the following points may be noted:[28]

By the Old Aasdoms Law 'the nearest blood inherits the goods'. Descendants are preferred to ascendants, and ascendants to collaterals. There is no representation. Accordingly the order of succession is (1) Descendants: children excluding grandchildren, grandchildren excluding great-grandchildren etc.; (2) Ascendants: two surviving parents equally, one surviving parent solely; in default of parents grandparents equally; a single surviving grandparent solely; and so on, to the exclusion of collaterals; (3) Collaterals: brothers and sisters, of the whole or of the half blood equally, to the exclusion of nephews and nieces; collaterals of the third or remoter degrees equally without representation.

The most important modification introduced into this system by the New Aasdoms Law is that, in default of descendants, if one parent be dead, the survivor is admitted only to one-half of the estate, the other half going to brothers and sisters and to their children and grandchildren by representation; failing brothers and sisters the surviving parent takes the whole.

By the Old Schependoms Law 'the goods must go whence they came'. The goods of a deceased person were taken by a fiction of law to have devolved upon him *mortis causa* from both parents equally. If the deceased left one surviving parent, the deceased's estate was supposed to have come to him wholly from the dead parent. Accordingly it reverted to the side from which it was supposed to have come *(paterna paternis, materna maternis)* to the exclusion of the surviving parent. This was combined with the principle of unlimited representation. Accordingly the order of succession is (1) Descendants with representation *per stirpes in infinitum;* (2) Failing children, if both parents are alive, they succeed to equal moieties; (3) If one parent only survives, the whole estate goes to the brothers and sisters, whether of the whole or the half-blood, with representation *per stirpes in infinitum;* (4) If both parents are dead, it again goes to the brothers and sisters, but those of the whole blood take twice over, viz. a share in the moiety of each parent, whereas those of the half blood take only once, viz. in concurrence with the brothers and sisters of the whole blood in respect of the father's or of the mother's moiety according as they are related to the deceased on the father's or on the mother's side;

---

[28] See *Lee,* Introduction, 395ff.; cf. *de Blécourt-Fischer,* 338ff., with further reference to studies on the origins of these systems, especially by E. M. Meijers.

(5) Failing children, parents, and issue of parents, the estate goes in like manner to the four quarters, i.e. to the grandparents of the intestate *per lineas,* viz. one moiety to the paternal grandparents, the other moiety to the maternal grandparents. A sole surviving grandparent takes nothing; representation of uncles and aunts by their issue is admitted *per stirpes in infinitum.*

The New Schependoms Law departed from this system in one particular only, viz. in restricting representation in the collateral line to the fourth degree: the grandchildren of brothers and sisters or the children of uncles and aunts.[29]

We will now have to consider to what extent these systems of intestate succession were indeed applied, i.e. how often they were put aside by will or by antenuptial contracts. As the latter have already be dealt with we will now mainly concentrate on wills.

In the 17th and 18th centuries there was no doubt that people could dispose of their whole estate by will. Just as in other parts of the Continent testament had developed in the Middle Ages under the influence of Canon Law.[30] In the period of the United Provinces two forms of will were in use:[31] (1) wills executed before two local magistrates *(schepenen)* and the secretary of the Court; (2) wills executed before a notary and two witnesses. Though these forms differ from those of the *Corpus iuris civilis,* much of the Roman law of testamentary succession was applied in the province of Holland. We may mention here e.g. that the law of legitim was received.

Special attention should be given, however, to the law of *fideicommissa.* They were mainly used for tying up property through successive generations;[32] as Lee notices, the *fideicommissum* was in fact the equivalent of what English lawyers call a settlement. *Fideicommissa* should however – Lee adds – not be described as testamentary trusts: 'to apply the terms of art proper to one system of law to another system in which they are not at home is often dangerous and often misleading'. It has been stated by some modern authors that there was a fundamental difference between *fideicommissa* of the Roman law and those of the law of Holland: in Holland, a *fideicommissum* might be imposed also by act *inter vivos.* It is questionable, however, whether this was universally true in practice. The principle enabled the old Dutch writers, as the late

---

[29] Formerly provision had to be made for a succession in four quarters or lineages; cf. e.g. Pauw, Observation 1014 (ante, n. 2; in the translation, 52ff.).

* [30] *De Blécourt-Fischer,* 352ff.; add *H. F. W. D. Fischer,* De voorgeschiedenis van het testament in Nederland, in Het Testament, Een bundel monografiëen uitgegeven ter gelegenheid van het honderdjarig bestaan van de Broederschap der Candidaat-Notarissen (1951), 23 - 37.

[31] *Lee,* Introduction, 356.

[32] For the following see *Lee,* Introduction, 374; cf. *de Blécourt-Fischer,* 360f.

Professor Fischer has put it,[33] 'to get a quasi-Romanistic base for some institutions of non-Roman origin which could only with some difficulty be assimilated to the Roman legal system'. He is referring to certain customary provisions in marriage contracts which were construed as *fideicommissa inter vivos*, e.g. the clause[34] that the surviving spouse should take all the property of the first deceased, which property, after the death of the last dying spouse, should pass to the next-of-kin of the first deceased spouse.

No particular form of words was needed for the creation of a *fideicommissum*.[35] An implied *fideicommissum* was created e.g. by prohibition of alienation generally or to specified persons, provided that there was some clear indication of a person or class of persons for whose advantage the prohibition was imposed. If the heir was forbidden to alienate the property out of the family the law raised a conditional *fideicommissum* in favour of the intestate heirs. There was, however, a difference between the general law of Holland and that of Amsterdam. According to the general rule the heir was not free to dispose of the property out of the family either by act *inter vivos* or by will; in Amsterdam a proviso of this nature was almost destitute of effect, for it was construed as merely governing the succession to so much of the property as the heir had not alienated *inter vivos* or disposed of by his testament.

The Roman rule against perpetuities – a limitation to the fourth generation – was received but it could be overridden by clearly expressed intention of the testator.[36] As to the mode of computing this fourth generation there was some controversy, but according to Johannes Voet (1647 - 1713) 'the general opinion of commentators has been accepted ... that it is not the first instituted or fiduciary heir, but the first fideicommissary heir, who constitutes the first degree, and consequently only the fifth fideicommissary heir is able to exercise his free discretion in regard to the fideicommissary property'.[37]

There was another difference between Roman law proper and the Roman law as received in Holland as to *fideicommissa*. In the classical Roman law the fiduciary had to restore the property to the fideicommissary; as a rule the latter only had a personal action. Justinian put *fideicommissa* and legacies on an equal footing and gave to all legatees the real action. This would seem to vest the property in the fideicommissary immediately, at least for *res singulares;* there was nevertheless some incertainty. Since the Middle Ages, however, it

---

[33] *H. F. W. D. Fischer*, Roman-Dutch fideicommissary law and practice in Holland during the 18th century (opinion, edited as Appendix II to *P. Frère-Smith,* Manual of South African Trust Law, Durban 1953, 130 - 132), 131.

[34] On such a clause, see post, at n. 40.

[35] For the following see *Lee,* Introduction, 376f.; cf. *de Blécourt-Fischer,* 361.

[36] *Lee,* Introduction, 384f., relying on J. Voet's Commentary on the Pandects.

[37] Voet, Commentarius ad Pandectas, 36, 1, 33, quoted in English translation by *Lee,* Introduction, 385 (see also The Selective Voet, translated by Percival Gane, Vol. V, Durban 1956, 387). Cf. *de Blécourt-Fischer,* 361 n. 1.

was universally admitted that the fideicommissary in nearly all cases had a real right either fortwith or upon the vesting of the fideicommissary if this was postponed. He had a right of action to vindicate the property from third parties. This was also the law in Holland.[38] By an ordinance of the States of Holland of 1624 all *fideicommissa* or prohibitions of alienation affecting immovable property were to be destitute of effect unless registered, but this ordinance was disregarded.[39]

It was possible to provide by *fideicommissum,* as by antenuptial contract,[40] that the goods were to go to the surviving spouse but that if he died without children, they should pass to the next-of-kin of the first deceased spouse. Such a clause *si sine liberis decesserit*[41] could also be inserted when somebody else – not the surviving spouse – was appointed as the first taker. It was disputed whether such a clause implied, in case the first taker had children who survived him, a *fideicommissum* in favour of these children: *an positi in conditione censeantur etiam positi in dispositione.* This question was generally answered to the affirmative if the testator was an ancestor; in that case, even if the clause had been omitted, it was read into the will.[42]

Such *fideicommissa* were usually made in mutual wills. These were very common in Holland, especially for spouses married in community of property.[43] In general there was no question of irrevocability of the will of the surviving spouse unless special clauses were inserted in the will of the predeceasing spouse.[44]

Mutual wills by spouses often contained dispositions on 'choosing of the law of succession', which we have already mentioned in connection with antenuptial contracts.[45] We must now consider this very special institution of the law of Holland in more detail. It is connected with the various systems of intestate succession we have examined before.

The best introduction to the subject is a passage from Grotius' *Inleidinge tot de Hollandsche rechtsgeleerdheid* (Introduction to the Jurisprudence of Holland):[46]

---

[38] *Lee,* Introduction, 380; see also *H. F. W. D. Fischer,* De publicatie van fideicommissen, Tydskrif vir Hedendaagse Romeins-Hollandse Reg, 16 (1953), 159 - 239, and 17 (1954), 44 - 81, at 164ff. and 200ff.

[39] *Lee,* Introduction, 375 n. 5; more details in *Fischer,* 203ff.

[40] Cf. ante, at note 34.

[41] See *Lee,* Introduction, 378f., Commentary, 158ff.

[42] *Lee,* Introduction, 379, Commentary, 161. For decisions of the Supreme Court *(Hoge Raad)* see Bijnkershoek, Observationes (ante, n. 2) nrs. 1032, 1113, 1979 j° 2238, 2266 and 2937 j° 3099.

[43] *Lee,* Introduction, 390ff.; *de Blécourt-Fischer,* 354.

[44] Details in *Lee,* Introduction, 391ff.

[45] Ante, at n. 22.

2. We have stated above that succession may also be determined by choice of law: this was unknown to the Roman Law and calls for further explanation.

3. Since in old times the aasdoms law and the schependoms law applied severally to the immovable property situated in the districts where these two systems obtained, it often happened that one inheritance had to be distributed according to different legal systems. It happened, too, that the husband being lord and guardian of his wife's property, during marriage sought to purchase much land subject to aasdoms law, in the hope that, if he survived his wife and any of the children, he might acquire for himself through the children the property coming from his wife; against which contingency wives and their relations often wished to provide before the marriage was concluded. Likewise, it might very well happen that one of the intending spouses, having more property than the other, or being likely to acquire much property, desired some advantage beyond what the schependoms law allowed. Therefore it was in old times adjudged and used that the spouses by marriage covenants might choose aasdoms làw or schependoms law, in whole or in part, in respect of the succession to their children's property: this choice of law took effect in case the children died before they were of an age to make a last will; or if the children, having reached such age, did not make a will, and came to die without lawful issue: for, in both cases, the property went according to the terms of the marriage contract, without any deduction of legitimate or Trebellian portion: for in these cases the inheritance was understood to go not by way of *fidei-commissum* but by the law of intestate succession. Consequently the children were not deprived of the right of selling or otherwise alienating any of the property which came to them or of the power to dispose of it by last will.

4. Secondly: parents or other ascendants might make such choice of law not only by marriage covenants but also by their last will in respect of property left by them to their children or grandchildren: and choice thus made has the same effect as choice made by marriage covenants, unless the last will contained a prohibition of alienation; for, in that case, through the whole of Holland (except in Amsterdam) the property is tied so that the children may not alienate the same either *inter vivos* or by last will, saving to the children in such case their freedom to make the deductions allowed by law.

It would seem that in writing this passage Grotius was to some extent inspired by what had been written by Cornelius Neostadius (1549 - 1606), who was first an advocate of the fisc and then a Councillor of the Supreme Court *(Hooge Raad)* of Holland and Zealand. He is the author of Observations on judgments regarding antenuptial contracts *(De pactis antenuptialibus rerum iudicatarum observationes),* which have recently been translated into English.[47] One of the cases he deals with is the following:[48]

[46] Inleidinge, 2, 29, 2 - 4; I quote the English translation by Lee, cf. ante, n. 4. In the 1952 edition (ante, n. 12) some interesting references to comments of Grotius on this institution outside the Inleidinge have been added in footnotes.

[47] Cornelius Neostadius, Observations on decided cases concerning antenuptial contracts, translated by F. J. Bosman / P. van Warmelo, archivalia prepared by J. Th. de Smidt / H. W. van Soest [South African Law Commission, Research Series 5] (1986). The translation is from the last Latin edition: Observationes rerum judicatarum de pactis antenuptialibus, Hagae-Comitis 1667.

> It was by antenuptial contract agreed between the spouses 'that the children would be the heirs of their parents and indeed that the children would succeed one another; and that the estate of the last surviving child would devolve upon the last surviving parent.' Since no children were born during the first three years and since it seemed that, because of the advanced age of the wife, there was no hope of her conceiving any offspring, the spouses instituted those who would have been their heirs according to the law of intestate succession as their heirs, after they had written down some legacies, the one for the other, by way of mutual instruments.
>
> When a son was subsequently born, and the mother had died first and the son after his mother (dying while he was still a minor), the surviving spouse and the mother's brother, uncle of the deceased son, quarrelled about the inheritance.
>
> The father outlined his case: that according to the antenuptial contract he was called to the succession of the intestate estate of his son.
>
> Against this the uncle excepted: that no inheritance is granted by way of an agreement, but in truth, that according to the statute law of Holland, the inheritance devolved upon him, for the reason that the inheritance fell open in a region where the *Schependomsrecht* applied and where a surviving parent was totally excluded from succeeding his children.
>
> The question ist, therefore, one of intestate succession. After the Court (of Holland) had taken cognisance of the case, it considered the right of the father to be the better one and granted the father his son's inheritance. Thereupon an appeal to the *Hooge Raad* was lodged by the uncle. When the Right Honourable President Arnoldus Nicolai referred this case to us to be concluded from the very same records, the appellant did not wait for the decision of the *Hooge Raad* and abandoned his suit and cause. For this reason we granted the authority of a decided case to this decision of the Provincial Court which has since ancient times always been well-endowed with very learned persons and with men no less skilled in practice.

In one of his notes on this case Neostadius observes:

> ... But the reason why our ancestors were always very anxious to settle legal succession by way of antenuptial contracts seems to be twofold: either so that one and the same inheritance would not simultaneously be considered to devolve according to both the *Aasdoms-* and *Schependomsrecht* or to counteract the general custom which granted to husbands the utmost freedom in respect of their wives' property, so that that abounding freedom should not retain its power even after the wife's death, much to the detriment of the children ...

In the case dealt with by Neostadius it was the Schependoms Law that was excluded by antenuptial contract. The same applies to a case, reported by Bijnkershoek, which deals with choice of the law of succession in a will.[49] The case is an instructive example of a problem which might have occurred rather often. I quote the beginning of Bijnkershoek's *observatio* in English translation:[50]

---

[48] Obs. 2 (see the 1986 translation, p. 25 - 37; quoted text at 26 - 27, quoted note (nr. 12) at 30 ('lawful' has been changed into 'legal'; the Latin has 'legitimis').

[49] Observationes tumultuariae (ante n. 2), nr. 1307 (vol. 2 (1934), 183 - 184); the case was decided 15 January 1717).

> On 28 June 1678 Sempronia in childbed instituted the infant she had born heir to her whole estate, but should it die within age and unmarried she declared that she had chosen the Aasdoms Law of succession (for she lived in Gouda, a town of Schependoms Law) in order that all the goods the child was to inherit should devolve to her husband, the father of the child. Within about an hour after the making of the will the new-delivered mother died and a few days later also the child. The father, heir by substitution, possesses the inheritance for quarter of a century without challenge by anybody, but then the maternal grandmother, who is intestate heir of the infant, demands back the inheritance from her former son-in-law ...

The Supreme Court decides in favour of the father. Bijnkershoek observes that Grotius has already written that the law of succession may well be chosen by will. He concludes that such an *electio* is nothing else than a *substitutio pupillaris* and that there is no foundation for the opinion that such substitutions are abolished.[51]

This identification of *electio juris* and *substitutio pupillaris* is certainly historically incorrect.[52] In Holland, it had been possible to choose the law of succession since the 14th century, though the Roman 'pupillary substitution' had not yet been 'received'.[53]

In the case dealt with by Bijnkershoek it was the Aasdoms Law of succession that was chosen by will. The true reason for this choice might have been that the parents were married in community of goods and that thus without this will half of the working capital the husband needed for his enterprise (he was a brewer) might have passed – through his child – to his wife's family.[54] In other cases, however, we see that Schependoms Law was chosen. This may have had particular attractions for well-to-do families, who wanted to keep the

---

[50] The original text is partly in Latin, partly in Dutch (when Bijnkershoek quotes the will). It reads: 'Sempronia puerpera 28 Jun. 1678 infantem, quem pepererat, ex asse scribit haeredem, dog soo het stierf beneden desselfs mondigen dage of huwelijken staat, verklaarde sij verkosen te hebben het aasdoms-versterfregt (habitabat enim Gaudae, urbe juris scabinici), ten fine alle de voorschreven kintsgoederen, bij hetselve van haar te erven, souden succederen op haar man, de vader van hetselve kint. Intra horam forte a testamento condito exspiravit puerpera, et paucis post diebus etiam infans. Pater, ex substitutione haeres, nemine contradicente, haereditatem possidet per quadrantem saeculi, sed tunc exsurgit avia materna, eademque haeres legitima infantis, et haereditatem a suo quondam genero reposcit'.

[51] 'Et quidem Grotius ait Eisagog. Jur. Holl. ... etiam testamento electionem recte fieri, et cur non, si et pactis antenuptialibus. Est enim, si verum amamus, illa electio nihil aliud, nisi substitutio pupillaris, quam qui hodie sublatam volunt, oppido nugantur. Substitutio autem pupillaris magis etiam testamentis convenit, quam pactis antenuptialibus'.

[52] See for the history of 'choosing of the law of succession' the fundamental study by *H. F. W. D. Fischer,* Keuze van erfrecht, in Tijdschrift voor Rechtsgeschiedenis, 19 (1951), 220 - 262. He refers to many sources, in particular also to decisions of the Supreme Court as reported by Bijnkershoek (227 n. 5).

[53] See *Fischer,* Keuze, 230 - 231.

[54] Cf. *Fischer,* 225 - 226.

property in the family from which it came. Examples have been given from antenuptial contracts in the archives of the town of Leyden.[55] More research in archives remains to be done before we can say which was the more popular choice.[56]

There is no fundamental difference between this choosing of the law of succession – which was a choice between two systems of intestate succession – and clauses which combine elements from both systems or even provide that the property shall devolve according to the rules fixed by the parties.[57] This is found in Holland as well as in other provinces; in the Southern Netherlands the institution was known as *règlement ab intestat* or *règlement de succession*.[58] This practice also dates from the Middle Ages. That it occurs more frequently in our sources of the 17th and 18th centuries may be explained by the reception of the Roman Law, to which the institution was unknown: this may have encouraged those who were disadvantaged by such clauses to challenge their validity before the courts, but without success.[59] Such suits may also have been more frequent in Holland, since the existence of two systems of succession in one province was almost an invitation to exercise the power of choice by antenuptial contract or by will.[60]

In the preceding observations mention has very often been made of the position of surviving spouses. We have seen that special provisions were ordinarily made in their favour, either in antenuptial contracts or wills. Generally these provisions were combined with provisions for the devolution of the property after the death of the surviving spouse. We have not gone into the question what was the law if no such provision were made or if it were invalid. Of course when there had been universal community of goods between the spouses, the position of the survivor was clear and he or she could be considered as adequately provided for. But what if community was excluded? Neither the Aasdoms Law nor the Schependoms Law mentioned the surviving spouse; neither system gave rights to any save blood relations. However, it might be argued that certain rules of Roman Law had been 'received'.

In the Institutes, the Digest and the Code Justinian had maintained the praetorian scheme of succession by which the surviving spouse could claim under the heading *unde vir et uxor* only if the deceased left no agnatic or cog-

---

55 *Fischer*, 233 - 234.

56 *Fischer*, 234 - 235, who refers also to some examples from Amsterdam.

57 *Fischer*, 239 - 258.

58 *Fischer*, 248 - 254.

59 *Fischer*, 255.

60 Use of such clauses was more frequent in antenuptial contracts than in wills (where they may have been copied from those in antenuptial contracts), see *Fischer*, 259.

natic relatives. In two Novels – Nov. 53, 6 of A.D. 537 and Nov. 117, 5 of A.D. 542 – he provided that a widow, who was in need and had no dowry or antenuptial gift, should be admitted together with the children and should receive a quarter of the husband's estate.[61] A similar right was given to a widower in respect of his deceased wife's estate.[62] In the 12th century, with the revival of Roman legal study, the jurists made a summary of the two novels and tagged it – as an *authentica* which came to be known as the *authentica Praeterea* – to the title *unde vir et uxor* of the Code (6, 18).[63] In the province of Holland the question was raised whether the edict *unde vir et uxor* and the *authentica Praeterea* or the Novels were 'received' and, more particularly, whether they were affected by the statutes of 1580 and 1599 on Schependoms and Aasdoms Law (neither of these enactments made express mention of the surviving spouse).[64]

The jurists were divided in their answer to this question. The majority concluded that the Schependoms Law had by implication repealed all the Roman Law concerning intestate succession of a surviving spouse but that in regions of the Aasdoms Law, where, under an express provision of the statute of 1599, in those cases where this Law was silent succession on intestacy would go according to the Roman Law, the edict *unde vir et uxor* should be applied. It is not always clear whether they took it to follow that the *authentica Praeterea* or the Novels also applied. The more correct view would seem to be that a distinction should be made between the edict and the Novels. The attachment of the latter to the edict by placing the *authentica Praeterea* in the title *unde vir et uxor* caused a wrong approach to the Novels, whose aim was not to provide for intestate succession. As Beinart has put it:[65] 'as an alimentary statute with some flavouring of the legitimate portion, the Novels stood in opposition to, and apart from, the canons of intestacy, and applied to testacy and intestacy alike'.

---

61 For the interpretation of these Novels I may refer to my short article The 'poor widower' in Justinian's legislation, in Studies in Justinians' Institutes in memory of J. A. C. Thomas, ed. by P. G. Stein / A. D. E. Lewis (1983), 39 - 44. A more detailed study, which includes the 'reception' of the Novels in Europe since the 12th century, is found in *B. Beinart,* The forgotten widow: provision by a deceased estate for dependants, in Acta juridica [Cape Town], 8 - 9 (1965 - 1966), 285 - 325, on which I have drawn for the following. Further references and litterature are found in both articles.

62 It is generally held that Nov. 117, 5 changed the regulations of Nov. 53, 6 to the effect that a surviving husband should no longer have a quarter in the estate of his deceased wife, but in my article, cited ante, n. 61, I have argued that this view is wrong. However this may be for the Justinian period, in any case the interpretation in favour of the widower was accepted by medieval and later jurists; see in particular the *authentica Praeterea* (cf. post, at n. 63).

63 Text quoted by *Feenstra* (ante, n. 61), 41 n. 11, and *Beinart* (ante, n. 61), 296.

64 *Beinart,* 296ff.

65 *Beinart,* 296.

Some Dutch jurists indeed took that view and argued in favour of the Novels because of their alimentary nature.[66] In Holland this view was held by Johannes Voet. He follows an Utrecht jurist, Johannes van Someren, who also maintained that if the Novels were not applicable, the heirs of her deceased husband, if the latter was wealthy and left a substantial estate, must provide maintenance for the widow. This wider theory of maintenance, which could also find support in the *Corpus iuris civilis,* would seem to have been accepted in Holland more easily – at least in the 18th century – than the application of the Novels.

[66] For this and the following see *Beinart,* 300ff.

XI

Canon Law at Dutch Universities from 1575 to 1811

In this short note[1] I will confine myself to the question to what extent canon law still received attention in the law faculties of the universities of the Northern Netherlands between 1575, when Leyden University was founded, and 1811, when the territory of the former Dutch Republic was incorporated into the French Empire.

There existed in this period five universities,[2] belonging to five of the seven United Provinces of the Netherlands. Leyden, founded in 1575, was the university of the most important province, Holland;[3] Franeker, founded in 1585, was the university of the province of Frisia;[4] Groningen, founded in 1614, of the province of "Stad en Lande van Groningen"; Utrecht, founded in 1636, of

---

[1] Conceived as an addendum to *John Witte, Jr.,* The plight of canon law in the early Dutch Republic, ante. For general statements on the position of canon law in the Dutch Republic by 17th and 18th century authors add *A. J. van de Ven,* Over den oorsprong van het aartsbisschoppelijk kapittel van Utrecht der aartsbisschoppelijke clerezy (thesis Utrecht; 1923), 104 - 111. *

[2] For recent bibliographies on Dutch universities before 1800 see *W. Th. M. Frijhoff,* La société néerlandaise et ses gradués, 1575 - 1814, Une recherche sérielle sur le statut des intellectuels à partir des registres universitaires (thesis Tilburg; 1981) and *T. J. Veen/P. C. Kop* (eds.), Zestig juristen, Bijdragen tot een beeld van de geschiedenis der Nederlandse rechtswetenschap (1987), 5 - 7 (in the introduction by T. J. Veen).

[3] For recent studies on the history of Leyden University in general see *Th. H. Lunsingh Scheurleer/G. H. M. Posthumus Meyjes* (eds.), Leiden University in the seventeenth century, An exchange of learning (1975); on the Law Faculty *R. Feenstra/C. J. D. Waal,* Seventeenth century Leyden law professors and their influence on the development of the Civil Law, A study of Bronchorst, Vinnius and Voet (Verhandelingen der Koninklijke Nederlandse Akademie van Wetenschappen, Afd. Letterkunde, Nieuwe Reeks, 90; 1975), and *M. Ahsmann,* Collegia en colleges, Juridisch onderwijs aan de Leidse Universiteit 1575 - 1630, in het bijzonder het disputeren (thesis Leyden; Rechtshistorische studies, Nieuwe reeks, 1; 1990). *

[4] It ceased to exist in 1811. The fourth centenary of the foundation was commemorated in 1985: *G. Th. Jensma/F. R. H. Smit/F. Westra* (eds.), Universiteit te Franeker 1585 - 1811, Bijdragen tot de geschiedenis van de Friese hogeschool (1985). My contribution to this volume on the Law Faculty has also been published in French: *R. Feenstra,* Les juristes de l'ancienne Université de Franeker et leurs recueils de *disputationes* (période de 1635 à 1735), in: Studi Senesi, Supplemento alla centesima annata, Siena 1988, [vol. II], 604 - 629. For the period before 1635 see *M. Ahsmann,* De juridische faculteit te Franeker 1585 - 1635, Een studie over de professoren en hun onderwijs, met lijsten van verdedigde disputaties, in: Tijdschrift voor Rechtsgeschiedenis, 54 (1986), 3 - 72. *

the province of Utrecht;[5] Harderwijk, founded in 1648, of the province of Guelders. In all these provinces the political authorities were Calvinist when the universities were created. However, as has been shown in the contribution of Dr. Witte,[6] despite the polemics of the early reformers, the canon law remained an integral part of the law of the reformed states in the Netherlands. It was therefore not a priori excluded that canon law should continue to play a certain role in the teaching of law at the universities. If a faculty of canon law or a chair of canon law was inconceivable at these new universities,[7] this certainly did not prevent the law professors from referring to some canon law texts that had kept their importance, in particular in the field of private law. But, as we will see, they did not always confine themselves to this kind of more or less implicit way of using the canon law. There are other aspects which will need our attention.

The oldest evidence that canon law was included in the teaching of law at the Dutch universities stems from Franeker. In a petition of 1599 Franeker law students refer to public lectures which the first Franeker professor of law, Henricus Schotanus (1548 - 1604), had given on Book 2 of the Decretals.[8] This part of the *Corpus iuris canonici* deals with procedure, and it was considered as useful for the legal practitioner in general. At 16th century German Protestant universities it was regularly still the subject of a special course, just as it had been before the Reformation, but now as the only teaching of canon law.[9] We have no mention of such courses at Franeker in later periods, and in other Dutch universities we do not find them at all.[10]

At Leyden the oldest evidence of the use of canon law texts is found in the request, addressed in 1600 to the University authorities by the librarian on behalf of the law professors, to buy a *Corpus iuris canonici* for the lecture room, "because *jus canonicum* is often referred to in disputations".[11] The

[5] Recent studies on the Law Faculty: *G. C. J. J. van den Bergh/J. E. Spruit/M. van de Vrugt* (eds.), Rechtsgeleerd Utrecht, Levensschetsen van elf hoogleraren uit driehonderdvijftig jaar Faculteit der Rechtsgeleerdheid te Utrecht (1986), in particular the introduction (9 - 20) and the study on Cornelis van Eck, 1662 - 1732 (37 - 54) by *G. C. J. J. van den Bergh; R. Welten,* Utrechtse hoogleraren in de rechten (1638 - 1815), Enkele aspecten van de geschiedenis van de rechtenfaculteit te Utrecht, in: Tijdschr. v. Rechtsgesch., 55 (1987), 67 - 101.

[6] Ante, n. 1.

[7] In this respect there is a difference with German Lutheran universities, see *H. Liermann,* Das kanonische Recht als Gegenstand des gelehrten Unterrichts an den protestantischen Universitäten Deutschlands in den ersten Jahrhunderten nach der Reformation, in: Studia Gratiana, 3 (1955), 539 - 556, at 547 sqq. (in particular on Wittenberg).

[8] *Ahsmann,* De juridische faculteit (ante, n. 4), 21; that these lectures were public appears from the cited document (cf. Ahsmann 9 n. 29).

[9] *Liermann* (ante, n. 7), 550.

[10] For Leyden see *Ahsmann,* Collegia (ante, n. 3), 234 n. 44 and 256 n. 145.

[11] *Ahsmann,* Collegia, 238. In the printed disputations there are indeed references to canon law texts, see *Ahsmann* 297 n. 118.

request was honored only in 1604. The use of canon law texts in disputations at Leyden did not imply that these texts played any role in the examinations: there only texts from the *Corpus iuris civilis* were brought up for discussion. In the beginning the Leyden diplomas for the doctorate mentioned only the degree of *doctor iuris civilis;* from 1596, however, the formula was changed into *doctor utriusque iuris*. Probably the only reason for this change was to keep pace with degrees delivered at foreign universities.[12]

At Franeker we find a similar development as far as the formula of the degree is concerned: on the title pages of the disputations *pro gradu* the term *doctoratus* (or *licentia*) *in iure* is used before 1595; from that year onwards the formula reads *in utroque iure*.[13] But at the examinations, at least from 1626 onwards, the role played by canon law texts was different from that in Leyden. Regulations, established on 26 January 1626, state that first the candidate should be examined *per omnes materias juris civilis et canonici usu frequentiores;*[14] subsequently he should give an *explicatio legis et capituli,* i.e., of two texts, one of civil and another of canon law.[15] That this rule was indeed applied can be inferred from a statement of a Franeker law professor at the end of the 17th century.[16]

It seems that in the 1630s and 1640s more canon law was introduced in Leyden and in Franeker by two professors of non-Dutch origin.

At Leyden it was Jacobus Maestertius (1610 - 1658) who brought some change.[17] He was born in Dendermonde in the Southern Netherlands, but his father (Masterton) was a – catholic – refugee from Scotland. He had studied law at Louvain and had travelled in France and Italy before coming to Holland about 1631. In 1634 he took his degree of *doctor utriusque iuris* at Leyden, * where he soon started to give private lectures. In 1637 he became *professor iuris feudalis extraordinarius,* in 1639 *professor ordinarius iuris*. In 1640 he got permission to set up a *collegium disputantium,* in which *materiae ex libris universi juris selectae* would be discussed publicly, in the same way as he had done privately in previous years. Under these *libri universi juris* the Decretals

[12] For details see *Ahsmann,* Collegia, 256 n. 145.

[13] Information kindly provided by Dr. Margreet Ahsmann (Leyden). For Utrecht see post, at n. 40 and 46.

[14] See *W. B. S. Boeles,* Frieslands Hoogeschool en het Rijks Athenaeum te Franeker (2 vol.; 1878 - 1889), II, 359 and 363.

[15] Information Dr. Ahsmann. *Boeles* (ante, n. 14) 363 speaks only of "eene wet expliceren"; probably he has not understood the sense of "capituli".

[16] Cornelis van Eck in the preface (dated 13th December 1693) of his edition of Böckelmann's Tractatus postumus de differentiis juris civilis, canonici et hodierni (1694), cf. post, n. 52): "... aliquod Juris Pontificii capitulum explicaturi ... ut in solemni examine solent et debent candidati, qui in illustri Frisiorum Academia titulum Doctorum petunt ...".

[17] For details on Maestertius and his teaching see *R. Feenstra,* Jacobus Maestertius (1610 - 1658), Zijn juridisch onderwijs in Leiden en het Leuvense disputatie-systeem van Gerardus Corselius, in: Tijdschr. v. Rechtsgesch., 50 (1982), 297 - 335.

appeared to have a certain importance: although the bulk of the texts were taken from the *Corpus iuris civilis,* texts from the Decretals were not only used as a supplement to civil law texts for a number of subjects but in the private *collegia* they even seem to have formed a subject of their own for a disputation. This can be inferred from a small guide for Maestertius's private lectures, which he had published in 1636 under the title *Sedes illustrium materiarum ex libris universi juris selectae.* It contained a system of dealing with the *universum jus,* which he had taken from the practice of the *Collegium baccalaureorum* at Louvain University; there it had been introduced by Gerardus Corselius (1568 - 1636), professor of law from 1596 to 1619 (Maestertius mentions him in the dedication of his booklet). We also possess the text of the public disputations that were held under his supervision from 1640 to 1646: *Illustrium materiarum prima rudimenta, CXLV disputationibus comprehensa publicoque in Alma Leydensi Academia subjecta* (Lugduni Batavorum 1646). In this volume there are no disputations dealing with canon law subjects exclusively, but the texts of the Decretals, used in combination with civil law texts, continue to be mentioned. The same applies to a third version of his "system": *Sedes atque tractatus illustrium juris materiarum* (only the first volume was published, Lugduni Batavorum 1657; reprints 1659 and 1664); it contains the text of disputations held from 1651 to 1657, followed by *sedes materiarum* in the style of the small guide of 1636.

In Franeker the foreign professor who seems to have been responsible for more canon law in the curriculum was Johannes Jacobus Wissenbach (1607 - 1665).[18] He was born in Fronhausen (Nassau); after first studies at the University of Herborn he came as a student to the Universities of Franeker and Groningen. At the latter he published not only the first edition of his *Emblemata Triboniani* (1633?) – which through later editions was to make him famous – but also a small treatise on canon law: *Ingens contradictionum hamaxarius Gratianus, novissimus juris canonici compilator* (Groningae 1636).[19] It appears to be the first version of his *Contradictiones juris canonici,* a tract which first appeared as an appendix to his *Disputationes juris civilis* in 1648.[20] In between he had become professor of law at Franeker (*extraordinarius* in 1640, *ordinarius* in 1643). In 1641 he started there a series of disputations on the civil law. These were first published separately under the names of students with mention of Wissenbach as *praeses;* in 1648 he collected 62 of these disputations in a volume, published only under his own name: *Dis-*

---

[18] On Wissenbach and his disputations see *Feenstra,* Les juristes (ante, n. 4) 613 - 621.

[19] The title page specifies that it was a disputation held under his presidency by a student from Prussia but there is no doubt that it was written by Wissenbach, see *Feenstra* 614 n. 51.

[20] The tract was reprinted not only in the 1665, 1666, 1676 and 1700 editions of the Disputationes (post, n. 21) but also as an appendix to Arnoldus Corvinus, Ius canonicum methodo Institutionum per aphorismos strictim explicatum, in the editions Halae 1705, 1717, 1721 and 1729.

putationes iuris civilis.[21] The first 53 disputations deal with the text of Justinian's Institutes. These are followed by six disputations[22] which discuss the differences between the law of the Institutes and a particular part of the "modern" law: interpretations of medieval and 16th century jurists, the Novels of Leon the Sage, the Feudal Law, the Canon Law and "praxis" (two disputations). It is, of course, the fourth of these disputations on "differences" which attracts our special attention. It is entitled: *Disputatio LVI continens positiones ex IV Libr. Instit. Imper. desumptas, in quibus ius canonicum discrepat a iure civili.*[23] The text has been republished separately under the title: *Differentiae iuris civilis et canonici.*[24] It would seem to be the first tract of this kind published in the Dutch Republic. There existed various earlier works with the same title by German Protestant authors,[25] e.g., by Conradus Rittershusius (1616)[26] and Joachim Hassaeus (1624);[27] the latter was reprinted in Utrecht in 1737, as a supplement to the *Differentiae* by Böckelmann (to which we will return below).

Comparisons between the civil and the canon law are also included in works dealing more generally with the differences between the law of the *Corpus iuris civilis* and the "modern" law as laid down in customs, statutes, etc.[28] As

---

[21] Franeker 1648. Reprints in Heilbronn 1665 and 1666; a new edition, with the title Disputationes ad Instituta, appeared in Franeker 1666, reprints Leyden 1676 and Franeker 1700. See *Feenstra,* Les juristes (ante n. 4), 619.

[22] Followed at their turn by four *disputationes extraordinariae.*

[23] The *respondens* was a Frisian, Nicolaus Radbodi; the original separate edition of this disputation has not been found but it must have been defended before June 1646, when Radbodi took his doctoral degree (he held another disputation *exercitii gratia* in 1644). This disputation should not be confused with the Disputatio iuridica de divortio juris civilis et canonici, held under Wissenbach's presidency by Ericus Wordenhoff, Franekerae 1647 (copies in the Bodleian Library, Oxford, and in the University Libraries of Edinburgh and Göttingen); probably this disputation was written by the *respondens* and not by Wissenbach, see *Feenstra,* Les juristes (ante, n. 4), 619 n. 61.

[24] As an appendix to Corvinus' Ius canonicum, in the editions mentioned ante, n. 20.

[25] See *H. Schnizer,* Differentienliteratur zum kanonischen Recht, Eine unbekannte Literaturgattung als Beleg zur dialektischen Kraft des kanonischen Rechts in der Privatrechtsentwicklung der Neuzeit, in Walter Wilburg zum 70. Geburtstag, Festschrift (Grazer Rechts- und Staatswissenschaftliche Studien, 31; 1975), 335 - 353, at 337 sqq.; cf. also (not mentioned by Schnizer) *J. Portemer,* Recherches sur les „Differentiae juris civilis et canonici“ au temps du Droit classique de l'Eglise, I: L'expression des "Differentiae“ (thesis Paris 1943, published 1946), in particular 122 - 129 ("L'expression des *differentiae* depuis le Concile de Trente").

[26] On Rittershusius in particular *Schnizer* (ante, n. 25) 339 sqq.

[27] Hassaeus' treatise was originally published as a disputation at the University of Bâle, see *K. Mommsen,* Katalog der Basler juristischen Disputationen 1558 - 1818, hrsg. v. *W. Kundert* (Ius commune, Sonderhefte, 9; 1978), p. 254 Nr. 1304 (8th September 1624). Schnizer does not mention Hassaeus' work at all, Portemer 125 cites only the 1737 reprint (under the name "Hassens") and considers the author as a "protestant hollandais", apparently because the reprint was published at Utrecht ("à la suite du traité de Baelmann"; read "Böckelmann").

[28] This does not apply, however, to the Differentiae of Jacobus Voorda, see post, n. 65.

far as the Dutch Republic is concerned the earliest treatise of this kind was not published as a product of academic teaching:[29] Paulus Busius, *Commentarius brevis in Pandectas cum differentiis iuris canonici et consuetudinum Germaniae, Galliae et Belgicae ad usum huius seculi compositus* (tom. I Zwollae 1608; tom. II – with slightly different title – Franecarae 1614[30]). The notice to the reader[31] in the first volume has a short passage on *differentiae iuris canonici,* which are often mentioned but not *exacto studio aut iudicio tractatae.*[32] The dedication of the second volume includes a somewhat longer passage in the same vein:[33] Busius considers himself more or less as a pioneer in making statements on the authority of the canon law in his time.[34]

The first "academic" work on the differences between the law of the *Corpus iuris civilis* and the customs of the Netherlands was published by a professor of

---

[29] However, the author became a university professor after the publication of the first part of the treatise: Paulus Busius (c. 1570 - 1617), who was first an advocate in Zwolle, was professor of law at Franeker from 1610 to his death. Professorships were not obtained by two other practitioners who wrote on differences between the *Corpus iuris civilis* and the "modern" law: Simon van Groenewegen van der Made (1613 - 1652) and Simon van Leeuwen (1626 - 1682). The former published Tractatus de legibus abrogatis et inusitatis in Hollandia vicinisque regionibus (1649), the latter Censura forensis theoretico-practica (1662); both refer regularly to canon law texts, and van Leeuwen makes also a general statement on the role of canon law (lib. I, cap. 1, num. 20).

* [30] Not 1514 as the titlepage has. *Ahsmann,* De juridische faculteit (ante, n. 4), 48 and n. 226, is wrong in saying that a first edition of the second volume was published in 1609 (this error was taken over in my contribution to the volume Towards a general law of contract, ed. by J. Barton (1990), 203 n. 29). An *editio aucta* of the first volume appeared in 1610; it was not reprinted in 1614 (as Ahsmann says). Of both volumes new editions were published in Deventer 1656 - 1657 and in Leiden 1669 (the titlepage wrongly has 1569); cf. also post, n. 34.

[31] This notice was not reproduced in the *editio aucta* of 1610 (ante, n. 30) nor in later editions.

[32] After saying that the reader will find "ius canonicum ac consuetudines hujus saeculi iuri romano conjunctas" he states: "differentiae iuris canonici multis observatae sunt, verum exacto studio aut judicio nescio cui tractatae. Nos igitur operam hanc quoque ita instituimus, ut quid e iure canonico in foro civili servetur, observemus".

[33] "Iuris quoque canonici differentias addidi, non quod ei quid authoritatis ad abrogandum ius nostrum tribuam, sed quia fere mores subsequitur; ut item (quod a nemine traditum ante, annotatum tamen et nobis est) quibus casibus id juri nostro ex more recepto deroget vel minus. Differentias quidem iuris canonici et civilis observarunt diversi: sed quae quibusque in casibus diversis authoritas hujus vel illius esset, ex proposito, quantum quidem nobis deprehendere licuit, explicuit nemo".

[34] The importance he attributes to canon law is also reflected by the fact that in the title of his work (in both volumes) "iuris canonici" precedes "consuetudinum" (and is even printed in larger characters). In the 1656 - 1657 and 1669 editions (cf. ante, n. 30) the title has been radically changed by putting "ius canonicum" behind the "consuetudines": it reads "cum differentiis consuetudinum communium et Germaniae, Galliae, Belgicae singularium, juris canonici ..." ("juris canonici" is printed in the same characters as "consuetudinum communium"). This applies, however, only to the title of tom. I; in tom. II the title is the same as in the 1614 edition: "cum differentiis iuris canonici et consuetudinum ..." ("iuris canonici" in larger characters, cf. ante).

Utrecht University, Cyprianus Regneri ab Oosterga (1614 - 1687), under the title *Censura Belgica.*[35] It consists of several volumes:[36] the first deals with the Institutes (1648), the second with the first part of the Digest (1661), the third with the Code (1666), the fourth with the second part of the Digest (1669), the fifth with the Novels and the *Libri feudorum* (1669). In these five volumes the different parts of the *Corpus iuris civilis* are compared not only with the *mores Belgii* but also with other sources, among which is the *ius canonicum.* But there is a sixth volume (also 1669)[37] with the title *Censura Belgica,* in which *omnes et singuli canones qui in toto iuris canonici corpore continentur* form the starting point: in more than 300 pages they are "confirmed, illustrated and refuted" by the *jus divinum,* by the *jus gentium,* by *solidae rationes,* and by the *mores praecipue Belgii.* It appears not to have been the first time that Regneri dealt with the canon law in particular: In the dedication of the work[38] he mentions his *Dissertatio de jure canonico,* published as early as 1644;[39] the text of his treatise is reprinted as an appendix to this volume of the *Censura Belgica* (p. 315 - 323). In this interesting text we read *inter alia* that the author aimed to prove *juste et consulto adhuc in Academiis nostris J[uris] U[triusque] Doctores pronunciari.*[40]

It is certainly not by chance that this treatise and the *Censura Belgica* of the *canones* were written by a Utrecht professor of law (Regneri, a Frisian with special links with the town of Zwolle, after studying mainly at Leyden University, was appointed in Utrecht in 1641, where he remained until his death in 1687). In Utrecht there was much controversy about the fact that the chapters ("kapittels") of the five collegiate churches of the city had not ceased to exist after the Reformation:[41] instead of Catholic canons there had come Protestant canons, belonging to the same patrician families whose members had filled the posts in pre-Reformation times and exercising practically the same political

---

[35] On Regneri see, *inter alios, Feenstra,* Jacobus Maestertius (ante, n. 17) 306.

[36] All published in Utrecht. A good bibliography is still lacking; cf. post, n. 37. *

[37] *R. Dekkers,* Bibliotheca belgica juridica (1951), 126, is wrong in mentioning an edition of 1649. The 1669 edition was published "Trajecti ad Rhenum, apud Henricum Versteegh, MDCLXIX"; in the date the letter L has been added (in print).

[38] This dedication is interesting in more than one respect; it was addressed to the Utrecht canons, cf. post, n. 42.

[39] The full title reads: "Dissertatio de iure canonico, quomodo et quando vim legis habeat in foris nostris, deque recepta consuetudine qua hodie in Academiis etiam Reformatorum I. U. Doctores renunciantur." The only copy known to me of the original edition, "Trajecti ad Rhenum, apud W. Strick, [1644]", is available in Yale University Law Library (I am grateful to Professors Morris L. Cohen, Librarian, and John H. Langbein for providing me with a photocopy). By not taking into account the existence of this edition J. A. Fruin, in his oration cited post n. 46, at p. 58, puts the work in a wrong context. *

[40] As we will see (post, at n. 45) his younger colleague Paulus Voet had rejected the use of the title *doctor juris utriusque.*

[41] See in particular *D. G. Rengers Hora Siccama,* De samenhang in het recht bij den strijd over de Utrechtsche kapittelen (1906).

rights in the Province of Utrecht as their Catholic predecessors. The controversy had started in the 1580s but after 1618 it had appeared in a new perspective and around 1644 serious trouble started between the Calvinist ministers and the city authorities. Only in 1660 was the conflict settled by a decision of the States of the Province of Utrecht. This decision is mentioned by Regneri in the dedication of his work of 1669, addressed to the *Quinque Capitulorum Ultrajectinorum Canonici.*[42] In 1655 and 1659 he had himself also produced pamphlets on the subject,[43] attacking his colleague, the famous Gisbertus Voetius (or Voet), professor of theology at the University of Utrecht.

That the topic of the use of canon law was much in vogue at Utrecht University is also shown by the fact that in 1657 Paulus Voet (Gisbertus' son; 1619 - 1667), who since 1641 was a professor of philosophy and after 1654 professor of law,[44], published a treatise[45] *De usu juris civilis et canonici in Belgio unito deque more promovendi doctores utriusque juris.*[46] He denied that the canon law was binding in the Dutch Republic, and he rejected the custom of creating *doctores utriusque juris* at the universities. He does not mention his senior colleague Regneri, who had not yet published his *Censura* for the *canones* (1669) but whose *Dissertatio de jure canonici* from 1644 he must have known. On the other hand Regneri in 1669 would seem to ignore Voet's treatise.

* In the last three decades of the seventeenth century a special interest in the canon law appears at Leyden University. First it is again a law professor of for-

---

[42] Cf. ante, n. 38.

* [43] Two of these pamphlets were published under the pseudonym Petrus Philonomus: (1) Contrary advys ofte censure ende balance tegens seecker Theologisch advys over 't gebruyck van kerckelyke goederen, van canonisyen, vicaryen enz., Amsterdam 1655; (2) Defensio van seker Contrarij advys tegens seker Theologisch advys over 't gebruyck van kerckelyke goederen, canonisyen, vicaryen enz., Utrecht 1659. An anonymous pamphlet, entitled "Sedich ondersoeck van het geschrift, genaemt Theologisch advys over het gebruyck van kerckelijcke goederen" (Leyden 1655) has also been ascribed to Regneri. There can be no doubt of his authorship of the first two pamphlets, see *A. C. Duker*, Gisbertus Voetius, II (1910), 305 n. 3; cf. *Rengers Hora Siccama* (ante, n. 41), 52 n. 3. The third is attributed to him by Duker, loc. cit., – probably following Knuttel – but it is not clear on which grounds; it would seem not very probable that in the same year Regneri wrote one pamphlet anonymously and another under a pseudonym (and that in 1659 he would not have referred to both).

* [44] On Paulus Voet and his works see *K. R. G. Kuipers,* Paulus Voet (1619 - 1667), Enkele opmerkingen over deze 17e eeuwse geleerde en zijn werken, in het bijzonder met betrekking tot het internationaal privaatrecht, in: H. F. Hofman, K. van der Horst and A. H. H. M. Mathysen (eds.), Uit Bibliotheektuin en Informatieveld, Opstellen aangeboden aan Dr. D. Grosheide (1978), 51 - 63.

[45] Among his other works mention should be made here of his De jurisprudentia sacra, instituta juris caesarei cum Divino, consuetudinario atque canonico in multis collatione, Amstelodami 1662; on 164 he deals with the Utrecht chapters.

[46] Ultrajecti 1657; it has never been reprinted. On this treatise see *J. A. Fruin,* De strijd tusschen het Canonieke en het Romeinsche recht in de middeleeuwen en het tijdvak van de Republiek der Vereenigde Nederlanden [oration 1879], in: Jaarboek der Rijksuniversiteit te Utrecht 1878 - 1879 (1880), 31 - 71 at 57 sqq.

eign origin who merits our attention: Johannes Fridericus Böckelmann (1632 - 1681; he studied first in his native city Steinfurt, then at Heidelberg, where he became a professor in 1659; in 1671 he moved to Leyden).[47] He instituted a *collegium canonico-civile-forense,* of which lecture notes have come down to us.[48] It was attended *inter alios* by Cornelis van Eck (1662 - 1732), later professor in Franeker and Utrecht,[49] and by Alexander Arnoldus Pagenstecher (1659 - 1716), later professor in Groningen.[50] In 1694 van Eck published the text (with the help of Pagenstecher)[51] under the title *Tractatus postumus de differentiis juris civilis, canonici et hodierni.*[52] In the preface[53] van Eck mentions his intention to lecture on it (in Utrecht) in the next winter vacation. This would seem to have been the beginning of a long tradition in Utrecht. Not only was the treatise reprinted there in 1697 and 1721, but in 1737 another German, Everhardus Otto (1685 - 1756), professor at Utrecht from 1720 to 1739, published a new edition[54] with very substantial footnotes[55] and with a long introduction *Pro instaurandis praelectionibus canonicis.*[56] Böckelmann's treatise was also used at other universities.[57]

---

[47] On Böckelmann and his works see *R. Feenstra,* Johann Friedrich Böckelmann (1632 - 1681), Een markant Leids hoogleraar in de rechten, in: S. Groenveld, M. E. H. N. Mout and I. Schöffer (eds.), Bestuurders en Geleerden, Opstellen aangeboden aan Prof. Dr. J. J. Woltjer (1985), 137 - 150.

[48] Ms. Leyden, University Library, BPL 1425.

[49] On C. van Eck see *van den Bergh,* in Rechtsgeleerd Utrecht (ante, n. 5), 9 - 20. *

[50] Before coming to Groningen (1694) he had been professor at Steinfurt and at Duisburg. * He was born in Bentheim in 1659. For his life and works (with a complete bibliography) see *R. Feenstra,* Der juristische Unterricht in Steinfurt im 17. Jahrhundert und die an niederländische Universitäten berufenen Steinfurter Professoren der Rechte, Mit einem besonderen Beitrag über A. A. Pagenstecher, in: H. Holzhauer and R. Toellner (eds.), Symposion 400 Jahre Hohe Schule Steinfurt, 18. und 19. 09. 1988 Schloß Burgsteinfurt (Steinfurter Schriften, 17; 1991), 36 - 113.

[51] See the preface, mentioned post.

[52] Cornelius van Eck edidit, recensuit et praefatione auxit, Trajecti ad Rhenum 1694. In * my article Der juristische Unterricht (ante, n. 50), n. 89, I should have mentioned that the text of this edition is practically identical with that of the Leyden manuscript (ante, n. 48).

[53] Apart from the preface (p. 1 - 19) attention should be drawn to the "Testimonia de utilitate et necessitate juris canonici" (p. 20 - 30) added by van Eck.

[54] After the main title (see ante, n. 52) follows: Everardus Otto in usum auditorum notis illustravit et Joach. Hassaei Diff. juris civ. et can. adjecit, Trajecti ad Rhenum 1737. On Hassaeus see ante, at n. 27.

[55] These constitute the last version of the lectures he had given on Böckelmann's treatise at Utrecht. Two manuscript notes of these lectures are known to me: ms. Leyden, University Library, BPL 679, fol. 1 - 39 (dated 4 November 1726) and an interfoliated copy of the 1721 edition of Böckelmann's Tractatus in the Royal Library at the Hague (shelfmark 393 C 24).

[56] In the edition p. III - LIII. It contains many interesting details. He speaks *inter alia* * about the "studium juris canonici, in Germaniae Academiis florentissimum, sed his in oris spretum et tantum non desertum".

[57] For lectures by Wieling at Franeker and by Pestel at Leyden see post, notes 69 and 72. We have also found lectures by Gerhardus Schroeder (1708 - 1762), professor at Harderwijk from 1744, in Ms. Leyden, University Library, BPL 679, fol. 40 - 74 (no date). Certainly

Böckelmann was not the only Leyden professor dealing with the canon law. His younger colleague Johannes Voet (1649 - 1713, son of Paulus Voet, first professor at Herborn and Utrecht, then, from 1680, at Leyden),[58] added to his *Compendium juris juxta seriem Pandectarum* (first edition 1682, many
* reprints)[59] a short chapter with *Differentiae juris civilis et canonici.* However, this was a very elementary text (about 10 pages) in comparison with Böckelmann's treatise, which included, apart from the *differentiae* proper (134 pages in the 1694 and 1697 edition), a *tractatus generalis* on the canon law.

The most elaborate book on canon law published by a Leyden professor was the *Manuductio ad jus canonicum* (1696) by Antonius Matthaeus [III] (1635 - 1710, son of Antonius Matthaeus [II] (1601 - 1654); first professor at Utrecht, then, from 1672, at Leyden).[60] It does not aim in the first place to show the contemporary use of canon law but, as is also shown by the subtitle,[61] it is a learned treatise on canon law in general.[62]

At the end of the seventeenth and in the first half of the eighteenth century a special interest for canon law at Dutch universities is also demonstrated by two orations. The first was given at Groningen in 1696 by Alexander Arnoldus Pagenstecher, already mentioned as a pupil of Böckelmann:[63] *Oratio de praestantia et autoritate juris canonici;* it was published several times.[64] The second

---

other lecture notes on Böckelmann's Tractatus exist: we did no systematic research and relied only on the tables in *Dekkers,* Bibliotheca belgica juridica (1951).

58 On Johannes Voet see *Feenstra/Waal* (ante, n. 3) 35 - 44.

59 *Feenstra/Waal* 38 - 40; cf. *M. Ahsmann/R. Feenstra,* Bibliografie van hoogleraren in de rechten aan de Leidse Universiteit tot 1811 (Geschiedenis der Nederlandsche Rechtswetenschap, VII-1; 1984), nrs. 1042 - 1056 A.

* 60 See on Matthaeus and his works in general *Ahsmann/Feenstra* (ante, n. 59), nrs. 365 - 399. The Manuductio (Lugduni Batavorum 1696) appears under nr. 392; erroneously a copy in Utrecht University Library is mentioned: Leyden University Library possesses four copies, three of them with manuscript notes by the author. Fruin (ante, n. 46) 59 wrongly gives 1706 as the date of publication.

61 "quae ejusdem originem, institutiones ac fundamenta et quicquid in eo primum ac praecipuum complectitur".

* 62 In this context it should be mentioned that in 1660 a Groningen professor of theology, Samuel Maresius (1599 - 1673), had edited, with his own notes, a new edition of the manual of canon law by Marcus Antonius Cucchus: Institutionum juris canonici libri quatuor, cum Samuelis Maresii scholiis et animadversionibus, Groningae 1660. This manual by a sixteenth century Italian professor (first edition 1564) had already been edited by a Protestant professor of law, Hermannus Vultejus, in 1618 (see *J. F. von Schulte,* Die Geschichte der Quellen und Literatur des canonischen Rechts, III-1 (1880), 450). Maresius has used the book for private lectures on canon law at Groningen, see *D. Nauta,* Samuel Maresius (thesis Free University Amsterdam; 1935), 214; cf. also 304.

63 Ante, n. 50. Pagenstecher also composed "Tituli juris canonici de regulis juris paraphrasis metrica" (written 1676, first published in his Aphorismi Justinianei ad Institutionum libros quatuor, ed. tertia, Francofurti ad Moenum 1692); for details see *Feenstra,* Der juristische Unterricht (ante, n. 50), Bibliographie nrs. 2, 3, 19, 50, 127 and 153.

64 After remaining unpublished for three years (the oration was originally given at the promotion of Henricus Eyssonius on 22 October 1696), it was first published in a volume with

oration was given in 1735 by Jacobus Voorda (1698 - 1768; first professor at Franeker, then, from 1730 to 1760, at Utrecht)[65] at the end of his rectorate: *Oratio pro decretalibus pontificum Romanorum.*[66]

At Franeker we find in 1729 Abraham Wieling (1693 - 1746; born in Hamm, professor at Franeker from 1727, at Utrecht from 1739)[67] announcing for volunteers special lectures on canon law for which he will use Cl. Fleury, *Institutiones juris ecclesiastici,* translated by Gruber and with notes by Böhmer (1724).[68] We do not know whether these lectures were indeed actually given. In the same announcement Wieling says that in 1728 - 1729 he has given public lectures on the general part of Böckelmann's *Differentiae*[69] and that in 1729 - 1730 he will deal with the special part of that work.

We have already mentioned the special attention payed to the canon law in Utrecht by Wieling's predecessor in Utrecht, Everhardus Otto, in the second and third decades of the eighteenth century. For the second half of that century we have still some information from Leyden. Apart from *Dictata de natura et constitutione juris ecclesiastici* (in which canon law plays its part) by Andreas Weiss (1713 - 1792; born in Bâle, professor at Leyden 1747 - 1760)[70] there are lectures on canon law by Friedrich Wilhelm Pestel (1724 - 1805; professor in Rinteln from 1747, in Leyden from 1763);[71] he used Böckelmann's

---

miscellaneous treatises by Pagenstecher: Bene dictorum liber unus (Bremae et Groningae 1699; also Bremae 1700), p. 129 - 153; then it appeared in the form of a disputation, defended on 4 July 1700 by Johannes Kirchmannus; it was further included – or rather hidden, because it there has no separate heading – in Pagenstecher's Irnerius injuria vapulans (Groningae 1701; reprinted 1702), p. 281 - 297; finally it forms part of his Sylloge dissertationum (Bremae 1713), p. 213 - 268. For bibliographical details see *Feenstra,* Der juristische Unterricht (ante, n. 50), Bibliographie, nrs. 33, 52, 62, 63, 70, 76 and 137.

65 On Jacobus Voorda see my review of the recent edition, with English translation, of his Tractatus de statutis (Johannesburg-Capetown 1985) in Tijdschr. v. Rechtsgesch., 56 (1988), 224 - 229. His most influential printed work was a small treatise published anonymously under the title Differentiae juris Romani et Belgici secundum ordinem Digestorum strictim expositae (Trajecti ad Rhenum 1745 and Lugduni Batavorum 1769). In these Differentiae canon law plays no role; canon law texts do not seem to be mentioned (probably, however, he dealt with them in his – until now unpublished – lectures on the Differentiae). *

66 The first edition appeared as an appendix (with independent pagination) to his Interpretationes et emendationes juris Romani, Trajecti ad Rhenum 1735; it was reprinted with the second edition of this work, Trajecti ad Rhenum 1768, p. 331 - 376.

67 On Wieling see *Feenstra,* Les juristes (ante, n. 4), 609 and 628, referring to *J. F. Jugler,* Beyträge zur juristischen Biographie, VI-1 (1780), 195 - 212. A bibliography of Wieling is being prepared by us for a volume on Utrecht of the Geschiedenis der Nederlandsche Rechtswetenschap (cf. ante, n. 59). *

68 *A. Wieling,* De suis futuro anno lectionibus publicis et privatis dissertatio epistolica (s. l. et a. but dated at the end of the text 1 July 1729; copy in Leyden University Library).

69 See ante, n. 57.

70 On Weiss see *W. Kundert,* Andreas Weiss (1713 - 1792), Professor des Naturrechts und des öffentlichen Rechts in Basel und Leiden, in: Tijdschr. v. Rechtsgesch., 49 (1981), 101 - 126; on his *Dictata* on *jus ecclesiasticum* ibid., 118 - 119. The lecture notes exist only in ms. Leyden, University Library, BPL 1151.

Differentiae for the main part but gave a general introduction of his own.[72] No other Leyden lectures on canon law are known to us. At the end of the 1780s a German who has studied at Leyden reports that canon law is only read when there are amateurs among the students.[73]

[71] On Pestel see *Ahsmann/Feenstra,* Bibliografie (ante, n. 59), nrs. 481 - 521.

[72] Two copies of his lecture notes on canon law are known to us: ms. The Hague, Royal Library, 72 K 49 (dated 1787) and ms. Leyden, University Library, BPL 1875 (no date).

[73] See [G. Hugo] Juristische Nachrichten von der Leydenschen Universität 1790, in: Civilistisches Magazin vom Hofrath Hugo, vol. 2 (Berlin 1804), 237 - 251, at 249: "Das Canonische und Lehenrecht wird nur gelesen, wenn sich besonders Liebhaber dazu finden." This might refer to Pestel's lectures of 1787, see ante, n. 72.

XII

UN MANUSCRIT DE LA BIBLIOTHEQUE NATIONALE FAUSSEMENT ATTRIBUE A VINNIUS : LES *VARIAE LECTIONES IN INSTITUTIONES IURIS* DE JEAN CABILLAU (1600-1652)

En 1945, Madame Marguerite Boulet — aujourd'hui Madame Boulet-Sautel — publia une notice sous le titre "Trois manuscrits juridiques oubliés de la Bibliothèque Nationale"[1]. Cette notice, parue à une époque peu favorable au rayonnement des publications scientifiques au-delà des frontières nationales, ne semble pas avoir reçu jusqu'ici l'attention qu'elle méritait ; du moins c'est le cas de la partie consacrée au troisième manuscrit que Madame Boulet-Sautel a décrit et qu'elle attribue au juriste néerlandais Arnaud Vinnius (1588-1657)[2]. C'est en faisant des recherches sur cet auteur que nous fûmes amenés à examiner le manuscrit en question. Nous n'étions pas convaincus par l'hypothèse de Madame Boulet-Sautel : à notre avis, le texte ne devait pas être attribué à Vinnius, mais à un autre juriste néerlandais de l'époque, beaucoup moins connu et certainement inférieur à Vinnius dans le domaine de la science du droit : Jean Cabillau (1600-1652).

1. Revue historique de droit français et étranger, 4e série, 23, 1945, pp. 286-296.
2. *Op. cit.*, pp. 291-296.

Nous avons mentionné incidemment cette conclusion dans une étude de 1975[3], en promettant d'y revenir. Nous l'avons fait dans une communication présentée aux Journées de la Société d'histoire du droit à Narbonne le 2 juin 1976, qui jusqu'ici est restée inédite[4]. C'est une version élaborée du texte de cette communication que nous dédions maintenant à notre éminent collègue bordelais.

Il s'agit du manuscrit latin 4704 de la Bibliothèque Nationale, qui porte le titre *Variae lectiones in Institutiones iuris*. Pour la description du manuscrit, nous nous permettons de citer en partie l'article de Madame Boulet-Sautel : "C'est un petit carnet de papier, relié en parchemin souple, de 29 feuillets, mesurant 195 x 145 mm. L'écriture, facilement datable du XVIIe siècle, est tracée d'une main courante, avec cette particularité que les *u* sont surmontés d'une sorte de tilde, à la façon allemande. De nombreux passages raturés achèvent de donner l'impression qu'il s'agit de notes jetées à la hâte, sans prétention de faire œuvre parfaite..."[5].

L'exposé même est constitué par une série de notes critiques sur le texte des Institutes de Justinien. Au début, l'auteur signale qu'il s'est servi de l'édition de Denis Godefroy et de sa *paragraphorum designatio*[6]. Il conteste plusieurs passages du texte adopté par Godefroy en rapportant soit la tradition de quelques manuscrits soit les conjectures de quelques romanistes du XVIe ou du début du XVIIe siècle. Parfois il conclut en se prononçant dans un sens ou dans l'autre. Il y a d'autres cas où il signale seulement l'existence de problèmes d'interprétation du texte. Dans les deux hypothèses il s'adresse assez souvent "à un personnage en l'érudition de qui il paraît avoir la plus grande confiance". Ses notes "prennent à de certains moments l'allure épistolaire. Il semble que ce soit là une sorte de mémoire consultatif soumis à l'examen d'un philologue réputé". Il s'adresse à lui par des épithètes telles que *maxime*

3. R. Feenstra et C.J.D. Waal, Seventeenth-century Leyden Law professors and their influence on the development of the Civil Law, A study of Bronchorst, Vinnius and Voet [Verhandelingen Koninklijke Nederlandse Akademie van Wetenschappen, Afd. Letterkunde, Nieuwe reeks, 90], Amsterdam-Oxford, 1975, p. 24, n. 76 et p. 29, n. 104.

4. Entre temps l'un de nos élèves, M. R.J. van Oosten, avait consacré un mémoire de licence au manuscrit en question. Dans ce mémoire, resté inédit, il a donné une édition critique du texte, avec une introduction sur la paternité du manuscrit. Dans le présent article nous lui avons emprunté quelques détails.

5. Boulet, *op. cit.*, p. 291. Dans les lignes qui suivent nous avons également repris quelques éléments de l'exposé de Madame Boulet-Sautel.

6. "Usus sum editione D. Gothofredi ejusdemque paragraphorum designatione" (c'est à tort que Boulet lit "ejus denique").

heros, decus et delicium nostrum, animae dimidium, aevi nostri polyhistor, mea anima ; à un seul endroit, cependant, il donne le nom de ce personnage en s'écriant : *Quaeso, maxime et charissime Salmasi, erudias me.*

Le texte est donc adressé à Claude Saumaise (Salmasius), "le plus grand philologue du XVIIe siècle"[7], qui, de 1632 à 1653, fut professeur à l'Université de Leyde en y occupant la place occupée jadis par Joseph Scaliger. Né à Semur-en-Auxois le 15 avril 1588, il fit ses études non seulement à Paris mais aussi à Heidelberg, où il étudia le droit sous la direction de Denis Godefroy. En 1610, il se fait inscrire comme avocat au Parlement de Dijon, mais il est souvent à Paris ; après son mariage il vit à Grigny, près de Paris. Il se consacre surtout aux études philologiques, puisqu'il n'avait pu, pour cause de religion (car il était huguenot), succéder à son père comme conseiller au Parlement de Dijon. En 1631, l'Université de Leyde lui offre un professorat tout à fait exceptionnel : elle l'invite à venir illustrer l'Université par les livres qu'il écrirait, sans faire aucune leçon publique[8]. Il accepte et y reste jusqu'à sa mort survenue à Spa le 3 septembre 1653[9].

Même si l'auteur des notes sur les Institutes n'avait pas mentionné Saumaise dans son texte, la provenance du manuscrit aurait pu laisser supposer que c'était bien à celui-ci qu'il s'adressait. Le manuscrit est entré au Cabinet du Roi de France en 1719[10] : il faisait en effet partie de la collection de Philibert de la Mare, conseiller au Parlement de Bourgogne, auquel le fils de Claude Saumaise avait légué une partie de la bibliothèque de son père. Notre manuscrit figure dans un catalogue sommaire des livres de Claude Saumaise dressé à l'occasion du partage de cette bibliothèque entre de la Mare et son colégataire Jean-Baptiste Lantin.

Après ces constatations, Madame Boulet-Sautel s'exprime ainsi : "Les notes conservées dans le manuscrit latin 4704 ont donc été adressées à Saumaise par un romaniste désireux d'établir un texte scientifiquement certain des Institutes de Justinien. Reste à trouver quel est ce romaniste. A vrai dire, le champ des hypothèses est assez limité. L'activité de ce juriste se pla-

7. Voir G. Cohen, Ecrivains français en Hollande dans la première moitié du XVIIe siècle, Paris, 1920, chapitre XIV, pp. 311-333. Pour la bibliographie plus récente voir P.E.R. Leroy, Le dernier voyage à Paris et en Bourgogne (1640-1643) du réformé Claude Saumaise, thèse lettres Nimègue 1983, p. 6 ; *cf.* aussi sa correspondance, mentionnée *infra*, note 37.

8. Cohen, *op. cit.*, p. 314.

9. Non pas 1658, comme l'écrit Boulet, p. 292, à la suite de la Nouvelle Biographie Générale.

10. Pour ce qui suit voir Boulet, p. 292.

ce dans la première moitié du XVIIe siècle, il appartient probablement à l'école hollandaise, il entretient avec Saumaise des rapports qui sont d'une intimité suffisante pour se permettre de l'appeler "très cher", "moitié de mon âme" et il s'occupe des Institutes de Justinien. Tous ses traits font songer à Vinnius"[11].

En comparant le commentaire de Vinnius sur les Institutes, commentaire paru à Leyde en 1642, avec notre manuscrit Madame Boulet-Sautel conclut que cette comparaison "confirme indubitablement l'hypothèse suggérée : le manuscrit 4704 est un fragment du travail préparatoire accompli par Vinnius pour établir son étude sur les Institutes, une sorte de tableau des questions qui lui avaient semblé les plus difficiles à résoudre et dont il avait demandé la solution à Saumaise".

Avant de nous prononcer sur cette hypothèse, rappelons brièvement quelques précisions sur Vinnius[12]. Né à Monster, dans les environs de La Haye, en 1588 — l'année même de la naissance de Saumaise — il avait fait ses études à Leyde. Il y fut l'élève de Gérard Tuningius et subit ainsi indirectement l'influence de Hugues Doneau qui avait été le maître de Tuningius à l'époque où il enseignait à Leyde. La mort prématurée de Tuningius a probablement été l'une des causes pour lesquelles la carrière de Vinnius ne s'est pas déroulée sans difficultés. Malgré le fait qu'il avait déjà donné des cours privés — et même un cours public pendant les vacances universitaires — et qu'il avait publié le cours de Tuningius sur les Institutes, il ne réussit pas à obtenir la chaire des Institutes qui restait vacante de 1619 à 1624. En 1619, il accepta le poste de recteur de l'Ecole latine à La Haye, qu'il garda pendant treize ans[13]. En 1633, il fut finalement nommé professeur à Leyde après qu'on eût vainement essayé de faire venir un Allemand. Il y resta jusqu'à sa mort en 1657. Son commentaire des Institutes eut un grand succès, notamment à l'étranger ; tel fut le cas également de son édition des Institutes avec des notes qui plus tard furent incorporées à son commentaire.

11. Boulet, *loc. cit.*

* 12. Voir sur lui, outre Feenstra-Waal, *op. cit.* (*supra*, note 3), pp. 24-35, notre article Het Tractatus de pactis van Vinnius en de strijdschriften tegen Maestertius uit 1640, in Tijdschrift voor Rechtsgeschiedenis, 56, 1988, pp. 199-208, et dernièrement Margreet J.A.M. Ahsmann, Collegia en Colleges, Juridisch onderwijs aan de Leidse Universiteit 1575-1630, in het bijzonder het disputeren, thèse droit Leyde, 1990 [Rechtshistorische Studies, Nieuwe Reeks, 1], Groningen, 1990, pp. 18-21 et *passim* (*cf.* Index).

13. Il continuait cependant ses efforts pour obtenir une chaire à Leyde ; en 1623 il donna de nouveau un cours public sur les Institutes parce que la chaire était encore vacante (Ahsmann, p. 20 n. 67)

S'il est vrai que les dates de la vie et de l'enseignement à Leyde de Saumaise et de Vinnius coïncident à quelques années près, on ne dispose pas de données sur les rapports entre les deux savants. Nous aurions pour notre part quelques doutes sur la valeur que Madame Boulet-Sautel semble vouloir accorder aux termes "très cher" et "moitié de mon âme" employés par l'auteur du manuscrit pour s'adresser à Saumaise. Le fait que tant l'auteur du manuscrit que Vinnius se soient occupés des Institutes de Justinien est en soi également très peu probant ; il y eut des dizaines de commentateurs des Institutes à la même époque et rien, dans notre manuscrit, ne nous oblige à conclure qu'il fut écrit à Leyde, ou même aux Pays-Bas. La seule preuve qui donnerait à penser que Vinnius ait été l'auteur des notes du manuscrit parisien pourrait être trouvée dans la comparaison entre d'une part les opinions de Vinnius, exprimées dans son Commentaire et dans ses Notes, et celles de l'auteur du manuscrit d'autre part. Or les trois exemples que donne Madame Boulet-Sautel à ce sujet[14] nous avaient paru, dès la première lecture de son article, assez peu convaincants.

Il n'est pas besoin, cependant, d'insister sur la faiblesse de cette hypothèse. En effet, une lecture attentive du manuscrit nous révèle que, parmi les auteurs cités — dont la plupart sont mentionnés par Madame Boulet-Sautel[15] —, se trouve Vinnius lui-même. Le passage en question est assez intéressant parce qu'il contient non seulement une citation de Vinnius, mais encore une attaque assez véhémente contre ce juriste. A propos des mots *non ut dominium accipiat* etc. dans Institutes 4,2,2 l'auteur du manuscrit dit[16] : "il faut interpréter ces mots à l'encontre de Vinnius mais également à l'encontre de Bachovius" (auteur allemand du début du XVIIe siècle, professeur à Heidelberg[17]). Il ajoute, à propos de Bachovius : "qui, tant ici qu'ailleurs, est

14. Boulet, pp. 293-295. Il y a lieu de faire quelques corrections dans les textes cités du manuscrit : p. 294, l. 4 : "Veneror" au lieu de "Veneor" ; l. 6 : "totum" au lieu de "solum" ; p. 295 l. 6 : "tu" au lieu de "tum" ; l. 7 : "hostibus" au lieu de "hostilibus".

15. *Op. cit.*, pp. 295-296 ; au lieu de "Backer" il faut lire "Bachovius", *cf. infra*, note 17. La liste n'est pas complète ; on y ajoutera les noms de Vinnius (*infra*, note 16), Raevardus, Connanus, Robertus, Antonius Augustinus, Marcilius, Balduinus, Bartolus, Costalius et Jacobus Gothofredus.

16. Fol. 22 v° : "Haec, inquam, verba alibi contra Finnium interpretaris adeoque et simul Bacchovium, quem alter et hic et alibi (si Dis placet) indutus confidentius agere solet. Nam ipse forte verba describere nedum opinionem tantum, ut vel integros tractatus ex lucubrationibus eius haurire non erubescat. Ita sane mihi formasse videtur foetum suum De iurisdictione ex Bacchovii commentariis in Pandectas, quemadmodum cetera sua ex Donello similibusque. Sed, hoc ipsum, nonne est sapere de aliena charta ?".

17. Reiner Bachoff von Echt, 1575-1634. Son nom ne figure pas chez Boulet, *cf. supra*, note 15. Il est cité neuf fois dans notre manuscrit.

suivi de très près par Vinnius. Car ce dernier n'hésite pas à le copier mot pour mot et non pas seulement ses opinions ; il ne rougit pas d'emprunter des traités entiers aux élucubrations de Bachovius. C'est ainsi qu'il me semble avoir composé son traité de la juridiction en se servant des commentaires sur les Pandectes de Bachovius, de la même façon que, pour ses autres écrits, il s'est inspiré de Doneau et d'auteurs de ce genre".

L'accusation d'avoir plagié Bachovius a été lancée contre Vinnius par d'autres auteurs, qui probablement n'ont pas eu connaissance de notre manuscrit[18]. Elle est sans doute exagérée, mais ici ce n'est pas le lieu de traiter ce problème de manière approfondie. Qu'il nous suffise de constater que, pour le texte des Institutes en question, Vinnius a, en effet, suivi l'opinion de Bachovius et qu'il l'a fait à beaucoup d'autres endroits, mais, dans la plupart des cas, en citant son nom et donc sans intention manifeste de le plagier. La remarque de l'auteur de notre manuscrit à propos du traité de la juridiction de Vinnius est tout à fait injuste. Elle peut cependant nous aider à dater le manuscrit parce que la première édition du traité *De jurisdictione et imperio* de Vinnius a paru en 1644[19].

Une fois établi que Vinnius ne peut pas avoir été l'auteur du manuscrit parisien, il nous reste à démontrer que ce fut Jean Cabillau.

Qu'il nous soit permis d'esquisser très brièvement comment nous avons été mis sur la trace de sa paternité de notre texte. Il nous parut tout à fait indiqué d'examiner la correspondance de Saumaise. Pour ces recherches nous reçumes l'aide très précieuse de M. F.F. Blok. D'une part, il nous suggéra de consulter un manuscrit contenant des lettres adressées à Saumaise[20], d'autre part, il nous signala les noms de plusieurs juristes néerlandais qui ont eu des rapports avec le grand philologue français. La fortune fut avec nous. En cherchant des spécimens de l'écriture de ces juristes à la Bibliothèque de l'Université de Leyde, nous trouvâmes assez vite une lettre qui n'est pas seulement écrite de la même main que le manuscrit 4704 mais qui se réfère précisément au texte de ce manuscrit. Cette lettre — à laquelle nous reviendrons

18. Voir Feenstra-Waal, *op. cit.*, p. 29 n. 104.

19. Lugduni Batavorum, apud Hieronymum de Vogel, 1644. C'est la seule édition à part ; à partir de 1651 le traité a été réimprimé avec d'autres traités de Vinnius, voir les détails dans Margreet Ahsmann et R. Feenstra, Bibliografie van hoogleraren in de rechten aan de Leidse Universiteit tot 1811 [Geschiedenis der Nederlandse Rechtswetenschap, VII-1], Amsterdam-Oxford-New York, 1984, n° 892, 924-927, 951-956 et 829.

20. Paris, Bibl. Nat., lat. 8594 ; voir *infra*, note 47.

plus bas — est de Jean Cabillau (Cabeliavius), juriste néerlandais assez peu connu des historiens du droit mais qui a acquis une certaine notoriété par la publication — par lui-même — de deux volumes de sa correspondance avec les gens de lettres de son époque[21].

Issu d'une famille flamande originaire de Gand qui avait émigré en Hollande, Jean Cabillau (Cabiliau, Cabeljauw) naquit à Dordrecht en 1600[22]. Son père, marchand fortuné, était en rapport avec la Suède et s'y établit en 1607. Les rois Charles IX et Gustave Adolphe lui confièrent plusieurs postes importants ; sa sœur devint la maîtresse du roi Gustave Adolphe et lui donna un fils Gustave qui plus tard reçut le titre de comte Wasaborg. Le père devait quitter la Suède en 1617 et s'installa de nouveau en Hollande, à Amsterdam.

Le fils, Jean, fut d'abord inscrit à l'Ecole latine de Harderwijk[23]. Il fit ensuite des études à l'Université de Leyde. Son immatriculation date du 26 juin 1619[24]. Il y est mentionné comme étudiant dans la faculté de droit, mais il a commencé par des études dans les lettres[25]. Il fit son droit en trois années. Il soutint une thèse *exercitii gratia* en novembre 1622[26]. Le 12 janvier 1624, il

21. Sur Jean Cabillau, voir notamment E.W. Moes, Joannes Cabeljauw, De eerste hoogleeraar in de rechtsgeleerdheid te Amsterdam, in Oud-Holland, 5, 1887, pp. 33-44, article basé surtout sur la correspondance de Cabillau ; *cf.* en outre Molhuysen in Nieuw Nederlandsch Biografisch Woordenboek, IV, Leiden 1918, col. 391-392, J.S. Theissen, in Gedenkboek van het Athenaeum en de Universiteit van Amsterdam 1632-1932, Amsterdam, 1932, pp. 565-566, et, dernièrement, Ahsmann, Collegia en colleges (*supra*, note 12), pp. 149 et s. (et *passim*, voir Index). Pour les lettres de Cabillau à Huygens, dont s'est déjà servi Moes, on consultera maintenant De briefwisseling van Constantijn Huygens, éd. par J.A. Worp, tomes I-IV [Rijks Geschiedkundige Publicatiën, n° 15, 19, 21 et 24], 's-Gravenhage 1911-1915 ; on y trouvera aussi des remarques sur Cabillau : voir par exemple Barlaeus dans tome I, pp. 312-313, et tome IV, p. 284 (se référant au poème que Huygens avait fait à propos du discours inaugural de Cabillau, *cf.* tome III, p. 140, n. 2 ; ce poème a été édité par J. A. Worp : De gedichten van Constantijn Huygens, tome III, Groningen 1893, p. 157). Parmi les notices antérieures à Moes voir encore D.J. van Lennep, in Illustris Amstelodamensium Athenaei memorabilia, Amstelodami, 1832, pp. 127-130.

22. Tous ses biographes disent qu'il est né à Amsterdam ; dans l'épître dédicatoire de sa traduction latine d'un traité de Jean Polyander (voir *infra*, note 30), il mentionne cependant qu'il naquit à Dordrecht. Quant à la date de sa naissance, ses biographes donnent "1600 ou 1601". Il se sont probablement basés sur sa première immatriculation à Leyde (voir *infra*, note 24), mais ses deux autres immatriculations indiquent plutôt exclusivement l'année 1600.

23. Pour ce qui suit voir l'article de Moes (*supra*, note 21), qui contient cependant plusieurs erreurs. Nous l'avons corrigé et complété à l'aide de l'ouvrage d'Ahsmann et de quelques autres sources.

24. "Johannes Cabeliau Amsterodamensis. 18. J. " (Album studiosorum Academiae Lugduno Batavae 1575-1875, Hagae Comitum 1875, col. 142).

25. Voir le *testimonium* sur ses études, daté 6 juin 1624 et publié dans son *Liber adoptivus*, Holmiae 1626, fol. S 5 r°-6 r° (*cf. infra*, note 28). D'après Moes, p. 36, il commença ses études juridiques en mars 1620.

soutint sa thèse *pro gradu*[27] et le 16 janvier 1624, il fut promu docteur en droit. Bientôt après, il partit pour la Suède, où son père, rappelé d'Amsterdam par le roi Gustave Adolphe, venait d'être nommé directeur de la Chambre des comptes. En 1626, il publia à Stockholm son *Epistolarum centuria prima*[28] ; le livre devait apporter à ses lecteurs la preuve des rapports que le jeune savant néerlandais entretenait déjà avec les grands hommes de son époque.

Au début de 1629, il était de nouveau aux Pays-Bas : le 5 mars 1629 il fut admis comme avocat à la Cour de Hollande, le 24 mars il se fit immatriculer une seconde fois à l'Université de Leyde[29]. Il s'établit à La Haye, où il commença, entre autres, à rédiger une traduction latine d'un traité de Jean Polyander sur le sixième psaume. Le livre fut publié en 1630[30], avec une épître dédicatoire au magistrat de la ville de Dordrecht, datée du 1er août. Cette dédicace s'explique sans doute par son désir d'obtenir un poste dans cette ville[31]. A cette même époque il semble avoir eu quelques espoirs d'être nommé professeur de droit à Leyde[32]. Parmi les autres candidats à cette chaire il y avait Vinnius. La vacance durait plus de deux ans : on préférait d'abord un candidat étranger, le Brémois Jean Preiswerck, et ce ne fut qu'après un refus de ce dernier que finalement, en février 1633, Vinnius était nommé[33]. C'est sans doute pour augmenter ses chances que Cabillau s'est mis à donner des cours privés à Leyde ; le fait est attesté pour un *collegium philosophicum* en novembre 1631, mais il n'est pas exclu qu'il ait également donné des cours privés de droit[34]. Entre temps il avait publié son *Epistolarum centuria secunda*[35] avec une dédicace à Daniel Heinsius, professeur d'histoire à Leyde, datée du 20 janvier 1631.

26. Ahsmann, p. 355, n. 145 (*cf.* 456 et 485).
27. *De usurarum atque morae materia*, voir Ahsmann, p. 449, n° 827 ; *cf.* p. 355 n. 145. La thèse contient une épître dédicatoire assez longue au Roi Gustave Adolphe.
28. Holmiae 1626 ; le titre mentionne comme annexe le *Liber adoptivus*, cité *supra*, note 25. Le projet de cette édition fut conçu dès mars 1623, voir Moes, p. 36 ; il est mentionné également dans le testimonium de 1624.
29. *Album cit. (supra*, note 24), col. 216 ("29, J. Dr.").
30. Iohannes Polyander, Meditationes sacrae in Psalmum sextum, ex Belgica in Latinam linguam versa opera Iohannis Cabeliavii, Lugduni Batavorum 1630.
31. Moes, p. 38, se référant à une lettre de Daniel Heinsius du 9 août 1630.
32. Voir Ahsmann, p. 20, n. 73.
33. Ahsmann, pp. 20-21.
34. Ahsmann, pp. 33-34 ; *cf.* p. 327. D'après Moes, p. 39, il s'était établi à Leyde le 4 avril 1631. Le 7 mars 1633, il s'y fit immatriculer une troisième fois, *Album cit. (supra*, note 24), col. 250 ("33, J. Dr.").
35. Hagae Comitum 1631 ; un *corollarium epistolicum* est dédié à Iustus Caecilius Puteanus, le fils de Erycius Puteanus. Un troisième recueil de lettres de Cabillau semble avoir été préparé pour la presse en 1640, voir Moes, p. 42, n. 1, qui n'a pas trouvé d'exemplaire.

Au cours de l'année 1631, il semble s'être rendu à Utrecht[36], où il fit la connaissance de la fille d'un riche bourgeois qu'il épousa le 18 mai 1633[37]. Il alla habiter dans une propriété de son beau-père, près de Brême en Allemagne. Il fit des efforts pour être nommé professeur de droit au nouveau *Gymnasium Illustre* d'Utrecht (érigé en 1634, transformé en université en 1636)[38]. Il n'eut pas de succès : Antoine Matthaeus (II) lui fut préféré. Des efforts également vains furent faits par lui ensuite pour obtenir la chaire de droit au *Gymnasium Illustre* de Harderwijk (érigé en 1600, transformé en université en 1648) laissée vacante par Matthaeus, mais Guillaume Cup, qui, comme Cabillau, avait donné des cours privés à Leyde[39], y fut nommé. Il resta en Allemagne jusqu'en 1636 ; rentré aux Pays-Bas, il semble s'être installé à Utrecht.

Une nouvelle possibilité d'obtenir une chaire s'ouvrit à la fin de 1638 : son maître Pierre Cunaeus, profeseur de droit à l'Université de Leyde, était mort le 2 décembre de cette année. Ici de nouveau, il s'efforça en vain d'être nommé[40]. Ce deuxième insuccès à Leyde aurait pu augmenter une animosité contre Vinnius[41], qui probablement dut exister dès 1633 quand celui-ci avait été nommé à la chaire que Cabillau avait ambitionnée. Nous faisons remarquer que Vinnius est le seul auteur critiqué durement dans ses *Variae lectiones in Institutiones*.

36. Moes, p. 39. En 1632, il fit un voyage en Allemagne dont témoignent un certain nombre d'inscriptions dans son *Liber amicorum, cf. infra*, note 54.
37. A cette occasion un *Epithalamium* fut composé par Saumaise, voir une lettre de ce dernier à André Rivet du 17 juin 1640, publié dans Claude Saumaise et André Rivet, Correspondance échangée entre 1632 et 1648, éd. par P. Leroy et H. Bots, Amsterdam et Maarssen [1987], pp. 207-210 (n° 90) : Saumaise en a fait une réimpression (*cf.* aussi *infra*, note 50). Il en est de nouveau question dans la lettre du 1er mai 1651 de Cabillau à Saumaise, citée *infra*, note 46.
38. Moes, pp. 40-41 : *cf.* Ahsmann, pp. 187-188. Malheureusement Moes, suivi par Ahsmann, a critiqué à tort la datation de la correspondance entre Cabillau et son maître Cunaeus à ce sujet, telle qu'elle est donnée par Burmannus : les lettres n° 166 et 270 datent bien de 1634 ; ce n'est que pour la lettre n° 271 que la date doit être changée de 1643 en 1633. Moes a d'ailleurs mal interprété certains passages de cette correspondance.
39. Ahsmann, p. 33 et 327.
40. D'une lettre inédite de Cabillau à Saumaise du 13 mars 1639, que nous citerons *infra*, à la note 49, il s'ensuit qu'il avait prié Saumaise de le recommander pour ce poste ("Obstrinxeris me tibi magis si Dominis Curatoribus me tradideris"). *Cf.* un passage d'une lettre antérieure de Cabillau à Saumaise, qui est cité dans une lettre de ce dernier à Rivet du 11 mars 1639, publiée dans leur Correspondance (*supra*, note 37), pp. 107-108 (n° 45 ; au lieu de "renuent" lire "renuenti") : le personnage envisagé pour la succession de Cunaeus après Jacques Godefroy fut l'Allemand Gerhardus Cocceius, voir notre article Jacobus Maestertius (1610-1658), in Tijdschrift voor Rechtsgeschiedenis, 50, 1982, pp. 297-335, à la page 303.
41. Nous ignorons cependant quel rôle Vinnius a joué dans la succession de Cunaeus.

Finalement, en 1640, il réussit à Amsterdam[42], où il devint le premier professeur de droit à l'*Athenaeum Illustre*, fondé en 1632. Il y prononça une leçon inaugurale *De praeparamentis ad studium juris*, le seul ouvrage imprimé de caractère juridique que nous possédons de lui[43]. Il semble pourtant qu'il ne se soit pas donné beaucoup de peine pour préparer ses cours et qu'il préférait ses études littéraires. En 1645 le conseil municipal d'Amsterdam devait constater qu'il n'y avait parfois aucun étudiant à ses cours et qu'il valait donc mieux le destituer de sa charge. Les bourgmestres furent chargés de négocier avec lui sur les conditions de son départ. Cabillau préféra de ne pas se faire licencier officiellement et demanda lui-même d'être déchargé honorablement de sa fonction, ce qui lui fut accordé avec la promesse de lui payer encore son traitement pendant une année.

Ses conditions financières ne semblent d'ailleurs pas avoir été mauvaises ; notamment du côté de sa femme il pouvait disposer d'assez d'argent. Il décida de se rendre de nouveau en Suède, où il fut bientôt nommé bourgmestre de Göteborg, fonction qu'avait jadis occupée son père. Il eut plus de succès dans ce rôle de magistrat que dans celui de professeur. En 1651, il fut annobli par le roi de Suède. Un an plus tard, il mourut ; il fut enterré à Stockholm dans l'église de Riddarholm, où l'on peut encore voir sa pierre tombale.

Revenons maintenant à la lettre dans laquelle Cabillau s'adresse à Saumaise à propos du manuscrit qu'il lui avait envoyé. Cette lettre est datée du 19 janvier 1648[44] ; elle se place donc dans la période où Cabillau était déjà

42. Il y fut recommandé surtout par Daniel Heinsius : outre Moes, p. 42, et Van Lennep (*supra*, note 21), p. 127, on consultera maintenant une lettre de Saumaise à Rivet de début février 1648 (Correspondance, p. 518-521) où le premier déclare que ce ne fut pas sur sa recommandation mais sur celle de Heinsius que Cabillau avait été nommé à Amsterdam.
43. Le titre porte : Oratio inauguralis de praeparamentis ad studium iuris, habita II Cal. Ianuarii 1641, Amsterdami 1641. La datation, que la plupart des biographes ont interprétée comme indiquant le 30 décembre 1640, semble être fausse ; d'une lettre de G.J. Vossius, il s'ensuit que le discours eut lieu le 2 janvier 1641, voir Van Lennep, *loc. cit.* (*supra*, note 42). Pour une brève analyse du contenu voir L.J. van Apeldoorn dans Gedenkboek Amsterdam (*supra*, note 21), p. 128 ; Cabillau s'y montre comme un humaniste pur sang. Une appréciation assez négative se trouve dans une lettre de Guillaume de Groot à son frère Hugues du 25 février 1641, voir Briefwisseling van Hugo Grotius, XII, éd. par Paula P. Witkam, Assen-Maastricht 1986, pp. 131-132 ; voir aussi Barlaeus dans sa correspondance avec Huygens (*supra*, note 21). Aux pages 23-24 de l'*Oratio* il y a un passage intéressant sur les étudiants néerlandais qui après avoir fréquenté des universités nationales vont à l'étranger, surtout en France, pour obtenir leurs degrés avec des *theses inaugurales* tout à fait dans la tradition des civilistes et canonistes du moyen âge.
44. Elle se trouve à la Bibliothèque de l'Université de Leyde, fonds Papenbroek 7.

bourgmestre de Göteborg[45]. Il semble cependant avoir gardé une maison à La Haye. Voici ce qu'il écrit à Saumaise à propos du manuscrit :

> Ante discessum meum ex solo patrio, quas observaram obiter lectiones varias in Elementa Juris, Haga ad te miseram. Si recensitas domum remiseris, bene est. Sic enim ego quidem eas vel hac adhuc hieme accepero. Nam qui tuto pertulerit amicum quemdam sequenti mense reducem exspecto. Quod si vero tantum temporis studiis tuis gravioribus subducere hactenus non licuerit, iam, quaeso, exinde tantum mihi praestes. Vel percurrendo saltem mihi satisfeceris. Scripsi hac de re ad coniugem, quae, nacta quidquid fuerit, tuto mihi occasione proxima transmittet.

Malheureusement, nous ne connaissons pas la réponse de Saumaise à cette lettre ; le fait que le manuscrit de Cabillau se trouvait encore chez Saumaise au moment de la mort de ce dernier pourrait faire supposer qu'il ne fut jamais rendu. Il n'est pas exclu que Saumaise ait donné son commentaire sans renvoyer le manuscrit ou que Cabillau en ait gardé une copie ; cela nous semble cependant peu probable.

Il existe plusieurs autres lettres de Cabillau à Saumaise, deux qui datent d'avant celle que nous venons de citer et deux qui lui sont postérieures. Dans ces dernières, qui sont de Stockholm du 1er mai 1651[46] et du 1er novembre 1651[47], respectivement, il n'y a aucune allusion au manuscrit sur les Institutes. Il en est autrement pour les deux qui sont antérieures à celle de 1648[48].

45. La lettre a été écrite dans sa propriété héréditaire à *Bellesta Suecorum*.
46. Cette lettre a été publiée dans P. Colomesius, Opera, Hamburgi, 1709, p. 203.
47. Inédite ; elle se trouve à Paris, dans le ms. Bibl. Nat., lat. 8594, fol. 161 r° - 162 r° (*cf. supra*, note 20). A vrai dire, il s'agit de deux lettres de la même date, qui ont été expédiées ensemble ; nous tenons à remercier Mme Cornelia Ridderikhoff, qui a bien voulu les transcrire pour nous. Dans la première il remercie Saumaise d'une démarche que celui-ci a entreprise pour lui auprès de la reine Christine de Suède ; il se plaint ensuite du mauvais état de sa santé. Dans la seconde, il demande à Saumaise la permission de le faire portraiturer : "... hoc unicum desidero : ut te mihi sinas meis semel sumtibus depingi. Scripsi de eo ad conjugem meam quae et Haga pictorem elegantissimum, amicum meum, hoc qui praestet ex animi sententia, mittet...". Nous ignorons si ce projet a été réalisé. Il ne semble pas exclu que le portrait par J. de Vos [IV] qui se trouve à l'Université d'Amsterdam soit le résultat de la proposition de Cabillau ; *cf.* sur ce portrait I.Q. van Regteren Altena et P.J.J. van Thiel, De portret-galerij van de Universiteit van Amsterdam en haar stichter Gerard van Papenbroek 1673-1743, Amsterdam 1964, n° 39.
48. Elles se trouvent l'une et l'autre dans la même collection que celle de 1648, voir *supra*, note 44.

La première, qui a été écrite à Utrecht le 13 mars 1639[49], nous révèle déjà des études consacrées au texte de Institutes[50] :

> In castigandis Institutionibus Juris totus hucusque desudavi. Plurima ab amicis et coenobiis manuscripta mihi comparaveram, ut ad exactissimam collationem nichil mihi penitus defuerit. Quantum operae navarim, Eruditi judicabunt.

La deuxième lettre porte comme date le 19 octobre 1642 ; elle a été rédigée à Amsterdam. Il y revient sur ses recherches concernant les Institutes. Il demande à Saumaise, qui, à ce moment, se trouve en France[51], de l'aider en examinant des manuscrits à la Bibliothèque Royale et dans la collection des frères Dupuy :

> Hoc unum te rogatum porro velim : ut in castigandis Institutis exinde operam mihi praestes. In Bibliotheca Regia non uni scripti codices et notae quidem optimae habentur. Dicuntur et nobilissimi Puteani fratres membranas ejusdem argumenti vetustissimas possidere. Utinam hinc vel inde conatus nostros promoveas.

Voilà presque tout ce que nous savons, à l'heure actuelle, sur les rapports entre Saumaise et Cabillau[52]. Nous ne pouvons ajouter qu'un seul détail qui nous a été révélé par l'*Album amicorum* de Cabillau, acquis récemment par la Bibliothèque de l'Université Libre (calviniste) à Amsterdam[53]. Parmi les

49. Voir aussi *supra*, note 40. Pourrait-on supposer un rapport entre son désir d'être nommé à l'Université de Leyde et l'accent qu'il met dans cette lettre sur ses recherches concernant les Institutes ?

50. Il en parle d'ailleurs déjà dans une lettre à Nicolas Heinsius, datée Utrecht, le 7 novembre 1638, qui se trouve à la Bibliothèque de l'Université de Leyde, BUR F 6a [n° 16] (collection qui contient 28 lettres de Cabillau à Heinsius ; une autre lettre dans ms. BPL 1920). Il lui demande "editionem Institutionum Florentinam" (?) et des renseignements concernant un manuscrit des Institutes qui se trouve dans la Bibliothèque de l'Université de Leyde (il doit s'agir de l'actuel ms. BPL 75). Dans une autre lettre à Nicolas Heinsius, du 16 juin 1640 (dans la même collection), il revient sur ses recherches, en demandant entre autres "Russardi Institutiones" ; il lui demande d'ailleurs également un exemplaire de la réimpression de l'*Epithalamium* de Saumaise pour ses noces (*cf. supra*, note 37).

51. *Cf.* Leroy, Le dernier voyage (*supra*, note 7), notamment p. 218.

52. Nous n'avons trouvé aucune lettre de Saumaise à Cabillau. Dans le ms. B.N. lat. 4704, fol. 22 r°, il y a une allusion à une conversation scientifique : "De hoc genere furti aliquando mecum egeris". Une lettre de Saumaise à Rivet du 15 août 1640 laisse entendre qu'il n'y eut d'autres contacts, voir Correspondance (*supra*, note 37), pp. 230-232, n° 100.

53. Mr. H. Bos-Bibliotheek 2279.

nombreux savants qui se sont inscrits dans ce livre se trouve aussi Claude Saumaise. L'inscription a été faite à Leyde le 2 mars 1633[54], donc dans la première année du professorat de Saumaise à Leyde. Saumaise écrit : *in testimonium amicitiae nuper inter nos initae ac sine fine futurae*. Des quelques lettres que nous venons de citer on pourrait, en effet, inférer que leur "amitié" a duré jusqu'à la mort de Cabillau, décédé un an avant Saumaise. Quel caractère a eu cette amitié, c'est difficile à dire, notamment à cause du fait que nous ne disposons pas de réponses de Saumaise à Cabillau[55].

Pour terminer, revenons au manuscrit latin 4704 de la Bibliothèque Nationale sur lequel Madame Boulet-Sautel a eu le grand mérite d'attirer l'attention. Maintenant que nous savons qu'il n'est pas de Vinnius mais d'un contemporain beaucoup moins célèbre, y a-t-il lieu d'apprécier d'une manière différente de celle de Madame Boulet-Sautel les qualités intrinsèques du texte soumis à Saumaise ? Elle dit que les notes du manuscrit prouvent que l'auteur, par son souci scrupuleux de l'intelligence des méthodes historiques appliquées à l'exégèse des textes, se relie à la tradition inaugurée au XVIe siècle par l'école française, celle de Bourges notamment ; d'après elle, "la finesse de cette critique laisse encore une impression favorable, même si on la compare aux travaux des interprètes actuels du droit romain"[56].

Cet éloge nous semble un peu exagéré. Comme nous l'avons déjà dit au début de notre exposé, Cabillau ne fait pas beaucoup plus, en général, que relater ce qu'il a trouvé chez d'autres auteurs. Les jurisconsultes à la science de qui il se réfère le plus volontiers sont bien, comme Madame Boulet-Sautel l'a fait remarquer, la plupart du temps des représentants de l'érudition française. Mais bon nombre de leurs opinions avaient déjà été vulgarisées. La liste des auteurs cités dans notre manuscrit telle qu'elle est donnée par Madame

54. N° 20 de l'Album. Cabillau se trouvait à ce moment à Leyde, comme le prouvent d'autres inscriptions de début mars. L'Album mérite une édition. Parmi les inscriptions on trouve aussi celle de Hugues Grotius, datée 17/27 août 1632 à Dockenhude (près de Hambourg). Cabillau a rendu visite à Grotius au cours d'un voyage en Allemagne, qui est attesté par des inscriptions datées de la fin du mois d'août 1632 jusqu'à la moitié du mois de janvier 1633. Ces inscriptions occupent la plus grande partie de l'*Album amicorum*, qui n'en contient aucune d'avant fin août 1632. Après janvier 1633 on ne trouve que des inscriptions datant du mois de mars 1633 (réparties entre Leyde, Franeker et Leeuwarden) et trois inscriptions isolées de 1635, 1637 et 1639 respectivement.

55. Il est évident que Cabillau avait une grande vénération pour Saumaise. Van Lennep, *op. cit.* (*supra*, note 21), p. 130, en se référant à la lettre du 1er mai 1651 (*cf. supra* note 46) et à une autre source, écrit : "Salmasium in dict. Ep. *virum divinum* vocat, et sic semper vocare eum etiam in lectionibus solebat, nudato ad tantum nomen capite". Moes, p. 43 l'a converti en son contraire, en disant que Saumaise appelait Cabillau un "vir divinus" !

56. *Op. cit.*, p. 296.

Boulet-Sautel doit être vue sous cette optique ; il y a d'ailleurs certaines rectifications à faire par rapport à cette liste[57]. Si l'on se borne aux auteurs cités plus d'une seule fois, on obtient le résultat suivant (le classement est selon l'ordre du nombre des citations) : Cujas, Hotman, Roussard, Bachovius, Le Conte, Wesembecius, Pacius, Godefroy.

En ce qui concerne les manuscrits des Institutes cités par Cabillau, nous ignorons où il les a vus : ses mérites quant à leur choix ou à leur utilisation peuvent difficilement être appréciés.

Il ne reste qu'assez peu de passages où il semble vraiment prononcer une opinion personnelle. Une seule fois[58] il renvoie à une de ses propres études, à savoir ses notes sur Aulu-Gelle. Ces notes n'ont pas été imprimées et le manuscrit semble avoir disparu[59]. D'autres ouvrages dont il fait mention lui-même ou qu'on cite de lui ne nous ont pas été conservés non plus[60].

Il nous semble que nous ne devons pas trop regretter la disparition de tous ces ouvrages. Si ses *lectiones in Institutiones* n'avaient pas été attribuées à Vinnius par Madame Boulet-Sautel, elles n'auraient peut-être jamais reçu l'attention qui leur a été consacrée maintenant. Néanmoins, il nous a paru utile de rappeler la carrière peu commune de ce savant manqué qui tenait tant à ses rapports avec Claude Saumaise, le grand philologue que la France a laissé partir pour illustrer l'Université de Leyde.

57. *Cf. supra*, aux notes 15 et 16.
58. *Cf.* cependant aussi les renvois au fol. 23 v° ("Nos hac de re in Etymorum libris") et au fol. 27 r° ("quo de in Notis criticis nostris ad hunc locum" ; à propos de Inst. 4, 8, 6).
59. Voir Moes, p. 43 ; le manuscrit a été utilisé par Jacques Oizelius dans son édition d'Aulu-Gelle de 1666.
60. Voir cependant Van Lennep, *op. cit. (supra*, note 21), p. 130, qui se dit possesseur d'un exemplaire de Perse avec des notes manuscrites de Cabillau.

XIII

REAL RIGHTS AND THEIR CLASSIFICATION IN THE 17TH CENTURY: THE RÔLE OF HEINRICH HAHN AND GERHARD FELTMANN

THE distinction between real rights and personal rights is considered today as one of the most fundamental notions of the legal systems that in English are referred to as Civil Law systems.[1] It is universally agreed that it is based on the Roman Law distinction between real actions and personal actions, but that the Roman jurists did not use the concepts of real and personal rights.[2] These were developed, it is said, by medieval legal science; some modern authors ascribe them to the Glossators,[3] but it would seem preferable to see them as a creation of the Postglossators.[4] Primarily the latter used for them the expressions *iura realia* and *iura personalia*. Real rights are also called *iura in re*; the corresponding term for personal rights is not normally *iura in personam* but *iura ad rem*. In the middle ages, however, the latter expression would seem less common than its counterpart *iura in re*. Indeed *ius ad rem* could have different meanings and it had special connotations in canon law as well as in feudal law.[5]

In the 16th century, however, *ius ad rem* becomes the usual

[1] See J. H. Beekhuis, "Civil Law" (as part of the chapter "Structural Variations in Property Law"), in *International Encyclopedia of Comparative Law*, vol. VI, chapter 2, Tübingen—The Hague—Paris [1975], pp. 3–21, at pp. 4 *et seq*. Beekhuis adds that "in the 20th century the distinction between real and personal rights has become somewhat blurred and the principle underlying it has become a matter of dispute" (p. 5); he refers *inter alia* to S. Ginossar, *Droit réel, propriété et créance, Elaboration d'un système rationnel des droits patrimoniaux*, Paris 1960. Some reactions to Ginossar's book are listed in my *Ius in re* (see *post*, n. 2), p. 4; recently Ginossar has come back to the problem in an article "Rights in rem. A New Approach", in *Israel Law Review*, 14 (1979), pp. 286–336.

[2] The most recent fundamental discussion of this problem is to be found in G. Pugliese, "Diritti reali", in *Enciclopedia del diritto*, XIV [Milano 1964], p. 755–776. *Cf.* my *Ius in re, Het begrip zakelijk recht in historisch perspectief* [= Thorbecke-colleges, 4], [Den Haag-]Zwolle 1979, pp. 6 *et seq*.

[3] E. M. Meijers, "*Le soi-disant 'jus ad rem'*", in his *Etudes d'histoire du droit*, IV, Leyde 1966, pp. 175–189, at p. 177 (translated from an article in Dutch, which appeared in 1950); *cf.* also his article of 1907, quoted *post*, n. 27, at p. 11. Meijers has been followed by H. F. Jolowicz, *Roman Foundations of Modern Law*, Oxford 1957, p. 74, and P. van Warmelo, "Real rights", in *Acta Juridica*, 1959, pp. 84–98, at pp. 85–86.

[4] M. Villey, "*Le 'jus in re' du droit romain classique au droit moderne, suivi des fragments pour un dictionnaire du langage des Glossateurs*", in *Conferénces faites à l'Institut de droit romain en 1947* [= Publications de l'Institut de droit romain de l'Université de Paris, 6], Paris 1950, pp. 187–225, at pp. 205 *et seq.* and pp. 223 *et seq.*; Pugliese, *op. cit.* (*ante*, n. 2), p. 761; J. E. Scholtens, "Bartolus and his Doctrine of Subjective Rights", in *Acta Juridica*, 1958, pp. 163–169, at pp. 165 *et seq. Cf.* my *Ius in re*, p. 13; criticism of Meijers *ibid.*, p. 11 n. 50 and p. 16 n. 74. We are concerned here with the use of the distinction between real and personal rights; the concept of real right itself is considered by many modern authors to have been used by the Glossators already, *cf.* the discussion in *Ius in re*, pp. 8 *et seq*.

[5] See my *Ius in re*, pp. 15 *et seq.*, quoting, apart from Meijers, *op. cit.* (*ante*, n. 3) and Villey, *op. cit.* (*ante*, n. 4), an important recent article by P. Landau, "*Zum Ursprung des 'ius ad rem' in der Kanonistik*", in *Proceedings of the Third International Congress of Medieval Canon Law, Strasbourg, 3–6 September 1968* [= Monumenta iuris canonici, Series C: Subsidia, 4], Città del Vaticano 1971, pp. 81–102. *

The Juridical Review 1 & 2 (1982), 106–120.
By permission of W. Green, The Scottish Law Publishers.

term for a personal right. The distinction between *ius in re* and *ius ad rem* is made the main division of private law by Johannes Apel in his *Methodica dialectices ratio ad jurisprudentiam accommodata* (1535).[6]

Although the distinction was discussed in many general works on Roman Law or on Natural Law in the 16th century[7] and the beginning of the 17th century, it would seem that the first monograph on this subject[8] appeared only in 1666: the *Tractatus de iure in re et ad rem* of Gerhard Feltmann (1637–1696), a German who was at that time professor of law at the University of Duisburg.[9] This work received much attention because it was heavily attacked by no less than Ulric Huber. When Feltmann replied to Huber's criticism (published in the first edition of his *Digressiones Justinianeae* of 1671[10]) in a *Benedictorum liber unus* (1673),[11] Huber rejoined with *Ad jus in re et ad rem quod dicitur repetitae animadversiones* (1675).[12]

We will not go into the details of this controversy between Feltmann and Huber. The latter's main point was that he denied the existence of any direct basis for the distinction between *ius in re* and *ius ad rem* in the texts of the *Corpus iuris civilis*.[13] On this point he is certainly right, but for the modern legal historian it remains interesting to look at Feltmann's sources in order to

[6] Details in *Ius in re*, pp. 17 *et seq.*, and in F. X. Affolter, *Das römische Institutionensystem, Sein Wesen und seine Geschichte*, Heidelberg 1897, pp. 80–95; *cf.* also G. Theuerkauf, *Lex, Speculum, Compendium iuris, Rechtsaufzeichnung und Rechtsbewusstsein in Norddeutschland vom 8. bis zum 16. Jahrhundert* [= Forschungen zur deutschen Rechtsgeschichte, 6], Köln-Graz 1968, pp. 194 *et seq.* Johannes Apel was influenced on this subject by Baldus and Iason de Mayno.

[7] *Cf. post,* at n. 21 and nn. 47 *et seq.*

[8] On the *ius in re* alone monographs had been published earlier, see below.

[9] *Cf. post,* at n. 20. The first edition was published at Duisburg in 1666 (not 1665 as is said by some authors who have only seen later editions with the original preface dated October 14, 1665). It was reprinted at Amsterdam in 1672, at Duisburg in 1675, at Liège in 1700, at Cologne in 1737 and in G. and Th. Feltman[n], *Opera juridica,* ed. J. J. van Hasselt, tom. I, Arnhemiae 1764, pp. 51–160 (we quote this edition). Of the editions Duisburg 1675 and Cologne 1737 no copies are available in Dutch libraries; the Cologne edition is in the Faculté de droit at Toulouse, see Rigaud (*post,* n. 16), p. 229.

[10] See T. J. Veen, *Recht en nut, Studiën over en naar aanleiding van Ulrik Huber (1636–1694)*, thesis Groningen 1976, Zwolle [1976], pp. 200 and 242. I have only seen the second edition, Franequerae 1688, pp. 262–263.

[11] I have not seen the first edition published at Groningen 1673; no copy is available in Dutch libraries. The work was reprinted in G. and Th. Feltman[n], *Opera juridica*, II, Arnhemiae 1765, pp. 201–256. It is written in the form of six *disputationes* with different *respondentes*.

[12] The first edition was published at Franeker in 1675. The work was reprinted—under the title *De jure in re et ad rem quod dicitur tractatus*—in the editions Franeker 1688 and Franeker 1696 of Huber's *Digressiones Justinianeae* and—under the original title—in G. et Th. Feltman[n], *Opera juridica,* II, Arnhemiae 1765, pp. 257–285. It does not appear in the edition Leeuwarden 1677 of Huber's *Digressiones Justinianeae* (not found in Dutch libraries; a copy is available in the Advocates' Library in Edinburgh).

[13] Huber, in Feltman[n], *Opera,* II, pp. 265 *et seq.* (contra Feltman[n], *ibid.*, I, pp. 81 *et seq.*). Huber says of the *divisio*: ". . . *juris quidem Romani autoritate eam carere . . . in scholis tamen et in docendo usum ejus haud inutilem videri*". When in 1657 Huber sat an examination at the University of Heidelberg he was questioned on *ius in re et ad rem* and had to give an enumeration of *iura in re,* see Veen, *op. cit.* (*ante,* n. 10), pp. 280 and 52.

determine the degree of originality in his views and to trace his influence on later authors.

The problem of Feltmann's originality was given much attention by Louis Rigaud, a French author who is well known for his studies on real rights.[14] After having mentioned Feltmann only briefly in his doctoral thesis *Le droit réel, histoire et théories* (Toulouse 1912),[15] Rigaud devoted a special study to him in 1952 under the title: *Un docteur de l'Université des lois d'Orléans, professeur et diplomate, Gérard Feltmann (1637–1696)*.[16] He puts much emphasis on the circumstance that Feltmann's *Tractatus* originated in a doctoral thesis which he defended at the University of Orleans. This fact is mentioned by Feltmann himself in his preface.[17] Indeed he matriculated in the German Nation at Orleans on August 8, 1659 and was assessor of the Nation in the period January–March 1660[18]; he may have taken his degree in that same year[19] (in 1661 he became professor at Duisburg, in 1667 he was called to Groningen where he held his chair until 1678; he ended his career as judge and counsellor of the ruler of Eastern Friesland at Aurich and died at Bremen in 1696).[20]

Rigaud supposes that Feltmann took the idea of writing on *ius in re* and *ius ad rem* from one of the lectures he attended at Orleans, perhaps a lecture of Jacques de Lalande. He criticises Stintzing who "*paraît attribuer à la doctrine allemande et à la doctrine hollandaise . . . le mérite de l'exposition systématique de la distinction du jus in re et du jus in rem*"[21] and who paid no attention to the fact that Feltmann's treatise[22] was originally a

---

[14] Apart from the thesis and the article mentioned below see his reaction to Ginossar's book (*ante*, n. 1): "*A propos d'une renaissance du 'jus ad rem' et d'un essai de classification nouvelle des droits patrimoniaux*", in *Revue internationale de droit comparé*, 15 (1963), pp. 557–567.

[15] At p. 92 n. 1, 102 n. 1 and 109.

[16] In *Revue historique de droit français et étranger*, 4e série, 30 (1952), pp. 228–238.

[17] *Opera*, I, p. 55: "*. . . Tractatus de jure in re et ad rem repraesentatus a me in Academia Aurelianensi, cum in juris utriusque doctores transcriberer . . .*"; he also speaks of his stay in Orleans in his *Tractatus de cadavere inspiciendo*, cap. 19, nr. 6 (*Opera*, VI, Arnhemiae 1767, p. 164).

[18] Rigaud, *op. cit.* (*ante*, n. 16), p. 231, completed by further information which was kindly procured for me by Mrs. C. M. Ridderikhoff from G. C. Knod, *Index nominum suppositorum inclytae nationis Germanicae Universitatis Aurelianensis* (Ms. Strasbourg, Bibl. Univ. 2884), pp. 531 *et seq.*

[19] The date of his doctorate has not been found; Rigaud's supposition that it might have been between 1656 and 1659 is not acceptable.

[20] For his biography see Th. Muther in *Allgemeine Deutsche Biographie*, VI, Leipzig 1877, p. 618; * E. Landsberg in R. Stintzing, *Geschichte der deutschen Rechtswissenschaft*, II, München-Leipzig 1884, p. 14, n. 2; Wumkes in *Nieuw Nederlandsch Biographisch Woordenboek*, IX, Leiden 1933, col. 253–254.

[21] *Op. cit.*, p. 232 n. 2. In this respect Rigaud is certainly right: Stintzing, *op. cit.* (*ante*, n. 20), p. 14 and n. 1, had said that the distinction, after having been made by Baldus, "*zuerst wieder von Bachov . . . beiläufig erwähnt* [*ist*]" and only "*durch G. A. Struve und Ulrich Huber wieder zur Geltung kam.*"

[22] Which was not mentioned by Stintzing himself but by the editor of his work, E. Landsberg, see *ante*, n. 20; Landsberg added a footnote (p. 14, n. 2) to Stintzing's remark on Huber.

thesis at Orleans. Rigaud would like to see in the distinction a product of French legal science dating from the middle ages already.[23] The idea that, on the contrary, it was Feltmann who imported the distinction into France from Germany is rejected because *"elle se heurte à la conviction, exprimée par notre auteur lui-même dans la préface de son traité, qu'il fraye dans son pays à l'enseignement du droit une voie nouvelle."*[24] Rigaud has a rather high opinion of Feltmann. He admits that his treatise did not have the *"retentissement universel"* that he might have expected, but, says Rigaud, *"c'est que son oeuvre rencontra un adversaire fougueux, critique impitoyable sinon malveillant, dans la personne du célèbre conseiller à la Cour de Frise, Ulric Huber."* He refers to the *"polémique cruelle"* that followed: *"Feltmann paraît avoir succombé dans une lutte inégale."*[25]

The great esteem in which Feltmann is held by Rigaud is not shared by other legal historians. Michel Villey, in his well known study *Le "jus in re," du droit romain classique au droit moderne,* does not deny a certain importance to his work but points out that *"nous trouverions l'analogue des constructions de Feltmann, avec les variantes que chacun peut ici librement se permettre suivant sa logique personnelle, chez Vinnius, Hahn, Struve, chez beaucoup d'autres."*[26] Villey, however, does not pursue the problem of the origins of Feltmann's ideas.

This problem, however, was not neglected by E. M. Meijers, who as early as 1907 published an article on the origins of the
* enumeration of real rights in paragraph 584 of the Dutch Civil Code.[27] This paragraph—which unlike many other paragraphs of the Dutch Civil Code has no counterpart in the French *Code civil*—enumerates six real rights: possession, ownership, succession, usufruct, servitude and real security. Meijers argues that this enumeration[28] has its roots—through many intermediate

---

[23] He only quotes an *"enquête en tourbe"* from Senlis (1461); he does not mention the texts discussed by Meijers, *Etudes,* IV, pp. 186–187 (Jacques de Révigny, Pierre de Belleperche, Jean Faure, the Grand Coutumier de France, the Somme rural of Jean Boutillier; *cf.* my *Ius in re,* p. 17).

[24] *Op. cit.,* p. 233, n. 1; in this context he mentions Heinrich Hahn, *cf. post,* n. 32.

[25] *Op. cit.,* p. 237.

[26] *Op. cit.* (*ante,* n. 4), p. 207. Villey's article remained unknown to Rigaud in 1952; Villey considers Rigaud's thesis of 1912 as *"intéressante, mais à notre point de vue insuffisamment historique"* (p. 191).

[27] *"Art. 584 B.W. en de zakelijke rechten,"* in *Rechtsgeleerd Magazijn,* 26 (1907), pp. 271–299, reprinted in Meijers' *Verzamelde privaatrechtelijke opstellen,* II, Leiden 1955, pp. 8–26 (we quote this edition). As this article appeared only in Dutch, it remained unknown to Rigaud and Villey.

[28] On the question to what extent this enumeration is limitative see F. C. J. Ketelaar, *Oude zakelijke rechten, vroeger, nu en in de toekomst* [= Rechtshistorische Studies, 3], [The Hague-] Zwolle 1978, pp. 138 *et seq.,* who criticises Meijers for not having drawn the right conclusion from his historical observations. For Belgium—where the French *Code civil* is in force—the question whether

sources—in the doctoral thesis *De jure rerum et juris in re speciebus* which was defended by Heinrich Hahn at the University of Helmstedt in 1639. According to Hahn there were five real rights: *dominium, pignus, servitus, possessio* and *hereditas.* The addition of a sixth right, usufruct, by § 584 of the Dutch Civil Code is easy to explain: with many earlier and later authors Hahn considers usufruct as a species of the genus *servitus,* as a *servitus personalis.* This classification of usufruct was rejected by the Dutch legislature—at the last moment[29]—probably because of its association with servitude in the sense of absence of personal freedom.[30]

Gerhard Feltmann is considered by Meijers to have been the first author who made Dutch jurists acquainted with Hahn's system of real rights.[31] The polemic between Feltmann and Huber in particular would have contributed to the diffusion of Hahn's opinions, not only on the question of the number of real rights but also on the distinction between *ius in re* and *ius ad rem,* to which Hahn pays much attention as well. According to Meijers, Feltmann's rôle would mainly have been to give common currency to Hahn's theories. This differs fundamentally from Rigaud's view. Rigaud was aware of the existence of Hahn's treatise but apparently had not seen it;[32] otherwise he would not have rejected so rashly the idea of a German origin of Feltmann's opinions on *ius in re* and *ius ad rem.*

Meijers is certainly right in supposing that Feltmann's *Tractatus* was influenced by Hahn: Feltmann quotes Hahn and criticises him on certain points.[33] It should, however, be remembered that we know Feltmann's *Tractatus* only in the form in which it was published in 1666. The original doctoral thesis at Orleans of *
1660[34] will not only have been much shorter but of a quite different character. The 1666 edition is a collection of materials for *disputationes* of Feltmann's students; in his preface he gives the names of the *respondentes.* He will have chosen the subject because he had treated it in his Orleans thesis but we do not

---

the number of real rights is limited, has recently been discussed—but without historical arguments—by F. Gotzen, "*Zakelijke rechten: plaats en aantal in het burgerlijk recht,*" in *Rechtskundig Weekblad,* 42 (1978–1979), col. 2337–2346.

[29] *Op. cit.* (*ante,* n. 27), p. 22.

[30] See, apart from Meijers, Ketelaar, *loc. cit.* (*ante,* n. 28) and an article by J. van Kan quoted in my *Ius in re,* p. 14 n. 61.

[31] *Op. cit.* (*ante,* n. 27), pp. 18 *et seq.*

[32] *Cf. ante,* n. 24; he dates it 1643 (as also in his doctoral thesis of 1912, p. 109).

[33] *Opera,* I, pp. 82 *et seq.*; this is recognised by Rigaud, *op. cit.,* p. 233, n. 1.

[34] Meijers does not mention the Orleans origin of Feltmann's treatise.

know what that looked like. Perhaps at Orleans he was not yet familiar with Hahn's work, although—as we shall see—it had already become well known through a second edition in 1647. He may originally have been inspired by other sources. Before his matriculation in Orleans he had studied at Duisburg and at Leiden; although he cannot have heard Vinnius in Leiden,[35] he may well have used his textbook,[36] which pays some attention to the distinction between *ius in re* and *ius ad rem,* quoting Grotius' *Inleidinge tot de Hollandsche Rechtsgeleerdheid.*[37] But there are many other possible sources.

Hahn's work had been much to the fore in 1662–1664, immediately before the publication of Feltmann's *Tractatus.* In 1662 Jacobus Bornius had defended a thesis in Leipzig, in which he had sustained the view that there was only one real right, *dominium.*[38] In the next year Hahn's defence was undertaken in some theses at the Universities of Helmstedt, Jena and Leipzig; it is not easy to decide whether the *praeses* or the *respondens* of these theses was the author.[39] In 1664 Hahn published a volume in which were reprinted not only the thesis of his adversary Bornius and the three theses which had sustained Hahn's views, but also an enlarged version of his own thesis of 1639.[40] This was

---

[35] He matriculated at Leiden on January 14, 1658 and Vinnius had died on September 1, 1657.

* [36] A. Vinnius, *In quatuor libros Institutionum imperialium commentarius academicus et forensis*; the first edition had appeared at Leiden in 1642, the second in 1655. See his commentary on Inst. 2, 1, 11; *cf. post,* nn. 37 and 56.

[37] See R. Feenstra and C. J. D. Waal, *Seventeenth-Century Leiden Law Professors and their Influence on the Development of the Civil Law, A Study of Bronchorst, Vinnius and Voet* [=[Verhandelingen der] Koninklijke Nederlandse Akademie van Wetenschappen, Afd. Letterkunde, Nieuwe Reeks, 90], Amsterdam-Oxford 1975, pp. 30 and 96; *cf.* my *Ius in re,* p. 24 and n. 118. In a review in *The South African Law Journal,* 94 (1977), pp. 223–227, at p. 225, J. E. Scholtens has criticised my thesis that Vinnius was influenced by Grotius on this point; I am not convinced by his arguments and find support in the fact that Hahn also considers Vinnius as a follower of Grotius, see his *Observata* on Wesenbecius, *loc. cit. post,* n. 46.

[38] Jacobus Bornius, *Dissertatio inauguralis de jure in re actiones reales producente*; I have not seen the original edition as a thesis Leipzig 1662, but only the reprint in the 1664 edition of Hahn's *De jure rerum,* pp. 125–136.

[39] In Jena it was J. C. Schindlerus, who in some corollaria to his thesis defended under the *praesidium* of G. A. Struvius in January 1663 reacted to Bornius' thesis, quoting his teacher in "Exerc. XIII, th. 48". These corollaria were reprinted in the 1664 edition of Hahn's *De jure rerum,* pp. 137–140 (I have only seen this text). The passage of Struvius quoted is apparently taken from his *Syntagma jurisprudentiae,* the first edition of which seems to have appeared in 1658–1663. I have only been able to check the edition Jenae 1702, in which on pp. 74–75 Struve defends Hahn in Exerc. III nr. 88.

In Helmstedt B. Richard, under the *praesidium* of Enoch Glaeser, one of Hahn's colleagues, defended in February 1663 a thesis *De jure in re opposita Iacobo Bornio*; it was reprinted in the 1664 edition of Hahn's *De jure rerum,* pp. 141–228.

In Leipzig J. G. Stützingius, under the *praesidium* of B. L. Schwendendörfferus, defended in March 1663 *Veram divisionem juris in re*; reprinted in the 1664 edition of Hahn's *De jure rerum,* pp. 229–250.

On these three theses and their authors see Affolter, *op. cit.* (*ante,* n. 6), pp. 111–112.

[40] Henricus Hahn, *De jure rerum et juris in re speciebus dissertatio plurimum auctior et correctior, cum vindiciis in Jenensi, Helmstadiensi et Lipsiensi Academia scriptis, Subjecta est Oratio de usu*

in fact a third edition. In 1647 a second edition had appeared[41] in which the original text had already been expanded;[42] it also contained a polemic with Bernard Sutholt who would admit the existence of only four real rights (*dominium, servitus, possessio, pignus*).[43] Through this second edition Hahn's work had become more widely known than in the preceding years when it existed only in the form of a doctoral thesis.[44]

Hahn, moreover, was already a successful private teacher at Helmstedt before obtaining his doctorate.[45] The thesis was defended at a time when he had the possibility of succeeding Joachim Weccius as *ordinarius* at the University of Helmstedt; owing to controversies at the Brunswick court he was nominated only in 1641. He kept the chair until his death in 1668; in this period Helmstedt was one of the most important Protestant universities. In 1650–1653 Hahn published at Helmstedt his main work: *Observata theoretico-practica ad Matthaei Wesenbecii in L Libros Digestorum commentarios* (Wesembeke's commentary has been since the 16th century one of the most popular text-books at German universities). In this work he also treats briefly of the classification of real rights and of the distinction *ius in re—ius ad rem*.[46] From all this it would appear that Hahn was already a well known author when Feltmann took his degree at Orleans and Feltmann may well have used Hahn's writings at that time. But in any case the 1664 edition of the treatises by Hahn and others on *ius in re* will have given a special impulse to Feltmann's *Tractatus* of 1666.

If in this respect Meijers' view is to be preferred to that of

---

chronologiae ac historiarum in jure privato, Helmestadii 1664. On an error in the numbering of the *conclusiones* see *post*, n. 69.

[41] *De iure rerum et iuris in re speciebus dissertatio . . . nunc auctior longe et correctior, Accesserunt ad Bernhardi Sutholt dissert. quartae aphorismum II, III et VI de iure in re constituto animadversiones et Oratio de usu chronologiae ac historiarum in iure privato*, Helmaestadii 1647. The *faux-titre* of the *Animadversiones* has: "*aphorismum secundum et tertium atque corollarium sextum*"; both titles are erroneous, see the *Errata* at p. [42]: it should be corollarium 3.

[42] The expansion consists mainly in the addition of a long treatise on *pacta successoria*, which has little to do with the problem of *iura in re*; there are, however, also a number of additions to the orginal text itself. In the 1664 edition there are further additions to the original text.

[43] Bernhardus Sutholt, *Dissertationes undeviginti in quibus universum ius Institutionum ex principiis explicatur . . .*, Hardervici 1623, p. 81. In aphorismus 2 Sutholt deals, very briefly, with *ius in re—ius ad rem* and the division of the *ius in re* (*cf. post*, n. 66); in aphorismus 3 he deals with *dominium*. On p. 95 corollarium 3 is to be found, in which Sutholt defends the concept of *dominium rerum incorporalium*.

[44] *Dissertatio inauguralis de iure rerum et juris in re speciebus harumque divisionibus in genere, quam . . . praeside . . . Joann. Thoma Cludio . . . pro doctoris in utroque iure privilegiis et honoribus adipiscendis examinandam p.p. Henricus Hahn . . . ad diem III. Octobr.*, Helmaestadii, 1639.

[45] See on Hahn's life Stintzing-Landsberg II (*ante*, n. 20), p. 230–232; for additional information see J. F. Jugler, *Beyträge zur juristischen Biographie*, II–1, Leipzig 1775, pp. 166–186. Hahn was born in Hildesheim in 1605.

[46] Vol. I, Helmaestadii 1650, p. 359.

Rigaud, it remains to be asked whether Meijers has not, in his turn, exaggerated the importance of Hahn. In answering this question a distinction has to be made between the concept of *ius in re* as a counterpart of *ius ad rem* and the matter of subdivision of *iura in re*.

As to the first point, Meijers is fully aware of the fact that Hahn's ideas are not new. He mentions Johannes Apel, who made the distinction between *ius in re* and *ius ad rem* the main division of private law[47]; he tries to trace the distinction back to the Glossators.[48] The only criticism that can be made of Meijers is that he does not mention the *direct* sources from which Hahn took his definitions and his general views on the subject.

Hahn's definition of *ius ad rem* is taken from Baldus and Iason de Mayno: *Ius ad rem, Baldo et Iasone definitore, est quod non nisi in obligatione consistit.*[49] He considers *ius ad rem* as synonymous with *ius personale,* a term which he specially ascribes to Bartolus.[50]

For a definition of *ius in re*[51] he refers in the first place to the Spanish Jesuit Luis de Molina (1536–1600), whose treatise *De iustitia et iure* (first edition 1593) contains many important chapters on private law and was very influential among 17th century jurists. Molina's definition of *ius in re* is: *ius circa rem aliquam ad quod res ipsa devincta est.*[52] Hahn approves of this definition if the term *devincire* is taken in a very large sense (and not in the more strict sense of *obligare*). Referring to the gloss *Affectum* on the canon *Si capitulo* of the *Liber Sextus* (VI, 3,7,5) Hahn proposes as an equivalent[53] the definition: *ius circa rem constitutum quod rem ipsam afficit.* The difference from Molina's definition would not seem to be fundamental. Hahn does not quote the definition of Grotius in his *Inleidinge tot de Hollandsche Rechtsgeleerdheid,* which could be considered as another variant of Molina's formula: *'t recht van toebehooren bestaende tusschen den mensch ende de zaecke zonder noodigh opzicht op een ander mensch*[54]; we may render it here in the Latin translation by Ulric Huber—through which it mainly became known to later Euro-

[47] Meijers, *op. cit.* (*ante,* n. 27), pp. 11–12; *cf. ante,* n. 6.
[48] *Cf. ante,* nn. 3 and 4.
[49] *Conclusio* 10.
[50] *Conclusio* 9.
[51] *Conclusio* 13.
[52] *De iustitia et iure,* disp. 2 (ed. Moguntiae 1614, I, col. 30).
[53] In the 1664 edition, however, he seems to prefer this second definition.
[54] *Inleidinge,* II, 1, 58 (ed. Leiden 1952, p. 48).

pean jurists—: *facultas hominis in rem competens sine respectu ad certam personam.*[55] Perhaps Hahn did not consider this definition as fundamentally different from his own, when at a later stage he quoted Grotius' *Inleidinge*[56] for other purposes, *i.e.* to mention Grotius' term for real right—"*beheering*"—and to criticise his division of real rights.

We now come to our second point, the question whether Meijers has not exaggerated the importance of Hahn in the matter of the subdivision of *iura in re.* Here Meijers does not mention any earlier author and thus seems to suggest that Hahn's division was new. Of course Meijers will have been aware that such divisions had been made before Hahn, but apparently he did not consider them important enough to be dealt with as possible sources of Hahn's so-called "pentarchy."[57] Here again it must be emphasised that Hahn himself does not fail to quote the direct sources that inspired him. It is true that among these none gives a division into *five* real rights but the five preferred by Hahn had all been proposed by earlier authors. He simply makes a new choice among the possible combinations that had been considered by his predecessors; he does not give new arguments in favour of the individual rights which he lists.

Hahn starts[58] by quoting Baldus, who according to him[59] would have admitted the existence of four real rights: *dominium, ius hereditatis, servitus* and *pignus.* Iason de Mayno is quoted for his criticism of the admission of *ius hereditatis* in this enumeration;

---

[55] U. Huber, *Praelectionum juris civilis tomi III,* ad Inst. 2,1, nr. 12 (ed. Lipsiae 1735, vol. I, p. 89); *cf.* Pugliese, *op. cit.* (*ante,* n. 2), pp. 763–764.

[56] In his *Observata* on Wesenbecius (*ante,* n. 46) and in the 1664 edition of his *De jure rerum,* pp. 20–21 and p. 26; *cf. post,* n. 64. He may have known Grotius' concepts only through Vinnius (on Inst. 2,1,11; *cf. ante,* nn. 36 and 37) whom he quotes at the same time, *cf. Ius in re,* p. 24, n. 116; in that case Hahn will not have known Grotius' definition because Vinnius does not mention it.

[57] Meijers uses this term for Hahn's system of five real rights as if it were a very current expression, see *op. cit.* (*ante,* n. 27), p. 14: "*Vooral gedurende de 17e en de eerste helft van de 18e eeuw werd het systeem van Hahn, de zoogenaamde pentarchie, onvoorwaardelijk aan de Duitsche hoogescholen aanvaard*". Since Meijers it has become usual in the Netherlands to speak of the "*pentarchie van Hahn*". However, I have not been able to discover which authors Meijers had in mind when he referred to the "so-called pentarchy"; the term does not occur in Hahn's own writings nor in those of the 17th and 18th century authors who opposed or who followed him, as far as these are mentioned in this article.

[58] After having stated that "*nec . . . in hoc argumento major alia quam de his* [*sc. divisionibus*] *inter Doctores concertatio est*" and that "*. . . apud Veteres qui seculo duodecimo et decimotertio vixere vix ulla vel quae momenti sit divisio reperietur*" (*conclusio* 14). I quote—here and on the following pages—the 1639 edition, which as to this passage is repeated exactly in the 1647 edition. The 1664 edition reads "*aliqua*" instead of "*alia*" and inserts between the two phrases quoted a long passage on the relation between *ius in re* and *dominium,* referring to Conradus Summenhart; on the latter's concept of *dominium* and *ius in re* see my article "*Der Eigentumsbegriff bei Hugo Grotius im Licht einiger mittelalterlicher und spätscholastischer Quellen*", in *Festschrift für Franz Wieacker,* Göttingen [1978], pp. 209–234, 216 *et seq.*

[59] He simplifies Baldus' system a little, *cf.* a fuller account in my *Ius in re* (*ante,* n. 2), pp. 13 *et seq.*

as a protagonist of the resulting division into three categories —*dominium, servitus* and *pignus*—Wesenbecius is also mentioned. Hahn then cites Donellus for a division into six real rights[60] and Giphanius for a division into four; both added *possessio.*[61] Hahn continues by quoting Spiegel, Calvinus and Mynsinger for the division into *dominium, quasi dominium* and *ius in re specificum* (which comprises *pignus, servitus* and *retentio*); he does not mention their common source, Johannes Apel,[62] whose importance we have already mentioned in connection with the distinction between *ius in re* and *ius ad rem.*[63] In his original text[64] there follows a quotation of one of his favourite authors, Luis de Molina: *Nemo unus verior est Ludovico Molina . . . qui licet aperte species juri in rem non attribuat, exempla tamen de dominio, hereditate, servitutibus et pignore prior post Baldum suppeditavit.*

After mentioning another division into four—*dominium, servitus, possessio* and *pignus*—which is to be found in Bachovius[65] and his pupil Sutholt,[66] Hahn starts criticising his predecessors; we will not go into details but it boils down to this.[67] *Dominium, pignus* and *servitus* occur as real rights in the Roman sources (*in legibus inter species juris in re . . . satis expresse referuntur*). The other rights are to be found by deduction from the sources and the best way to find them is by looking at the real actions: *tot sint species juris in re necesse est invicem distinctae, quot diversae invicem actionum realium species inveniuntur.* On this ground he admits *possessio* and *ius hereditarium.*

For *possessio*—not mentioned by Baldus and Molina—he will have relied on other sources than Donellus, who only speaks of *possessio bonae fidei possessoris*[68]: Hahn gives as the basis of the real right of *possessio* the *remedia possessoria sive interdicta,*[69]

[60] On Donellus' division see *Ius in re,* pp. 20 *et seq.*

[61] Donellus speaks of *possessio bonae fidei possessoris*; *cf. post,* n. 68.

[62] On the occurrence of Apel's division in the *Lexica* of Jacobus Spiegel and Johannes Calvinus (Kahl) see *Ius in re,* p. 19; in fact Calvinus simply reprints the passage of Spiegel, who refers to Apel. Ioachim Mynsinger gives Apel's division in his *Apotelesma, hoc est corpus perfectum scholiorum ad Institutiones Justinianeas pertinentium,* ad rubr. Inst. 2,1 (ed. s. 1. 1619, p. 143), but does not mention his name.

[63] *Ante,* n. 6.

[64] Editions of 1639 and 1647; the 1664 edition has here (p. 20–21) an insertion which refers *inter alia* to Grotius and Vinnius, *cf. ante,* n. 56.

[65] Reinhardus Bachovius, *Tractatus de actionibus,* disp. 1, th. 14 (ed. Francofurti 1623, pp. 7–8).

[66] See *ante,* n. 43.

[67] See *conclusiones* 16 *et seq.*

[68] See *ante,* n. 61.

[69] *Conclusio* 31; *cf. conclusiones* 57 *et seq.* (from *conclusio* 61 onwards there is a difference in numbering between the 1639 and 1647 editions on the one hand and the 1664 edition on the other, because the latter edition has made a mistake in the numbering of concl. 61: what should be 61 is called 62, what should be 62 is called 61 and then 63 is called 62 etc.).

not the *actio Publiciana* which he only mentions in connection with *dominium*.[70] On this particular point Meijers has made a mistake in rendering Hahn's theory: he suggests that Hahn considers the *actio Publiciana* as the basis of the real right of *possessio*.[71] This is indeed done by Johannes Voet whom Meijers * quotes as a follower of Hahn.[72]

However that may be, from what we have said about Hahn's sources it will be clear that he was not as original as Meijers thought him to be; he simply made a new mixture of elements that had been combined by his predecessors in different ways.

Hahn may not even have been the first to make that particular combination of five real rights.[72a] It is also found in another thesis defended at the University of Helmstedt, which is dated more than one year earlier than Hahn's. I am referring to the *Dissertatio iuridica de iuribus in re constitutis* which under the *praesidium* of Hahn's predecessor in the chair, Joachim Weccius, was submitted by Conradus Mensenteich on August 4, 1638.[73] It is rather astonishing that Meijers quotes this thesis only for the division of private law in general.[74] After making a distinction between *ius in re constitutum* and *ius ad rem sive obligatio* and a citation of Molina's definition of *ius in re*[75] the author of this thesis writes[76]:

Species eius [i.e. *iuris in re constituti*] *communis Doctorum schola IV facit: dominium, servitutem, ius pignoris sive hypothecam et ius possessionis. Ius quoque hereditarium a dominio in specie dicto et reliquis iuris in re constituti speciebus Baldus, ad l. si certis annis, C. de pact., n. 29, distinxit. A qua sententia ut abeamus a nobis impetrare non possumus. Sint itaque V iuris in re constituti species: 1. dominium, 2. servitus, 3. ius pignoris, 4. ius possessionis, 5. ius hereditarium. Licet non diffitear, posterius solum et simpliciter ad iura in re referri non posse. . .*

The resemblance to Hahn's division is striking; the only

---

[70] *Conclusio* 28.

[71] *Op. cit.* (*ante*, n. 27), p. 14.

[72] *Op. cit.*, pp. 19–20. See Johannes Voet, *Commentarius ad Pandectas*, lib. 5, tit. 2, nr. 2 (ed. Hagae Comitum 1731, I, p. 369). *Cf.* also his *Elementa juris secundum ordinem Institutionum*, lib. 2, tit. 1, nr. 25, and lib. 4, tit. 6, nr. 16, as well as his *Compendium juris juxta seriem Pandectarum*, lib. 6, tit. 1, nr. 1; in the quotations by Meijers, *loc. cit.*, there is some confusion.

[72a] In conjunction with the following passage see also the Addendum at the end of this article.

[73] Helmaestadii 1638. We used a microfilm of the copy in the Herzog August Bibliothek at Wolfenbüttel; there is also a copy in the Bodleian Library at Oxford.

[74] *Op. cit.* (*ante*, n. 27), p. 12, n. 3 (under the name of Weccius).

[75] Thesis 9; "*. . . cui forte definitioni non incommode haec verba adjiciemus: ita ut a quovis possessore eam vindicare possumus*".

[76] Thesis 10.

differences lie in the sequence of *servitus* and *ius pignoris* and in the qualification of the admission of *ius hereditarium*. It is true that there is no discussion of the problem of the division of real rights, with quotation of earlier authors and this applies to the *ius hereditarium* also. In the rest of the thesis there also seem to be very few elements in common with Hahn's treatise. It remains possible, however, that there were relations between Hahn and the author of the thesis of 1638. Who was the author: the *praeses*, Joachim Weccius, or the *respondens*, Conradus Mensenteich? The question seems difficult to decide.[77] The thesis is not a doctoral thesis, as Hahn's was, but a thesis *exercitii gratia*.[78] We have already mentioned the fact that Hahn gave private lessons at Helmstedt before his doctorate and his appointment as a professor. Perhaps Mensenteich was one of his pupils, with whom he had discussed the division of real rights before writing * his own thesis. It is, however, also possible that the idea of the division came from Weccius who probably had been the teacher of Hahn as well.

To finish our revaluation of the importance of Hahn's thesis we will shortly examine what Meijers says about his influence in later times.

According to Meijers Hahn's system of real rights was predominant in the German speaking countries until the second half of the 18th century.[79] In 1736 F. A. Hommel[80] had criticised it with better arguments than did Jacobus Bornius (whom we have already mentioned above) in the 17th century, but its authority remained unshaken until the famous article by A. F. J. Thibaut on *dominium directum* and *utile* appeared in 1801;[81] in showing convincingly that this distinction was contrary to the texts of the *Corpus iuris civilis*, Thibaut took away one of the main bases on

[77] In thesis 87 there is the following quotation: "*Dominus Praeses in disput. sua inaug.*" (*cf.* also thesis 97: "Dominus Praeses, d. disp. th. 258"); from this, however, no decisive argument that Weccius was not the author can be derived.

[78] Moreover Hahn did not defend this thesis under Weccius but under the latter's colleague Johannes Thomas Cludius, see *ante*, n. 44.

[79] *Op. cit.* (*ante*, n. 27), pp. 14–15; *cf. ante*, n. 57.

[80] Meijers does not hesitate to ascribe to Hommel a thesis which under his *praesidium* was defended by G. Th. Seyler as *autor et respondens*; the full title (mutilated by Meijers) is: *Dissertatio juridica qua quinque juris in re species, quas vulgo tradunt, nec semper tales esse nec solas . . . moderante Ferdinand. August. Hommelio . . . defendet autor et respondens Gotthold. Theodor. Seyler . . .* Lipsiae 14 Febr. 1736; I have only seen a reprint of 1745 in a collection of theses under F.A. Hommel and his son K. F. Hommel at the Max-Planck-Institut für europäische Rechtsgeschichte in Frankfurt.

[81] A. F. J. Thibaut, "*Ueber dominium directum und utile*", in his *Versuche über einzelne Theile der Theorie des Rechts*, II, Jena 1801, pp. 71–110 (second ed., II, Jena 1817, pp. 67–99). In the same *Versuche* is published (pp. 25–71; second ed., pp. 23–66) his interesting article "*Ueber dingliches und persönliches Recht*", in which he calls Feltmann's treatise an "*oft unbeschreiblich elende*[*r*] *Tractat*" (p. 50 of the first ed.); *cf.* Meijers, *op. cit.* (*ante*, n. 27), p. 19.

which Hahn's system rested. It collapsed soon afterwards, but in between it had already penetrated into some codifications. The most important of these was the Austrian *Allgemeines Bürgerliches Gesetzbuch* (1811), which in § 308 enumerates five real rights: "*Dingliche Sachenrechte sind das Recht des Besitzes, des Eigenthumes, des Pfandes, der Dienstbarkeit und des Erbrechtes.*" In this paragraph of the Austrian Code Hahn's system survives at the present time in an even purer form than in paragraph 584 of the Dutch Civil Code.

We have already seen that, according to Meijers, Gerhard Feltmann would have been the first author to make Dutch jurists acquainted with Hahn's system and that his polemic with Huber in particular would have contributed to the diffusion of Hahn's opinions. This polemic did not concern only the question whether the distinction between *ius in re* and *ius ad rem* had any direct basis in the texts of the *Corpus iuris civilis* (see above), but also the number of real rights. Feltmann had accepted the five rights of Hahn; he only added *ius dotium* as a sixth one.[82] Huber did not confine himself to criticising this addition but did not accept *possessio* as one of the real rights either.[83] In this respect he criticised Grotius also, whom he much admired on other points.

Meijers opposes to Huber another great Dutch authority of the 17th century, Johannes Voet, who seems to have been a follower of Hahn. We have already alluded[84] to a difference between Hahn's and Voet's system: Voet considers the *actio Publiciana* as the basis of the real right of *possessio* and in this respect comes near to the opinion of Donellus. However, it cannot be denied that the five real rights he enumerates are the same as Hahn's.

Huber and Voet were, according to Meijers,[85] the two "*chefs de file*"; the great majority of later Dutch jurists adhered to the opinion of one of these two. Voet's followers—who indirectly are to be considered as followers of Hahn—were less numerous than those of Huber.[86]

---

[82] Feltmann, *Tractatus de iure in re et ad rem*, cap. 12, nrs. 22 *et seq.* (in *Opera*, I, p. 87); *cf. Benedictorum liber unus*, disp. 1 (in *Opera*, II, pp. 207 *et seq.*).

[83] Huber, *Animadversiones* (*cf. ante*, n. 12), cap. 17 and 18, in Feltman[n], *Opera*, I, pp. 279 *et seq*).

[84] *Ante*, n. 72.

[85] *Op. cit.* (*ante*, n. 27), p. 20.

[86] To the authors mentioned by Meijers, *op. cit.*, p. 21, as followers of Huber could be added H. S. van der Sweth, who defended a *Dissertatio philologico-juridica inauguralis de jure in re* at Leiden University in 1740. In the enumeration of protagonists of a system of five real rights which this author gives the name of Heinrich Hahn is lacking; he mentions G. A. Struve, Johannes Voet and his own

There is one important author who is not mentioned by Meijers and who may have been very influential also in this matter because his *Compendium* was used at Leiden University until the beginning of the 19th century: Johannes Böckelmann (1633–1681).[87] He did not share Huber's criticism concerning the distinction between *ius in re* and *ius ad rem*; he admitted that it had had its origin in canon law, but he considered it as *recepta aut nobilitata* by Bachovius, Sutholt, Hahn and others.[88] As to the number of real rights he settles for four. These four differ, however, from those of Huber: he rejects *ius hereditarium* but accepts *possessio* (the three others being *dominium, hypotheca* and *servitutes*).[89] This enumeration would seem nearer to the system of Grotius' *Inleidinge* than Voet's five or Huber's four real rights. Nevertheless D. G. van der Keessel (1738–1816), one of the last authorities on the Roman-Dutch Law—who in his teaching at Leiden until the beginning of the 19th century used the *Inleidinge* as well as Böckelmann's *Compendium*—preferred Huber's system.[90]

In the first draft of a Civil Code for the Netherlands (1807) Johannes van der Linden enumerates the five real rights mentioned by Hahn and Voet,[91] although in his *Regtsgeleerd Practicaal en Koopmans Handboek*[92] he had still followed Huber. We will not go into the details of the history of the Dutch codification until the final form in which § 584 of the present Civil Code was * framed.[93] May Van der Linden's proceeding suffice to show that in the Netherlands opinions had remained divided and that it was more or less by chance that the Dutch legislature adopted a

---

teacher Johannes Ortwinus Westenberg. Another Leiden thesis on the subject is W. A. van der Ramhorst, *Dissertatio juridica inauguralis de speciebus juris in re,* Lugduni Batavorum 1784; he gives an account of the various opinions without making a definite choice among them.

[87] After having studied and taught at Heidelberg he was professor at Leiden from 1670 to 1681. * See on his *Compendium* Feenstra and Waal, *op. cit.* (*ante*, n. 37), p. 36. He deals more extensively with the number of real rights in his *Exercitationes de actionibus,* cap. 3, pars 1, nr. 5 (ed. Trajecti ad Rhenum 1695, pp. 39 *et seq.*).

[88] *Exercitationes,* cap. 3, pars 1, nr. 2 (ed. 1695, pp. 36–37).

[89] *Exercitationes, loc. cit. ante,* n. 87; *cf. Compendium Institutionum Iustiniani,* ad Inst. 2,1, *De jure rerum,* nr. 4 (ed. Amstelaedami 1802, p. 52): *"Jura in re sunt quatuor: 1. Dominium, 2. Possessio, 3. Servitus, 4. Pignus".*

[90] D. G. van der Keessel, *Dictata ad Justiniani Institutionum libros quatuor, observato ordine Compendii auctore Johanne Frederico Böckelmann,* ed. B. Beinart, B. L. Hijmans Jr., P. van Warmelo, I, Amstelodami-Captoniae 1965, pp. 147–148, on the passage of the *Compendium* quoted *ante,* n. 89.

[91] Tweede boek, Eerste titel, Art. 20: *"Deze reëele Regten bestaan in het Regt van Eigendom, Bezit-regt, Regt van Erfvolging, Dienstbaarheid en Pandregt"* (Johannes van der Linden, *Ontwerp Burgerlijk Wetboek* 1807/1808, ed. J. Th. de Smidt [= Fontes iuris batavi rariores, 1], Amsterdam 1967, p. 9).

[92] Amsteldam 1806, p. 51.

[93] For details see Meijers, *op. cit.* (*ante,* n. 27), pp. 20 *et seq.*

system of real rights that resembles—but was not directly inspired by—that of Heinrich Hahn.[94]

Addendum

After having sent my manuscript to the press I found an earlier thesis, defended by Hahn at Helmstedt in 1632: *Disputatio iuridica de pactis successoriis, quam . . . praeside Henrico Schmerehm . . . subjicit Henricus Hahn . . . ad diem 5. Maii, Helmaestadii 1632* (there is a copy in the Koninklijke Bibliotheek at the Hague). In the fourth conclusion he writes: "*Ius in re constituitur quinque modis, Dominio in specie sic dicto, Iure hereditario, Servitute, Pignore et Possessione*" (he goes on to state that *ius hereditarium* is the most useful and frequent of these rights and thus comes to the proper subject of his thesis, *pacta successoria*). Except for the order in which they are mentioned we have here exactly the same combination of five real rights as in his thesis of 1639. Does this prove that Hahn was indeed the first to make this combination? I do not think it does. The fact that the enumeration is given here very incidentally, as an introduction to a quite different topic, would rather seem to confirm that Hahn had found it elsewhere. It might even strengthen the probability of my suggestion that the idea for this division of real rights came from Joachim Weccius (1601–1651), who taught at Helmstedt from 1628 to 1639 (*cf. ante,* after n. 78). Hahn's thesis of 1632 was defended under another *praeses,* Henricus Schmerehm, but this fact is not of much importance. It was a *thesis exercitii gratia,* of which Hahn describes himself as *auctor et respondens* (see the dedication on the back of the title-page). On the law professors at Helmstedt see A. Schikora, *Die Spruchpraxis an der Juristenfakultät zu Helmstedt* (Göttinger Studien zur Rechtsgeschichte, 4), Göttingen-Zürich-Frankfurt [1973], pp. 37 *et seq.*; on p. 52 a quotation from an unpublished letter of the University (dated June 16, 1639) on Hahn, mentioning his "*unterschiedliche viele Collegia Juridica mit ruhm und nutz der studirenden Jugend privatim gehalten.*"

[94] Parts of this article have been presented as lectures: "*Controverses sur la classification des droits réels au XVIIe siècle,*" lecture at the "Société d'histoire du droit" in Paris on February 17, 1979 (summary in *Revue historique de droit français et étranger,* 4e série, 57 (1979), pp. 714–716), and "*De classificatie der zakelijke rechten volgens Heinrich Hahn en enkele andere auteurs van de 17e en 18e eeuw*", lecture at the third "Belgisch-Nederlands rechtshistorisch congres" in Antwerp on May 3, 1978.

I owe a special debt of gratitude to Miss Marguerite Duynstee for her kind assistance in the preparation of this article. I am much indebted to Professor W. M. Gordon (Glasgow) for improvement of the English style.

XIV

LES JURISTES DE L'ANCIENNE UNIVERSITÉ DE FRANEKER ET LEURS RECUEILS DE *DISPUTATIONES* (période de 1635 à 1735)

En 1985 a été célébré le quatrième centenaire de la fondation de l'ancienne Université de Franeker, l'une des cinq universités qu'a connues la République des Provinces-Unies [1]. C'était l'université de la province de Frise, comme l'Université de Leyde (fondée en 1575) était celle de la province de Hollande. Trois autres provinces avaient leur propres universités: les provinces de Groningue et d'Utrecht celles qui existaient dans leur capitales – érigées en 1614 et en 1636 respectivement – et la province de Gueldre celle de Harderwijk (fondée en 1648). Les Universités de Leyde, de Groningue et d'Utrecht existent toujours; celles de Franeker et de Harderwijk n'ont pas survécu à l'incorporation de notre pays dans l'Empire français en 1811. De ces deux universités disparues, Franeker a sans doute été la plus importante; ce n'est pas seulement du point de vue chronologique qu'on peut la ranger immédiatement après Leyde.

La Faculté de droit de l'université frisonne mérite l'attention des historiens du droit tant néerlandais qu'étrangers. Son rôle dans l'histoire de la science juridique européenne a certes été moins spectaculaire que celui de sa soeur aînée hollandaise, la Faculté de droit de Leyde. Mais il vaut la peine de faire une étude comparative de l'histoire de ces deux institutions [2].

[1] La publication la plus importante parue à l'occasion de cette célébration est le recueil *Universiteit te Franeker 1585-1811, Bijdragen tot de geschiedenis van de Friese hogeschool*, éd. par G.Th. Jensma, F.R.H. Smit et F. Westra, Leeuwarden 1985 (nous le citerons comme 'Universiteit te Franeker').

* [2] C'est ce que nous nous sommes efforcé de faire dans une contribution au recueil cité à la note précédente (p. 289-304): *De Franeker juridische faculteit*

Quelques années après sa fondation, l'Université de Leyde avait réussi à s'attacher comme professeur de droit un juriste français de grande renommée: Hugues Doneau (Hugo Donellus, 1527-1591; professeur à Leyde de 1579 à 1587), l'une des coryphées de l'Ecole Humaniste. De la fin du 16e siècle jusqu'aux années trente du 18e siècle ont enseigné à Leyde cinq professeurs de droit d'origine néerlandaise – chacun pendant une période d'au moins vingt ans – dont les oeuvres sont devenues très connues au delà des frontières de la République des Provinces-Unies: Evrard Bronchorst, Arnaud Vinnius, Jean Voet, Gérard Noodt et Antoine Schulting[3]. De quels succès la Faculté de Franeker pouvait-elle se vanter à titre de comparaison[4]?

in nationaal en internationaal perspectief, Inleidende beschouwingen gevolgd door een studie over juridische onderwijsliteratuur sinds het midden van de zeventiende eeuw. Les lignes qui suivent constituent pour la plus grande partie une version française de cet article écrit en neerlandais. Le texte français a déjà paru sous forme de contribution à un volume de Mélanges, dédiés à un collègue mexicain: *Estudios en homenaje de Guillermo Floris Margadant*, Mexico 1989. Comme nous n'en avons pas pu corriger les épreuves et que le volume sera difficilement accessible aux historiens du droit en dehors de l'Amérique latine nous profitons de cette occasion qui nous est offerte par les «Studi senesi» pour le publier une seconde fois en Europe.

3 Pour l'importance internationale de l'ancienne Faculté de droit de Leyde *
voir en premier lieu: R. FEENSTRA et C.J.D. WAAL, *Seventeenth century Leyden law professors and their influence on the development of the civil law. A study of Bronchorst, Vinnius and Voet*, Amsterdam-Oxford 1975 (= [Verhandelingen der] Koninklijke Nederlandse Akademie van Wetenschappen, Afdeling Letterkunde, Nieuwe Reeks, 90); cf. aussi R. FEENSTRA, *Les Romanistes de l'Université de Leyde du XVIIe siècle et leur influence sur le droit privé européen*, dans *Le nuove frontiere del diritto e il problema dell'unificazione. Atti del Congresso internazionale organizzato dalla Facoltà di Giurisprudenza dell'Università di Bari (Bari, 2-6 aprile 1975)*, I, [Milano] 1979, p. 331-349. Une bibliographie complète des professeurs de droit de Leyde a été publiée par M. AHSMANN et R. FEENSTRA, *Bibliografie van hoogleraren in de rechten aan de Leidse Universiteit tot 1811*, Amsterdam-New York 1984 (Geschiedenis der Nederlandsche Rechtswetenschap, tome VII, fasc. 1); nous la citerons comme AHSMANN - FEENSTRA, *BGNR Leiden*.

4 Pour ce qui suit sur les professeurs de droit de l'ancienne Université de *
Franeker nous renvoyons une fois pour toutes à l'ouvrage toujours fondamental de W.B.S. BOELES, *Frieslands Hoogeschool en het Rijks Athenaeum te Franeker*, 2 tomes, Leeuwarden 1878-1889. Nous ne citerons pas non plus chaque fois les notices bio- et bibliographiques qui, après l'ouvrage de Boeles, ont été

Pour le premier demi-siècle de son existence[5] presqu'aucun. Parmi les professeurs de droit de cette période – c'étaient pour la plus grande partie des Frisons – les meilleurs ne restaient que peu de temps: ils préféraient une nomination comme conseiller à la Cour de Frise ou comme haut fonctionnaire dans l'administration. Celui dont l'oeuvre devait connaître la plus grande diffusion en dehors des Pays-Bas[6], Bernard Schotanus (1598-1652, professeur à Franeker de 1624 à 1635), quitta Franeker pour une chaire à la nouvelle Université d'Utrecht en 1635 et termina sa carrière à Leyde (de 1641 jusqu'à sa mort en 1652); la plupart de ses ouvrages fut d'ailleurs écrite après son départ de Franeker[7].

consacrées à la plupart des professeurs franequerois dans le *Nieuw Nederlandsch Biografisch Woordenboek*, 10 tomes, Leiden 1911-1937 (cité comme *NNBW*), où l'on les trouvera facilement à l'aide de la table alphabétique. Seulement dans le cas où, depuis Boeles ou le *NNBW*, un professeur a fait l'objet de recherches nouvelles nous indiquerons nos sources. Dans le cadre de la *Geschiedenis der Nederlandsche Rechtswetenschap*, tome VII (bibliographies) – dont le premier fascicule contient Ahsmann - Feenstra, *BGNR Leiden* – un fascicule consacré aux professeurs de Franeker est en préparation; nous avons pu utiliser les matériaux déjà disponibles et les compléter sur certains points (nous espérons d'ailleurs y publier nous-même entr'autres les bibliographies de Wissenbach, de Cup, de van Eck et de Wieling). Les bibliographies des professeurs franequerois qui ont également enseigné à Leyde se trouvent déjà dans Ahsmann - Feenstra, *BGNR Leiden*. Il existe enfin, à la Bibliothèque de l'Université d'Amsterdam, un fichier de *disputationes* (et publications apparentées) des universités néerlandaises, recueilli par les soins de S. van der Woude. Nous avons pu le consulter – sous forme de sondages mais non systématiquement – et le compléter à certains endroits. Il nous a été très utile pour comprendre la genèse des recueils de *disputationes* franequeroises.

[5] Cette période a fait l'objet d'une étude très documentée de Madame M. Ahsmann, *De juridische faculteit te Franeker 1585-1635. Een studie over de professoren en hun onderwijs met lijsten van verdedigde disputaties*, dans «Tijdschrift voor Rechtsgeschiedenis», 54 (1986), p. 3-72; nous y renvoyons le lecteur pour tous les détails. Cf. aussi M. Ahsmann et R. Lagrouw, *Pericula Schotana, Wederwaardigheden onder Franeker juridische professoren ten tijde van Henricus Schotanus (1585-1605)*, dans *Universiteit te Franeker*, p. 305-320.

[6] Outre des ouvrages de B. Schotanus on a réimprimé à l'étranger un écrit de Lycklama et un de Busius (professeurs mentionnés *infra* dans le texte, aux notes 36 et 27).

[7] L'exception la plus importante est constituée par le recueil de ses *disputationes* sur les Institutes de Justinien de 1635, voir Ahsmann - Feenstra, *BGNR Leiden*, no. 561.

Il en est autrement pour le siècle suivant, qui s'étend de 1635 à 1735. Au centre de cette période se placent les presque trente ans du professorat d'Ulric Huber (1636-1694; professeur de droit de 1665 à 1679 et de 1682 jusqu'à sa mort, conseiller à la Cour de Frise de 1679 à 1682)[8]. En dehors des Pays-Bas sa renommée égale au moins celle des cinq professeurs de Leyde si elle ne la surpasse[9]: on peut le classer immédiatement après Grotius (qui ne fut d'ailleurs jamais professeur d'université). Avant et après Huber la Faculté de Franeker a eu quelques professeurs de droit assez célèbres. De 1640 à 1665 y enseignait le maître de Huber: Jean Jacques Wissenbach, d'origine nassovienne (1607-1665)[10]. A l'étranger il est surtout connu par ses *Emblemata Triboniani*, parus pour la première fois en 1642 (ou 1633?)[11], et souvent réimprimés, non seulement aux Pays-Bas mais au moins dix fois en Allemagne. Ses écrits sur les différentes parties du *Corpus iuris civilis* ont également eu une assez grande diffusion; deux de ces trois ouvrages ont été réimprimés en Allemagne. Gérard Noodt (1647-1725)[12], l'un des cinq coryphées de Leyde que nous venons de mentionner, a été professeur à Franeker au début de sa carrière (1679-1684); en passant par Utrecht (où il ne resta que deux ans, de 1684 à 1686) il se rendit à Leyde où il écrivit la plupart de ses travaux[13]. Il eut pour successeur

[8] Voir sur lui récemment TH. J. VEEN, *Recht en nut, Studiën over en naar aanleiding van Ulrik Huber (1636-1694)*, Zwolle 1976 [thèse Groningue 1976], ainsi que, du même auteur, *Interpretations of Inst. 1,2,6, D. 1,4,1 and D. 1,3,31: Huber's historical juridical and political-theoretical reflections on the Lex Regia*, dans «Tijdschrift voor Rechtsgeschiedenis», 53 (1985), p. 357-377; cf. aussi *infra*, n. 49.

[9] L'Université de Leyde a d'ailleurs essayé deux fois en vain de l'avoir comme professeur à Leyde, voir dernièrement VEEN, *Recht en nut*, p. 3, 6-7, 337-338.

[10] Pour sa vie et ses oeuvres voir *infra* dans le texte, aux notes 45 et s.

[11] Cf. *infra*, n. 50.

[12] Sur lui voir maintenant surtout G.C.J.J. VAN DEN BERGH, *The life and work of Gerard Noodt (1647-1725). Dutch legal scholarship between Humanism and Enlightenment*, Oxford 1988.

[13] Voir AHSMANN - FEENSTRA, *BGNR Leiden*, nos. 419-480.

*

Corneille van Eck (1662-1732)[14], qui a enseigné à Franeker de 1686 à 1693; il y redigea son manuel sur le Digeste, ouvrage qui devait dominer plus d'un siècle l'enseignement aux universités néerlandaises: *Principia iuris civilis secundum ordinem Digestorum* (1689; six éditions ultérieures). Lui-aussi partit pour Utrecht, où il devait professer jusqu'à sa mort en 1732. Cela finit par devenir le sort de la Faculté de Franeker: elle réussissait bien à appeler de bons professeurs mais après une période le plus souvent assez brève elle devait les céder à d'autres facultés, notamment à celles de Leyde ou d'Utrecht. Pour le siècle en question (1635-1735) cela lui arriva pour trois autres professeurs de renommée internationale: Antoine Schulting (1659-1734)[15], également mentionné parmi les coryphées de Leyde, qui resta bien presque vingt ans à Franeker (1694-1713)[16] mais partit finalement pour Leyde[17]; Jean Ortwin Westenberg (1667-1737)[18], qui passa à Leyde après un enseignement à Franeker de 1716 à 1723[19]; et enfin le plus célèbre professeur étranger que Franeker ait eu: Jean Gottlieb Heineccius (1681-1741)[20], qui y fut professeur de 1723 à 1727. Ce

* [14] Voir sur lui dernièrement G.C.J.J. van den Bergh, *Cornelis van Eck 1662-1732. Een dichter-jurist* (dans *Rechtsgeleerd Utrecht, Levensschetsen van elf hoogleraren uit driehonderdvijftig jaar Faculteit der Rechtsgeleerdheid in Utrecht*, [Zutphen 1986], p. 37-54); cf. aussi *infra* dans le texte, aux notes 86 et s.

* [15] Pour ses travaux voir Ahsmann - Feenstra, *BGNR Leiden*, nos. 598-630.

[16] Avant de venir à Franeker il avait été professeur à Harderwijk pendant trois ans.

[17] Son ouvrage le plus connu, *Jurisprudentia vetus ante-justinianea* (1717), n'a paru que pendant son professorat à Leyde, mais une partie de ses autres travaux date de sa période franequeroise, voir *infra* dans le texte, à la note 95.

* [18] Voir dernièrement R. Feenstra, *Ein später Vertreter der niederländischen Schule: Johann Ortwin Westenberg (1667-1737)*, dans *Festschrift für Heinz Hübner zum 70. Geburtstag*, Berlin-New York 1984, p. 47-62. Bibliographie dans Ahsmann - Feenstra, *BGNR Leiden*, nos. 1128 A - 1161.

[19] Auparavant il avait été professeur à Steinfurt (1688-1694) et à Harderwijk (1694-1716).

[20] Sur lui dernièrement E. Bussi, dans *Handwörterbuch zur deutschen Rechtsgeschichte*, II, Berlin 1978, col. 55-57; cf. également Feenstra - Waal, *op. cit.* (*supra*, n. 3), p. 55 et s. Plusieurs de ses écrits, notamment ses *Elementa*

dernier était venu de l'Université de Halle, où il rentra après un professorat à Francfort-sur-l'Oder. Leyde essaya en vain de l'appeler[21]; Franeker pouvait donc être fière de l'avoir eu comme professeur, ne fut ce que pour quelques années.

Après 1735 Franeker n'a pas eu de professeurs de droit qui aient joué un rôle important dans l'histoire de la science juridique européenne[22]. Mais cela vaut également pour Leyde. Au début de cette période il y eut bien encore à Franeker deux Allemands d'un certain mérite et dont les noms ne sont pas restés absolument inconnus à l'étranger: Abraham Wieling (1693-1746; professeur à Franeker de 1727 à 1739)[23] et Christian Henri Trotz (1701-1773; professeur à Franeker de 1741 à 1755)[24]. L'un et l'autre, cependant, partirent pour Utrecht où ils terminèrent leur carrière.

Dans la perspective européenne, la comparaison avec Leyde n'est pas, en fin de compte, aussi défavorable pour Franeker qu'on aurait pu s'y attendre à première vue, notamment si l'on tient compte des résultats obtenus par les trois autres universités néerlandaises de l'époque: Groningue, Utrecht et Harderwijk.

Si l'on renonce à l'utilisation de critères 'européens'[25],

juris civilis secundum ordinem Institutionum (1725), datent de sa période franequeroise.

21 Voir dernièrement FEENSTRA - WAAL, p. 56 n. 264.

22 D'ARNAUD et CANNEGIETER (voir *infra* dans le texte, aux notes 33 et 41) n'ont pas été tout à fait inconnus à l'étranger à cause de leur travaux orientés vers la philologie, dont quelques-uns furent réimprimés en dehors des Pays-Bas.

23 Il a fait l'objet d'une étude bio-bibliographique de J.F. JUGLER, dans ses *Beyträge zur juristischen Biographie*, Vi-1, Leipzig 1780, p. 195-212. *

24 Il n'existe pas d'études plus récentes sur lui que celle dans *NNBW* (II, col. 1453 et s.). *

25 Nous n'avons pas pu étudier un autre aspect 'européen': l'influence que l'enseignement du droit à Franeker a pu exercer sur les étudiants venus de l'étranger; cet aspect mérite certainement des recherches. Pour quelques remarques concernant les étudiants de droit venus de l'Ecosse voir R. FEENSTRA, *Scottish-Dutch legal relations in the seventeenth and eighteenth centuries*, dans *Scotland and Europe 1200-1850*, éd. par T.C. Smout, Edinburgh [1986], *

la Faculté de droit de Franeker ne fait pas non plus mauvaise figure en comparaison avec celle de Leyde. Elle a compté parmi ses membres plusieurs juristes qui ont donné leur contribution au développement soit de la science soit de la pratique du droit dans l'ensemble des Pays-Bas septentrionaux. En dehors de quelques noms déjà mentionnés – en premier lieu celui d'Ulric Huber – nous devons signaler: Jean van den Sande (1568-1638; professeur à Franeker de 1598 à 1604, puis conseiller à la Cour de Frise)[26], Paul Busius (ou Buis, mort en 1617, professeur à Franeker depuis 1610)[27], Taco van Glins (1619-1673; professeur à Franeker depuis 1667)[28], Zacharias Huber (fils d'Ulric, 1669-1732; professeur à Franeker de 1694 à 1716, puis conseiller à la Cour de Frise)[29], Jacques Voorda (1698-1768; professeur à Franeker

p. 128-142 (version remaniée dans *Academic Relations between the Low Countries and the British Isles 1400-1700*, éd. par H. de Ridder-Symoens et J. Fletcher, Gand 1989, à paraître), p. 131 et s. [= p. 32 et s.]. Pour les totaux des étudiants gradués en droit, voir la statistique chez W.Th.M. Frijhoff, *La Société néerlandaise et ses gradués, 1575-1814*, Amsterdam-Maarssen 1981, p. 389. Voir sur les étudiants étrangers à Franeker en général: H. de Ridder-Symoens, *Buitenlandse studenten aan de Franeker universiteit 1585-1811*, dans *Universiteit te Franeker*, p. 73-89.

* 26 Voir sur lui dernièrement Ahsmann, *De juridische faculteit* (*supra*, n. 5), p. 28 et s.; cf. Ahsmann - Lagrouw, *Pericula Schotana* (*supra*, n. 5), p. 310 et s. Sur son importance pour l'histoire du droit international privé voir R.D. Kollewijn, *Geschiedenis van de Nederlandse wetenschap van het internationaal privaatrecht tot 1880*, Amsterdam 1937 (Geschiedenis der Nederlandsche Rechtswetenschap, I-1), p. 39-51; cf. sur lui également Jb. Zeylemaker Jnz, *Geschiedenis van de wetenschap van het burgerlijk procesrecht (praktijkrecht) in Nederland van de aanvang tot 1813*, Amsterdam 1952 (Gesch. Ned. Rechtswet., IV-1), p. 125 et s., et S.J. Fockema Andreae, *Het burgerlijk recht in de buitengewesten*, Amsterdam 1955 (Gesch. Ned. Rechtswet., IV-2), p. 200-201.

* 27 Voir Ahsmann, *op. cit.*, p. 48 et s.

* 28 Sur lui voir W.F. Lichtenauer, *Geschiedenis van de wetenschap van het handelsrecht in Nederland tot 1809*, Amsterdam 1956 (Geschiedenis der Nederlandsche Rechtswetenschap, V-1), p. 122 et s. (et *passim*). Son commentaire sur l'ordonnance maritime de 1568 fut longtemps considéré comme un ouvrage qui faisait autorité.

29 Pour son importance voir Kollewijn, *op. cit.* (*supra*, n. 26), p. 175-180, et Fockema Andreae, *op. cit.* (*supra*, n. 26), p. 202. Pour quelques-uns de ses travaux voir *infra*, n. 93.

de 1727 à 1730[30], puis à Utrecht de 1730 à 1760)[31] et son fils Bavius Voorda (1729-1799; professeur à Franeker de 1755 à 1765, puis à Leyde de 1765 à 1788 et de 1795 à 1799)[32]. Il est vrai que les travaux qui leur ont valu leur place dans l'histoire du droit néerlandais n'ont pas été écrits dans la période franequeroise de leur carrière, mais Franeker a eu au moins le mérite d'avoir su s'attacher leurs noms pendant un certain temps. C'est également le cas d'un jeune savant qu'une mort prématurée a arraché à l'université: George Jean Michel d'Arnaud (1711-1740; '*lector*' à Franeker depuis 1735, professeur au début de 1740 mais décédé avant d'avoir pu prononcer son discours inaugural)[33].

A côté de ces hommes dont les travaux ont eu une certaine autorité dans tous les Pays-Bas septentrionaux, il reste un groupe de professeurs franequerois qui, par leurs écrits[34], n'ont plutôt été que des célébrités provinciales ou locales: Henri Schotanus (père de Bernard, 1548-1604; le premier, d'abord unique, professeur de droit à Franeker, depuis 1585)[35], Marc Lycklama a Nyeholt (mort en 1625;

30 De 1723 à 1727 il y fut '*lector*'.

31 Voir sur ses manuscrits et ses livres (et ceux de ses fils) W.A. VERBEEK, *De Voorda collectie, Catalogus van de door Johannes Henricus Voorda aan het Hof van Friesland gelegateerde handschriften en gedrukte werken*, Groningen 1983. L'un de ces manuscrits – contenant notamment ses cours sur les conflits des lois – a été publié récemment avec une traduction en anglais: *Tractatus de statutis eorumque potestate et interpretatione, item jure quod ex eorum diversitate et conflictu inter sese existit, auctore Jacobo Voorda, ediderunt et anglice verterunt M.L. Hewett, P. van Warmelo*, Cape Town 1985; sur cette édition voir notamment notre compte-rendu dans «Tijdschrift voor Rechtsgeschiedenis», 56 (1988), p. 224-229 (avec additions et corrections). *

32 Pour ses travaux voir AHSMANN - FEENSTRA, *BGNR Leiden*, nos. 1103 et s. Sur son importance pour l'histoire du droit pénal cf. J. PH. DE MONTÉ VER LOREN, *Geschiedenis van de wetenschap van het strafrecht en strafprocesrecht in de Noordelijke Nederlanden vóór de Codificatie*, Amsterdam 1942 (Geschiedenis der Nederlandsche Rechtswetenschap, II-2), p. 206-214. *

33 Rien sur lui dans *NNBW*; voir cependant JUGLER, *Beyträge* (*supra*, n. 23), I-1, Leipzig 1773, p. 262-268 et cf. *supra*, n. 22.

34 Il y en a d'autres qui n'ont publié rien ou presque rien; nous ne les citerons pas, cf. *infra* dans le texte, à la note 42.

35 Voir AHSMANN, *De juridische faculteit* (*supra*, n. 5), p. 4 et s., et AHSMANN - LAGROUW, *Pericula Schotana* (*supra*, n. 5), p. 305 et s. *

professeur de 1604 à 1610, puis haut fonctionnaire dans l'administration)[36], Timée Faber (1578-1623; professeur depuis 1606)[37], Hector Bouricius (1593-1636; professeur de 1620 à 1624, puis conseiller à la Cour de Frise)[38], Guillaume Cup (1604-1667; professeur à Harderwijk en 1634, à Franeker depuis 1647)[39], Sebastien Schelkens (1635-1700; professeur depuis 1678)[40], Herman Cannegieter (1723-1804; professeur de 1751 à 1795 et depuis 1802)[41].

Nous nous abstiendrons d'une énumération complète des professeurs de droit à Franeker; nous croyons en avoir mentionné les groupes les plus caractéristiques[42]. Nous n'avons d'ailleurs point l'intention de revenir ici sur la vie et les oeuvres de tous ceux à qui une place a été donnée dans le classement que nous venons de faire en vue d'une comparaison avec Leyde. Nous nous bornerons à un nombre assez limité de personnes et à un aspect particulier de leur publications, celui de l'enseignement. Cet aspect est souvent négligé. Si pour un auteur déterminé ses travaux rédigés en vue de l'enseignement reçoivent une attention spéciale, c'est dans la plupart des cas sans qu'un rapport soit établi avec

36 Ahsmann, p. 33 et s.

37 Ahsmann, p. 40 et s.; cf. aussi *infra*, n. 52.

38 Ahsmann, p. 50 et s.

39 Pour sa vie et ses oeuvres voir *infra* dans le texte, aux notes 53 et s.

40 Rien sur lui dans *NNBW*; voir entr'autres Fockema Andreae, *Het burgerlijk recht* (*supra*, n. 26), p. 196. De 1663/1664 à 1672 il avait été professeur de droit et de philosophie à l''Ecole Illustre' de Bois-le-Duc, voir F. Sassen, *Het wijsgerig onderwijs aan de Illustre School te 's Hertogenbosch (1636-1810)*, dans «Mededelingen der Koninklijke Nederlandse Akademie van Wetenschappen, Afdeling Letterkunde», Nieuwe Reeks, 26 (1963), p. 309-420, 346-347 et *passim*. Cf. encore Th.J. Veen, dans «Tijdschrift voor Rechtsgeschiedenis», 48 (1980), p. 188. Voir aussi *infra*, n. 85.

* 41 Voir A. Krikke, *De Franeker juridische faculteit vanaf het ontstaan der Bataafse Republiek tot aan haar opheffing in 1811*, dans *Universiteit te Franeker*, p. 335-347, 336 et 339-340. Cf. aussi *supra*, n. 22.

* 42 Sur les professeurs omis ici on trouvera quelques remarques dans la version néerlandaise de cette étude, p. 291-292. Pour ceux du premier demi-siècle (Jules Beyma, Joachim Andreae, Juste Reifenberg, Henri Rhala, Martin Wybinga) on consultera aussi maintenant Ahsmann, *De juridische faculteit* (*supra*, n. 5).

des écrits du même genre d'un autre auteur. Ici de nouveau une comparaison s'impose entre Franeker et Leyde.

Notre choix d'auteurs a été déterminé par le désir de nous concentrer sur la période dans laquelle Franeker a acquis sa plus grande renommée, le siècle qui s'est écoulée entre 1635 et 1735[43]. Dans cette période nous mettrons l'accent sur deux auteurs qui ont été mal étudiés jusqu'ici: Wissenbach et Cup[44]. Parmi les autres qui nous ont laissé des écrits destinés à l'enseignement à Franeker nous relèverons notamment Huber, Van Eck, Schulting et Westenberg.

Jean Jacques Wissenbach[45] est né à Fronhausen (Nassovie) en 1607. Après avoir fréquenté l'école à Dillenburg il commença ses études à l'Université de Herborn. En 1627 il fut immatriculé à l'Université de Franeker; il habitait chez son oncle Juste Reifenberg, également d'origine nassovienne, qui était à cette époque le principal professeur de droit[46]. En 1630 il partit pour l'Université de Groningue, où il fit ses études sous un autre 'oncle'[47] qui était professeur de droit, Antoine Matthaeus I (1564-1637)[48]. Ses biographes

[43] Pour la période de 1585 à 1635 il existe d'ailleurs maintenant la belle étude de Madame AHSMANN, voir *supra*, n. 5.

[44] Signalons encore que Corneille Pynacker (1570-1645), qui après une longue carrière – entr'autres comme professeur à Leyde et à Groningue – passa les dernières années de sa vie comme professeur à Franeker (depuis 1636) et y publia un petit manuel sur les Institutes sous le titre *Primordiorum juris Justinianaei demultia* (1640). Ce manuel fut probablement utilisé dans ses cours privés; des réimpressions prouvent que plus tard il était également en usage aux universités de Reval et d'Upsal. Voir pour les détails AHSMANN - FEENSTRA, *BGNR Leiden*, nos. 534-536. *

[45] Sur sa vie et ses oeuvres voir notamment JUGLER, *Beyträge* (*supra*, n. 23), V-1, Leipzig 1779, p. 61-71; cf. encore R. STINTZING, *Geschichte der deutschen Rechtswissenschaft*, II, München-Leipzig 1884, p. 258-260.

[46] Nous l'avons omis dans notre énumération, cf. *supra* dans le texte, à la note 42; il n'a presque rien publié pendant son professorat à Franeker (de 1626 jusqu'à sa mort en 1631). Voir sur lui AHSMANN, *De juridische faculteit*, p. 51. Il était le frère de la mère de Wissenbach.

[47] Nous n'avons pas pu déterminer de quelle façon Matthaeus était l'oncle de Wissenbach; Huber parle d'un *avunculus ex affinitate*.

[48] On doit se garder de le confondre avec son fils, Antoine Matthaeus II (1601-1654) et son petit-fils Antoine Matthaeus III (1635-1710), l'un et l'autre professeur dans différentes universités néerlandaises.

racontent qu'en 1633 il y publia ses *Emblemata Triboniani*[49]; nous ne connaissons pas d'exemplaire de cette *editio princeps*[50] du petit traité qui devait le rendre célèbre (et qui, comme nous l'avons déjà dit, a été réimprimé maintes fois après l'edition de 1642, la première que nous ayons eue sous les yeux). Cet ouvrage, dont l'originalité et la valeur ont été fortement contestées par des auteurs plus récents, lui aurait procuré l'offre d'une chaire à Heidelberg dont il ne pouvait pas prendre possession à la suite de la guerre. Après avoir obtenu son doctorat à Marbourg (en route pour Heidelberg?) il revient à Groningue, où probablement il donne des cours privés et où il fonctionne, au moins une fois, comme président d'une *disputatio* sans être professeur[51]. En 1636 il accompagne, à titre de 'Hofmeister', le baron de Zinzendorff

49 Sur ce traité voir entr'autres L. PALAZZINI FINETTI, *Storia della ricerca delle interpolazioni nel Corpus iuris giustinianeo*, Milano 1953 (Seminario giuridico dell'Università di Bologna, 17), p. 239-240 et 318-326; sur la critique des interpolations chez Wissenbach et Huber cf. aussi E. ALBERTARIO, *Studi di diritto romano*, VI, Milano 1953, p. 19 et s.

50 Elle est mentionnée par Jugler comme s'il l'avait vue, mais des biographes plus anciens, comme Huber et Vriemoet, sont moins précis sur son existence. De toute façon elle ne se trouve ni dans la collection de thèses de l'Université de Groningue, ni dans une autre bibliothèque publique des Pays-Bas, ni dans les grandes bibliothèques d'Allemagne, de Belgique, de France, de Grande Bretagne et d'Italie que nous avons visitées; elle ne figure pas non plus dans le fichier de Van der Woude (*supra*, n. 4). L'édition de 1642 ne donne aucun détail sur la première édition, dont, d'après les biographes, l'édition ultérieure constituerait en tout cas une version tout à fait remaniée.

51 C'est ce qui ressort d'un petit ouvrage qui n'est mentionné par aucun de ses biographes et que nous avons trouvé dans la Bibliothèque de l'Université de Heidelberg (autre exemplaire à Trinity College, Cambridge): *Ingens contradictionum hamaxarius Gratianus, novissimus juris canonici compilator, praeside Johanne-Jacobo Wissenbachio J.U.D. in illustri Groningae et Ombland. Academia examini accuratiori subjectus, respondente Leonte Cambier, Borusso...*, Groningae, typis exarabat Augustinus Eissens, 1636. La dédicace du *respondens* à quatre de ses compatriotes ne laisse subsister aucun doute sur le fait que Wissenbach en est l'auteur; il l'appelle leur maître commun. Apparemment Wissenbach leur avait donné des cours sur le Décret de Gratien. L'ouvrage semble être une première version de ses *Contradictiones juris canonici*, que, en 1648, il a fait paraître comme annexe de ses *Disputationes juris civilis* et qui, dans la suite, ont été réimprimées maintes fois, aussi en dehors des éditions de ses *Disputationes*. Pour les *Differentiae iuris civilis et canonici*, qui parfois ont été éditées avec les *Contradictiones*, cf. *infra*, n. 61.

pendant un voyage en France. Il visite ensuite Genève et l'Angleterre. En mars 1639 il réapparaît à Franeker, où, en 1640, il est nommé professeur extraordinaire des Institutes, en 1643 professeur ordinaire et en 1647 *primarius*. Il reçoit plusieurs offres de chaires – dans les Provinces-Unies et à l'étranger – mais il reste fidèle à Franeker jusqu'à sa mort en 1665. Dans les vingt-cinq ans de son professorat il a publié, à côté de quelques petits traités [52], plusieurs grandes séries de *disputationes* sur les différentes parties du *Corpus iuris civilis*.

Guillaume Cup [53] était originaire de Zaltbommel (Gueldre), où il naquit en 1604. Il fit des études de lettres, de philosophie et de droit à Leyde; en 1627 il y est promu *doctor iuris*. Il y reste pour donner des cours privés de droit jusqu'à sa nomination – en 1634 – comme professeur de droit et de philosophie au *Gymnasium Illustre* de Harderwijk (qui, en 1648, devait être érigé en université). En 1647 il est appelé à l'Université de Franeker, où il continue à

[52] Outre les *Contradictiones juris canonici*, mentionnées à la note précédente, il s'agit d'abord de trois *disputationes* (la première date de 1641) qui ont été publiées ensemble sous le titre *Diatriba de mutuo, esse alienationem* (1642, contre Claude Saumaise), avec comme annexe *Sylloge errorum Irnerianorum*; puis *Notae nomicophilologicae in passionem Iesu Christi* (1643); enfin *Vindiciae diatribae de mutuo, esse alienationem* (1645, réplique à Claude Saumaise); ces ouvrages ont été réimprimés, tant sous forme d'éditions autonomes que comme annexes à d'autres ouvrages. Après sa mort son *Compendium juris feudalis* a été édité par Huber (dans l'édition de Franeker 1666 des *Disputationes ad Instituta imperialia* de notre auteur). Wissenbach lui-même a fait une édition posthume du commentaire de J. van den Sande sur le titre *De regulis iuris* du Digeste, voir AHSMANN - FEENSTRA, *BGNR Leiden*, no. 589. Nous signalons encore qu'il a existé, sous forme manuscrite, ses *Notae et animadversiones . . . in disputationes anniversarias Domini Timaei Fabri J.U.D.*; ce manuscrit se trouvait dans la bibliothèque de feu A. Suzman à Johannesburg, Afrique du Sud, mais semble avoir été détruit par un incendie en 1988. Ces notes, dont nous possédons une copie, doivent dater du début de son professorat à Franeker (entre 1642 et 1645?). Cf. AHSMANN, *De juridische faculteit* (*supra*, n. 5), p. 42 (qui n'avait cependant pas encore pu consulter notre copie). Nous espérons revenir sur ce texte. *

[53] Voir sur lui dernièrement A.A.M. DE HAAN, *Het wijsgerig onderwijs aan het Gymnasium Illustre en de Hogeschool te Harderwijk*, Harderwijk 1960, p. 20 et 163. *

enseigner jusqu'à sa mort en 1667 (il est *ordinarius* à côté de Wissenbach jusqu'en 1665; à la mort de celui-ci il est élévé au rang de *primarius*). On connaît de lui quelques séries de *disputationes* (beaucoup moins nombreuses, cependant, que celles de Wissenbach) ainsi que des notes sur les Institutes, écrites également au service de l'enseignement.

Tant pour Wissenbach que pour Cup nous avons mentionné comme publications principales des collections de *disputationes*. Ce sont ces ouvrages qui pourront nous renseigner le mieux sur l'enseignement du droit à Franeker au milieu du 17e siècle. A côté des cours publiques il y avait
* des *disputationes* publiques, *exercitii gratia*[54], qui suivaient souvent l'ordre des matières traitées au cours. Ces *disputationes* publiques doivent être distinguées nettement des *disputationes* privées, qui avaient lieu au domicile du professeur; dans la plupart des cas ces dernières furent appelées
* *collegia*, terme qui tire son origine du fait que les étudiants y participant formaient un *collegium* au sens du droit romain, c'est-à-dire une association[55]. Tandis que, en général, les *disputationes* privées n'étaient autre chose que de simples répétitions de la matière à l'aide d'un manuel très élémentaire (du professeur lui-même ou d'un autre auteur), les *disputationes* publiques, au temps de Wissenbach et de Cup, avaient lieu en partant de mémoires assez substantiels, écrits par le professeur. Elles furent imprimées en fascicules aux frais de l'Université. Chaque fascicule fut pourvu d'une page de titre, où le professeur figure comme *praeses* et l'étudiant, qui devait soutenir les thèses y contenues, comme *respondens*[56].

[54] A distinguer des *disputationes pro gradu* (normalement c'est le degré de docteur qui est visé).

[55] Nous faisons cependant remarquer que de telles associations semblent s'être formées d'abord pour les exercices *publics*.

[56] Dans des *disputationes* publiques qui ne font pas partie d'une série sur un sujet déterminé on trouve communément, soit sur la page de titre, soit sous la dédicace au verso, le nom de l'étudiant suivi des mots *auctor et respondens*; on peut admettre que, en principe, cela veut dire que la *disputatio* a été écrite

Quand la série sur un sujet déterminé (une partie du *Corpus iuris* ou un thème, comme 'la succession' ou 'les obligations') avait été terminée, les fascicules étaient réunis sous forme d'un recueil et publiés sous le nom du professeur, en général avec une liste des *respondentes* au début du volume. Deux procédés sont à distinguer: ou bien on se sert encore une fois de la composition des fascicules, en supprimant (ou en coupant) les pages de titre primitives – qui portaient souvent au verso des dédicaces rédigées par le *respondens* – ou bien on compose de nouveau le texte, en ajoutant parfois le nom du *respondens* en tête de chaque *disputatio*.

Du premier type on trouve deux exemples [57] chez Cup.

par l'étudiant et non pas par le professeur. Citons comme exemple la *disputatio exercitii gratia* d'Ulric Huber sous la présidence de Wissenbach: *Disputatio iuridica continens illustrem materiam de actionum divisione in bonae fidei, stricti iuris et arbitrarias* (1655: '*Auth. et Resp.*' sous la dédicace, non pas sur la page de titre); cf. VEEN, *Recht en nut* (*supra*, n. 8), p. 270-271. L'année précédente Huber avait soutenu, sous la présidence de Cup, deux *disputationes* dont sans doute ce dernier était l'auteur (elles faisaient partie d'une série): *Disputatio iuridica vigesima de aedilitio edicto* et *Disp. iur. vigesima prima de evictionibus* (l'un et l'autre de 1654; exemplaires à la Bibl. Univ. de Heidelberg). Cf. VEEN, *Recht en nut*, p. 6 et 40, à qui il n'était pas apparu que Huber avait suivi l'enseignement de Cup.

[57] Un troisième recueil de CUP, *Disputationes juridicae ad quatuor libros Institutionum*, publié à Harderwijk en 1638, est du deuxième type, avec une liste de *respondentes* de Harderwijk. On cite également un recueil de *disputationes* sur les Institutes publié à Franeker. Il est bien possible qu'il ait existé, car nous connaissons une *Disp. septima et octava* sur les Institutes (soutenue par Wesselus ab Eyl., 1652; pages numérotées 77-92, exemplaire à Lübeck, Bibl. Mun.) et une *Disputatio XXX de hereditatibus quae ab intestato deferuntur* (soutenue par Henricus Perbrandt, 1660; pages numérotées 321-343, exemplaire à Heidelberg, Bibl. Univ.) qui pourrait appartenir à une série suivante. C'est à tort cependant que *NNBW* et de Haan parlent d'une deuxième édition de la série de Harderwijk, parue à Franeker en 1650; il y a là probablement confusion avec son édition des Institutes avec notes de cette année. Il faut d'ailleurs distinguer la série franequeroise, à laquelle nous venons de faire allusion, d'un ouvrage publié sous le titre *Guilielmi Cup Fasciculus dissertationum juridicarum respondente per totum Vinando Cup in quatuor Institutionum libros*, Franequerae 1664, une série pour laquelle apparemment son fils a figuré comme *respondens* unique. Celle-ci a été réimprimée dans la même année sans la mention de Vinandus Cup et sous le titre *Guilielmi Cup Fasciculus dissertationum juridicarum ejusdemque notae et animadversiones in quatuor Institutionum libros*; les

En 1651 il publia *De successionibus disputationes viginti sex* et en 1654 *De obligationibus disputationes XXXVIII.* Dans les exemplaires que nous avons pu examiner les pages de titre des *disputationes* individuelles ont été coupées; à deux endroits du *De obligationibus* ce n'était pas possible parce que le texte commençait déjà au verso de la page de titre [58]. A la différence du *De successionibus* ce recueil ne contient pas une liste des *respondentes* au début du volume, de sorte qu'on ne peut pas voir par exemple – comme nous l'avons découvert par hasard – que pour les vingtième et vingtetunième *disputationes* de cette série Ulric Huber a été le *respondens* [59].

Le deuxième type est la forme habituelle des *disputationes* de Wissenbach. En 1648 cet auteur publia, sous le titre *Disputationes juris civilis*, une collection de 62 *disputationes* [60], dont les quatre dernières, portant une numérotation propre, ont été intitulées *disputationes extraordinariae.* Des 58 *disputationes* 'ordinaires' les premières 53 traitent directement le texte des Institutes de Justinien; les numéros 54 à 58 concernent les différences entre d'une part le droit des Institutes et d'autre part le droit 'moderne': interpré-

Notae et animadversiones sont une réimpression de l'édition des Institutes avec notes de 1650. D'aucuns citent une édition des Institutes par Cup de 1654, mais cela repose sur l'interprétation erronée d'un passage chez son biographe Vriemoet.

58 C'est le cas de la cinquième et de la dixième *disputatio.* Quant à la cinquième, *De pignoribus et hypothecis* (avec comme *respondens* Arnoldus Craft), la Bibl. Univ. de Heidelberg possède un exemplaire de la version primitive, datée 1651, donc trois ans avant la parution du recueil; on y trouve aussi, de la même année et avec le même *respondens*, la *Disputatio iuridica sexta et septima de pactis pignorum et de his qui potiores in pignore habentur*, dont le texte est également identique à celui du recueil. Quelques versions primitives des *disputationes* du recueil *De successionibus* sont mentionnées dans le fichier de Van der Woude (*supra*, n. 4); il faut y ajouter *Disputatio iuridica duodecima de Falcidia* (soutenue par Johannes Cup, 1649; ex. à Stuttgart, Landesbibliothek).

59 Voir *supra*, n. 56.

60 Nous avons retrouvé les versions primitives d'un certain nombre de ces 62 *disputationes*, soit par le fichier de Van der Woude (*supra*, n. 4), soit par nos propres recherches dans différentes bibliothèques. La plus ancienne date de mai 1641.

tation des Institutes par des auteurs du moyen âge et du 16e siècle, les Novelles de Léon le Sage, le droit féodal, le droit canonique[61] et la '*praxis*'. Cette dernière catégorie[62] est particulièrement intéressante parce que plusieurs historiens du droit[63] comptent Wissenbach parmi les juristes d'orientation philologique et historique à cause de ses *Emblemata Triboniani*; l'on constate donc bien à Franeker, dès cette époque – comme à Leyde[64] –, une tendance vers un enseignement de la pratique du droit. Après une réimpression inchangée parue à Heilbronn en 1665[65] – l'ouvrage était donc bien apprécié à l'étranger également – une troisième édition augmentée, sous le titre *Disputationes ad Instituta*, fut publiée à Franeker en 1666 par les soins d'Ulric Huber[66]; réimpressions à Leyde en 1676 et à Franeker en 1700.

Les *disputationes* de Wissenbach sur le Digeste ont paru en plusieurs étapes. En 1651 il publia un recueil de 31 *Exercitationes cathedrariae* sur le titre *De regulis iuris* (D. 50, 17); réimpression en 1656. En 1654 il fit suivre un recueil de 46 *disputationes* sur le titre *De verborum signifi-*

61 C'est la *disputatio LVI continens positiones ex IV Libr. Instit. Imper. desumptas, in quibus ius canonicum discrepat a iure civili, respondente Nicolao Radbodi* (p. 442-449), dont il existe des réimpressions à part sous le titre *Differentiae iuris civilis et canonici*, cf. *supra*, n. 51. Nous signalons encore l'existence d'une *Disputatio iuridica de divortio juris civilis et canonici*, soutenue, sous la présidence de Wissenbach, par Ericus Wordenhoff, Franekerae 1647. Elle diffère totalement de la *disputatio* 56 du recueil; sa lecture nous a donné l'impression qu'elle a été écrite par le *respondens* (encore qu'il ne s'intitule pas *auctor et respondens*).

62 Notamment les *disputationes* 57 et 58 (*quibus praxis discrepat a theoria*).

63 Citons à titre d'exemple Zeylemaker, *op. cit.* (*supra*, n. 26), p. 140.

64 Voir *infra* dans le texte, après la note 75.

65 Dont une nouvelle édition avec titre changé, Heilbronn 1666; dans les deux éditions figure la liste des *respondentes* de 1648.

66 Voir la dédicace très élaborée de Huber, contenant beaucoup de détails sur la genèse de cette édition et sur la vie de Wissenbach. L''augmentation' se limite, à ce qu'il paraît, au fait qu'ont été ajoutés d'autres petits traités de Wissenbach (*Emblemata, Diatriba de mutuo, Vindiciae diatribae de mutuo, Sylloge errorum* et *Compendium juris feudalis*, cf. *supra*, notes 49 et 52).

cationibus (D. 50, 16)[67]. Entre temps il avait fait paraître dès 1653 le premier volume de ses *Exercitationes*, s'étendant sur les 50 livres du Digeste (ce volume contenait 59 *disputationes*); en 1658 suivit le deuxième et dernier volume, contenant 42 *disputationes* s'étendant jusqu'au titre 50, 15; les *disputationes* déjà parues sur D. 50, 16, et 17 y faisaient donc suite. En 1661 parurent pour la première fois les quatre recueils ensemble, avec au total 178 *disputationes* sur le Digeste; cette collection fut reimprimée à Leipzig et à Genève en 1673[68]. Dans toutes ces éditions figurent les noms de *respondentes*; ce sont toujours les mêmes dans les différentes éditions, de sorte qu'on peut conclure que c'étaient les noms de ceux qui à l'origine avaient figuré comme tels. Pour un certain nombre des *disputationes* individuelles les versions primitives, avec le nom du *respondens* sur la page de titre, nous ont été transmises[69].

Ses *disputationes* sur le Code ont également paru en plusieurs étapes. Lorsque les séries sur le Digeste furent achevées, un recueil sous le titre *In libros IV priores Codicis ... commentationes cathedrariae* vit le jour en 1660[70]. Il n'y a pas moyen de déterminer le nombre de *disputationes* qu'il contient; il y a bien, au début, un *laterculus respondentium*, mais, à la différence des recueils sur les Institutes et sur le Digeste, aucune précision n'est donnée – ni dans le *laterculus* ni dans le texte même – sur l'endroit où une *disputatio* s'arrête et la suivante commence. Ce n'est pas non plus le cas des deux recueils suivants, qui concernent respectivement les livres V et VI (1663, réimpression en 1664) et le livre VII (1665). Le dernier de ces deux volumes parut dans l'année même de sa mort; l'ouvrage est donc resté

67 Sous un titre qui ne laisse pas soupçonner qu'il s'agit de *disputationes: Πρόχειρον sive Manuale ad titulum XVI libri L Pandectarum.*

68 L'édition de Genève est assez rare; nous en avons vu un exemplaire à la Bibliothèque de l'Université du Cap, collection Brand van Zyl.

69 Voir le fichier de Van der Woude (*supra*, n. 4).

70 Cette édition existe avec trois pages de titres différentes, chacune donnant une autre adresse d'éditeur.

inachevé. Une réimpression de l'ensemble vit le jour à Franeker en 1701 (*In libros VII priores Codicis... commentationes cathedrariae*).

Pour une comparaison des *disputationes* franequeroises que nous venons de décrire avec ce qui nous a eté transmis dans ce genre à Leyde pour la même époque, nous devons nous occuper des écrits de Bernard Schotanus (l'ancien professeur de Franeker, qui, de 1641 jusqu'à sa mort en 1652, a enseigné à Leyde) et de ceux de son collègue moins connu Jacques Maestertius (1610-1658; professeur extraordinaire à Leyde en 1637, *ordinarius* en 1639)[71]. De leur collègue devenu plus célèbre, Arnaud Vinnius (1588-1657; professeur extraordinaire à Leyde en 1633, *ordinarius* en 1636)[72], on ne connaît pas de recueils de *disputationes*; ce n'est pas non plus le cas des *dii minores* qui ont succédé à ce triumvirat dans les années cinquante du 17e siècle.

De Schotanus nous ont été transmis – pour la période de son enseignement à Leyde – un recueil de 34 *disputationes* sur les Institutes (1647, réimprimé en 1649) et un recueil de 38 *disputationes* sur le Digeste (publié en 1653, après sa mort)[73]. Ils appartiennent à ce que nous avons appelé plus haut le deuxième type: le texte a été composé de nouveau, le recueil sur les Institutes contenant une liste de *respondentes*[74]. L'un et l'autre recueil sont beaucoup moins volumineux que les recueils correspondants de Wissenbach (contenant respectivement 53 et 178 *disputationes*). Seules les *disputationes* sur les Institutes ont connu une édition étrangère (Iéna 1665).

[71] Pour cet auteur et pour tous les détails concernant ses *disputationes* voir R. FEENSTRA, *Jacobus Maestertius (1610-1658), Zijn juridisch onderwijs in Leiden en het Leuvense disputatie-systeem van Gerardus Corselius*, dans «Tijdschrift voor Rechtsgeschiedenis», 50 (1982), p. 297-335. *

[72] Voir FEENSTRA - WAAL, *op. cit.* (*supra*, n. 3), p. 24 et s., et AHSMANN - FEENSTRA, *BGNR Leiden*, nos. 823 et s.

[73] AHSMANN - FEENSTRA, *BGNR Leiden*, nos. 585-588 et 591. Pour les *disputationes* de sa période franequeroise voir *supra*, n. 7.

[74] Dans l'édition de 1649 les noms de la liste diffèrent de ceux de la liste figurant dans l'édition de 1647.

Maestertius publia, outre une petite collection de six *disputationes* sur le droit féodal (1637), deux grands recueils: *Illustrium materiarum prima rudimenta* (1646; 136 *disputationes*) et *Sedes et tractatus illustrium materiarum* (1657, réimprimé en 1659 et en 1664; recueil resté inachevé, contenant 74 *disputationes*). L'un et l'autre recueil suivent un seul et même système – emprunté à l'enseignement à l'Université de Louvain – dans lequel les différents sujets sont traités en même temps à propos de textes du Digeste et du Code ainsi que de quelques textes de droit canonique. Ils appartiennent en principe au premier type, c'est-à-dire que la composition des fascicules a été utilisée une seconde fois; dans les *Rudimenta*, cependant, les pages de titre primitives ont été maintenues tandis que dans *Sedes et tractatus* elles ont été écartées [75]. Quant à l'aspect quantitatif, ces deux recueils sont plus ou moins comparables à ceux de Wissenbach sur le Digeste. Pour ce qui concerne le contenu, un parallèle intéressant avec les *disputationes* de Wissenbach sur les Institutes se présente sur un point de détail: à la fin des *Rudimenta* il y a une *disputatio* dans laquelle le droit romain est comparé au droit de la province de Hollande tel qu'il est décrit dans l'introduction au droit hollandais (*Inleidinge tot de Hollandsche rechtsgeleerdheid*) de Grotius. Les recueils de Maestertius n'ont pas connu d'éditions étrangères.

Somme toute, pour la période en question, Franeker ne fait pas mauvaise figure par rapport à Leyde sur le point des recueils de *disputationes*. Non seulement les *disputationes* franequeroises sont-elles beaucoup plus nombreuses que celles de Leyde, mais encore sont-elles – au moins celles de Wissenbach – préférables à ces dernières quant à leur contenu.

Quel développement a connu cette situation que nous venons de décrire pour le milieu du 17e siècle, pendant

[75] Sur le procédé spécial qui y a été suivi voir FEENSTRA, *op. cit.* (*supra*, n. 71), p. 324.

l'époque suivante? Nous verrons qu'un certain nombre de professeurs franequerois a maintenu la tradition de publier des recueils de *disputationes* tandis qu'à Leyde ces recueils deviennent extrêmement rares (et encore s'agit-il, dans plusieurs de ces cas exceptionnels, de matériaux rassemblés à Franeker).

Après la mort de Wissenbach et de Cup il y eut une période de presque trente ans qui fut dominée par la personne d'Ulric Huber (mort en 1694). Parmi ses nombreux travaux il y a plusieurs recueils de *disputationes*. Après une utilisation assez brève des travaux de Wissenbach, il a commencé à publier sa propre série de *Disputationes juris fundamentales* d'après les Institutes [76]. Des fascicules primitifs, qui ont dû paraître entre 1666 et 1670, nous n'avons retrouvé qu'un seul, composé de trois *disputationes* avec une seule page de titre, indiquant le nom d'un seul *respondens* [77]. La série semble avoir été interrompue après le deuxième livre des Institutes. C'est ce qu'on peut inférer d'une édition ultérieure, dans laquelle d'ailleurs la numérotation des *disputationes* – ici 74 au total – et les libellés des thèmes sont différents; cette édition parut en 1688 [78]. Entretemps Huber avait déjà publié le premier tome de ses *Praelectiones juris Romani et hodierni* (3 tomes, parus en 1678, 1689 et 1690 respectivement) [79]. Pour l'enseignement il en fit une petite compilation, parue sous le titre *Positiones juris* (première édition 1682) [80]. Depuis son retour à Franeker après les

76 Voir VEEN, *Interpretations* (*supra*, n. 8), p. 357 n. 4.

77 *Disputationum iuris fundamentalium LVIII, LIX et LX de rebus quae pro derel. habentur et de corporalibus atque incorporalibus... sub praesidio... Ulrici Huber... publice defendet David Penon...*, Franekerae, ex officina Johannis Welllens [*sic*], 1668 (Heidelberg, Bibl. Univ.). Dans l'édition de 1688 ces sujets sont traités dans les *disputationes* 41 et 42; leur texte est tout à fait différent. Le fichier de Van der Woude signale encore une autre pièce de la série primitive: les *disputationes* 89, 90 et 91 d'octobre 1669 (se trouvant à Léningrad). Cf. aussi VEEN, *Interpretations* (*supra*, n. 8), p. 357 n. 4.

78 Voir VEEN, *loc. cit.*

79 Dans sa préface il donne aussi des noms de *respondentes*, cf. *infra* dans le texte, à la note 84.

80 Voir VEEN, *loc. cit.* Cette *editio princeps* doit encore être examinée de

trois ans qu'il fut conseiller à la Cour de Frise il enseigna presqu'uniquement sous forme de cours privés [81]. Néanmoins il redigea encore, dans les années 1692-1694, une série de 36 *disputationes* publiques pour défendre l'excellence de la législation justinienne, série qui fut publiée après sa mort
* sous le titre *Eunomia Romana* (1700) [82]; le texte de cette édition définitive diffère de celui des *disputationes* individuelles primitives, qui nous ont été transmises également. C'est une méthode de travail dont il s'était servi déjà à plusieurs reprises: après la publication – à son avis provisoire – sous forme de *disputatio* il voulait réfléchir de nouveau sur la matière et ne lui donner que plus tard sa forme définitive [83]. Telle a été la genèse de son *De jure civitatis* et de ses *Praelectiones*; dans l'un et l'autre ouvrage l'on trouve des listes de *respondentes*. Ce n'est que pour les *Praelectiones* que nous connaissons l'une des *disputationes* primitives [84].

Les collègues de Huber – dont le célèbre Gérard Noodt – ne nous ont pas laissé de recueils de *disputationes* [85].

plus près. Le petit manuel a été utilisé également dans d'autres universités que Franeker.

* [81] Dans ce contexte cf. *Collegii disputatorii quod habetur in auditorio Ulrici Huberi... positiones*, Franequerae 1684; au verso de la page de titre se trouve un règlement pour le *Collegium* qui est assez intéressant.

[82] Voir Veen, *Interpretations* (*supra*, n. 8), p. 360 n. 11.

[83] Voir Veen, *Recht en nut*, p. 91 et 340-341; entre temps la '*Oratio III*' de Huber qui y est mentionnée, a été éditée par Veen avec une traduction en néerlandais: *Ulrici Huberi Oratio [III], vertaald door F. Akkerman, T.J. Veen en A.G. Westerbrink*, Zwolle 1978 (pour la citation voir p. 34-37).

* [84] *Disputatio juridica, Ad priores titulos Institutionum in ordine Collegii disputatorii XI. Quam... praeside... Ulrico Hubero... publicae exercitationi subjicit Hesselus Vegilin a Claerbergen*, Franequerae 1675 (exemplaire à Leeuwarden, Bibliothèque Provinciale, cote 2483 R). La numérotation des pages du texte même de cette *disputatio* est de 39 à 63; une page de titre, une dédicace et quelques panégyriques ont été ajoutés. D'une comparaison avec l'*editio princeps* des *Praelectiones* sur les Institutes (Franeker 1678) il ressort qu'on s'y est servi de la composition de la *disputatio*. Cf. aussi la fin de la préface de cette édition des *Praelectiones*.

[85] D'après Boeles, *op. cit.* (*supra*, n. 4), II, p. 276, il aurait existé une série de *disputationes* sur les Institutes de Schelkens (cf. *supra*, à la note 40), mais il ne semble pas les avoir vues (il cite Vriemoet, qui dit seulement que Schelkens

Cependant Corneille van Eck a écrit à Franeker deux ouvrages d'un autre type, qui étaient destinés à l'enseignement sous forme de *disputationes*. Nous avons déjà mentionné les *Principia iuris civilis secundum ordinem Digestorum* (1689)[86]; d'après la page de titre l'ouvrage fut publié *in usum domesticorum collegiorum*, donc pour être utilisé dans ses cours privés. Ce manuel ne resta pas seulement en usage chez lui-même pendant la longue période de son enseignement à Utrecht, mais connut également une grande faveur chez ses collègues dans d'autres universités néerlandaises[87], même jusqu'au début du 19e siècle; il fut aussi beaucoup apprécié en Allemagne[88]. Si les *Principia* étaient conçus comme un exposé concis du *ius certum* – des règles de droit qui ne se prêtaient pas à des controverses; nous avons déjà vu que les *disputationes* privées avaient plutôt le caractère de répétitions –, Van Eck composa aussi un ouvrage destiné aux *disputationes* véritables, à savoir ses *Theses iuris controversi* (Utrecht 1694)[89], thèses concernant des règles de droit controversables. Le sous-titre précise que l'ouvrage devait servir dans un *collegium disputatorium*[90]; dans la

avait commencé une série de ce genre). Schelkens a bien écrit deux petits manuels, un sur les Institutes et un autre sur le Digeste. Le premier, écrit en 1663, lui avait servi pour être nommé professeur à Bois-le-Duc (cf. *supra*, n. 40); en 1681 il en fit paraître à Franeker une édition tout à fait remaniée et sous un autre titre. Le second fut publié à Franeker en 1686 sous le titre *Paratitla Pandectarum*.

86 Cinq éditions nouvelles parurent à Utrecht, en 1694, 1697, 1713, 1724 et 1756 respectivement; la septième édition fut publiée à Leyde en 1784.

87 Sur les mérites de l'ouvrage et sur sa diffusion voir maintenant surtout Van den Bergh, *op. cit.* (*supra*, n. 14), p. 41 et 47-48.

88 Voir par exemple le jugement de Nettelbladt (cité par Boeles, *op. cit.*, *supra*, n. 4, II, p. 322), d'après qui les *Principia* traitent le droit romain d'une façon très pure, 'ohne Einmischung irgend eines andern Rechtes' et sont très 'textualisch'; cf. Van den Bergh, *op. cit.*, p. 51 n. 61.

89 Une deuxième édition parut à Utrecht en 1700; on cite des éditions ultérieures à Leyde en 1757, 1759, 1775 et 1776, mais nous ne les avons pas trouvées. Nous connaissons, en revanche, une édition de Helmstedt 1701, dont la page de titre nous apprend que les *theses* y ont été traitées en 24 *disputationes* publiques sous la présidence de Andreas Homborg.

90 Cf. aussi Van den Bergh, *op. cit.*, p. 45.

préface l'auteur dit qu'il les a fait défendre à Franeker tant en privé qu'en public. Quoiqu'il doit en avoir existé une édition antérieure (sous forme de disputations?)[91] nous ne connaissons que celle qui fut imprimée après son arrivée à Utrecht, en 1694[92].

Zacharias Huber et Antoine Schulting, qui furent nommés à Franeker en 1694 et en 1695 respectivement, ont continué la tradition de publier des recueils de *disputationes*. Le premier nous a laissé entr'autres[93] un ouvrage sous le titre *De casibus enucleatis* (1712); malgré l'absence d'une liste de *respondentes* ou d'autres indices dans ce sens, il s'agit bien d'un recueil de *disputationes* remaniées[94].

Plus importantes sont les *disputationes* d'Antoine Schulting. De sa période franequeroise (1695-1713) on con-
* naît deux séries de *disputationes* sur la *prima pars* du Digeste: la première est composée de 100 *disputationes*, soutenues de 1695 à 1708, la deuxième de 41 *disputationes*, datant de 1708 à 1713. Des deux séries nous ont été transmises les versions primitives, parues en fascicules dont

91 Nous l'avons vu citée dans un ouvrage paru en 1692: A.A. PAGENSTECHER, *Aphorismi Justinianei ad Institutionum juris libros quatuor*, ed. tertia, Francofurti ad Moenum 1692 (préface de l'imprimeur).

92 Dans la même année Van Eck fit paraître à Utrecht une édition posthume du *Tractatus de differentiis iuris civilis, canonici et hodierni* de J.F. Böckelmann, qui avait été son maître à Leyde; sur cette édition et les réimpressions ultérieures voir AHSMANN - FEENSTRA, *BGNR Leiden*, nos. 49-52, et VAN DEN BERGH, *op. cit.*, p. 45. La préface contient des observations intéressantes sur l'enseignement du droit canonique; il y fait une remarque sur ses expériences à Franeker. Sur Böckelmann et la méthode de son enseignement voir R. FEENSTRA, *Johann Friedrich Böckelmann (1632-1681), Een markant Leids hoogleraar in de rechten* (dans Bestuurders en geleerden, Opstellen ... aangeboden aan Prof. Dr. J.J. Woltjer [Amsterdam-Dieren 1985], p. 137-150).

93 A côté du *De casibus enucleatis* il publia *Dissertationes juridicae et philologicae* (2 tomes, première édition du tome I Franeker 1702, du tome II Franeker 1706). BOELES, *op. cit.* (*supra*, n. 4), II, p. 343, suppose que cet ouvrage constitue également la version remaniée d'une série de *disputationes*; de la préface on inférerait cependant plutôt le contraire. Il existe bien, en revanche, une série de *disputationes* soutenues sous Zacharias Huber après 1712, voir Boeles, *loc. cit.*; cette série n'a pas été publiée sous forme de recueil.

94 Voir BOELES, *op. cit.*, II, p. 343 (probablement sur l'autorité de G. de Wal).

les pages de titre mentionnent les noms des *respondentes*[95]. Ce n'est que sept ans après son départ de Franeker que Schulting s'est mis à la publication – sous forme remaniée – de la dernière série (1708-1713) sous le titre *Enarratio partis primae Digestorum* (Leyde 1720); le dernier titre du Digeste traité est 4,9. Après sa mort, en 1738, son successeur J.C. Rücker publia non seulement une nouvelle édition de ce recueil déjà publié par Schulting lui-même, mais il y ajouta, sous le titre *Thesium controversarum juxta seriem Digestorum decades centum* (Leyde 1738), une édition de la première série (1695-1708), dont le dernier titre du Digeste traité est 22,5; cette dernière édition fut réimprimée en 1762. Les deux recueils furent incorporés dans les oeuvres complètes de Schulting, publiées à Halle en 1770-1774.

Les *disputationes* franequeroises de Schulting étaient tellement estimées que Bavius Voorda continua la série, d'abord pendant son professorat à Franeker (1761-1765), puis à Leyde: il commença par le titre D. 22,6 et le dernier titre qu'il traita fut D. 27,10. Ces *disputationes* de Bavius Voorda ne furent publiées qu'à la fin de sa carrière, sous le titre *Thesium controversarum juxta seriem Digestorum decades octo et viginti* (Leyde 1796)[96].

En revenant à la période que nous nous étions proposé d'étudier – le siècle s'écoulant de 1635 à 1735 – nous devons encore dire quelques mots sur Westenberg[97]. Pendant

95. AHSMANN - FEENSTRA, *BGNR Leiden*, mentionnent bien ce détail pour la première série (no. 623: on doit y lire '1695' au lieu de '1696'), mais non pas pour la deuxième (no. 616); cette dernière série se trouve à Leyde (Bibl. Univ., cote 314 B 17). Pour les autres éditions, mentionnées *infra* dans le texte, voir AHSMANN - FEENSTRA, nos. 617, 623, 624 et 625. Les *Dissertationes de recusatione judicis etc.*, qui y figurent sous les nos. 606 et 607, ont également paru d'abord sous forme de *disputatio*. Les pages 41 à 87 de l'édition de 1708 existent aussi avec une page de titre propre, donnant le nom du *respondens*, Th.M. van Boelens (date de la soutenance le 5 mars 1707; Leeuwarden, Bibl. Provinciale, cote Pb 14505); dans les autres cas le texte a été composé de nouveau. *

96 Voir AHSMANN - FEENSTRA, *BGNR Leiden*, no. 1115, où il n'est cependant pas précisé qu'il s'agit d'une continuation des *disputationes* de Schulting.

97 Pour ce qui suit voir notre article, cité *supra*, n. 18.

son professorat à Franeker (1716-1723) il continua une série de *disputationes* consacrées aux constitutions de Marc-Aurèle, série qu'il avait commencé à Harderwijk en 1702. Un premier recueil provisoire de 24 *disputationes* parut à Franeker, sans date ni lieu, avec le simple faux-titre *Ad constitutiones Marci Aurelii imp. dissertationes XXIV*. L'édition définitive, comptant 45 *dissertationes*, vit le jour à Leyde en 1736, sous le titre *Divus Marcus seu dissertationes ad constitutiones Marci Aurelii Antonini imperatoris*. Il s'agit de traités très savants, témoignant d'une tendance que les Allemands appellant 'antiquarisch' et qui ne caractérise qu'une partie de l'oeuvre de cet auteur. On connaît aussi de sa période franequeroise une série incomplète de *Positiones juridicae controversae secundum ordinem Pandectarum*. Il s'agit de *disputationes* d'une type très élémentaire: chaque *disputatio* ne contient que 10 brèves *positiones* avec 4 *annexa defendentis* et est imprimée sur un simple feuillet in-plano. Les deux manuels de Westenberg, utilisés jusque dans le 19e siècle – *Principia juris secundum ordinem Institutionum* et *Principia juris secundum ordinem Digestorum* – ont été écrits pendant son professorat à Harderwijk; du premier seulement une seconde édition parut à Franeker (1719).

* Quant aux séries de *disputationes* d'Abraham Wieling, le dernier dont le professorat à Franeker (1727-1739) tombe dans notre période [98], elles sont encore mal étudiées et nous devons nous borner ici à un renvoi à ce qu'en ont dit ses biographes [99]. Une seule remarque: à côté de *disputationes* 'savantes' sur des lois romaines ou des écrits de juristes classiques il a publié également une série de *disputationes* élémentaires sur les Institutes; il semble avoir fait paraître
* aussi des *Positiones* sur le droit naturel d'après Grotius.

[98] Nous ne connaissons pas de séries de *disputationes* de Heineccius à Franeker. Il y publia cependant son petit manuel sur les Institutes, voir *supra*, n. 20.

[99] Notamment Jugler, voir *supra*, n. 23.

Nous pouvons conclure que, si à Franeker la tradition des grands recueils de *disputationes* a été maintenue plus longtemps qu'à Leyde, le caractère de ces recueils a beaucoup changé dans les premières décennies du 18e siècle: ils deviennent souvent trop 'savants' pour être encore utiles aux étudiants. Ce sont d'autres écrits professoraux qui les remplacent dans l'enseignement, mais dans ce domaine Franeker n'a pas eu beaucoup à offrir. En général, l'époque la plus glorieuse de sa Faculté de droit reste celle de Wissenbach et de Huber[100].

100 Nous tenons à renouveler ici nos remerciements à tous ceux qui nous ont aidé lors de la rédaction de la version primitive de cette étude notamment à MM. M.H.H. Engels (Leeuwarden) et Th.J. Veen (Amsterdam) ainsi qu'à Mmes M. Ahsmann (Leyde) et M. Duynstee (Leyde).

XV

Ein später Vertreter der niederländischen Schule: Johann Ortwin Westenberg (1667–1737)

Als ich im Jahre 1967 vom Jubilar zu einem Besuch an sein Institut für neuere Privatrechtsgeschichte in Köln eingeladen war, sprach er mit mir auch über seine Pläne für ein ‚Biographisches Lexikon zur neueren Privatrechtsgeschichte'. Obgleich dieses Projekt bis jetzt noch nicht verwirklicht werden konnte, ist der Jubilar immer stark an Juristenbiographien interessiert geblieben[1]. Es schien mir deshalb nicht unangebracht, ihn jetzt mit einem kleinen Beitrag auf diesem Gebiet[2] – das auch mich öfter beschäftigt hat – zu ehren. Meine Wahl fiel auf einen Juristen deutscher Herkunft, der mehr als 40 Jahre an niederländischen Universitäten gelehrt hat und der, wenn er auch heute weniger bekannt ist als andere Vertreter der niederländischen Schule des ausgehenden 17. und des beginnenden 18. Jahrhunderts[3], doch bis ins 19. Jahrhundert einen gewissen Einfluß auf den Rechtsunterricht auch außerhalb der Niederlande ausgeübt hat: Johann Ortwin Westenberg (1667–1737).

Westenberg wurde am 28. Mai 1667 in Neuenhaus (Grafschaft Bentheim) geboren[4]. Sein Vater, der Leibarzt des Grafen von Bentheim

[1] Siehe z. B. seine Rezension von ‚Deutsche Juristen aus fünf Jahrhunderten' [1. Aufl.], in Tijdschrift voor Rechtsgeschiedenis, 47 (1979), 186–188.

[2] Sowie auch demjenigen der juristischen Bibliographie.

[3] Immerhin nennt *Wieacker*, Privatrechtsgeschichte der Neuzeit[2] (Göttingen 1967), 169, ihn mit Vinnius, Huber, Voet, Noodt und Schulting unter den bedeutendsten Vertretern der niederländischen antiquarischen Richtung.

[4] Für die biographischen und bibliographischen Daten, welche der folgenden Darstellung zugrundeliegen, sei an erster Stelle verwiesen auf den Bericht von *J. van Kuyk* in Nieuw Nederlandsch Biografisch Woordenboek, III (Leiden 1914), Sp. 1408–1410, und auf *M. Ahsmann* und *R. Feenstra*, Bibliografie van hoogleraren in de rechten aan de Leidse Universiteit tot 1811 (= Geschiedenis der Nederlandsche rechtswetenschap, VII–1; Amsterdam etc. 1984), 360–366 (Nr. 1128 A bis 1161). *

Die biographischen Einzelheiten sind in den von Van Kuyk angeführten Quellen überprüft worden, besonders in *J. C. Rücker*, Oratio de vita et obitu Joannis Ortwini Westenbergii (Lugduni Batavorum 1737), die wohl als Grundlage für die meisten späteren Kurzbiographien fungiert hat (für Ausgaben von Rückers Oratio siehe *Ahsmann/Feenstra* Nr. 546–547; hinzuzufügen ist, daß der Text auch in der praefatio von *J. H. Jungius* zu Westenbergs Opera omnia, Bd. I – vgl. *Ahsmann/Feenstra* Nr. 1159 – vollständig abgedruckt und mit Anmerkungen versehen worden ist). Aus Rücker hat namentlich geschöpft *E. L. Vriemoet*, Athenarum Frisiacarum libri duo (Leovardiae 1758) 776–781, dessen

war[5], starb schon im Jahre 1675; mit seiner Mutter, Gertrud von Gesseler, wohnte er zuerst in Bentheim, dann in Lingen. Im Alter von 14 Jahren fing er sein Studium am Gymnasium Arnoldinum in Steinfurt an, wo sein Onkel, Jodocus von Gesseler[6], Professor der Rechte war. Er studierte dort aber wohl nur Humaniora. Am 8. September 1682 immatrikulierte er sich an der Universität Franeker. Obgleich er in der Matrikel als Theologe verzeichnet ist[7] (und auch wohl theologische Vorlesungen, besonders von Campegius Vitringa[8], gehört hat), war nach Aussage seines Biographen Rücker sein Hauptziel, sich in Franeker in der lateinischen Sprache und in den römischen Altertumswissenschaften bei Jakob Perizonius weiter auszubilden[9]. Unter dessen Präsidium respondierte er 1684 über eine von diesem verfaßte[10] ‚Dissertatio histo-

Elogium auf W. – einschließlich Bibliographie – aufs neue herausgegeben worden ist von *J. L. E. Püttmann* in Ioa. Ortwini Westenbergii Opusculorum academicorum fasciculus primus (Lipsiae 1794) 141–150 (für das zweite Heft der Opuscula von W. siehe unten Anm. 101). Seit Van Kuyk sind einige Quellen herausgegeben worden, in denen Daten über W. zu finden sind. Sie werden unten in den Anm. an den entsprechenden Stellen zitiert. Nur die wichtigste Quelle sei hier genannt: Bronnen tot de geschiedenis der Leidsche Universiteit, ed. *P. C. Molhuysen*, Bd. IV ('s Gravenhage 1920) und Bd. V ('s Gravenhage 1921).

In bibliographischer Hinsicht geben *Ahsmann/Feenstra* den neuesten Stand wieder. *R. Dekkers*, Bibliotheca belgica juridica (Brussel 1951) ist, wie üblich, unvollständig und fehlerhaft.

Nach Handschriften von W. habe ich nicht systematisch gesucht, doch befindet sich in der Universitätsbibliothek Leiden, BPL 191 J, eine Sammlung Papiere aus seinem Nachlaß (Hss. und annotierte Drucke), die merkwürdigerweise von Van Kuyk nicht erwähnt wird. Eine vollständige Beschreibung kann ich hier nicht geben; einzelne Stücke sind unten verwertet worden (siehe Anm. 16, 19, 43 und 102); sonst verdienen noch Erwähnung die nicht datierten ‚Praelectiones publicae ad tit. ff. de acquirendo rerum dominio' (Nr. 10) und die Unterlagen zu verschiedenen seiner Schriften.

Die von Van Kuyk genannten Hss. betreffen nur Vorlesungen von späteren Professoren und Dozenten zu W.'s Kompendien über die Institutionen und die Digesten; siehe darüber unten Anm. 50 u. 55. Auch nach solchen Hss. habe ich keine weiteren systematischen Untersuchungen angestellt.

[5] Johann Ortwin Westenberg (1628–1675); er war am 30. Oktober 1654 mit einer Dissertation ‚De vertigine' in Leiden promoviert.

[6] Über ihn siehe *J. van Kuyk* in Nieuw Nederlandsch Biografisch Woordenboek, III (Leiden 1914), Sp. 462–463; er wurde 1682 Professor in Harderwijk und starb daselbst 1688.

[7] Album studiosorum Academiae Franekerensis, ed. *S. J. Fockema Andreae* und *Th. J. Meijer* (Franeker [1968]), Nr. 7988.

[8] Beim Tode von Vitringa am 31. März 1722 war Westenberg Rektor der Universität Franeker; seine lateinische Einladung zur Leichenrede ist auf einem ungefalzten Druckbogen gedruckt (Franequerae 1722) und enthält mehrere biographische Daten.

[9] Über ihn siehe neuerdings *Th. J. Meijer*, Kritiek als herwaardering: Het levenswerk van Jacob Perizonius (1651–1715) (Diss. Leiden 1971).

[10] Dazu jetzt *Meijer* a. a. O. 62; siehe auch *Ahsmann/Feenstra* Nr. 1128 A.

rica de duobus maxime insignibus L. Flori locis'. Juristischen Studien soll sich Westenberg in Franeker erst später gewidmet haben[11]. Die berühmtesten Juristen in Franeker waren zu dieser Zeit Ulrich Huber und Gerhard Noodt. Letzterer folgte aber schon Anfang 1684 einem Ruf nach Utrecht. Es ist also nicht ganz sicher, ob Westenberg ihn noch als Lehrer gehabt hat[12]. Nachdem Westenberg aus Gesundheitsgründen von Franeker in die Heimat zurückgekehrt war, immatrikulierte er sich am 29. November 1684 an der Universität Harderwijk[13]. Dort lehrte inzwischen sein schon erwähnter Onkel Jodocus von Gesseler[14]. Bei diesem hat er wohl hauptsächlich seine juristische Bildung genossen. Unter dem Präsidium von Gesseler soll er sich mehrmals als Respondent an einer Reihe von exercitii gratia abgehaltenen öffentlichen Disputationen über das Thema ‚De successione ab intestato' beteiligt haben. Ein Exemplar von einer solchen Disputation mit seinem Namen ist allerdings bisher nicht gefunden worden, wohl aber ist ein Exemplar der ersten Disputation aus der Reihe vorhanden, datiert vom 11. Dezember 1684[15]. Seine Disputation pro gradu verteidigte Westenberg am 7. Oktober 1687; von dieser Disputation ‚De usuris' ist uns ein Exemplar erhalten[16].

[11] So *Rücker* a. a. O. (Anm. 4) 23 f.

[12] Über Westenbergs Verhältnis zu Noodt siehe unten bei Anm. 107 ff. *Rücker* 24 erwähnt zwar eifrige Studien von W. in der römischen Rechtsgeschichte ‚cum eo tempore apud Franequeros splenderent maxima Jurisprudentiae bina lumina Gerardus Noodt et Ulricus Huber', sagt jedoch nicht ausdrücklich, daß er Noodts Schüler war, und in seinen Werken haben wir auch keine Anweisungen dafür gefunden (ebensowenig dafür, daß er sich als Schüler von Ulrich Huber betrachtete). *Van Kuyk* (oben Anm. 4) und andere Autoren suggerieren wohl zu leichtfertig, daß W. ein Schüler von Huber und Noodt gewesen ist. Neben diesen beiden war übrigens zu W.'s Zeit auch Sebastian Schelkens (1635–1700) Professor der Rechte in Franeker.

[13] Hier wurde er als Student der Rechte eingeschrieben, siehe Album studiosorum Academiae Gelro-Zutphanicae, ed. *D. G. van Epen* (Hagae Comitum 1904) 39; zweite Immatrikulierung – als ‚juris candidatus' – am 30. September 1687 (a. a. O. 43), zusammen mit seinem Bruder Johann Arnold (vgl. unten Anm. 16).

[14] Siehe oben Anm. 6. Er war der einzige Professor der Rechte.

[15] Disputatio juridica prima de successione ab intestato iuxta Nov. 118, Resp. Everhardus op Gelder. Ich entnehme diesen Titel dem von S. van der Woude angefertigten Zettelkatalog von niederländischen Dissertationen und sonstigen kleineren Universitätsschriften, der sich in der Universitätsbibliothek Amsterdam befindet. Diesen Katalog habe ich auch für weitere unten angeführte Dissertationen benutzt.

[16] Siehe *Ahsmann/Feenstra* Nr. 1128 B. Vgl. jetzt auch Het Album promotorum van de Academie te Harderwijk, ed. *O. Schutte* ([Zutphen 1980]) 65. Er wurde vorher über D. 17,1,34 und C. 3,28,34 examiniert; eine ‚Explicatio legis 34 ff. mandat. in princ.' und eine ‚Explicatio legis 34 C. de inoff. test.' befinden sich in Hs. Leiden, BPL 191 J, Nr. 9^b (vgl. oben Anm. 4). Er promovierte ‚more majorum' (siehe Widmung in der Disputation; vgl. auch Album a. a. O.: ‚promotus in senatu patente janua'). Nach *Rücker* 25 soll W. sich vor seiner Promotion auch noch nach Groningen begeben haben, doch haben wir ihn dort nicht in der Matrikel gefunden, wohl aber – am 31. Dezember 1686 – seinen Bruder Johann

* Im Jahre 1688 wurde Westenberg zum Professor der Pandekten am Gymnasium Arnoldinum in Steinfurt ernannt; er trat sein Amt mit einer Rede ,De excellentia iuris' an[17]. Von seiner Tätigkeit als Rechtslehrer in Steinfurt zeugen mehrere Disputationen unter seinem Präsidium. Ob er
* diese alle selber geschrieben hat, ist ungewiß[18]. Von zweien haben wir Exemplare gefunden: die eine ,De querela inofficiosi testamenti' (vom 29. September 1693), die andere ,De consuetudine' (vom 13. März 1694)[19]. Vier weitere Disputationen werden von seinem Biographen erwähnt[20]. Nach einiger Zeit wurde er zugleich Professor der Geschichte und Eloquenz; auch war er später Rat des Grafen[21].

Die Universität Harderwijk berief Westenberg Ende 1694 zum Nachfolger von Anton Schulting. Diese Professur trat er am 8. März 1695 mit einer Rede ,De ratione docendi et discendi iuris' an[22]. In Harderwijk hat er 21 Jahre gearbeitet; seine Hauptwerke sind, wie wir noch sehen werden, alle dort entstanden. Dort heiratete er auch zweimal: zuerst 1697 seine Kusine Mathilde von Gesseler[23], die schon nach nicht einmal zwei Jahren von seiner Seite genommen wurde, und dann 1710 Anna Gertrud de Wit aus Wesel, die nur einige Jahre vor ihm starb[24].

Aus seiner Harderwijker Zeit sind zunächst sehr viele Disputationen exercitii gratia unter seinem Präsidium bezeugt[25]. Mit einer Ausnahme[26]

Arnold, der auch in Harderwijk studiert hat (imm. am 16. Oktober 1682 und am 30. September 1687, vgl. oben Anm. 13).

[17] Erwähnt von *Rücker* 26; ich habe kein Exemplar gefunden, ebensowenig wie *Jungius* (vgl. Anm. 4).

[18] *Rücker* 27 scheint ihn für den Verfasser zu halten, siehe jedoch die folgende Anm.

[19] Exemplare in der Bibliothek von Schloß Steinfurt. Die erste wurde verteidigt von Gerhardus a Gesseler aus Neuhausen, die zweite von Jellis a Buine aus Lingen; beide bezeichnen sich als ,auctor et defendens'. Ihre Namen kommen unter dem Jahre 1690 in einer von W. geschriebenen Liste von ,mei auditores' vor (Ms. Leiden BPL 191 J, Nr. 16); für die Periode 1688–1692 erwähnt W. dort insgesamt 17 Hörer.

* [20] ,De servitutibus', ,De emphyteusi', ,De fructuum perceptione' und ,De foro competenti' (*Rücker* 27).

[21] Siehe über W. in Steinfurt *G. Heuermann*, Geschichte des reformierten gräflich Bentheimschen Gymnasium Illustre Arnoldinum zu Burgsteinfurt (Burgsteinfurt 1878) 132 und *R. Rübel*, Das Burgsteinfurter Gymnasium Arnoldinum im Wandel der Zeiten (Burgsteinfurt 1953) 75, 306 u. 308. Bei beiden findet man kaum etwas Neues.

[22] Erwähnt von *Rücker* 28; ich habe kein Exemplar gefunden, ebensowenig wie Jungius (vgl. Anm. 4).

[23] Sie war nicht die Tochter von Jodocus sondern von Hermann von Gesseler, Leiter der Finanzverwaltung der Grafschaft Bentheim, dem er 1704 sein ,De causis obligationum liber singularis' widmete (siehe unten Anm. 33).

[24] Am 12. Juli 1734, siehe Bronnen (oben Anm. 4) IV, 137.

[25] Wir haben dazu vor allem den oben Anm. 15 erwähnten Zettelkatalog von Van der Woude überprüft. Es findet sich darin nur ein Fehlzitat: die Disputation ,De actionum delectu utili' von Ph. E. Dexbach ([7.] März 1700) ist nicht unter W.'s Präsidium sondern unter seinem Rektorat pro gradu verteidigt worden, vgl. Album promotorum (oben

gehören sie drei verschiedenen Reihen von Disputationen an, in denen er sie nachher noch einmal herausgegeben hat. Diese Disputationen waren also wohl sämtlich von ihm selbst verfaßt worden.

Die erste Reihe besteht aus vier öffentlichen Disputationen und ist dem Thema ‚De portione legitima liberis, parentibus et fratribus relinquenda' gewidmet. Die erste Disputation dieser Reihe wurde am 7. April 1696 gehalten[27], die dritte am 16. Juni 1697[28]; die Daten der zweiten und der vierten sind uns unbekannt, weil keine Exemplare der Originalausgaben erhalten sind[29]. Westenberg hat diese vier Disputationen 1699 als Anhang zur ersten Edition seiner ‚Principia juris secundum ordinem Institutionum' in neuer Bearbeitung herausgegeben[30].

Zur zweiten Reihe gehören neun öffentliche Disputationen ‚De causis obligationum', deren erste am 13. April 1699 und deren letzte am 5. Juli 1701 verteidigt wurden[31]. Von allen diesen Disputationen ist ein Exemplar der Originalausgabe aufgefunden worden[32]. Im Jahre 1704 hat Westenberg die ganze Reihe unter dem Titel ‚De causis obligationum liber singularis seu dissertationes IX' in neuer Bearbeitung publiziert[33].

Die Geschichte der dritten Reihe, die die Konstitutionen von Mark Aurel behandeln, ist etwas komplizierter. Denn die dazu gehörigen Disputationen sind von ihm nicht nur in Harderwijk, sondern auch in

Anm. 16) 91 (Exemplar vorhanden in UB Düsseldorf). Die u. a. von *Van Kuyk* erwähnte ‚Dissertatio de ignominiis' (1710) wurde unter seinem Rektorat pro gradu disputiert und ist also nicht W. zuzuschreiben. Der Verfasser ist A. Besier, siehe Album promotorum 105.

[26] Diss. jur. De actione funeraria, Resp. Theodorus Cloppenborgh ([10.] Juni 1696) (nach Zettelkatalog Van der Woude).

[27] Resp. Ernestus Wilhelmus a Gesseler (vom Exemplar in der Universitätsbibliothek Groningen hat mir Herr Unterbibliothekar Kingma freundlichst eine Kopie geschickt).

[28] Resp. Rodericus Schrassert (vom Exemplar im Veluws Museum, Harderwijk, hat mir Herr Direktor Hilckmann freundlichst eine Kopie geschickt).

[29] Die Namen der Respondenten sind uns allerdings aus dem Vorwort der Edition 1699 (siehe unten) bekannt: Jacobus a Sevenaer und Henricus van Holthe. Letzterer promovierte am 31. Oktober 1699, siehe Album promotorum 91. *

[30] In späteren Editionen der Principia kommen sie nicht mehr vor, mit Ausnahme der Ausgabe in Band I der Opera omnia (siehe *Ahsmann/Feenstra* Nr. 1129–1137 und 1159).

[31] Siehe für weitere Daten den Zettelkatalog Van der Woude (oben Anm. 15), der allerdings die 8. Disputation nicht enthält. Diese befindet sich jedoch in der Koninklijke Bibliotheek im Haag: sie wurde am 29. Juni 1701 von Nicolaus Hermannus Brandt verteidigt (die KB besitzt übrigens auch die 7. Disputation, welche der Zettelkatalog als nur in Göttingen vorhanden angibt). Für diese Auskunft danke ich Herrn Dr. H. J. M. Nellen (Haag).

[32] Siehe Anm. 31. In der ersten Disputation gibt es ein ‚Proloquium' zur ganzen Reihe.

[33] Siehe *Ahsmann/Feenstra* Nr. 1138; zum Inhalt siehe unten bei Anm. 102. Die dritte Ausgabe in Band I seiner Opera omnia ist nicht ein Nachdruck der Ed. 1704, sondern der ursprünglichen Ausgabe 1699–1701 (dies zu *Ahsmann/Feenstra*, Nr. 1159 und Anm. vor Nr. 1138).

Franeker[34] (wo er von 1716 bis 1723 lehrte) für Disputationsübungen verwendet und gedruckt worden. Eine erste – vorläufige – Gesamtausgabe von 24 Disputationen ist wohl in Franeker erschienen; sie besteht aus einer Zusammenstellung der zunächst einzeln erschienenen Disputationen mit Weglassung der Titelseiten und Hinzufügung eines Gesamttitels – ‚Ad constitutiones Marci Aurelii Antonini imp. dissertationes XXIV' –, jedoch ohne Impressum[35]. Eine endgültige Gesamtausgabe von 45 ‚Dissertationes' gab Westenberg 1736 – kurz vor seinem Tode – unter dem Titel ‚Divus Marcus seu dissertationes ad constitutiones Marci Aurelii Antonini imperatoris' heraus[36]. Wie viele dieser Disputationen schon in Harderwijk geschrieben und verteidigt worden sind, ist unsicher: bisher sind nur Exemplare der vier ersten dieser Disputationen in einer Harderwijker Edition bekannt[37]. Sie stammen aus den Jahren 1702, 1706[38], 1707 und 1708; es ist jedoch keineswegs ausgeschlossen, daß noch weitere Disputationen dieser Reihe schon in Harderwijk zustandegekommen sind. Jedenfalls hat Westenberg in Franeker aufs neue angefangen. Die alten Harderwijker Disputationen wurden neu gedruckt, jetzt aber sofort mit einer fortlaufenden Numerierung versehen, und zwar auch in den Exemplaren, welche mit separaten Titelseiten (mit dem Namen des Respondenten) ausgestattet wurden[39]. Die Leidener Edition vom Jahre 1736 ist typographisch ganz neu; dort sind dem ursprünglichen Text auch kurze Summaria vorangestellt[40].

Neben Disputationen würde man aus Harderwijk auch gedruckte Ausgaben von Westenbergs Rektoratsreden erwarten. Er war fünfmal

[34] Auch in Leiden? Dafür haben wir keine Beweise gefunden, doch wäre es möglich, daß von den Nummern 25–45 der endgültigen Gesamtausgabe (Leiden 1736), die nicht in der vorläufigen Gesamtausgabe (Franeker 1723?) vorkommen, einige in Leiden disputiert worden sind; vgl. jedoch unten Anm. 79.

[35] Siehe *Ahsmann/Feenstra* Nr. 1157. In der 2. Auflage seiner Principia iuris secundum ordinem Digestorum (siehe unten Anm. 55) hat er diese Ausgabe zitiert, siehe § 3 zu D.50,8: ‚... v. l.9 D. h.t. l.24 D. ad municip. Diss. N. XXII ad Const. Marc. ...' (S. 1217).

[36] A. a. O. Nr. 1158.

[37] Nach Zettelkatalog Van der Woude (oben Anm. 15), wo weitere Daten zu finden sind. Es handelt sich um öffentliche Disputationen, in Gegensatz zu denjenigen welche in Franeker verteidigt wurden.

[38] Diese zweite Disputation, welche am 17. April dieses Jahres verteidigt wurde, hatte den bekannten Juristen Johann Schrassert (1687–1756) zum Respondenten; er promovierte am 5. August 1706, siehe Album promotorum (oben Anm. 16) 99.

[39] Siehe unten bei Anm. 69.

[40] Verschiedene Indices wurden dem Werk von seinem Studenten Abraham Havercamp hinzugefügt, siehe das Vorwort. Das Werk erschien zum zweiten Mal als Band III der Opera omnia, siehe *Ahsmann/Feenstra* Nr. 1159. Es handelt sich dabei um eine Titelausgabe, in der nur das Titelblatt und (ein Teil des) Vorworts neu gesetzt worden sind; vgl. schon *Püttmann*, im Vorwort zum ersten Heft der Opuscula (oben Anm. 4) S. XI.

Rektor – 1696/1697, 1699/1700, 1704/1705 und 1709/1710 – und jedesmal hielt er beim Abschied vom Amt eine ‚Oratio'. Nur eine davon scheint gedruckt worden zu sein: ‚Dissertatio de calculo Minervae seu lege isopsephias ejusque justitia' (1715)[41]. Von den anderen vier bezweifelt 1758 schon Vriemoet[42], ob sie je gedruckt worden sind. Die Themen waren: ‚De jure naturali' (1697), ‚De jure civili ad fontem juris naturalis redigendo' (1700), ‚De jure gentium' (1705) und ‚De licito non honesto' (1710). Von der zweiten und der vierten ist uns eine handschriftliche Fassung erhalten[43].

In Harderwijk gab er, wie schon erwähnt, 1699 zum ersten Mal seine ‚Principia juris secundum ordinem Institutionum Justiniani' heraus[44]. Es handelt sich um ein einfaches Lehrbuch auf Grundlage der Institutionen, mit Anführung von Texten aus anderen Teilen des Corpus iuris civilis[45]. Eine zweite Auflage erschien 1719 in Franeker[46]. Diese bildete die Grundlage für 7 weitere[47] Editionen[48]: Harderwijk 1759 (‚editio tertia auctior'), Leiden 1766 (‚editio tertia emendatior') und Leiden 1793, 1818, 1823, 1842 und 1844[49]. Offenbar wurde das Werk jedenfalls in

[41] Zuerst Harderwijk 1715 und dann, mit zusätzlichen Anmerkungen von Püttmann, im zweiten Heft der Opuscula, siehe *Ahsmann/Feenstra* Nr. 1151 und 1161. In der Anmerkung zu Nr. 1161 soll es heißen ‚Excursus ad Io. Ortw. Westenbergii dissertationem de calculo Minervae'; es handelt sich um einen Excurs von 13 Seiten, den Püttmann zum Thema der Freisprechung bei Stimmengleichheit schrieb.

[42] A. a. O. (oben Anm. 4) 781.

[43] In Hs. Leiden BPL 191 J, Nr. 1 und 2. Die zweite ist wohl die interessantere; sie handelt u. a. ausführlich über das Duell.

[44] Die erste Auflage erschien bei einem Amsterdamer Verlag, doch wurde sie in Harderwijk gedruckt, siehe *Ahsmann/Feenstra* Nr. 1129.

[45] An der Spitze des Werkes stehen ‚Prolegomena de compositione et partibus juris Justinianei', die außerhalb der arabischen Numerierung der Seiten bleiben.

[46] Im Vorwort zur 2. Auflage – welches nicht mit demjenigen zur 1. Auflage identisch ist (unrichtig *Ahsmann/Feenstra* Nr. 1130) – verwahrt er sich gegen diejenigen, die den Wert – der Institutionen als Grundlage des Unterrichts bestreiten. Das Bestehen einer zweiten Auflage ‚Harderwijk 1704' (wie z. B. angenommen wird von Vriemoet a. a. O. (oben Anm. 4) 781) ist unwahrscheinlich.

[47] Nicht jedoch für die Edition im ersten Band der Opera omnia (vgl. oben Anm. 30); diese scheint der ersten Edition von 1699 gefolgt zu sein (auch was das Vorwort anbelangt) – Korrekturzusatz: Die ‚editio tertia auctior' (Harderwijk 1759) hat zwar das Vorwort der 2. Auflage übernommen, doch ist sie im Text der Edition von 1699 gefolgt (wie die Edition in den Opera omnia). Deshalb hat sich die Edition Leiden 1766 wohl 'editio tertia emendatior' genannt; sie folgt der 2. Auflage auch im Text. Die späteren Editionen sind derjenigen von 1766 nachgedruckt.

[48] Das Vorwort zu diesen Editionen ist auch grundsätzlich dasselbe wie in der Edition 1719 (unrichtig auch in dieser Hinsicht *Ahsmann/Feenstra* Nr. 1131–1137); leichte Varianten, die mit der Verbesserung der Druckfehler zusammenhängen, kommen vor.

[49] Siehe *Ahsmann/Feenstra* Nr. 1131–1137.

Leiden[50] bis zur Mitte des 19. Jahrhunderts als Grundlage für Vorlesungen benutzt[51].

Auch Westenbergs ‚Principia iuris secundum ordinem Digestorum' sind in Harderwijk entstanden: die erste Auflage erschien dort 1712[52]. Wie er in seiner Dedikation an die Curatoren der Universität sagt, beabsichtigte er, für das Studium der Pandekten ein ähnliches Hilfsmittel wie für die Institutionen zu schaffen. In der Vorrede beschreibt er seine Methode, die sich hauptsächlich dadurch hervorhebt, daß er versucht, zu jedem Titel den von den römischen Juristen kommentierten Edikts- oder Gesetzestext im Wortlaut wieder herzustellen, wozu ihm beson-

[50] Kollegienhefte und Notizen von Vorlesungen zu Westenbergs Kompendium der Institutionen sind uns u. a. (vgl. oben Anm. 4) überliefert worden von N. Smallenburg (1761–1836; siehe *Ahsmann/Feenstra* 229), Professor in Franeker (1788–1790) und in Leiden (1790–1834), siehe Hss. Leiden BPL 989 (1806–1807), 1311 (1817–1818), 1312 (1816–1817), 1317 (1831–1832) und Hs. Deventer, Athenaeumbibliothek, 38 D 20 (1831–1832). Undatierte Dictata von D. van der Klaauw befinden sich in Hs. BPL 1928 I u. II. Dieser war Praeceptor in Zwolle – wo u. a. der bekannte Schriftsteller Rhijnvis Feith (1753–1824) Recht bei ihm hörte – und ab 1782 Conrector im Haag; er lehrte also nicht an einer Universität (1795 wurde sein Name für eine Professur in Harderwijk genannt). Anonyme Dictata in Hs. BPL 713.

Erst nach Abschluß meines Manuskripts bekam ich durch die Güte des Verfassers in die Hände: *W. A. Verbeek*, De Voorda Collectie: Catalogus van de door Johannes Henricus Voorda aan het Hof van Friesland gelegateerde handschriften en gedrukte werken, Groningen 1983. Es handelt sich um den Katalog einer Sammlung in der Provinciale Bibliotheek van Friesland, Leeuwarden (unten zitiert als ‚Hss. Hof'). In dieser Sammlung befinden sich u. a. Exemplare der Werke von Westenberg mit Notizen nicht nur von Johannes Henricus Voorda (1732–1814), Professor in Utrecht (1767–1786) und in Franeker (1797–1802), sondern auch von dessen Bruder Bavius Voorda (1729–1790; siehe *Ahsmann/Feenstra* 353), Professor in Franeker (1755–1765) und in Leiden (1765–1788, 1795–1799), und vor allem von deren Vater Jacobus Voorda (1698–1768), Professor in Franeker (1727–1730) und in Utrecht (1730–1760), der ein Schüler von Westenberg war (vgl. unten Anm. 72; von Jacobus ist in der Sammlung auch das Kollegienheft von einer Vorlesung von W. vorhanden: Hs. Hof 12, Praelectio de jure belli ac pacis; Hs. 11, Explicatio Institutionum, ist wohl nicht eine Vorlesung von W. sondern von Zacharias Huber). Was das Kompendium der Institutionen anbelangt, sind hier zu erwähnen Hs. Hof 35 (Ed. 1699, mit Notizen von Jacobus Voorda) und Hs. Hof 53 (Ed. 1766, mit Notizen von Johannes Henricus Voorda). Eine ‚Explicatio Institutionum ... ad Westenberghii Principia juris secundum ordinem Institutionum' von Bavius Voorda als Leidener Professor wurde auch dem ‚Hof van Friesland' vermacht, doch befindet diese sich jetzt nicht mehr in der Sammlung, siehe *Verbeek* 46; für Exemplar(e) eines solchen Kollegienheftes vgl. aber *A. A. Roberts*, A South African Legal Bibliography (Pretoria 1942) 327.

[51] Neben Westenbergs Kompendium der Institutionen wurde allerdings in Leiden bis ins 19. Jahrhundert auch dasjenige von J. F. Böckelmann (1633–1681) benutzt, siehe *Ahsmann/Feenstra* Nr. 32–44; besonders D. G. van der Keessel (1738–1815; Professor in Leiden ab 1770) las nach Böckelmann.

[52] Siehe *Ahsmann/Feenstra* Nr. 1139.

ders die Ediktsrestitution von Ranchinus (1597) dient[53]. Er beruft sich dabei u. a. auf Böckelmann, Cujaz, Hotman, Duaren und Wesenbeck[54]. Dieses umfangreichere Werk hat nicht nur in den Niederlanden, sondern auch in Deutschland und Österreich Erfolg gehabt. Eine zweite, dritte und vierte Auflage erschienen 1732, 1745 und 1764 in Leiden[55]. Weitere Editionen wurden in Leipzig (1754), in Wien (1755, 1763[–1764] und 1777) und in Berlin (1814 und 1823) veröffentlicht[56].

Die Wiener Drucke hingen offenbar damit zusammen, daß das Werk dort an der Universität beim Unterricht benutzt wurde; darauf weist schon das Privileg der ersten Wiener Auflage hin[57]. Man findet Westenbergs Werk aber auch in den zur Reform von 1753 gehörenden Wiener Studienplan erwähnt[58]. L. F. Voss hat seine ‚Legum consuetudinumque Austriacarum ... cum Romano jure collatio' (Wien 1770[59], 2. Auflage 1772[60], 3. Auflage 1774[61]) mit dem Untertitel ‚ad ordinem Digestorum ab

[53] Siehe *E. Landsberg* in Stintzing-Landsberg, Geschichte der deutschen Rechtswissenschaft, III-1 (München–Leipzig 1898) [Text] 165 u. [Noten] 109.

[54] Zum Verschweigen von Noodt siehe unten bei Anm. 107 ff.

[55] *Ahsmann/Feenstra* Nr. 1140–1142 u. 1146. Nicht nur in Leiden, sondern wohl auch in Franeker, Harderwijk und Utrecht wurden die Pandekten nach Westenbergs Principia gelesen. Für Leiden, Harderwijk und Utrecht haben wir Kollegienhefte gefunden (vgl. jedoch oben Anm. 4). In Leiden lehrte zunächst J. C. Rücker (1691–1769), der 1718 in Franeker unter Westenberg promoviert hatte, nach W.'s Principia: Hs. Leiden, BPL 665 (ohne Datum); später N. Smallenburg (vgl. oben Anm. 50): Hs Leiden, BPL 1311 (1817–1818); schließlich C. J. van Assen (1788–1859): Hs. Deventer, Athenaeumbibliothek 100 D 46 (1834–1836). In Harderwijk Gerhard Schröder (1708–1762): Hs. Leiden, BPL 705 (ohne Datum). In Utrecht (und zuerst in Franeker?) Jacobus Voorda (vgl. oben Anm. 50): der Autograph dieser Vorlesungen in Hs. Leeuwarden, Hof 31, Kollegienheft in Hs. Leiden, BPL 674 (1754). Exemplare von W.'s Principia mit handschriftlichen Notizen der Voorda's in Leeuwarden: Hs. Hof 32 (Ed. 1732, Notizen von allen drei Voorda's), Hs. Hof 29 (Ed. 1732, Notizen von Bavius V.), Hs. Hof 37 (Ed. 1745, Notizen von Jacobus V.), Hs. Hof 14 (Ed. 1764, Notizen von Johannes Henricus V.), siehe *Verbeek* (oben Anm. 50).

[56] A. a. O. Nr. 1143–1145, 1147–1150. Außerdem erschien das Werk als Band II der Opera omnia, Hannover und Lüneburg 1747, a. a. O. Nr. 1159.

[57] Siehe *R. Feenstra* and *C. J. D. Waal*, Seventeenth-Century Leyden Law Professors and their influence on the development of the Civil Law, A study of Bronchorst, Vinnius and Voet (= [Verhandelingen der] Koninklijke Nederlandse Akademie van Wetenschappen, Afd. Letterkunde, Nieuwe reeks, 90; Amsterdam–Oxford 1975) 64 Anm. 319.

[58] *H. Coing*, Die juristischen Fakultäten der Aufklärungszeit, Geschichte einer Studienreform (in Jahrbuch der Akademie der Wissenschaften in Göttingen für das Jahr 1970, 34–55) 47: ‚Zweiter Jahrgang ... Pandecten nach Westenberg von Banniza' (Banniza war damals Professor in Wien).

[59] Viennae, litteris Schulzianis, 1770; das Titelblatt enthält als Verfassernamen nur die Initialen L. F. V.

[60] Nicht gesehen; nach dem Katalog der Oesterreichischen Nationalbibliothek ‚Ed. altera de integro elaborata', beim selben Verlag – auch nur mit Initialen des Verfassers – erschienen.

[61] Editio nova emendata et aucta, Viennae, literis Schulzianis 1774.

Joanne Ortw. Westenbergio expositorum accommodata' versehen. In seiner Vorrede sagt Voss, er habe sich der ,Westenbergii elementa' bedient ,tum quod haec nihil peregrini juris admixtum habeant unde confusio oriri possit, tum quod scirem illa publice praelegi'. Auch außerhalb Wiens wurde so verfahren: in Prag erschienen 1778 von einem anonymen Verfasser ,Adnotationes theoretico-practicae usibus Boemie accommodatae ad Joannis Ortwini Westenbergii Principia juris juxta ordinem Pandectarum'[62].

Die Berliner Edition von 1814 ist auf Anregung von Savigny veröffentlicht worden, der das Werk bei seinem Unterricht benutzen wollte[63].

Im Jahre 1716 erhielt Westenberg einen Ruf nach Franeker als Nachfolger von Zacharias Huber. Am 3. Dezember dieses Jahres[64] trat er sein Amt an mit einer ,Oratio de jurisprudentia rationali'[65]. Darin vertritt er die These ,jus civile maximam sui partem ex jure naturali deductum ac derivatum esse'. Diese These ist gegen diejenigen gerichtet, die nur das positive Recht studieren wollen[66]: ,jurisconsultos de jurisprudentia rationali oportet esse solicitos'.

[62] Pars prior: Vetero-Pragae, apud Franciscum Augustinum Hoechenberger, [1778]; Pars posterior: Pragae, characteribus Regiae Scholae Normalis, per Ioannem Adamum Hagen, 1778. In seiner Praefatio sagt der Verfasser u. a., daß er W.'s ,Enchiridium' zugrundegelegt habe ,tum quod illud ordine pulcerrimo, scribendique genere succincto quidem, ast gravi et ex ipsis plerumque legis verbis mutuato, nihil fere quod juris est Romani intactum relinquat, tum quod familiare sit Musis nostris et vix non in omnium manibus'.

[63] Siehe G. A. Reimer in seinem Vorwort zu dieser Edition: ,celeberrimus enim Savignius, vir omni mea laude major, cum Westenbergii libro in scholis suis uti destinasset, suo potissimum suasu ut ad novam editionem parandam accederem effecit'. Reimer gibt auch ausführlich Auskunft über die früheren Editionen, die ihm bekannt sind oder die er erwähnt gefunden hat (er ist in diesem Punkt hier viel ausführlicher als in der Ed. 1823; die Anmerkung bei *Ahsmann/Feenstra,* vor Nr. 1139, ist in diesem Sinne zu berichtigen). Er fügt hinzu, daß er die Ed. Wien 1777 zum Ausgangspunkt genommen hat und deren Text von einigen ungenannten Helfern mit demjenigen von anderen Editionen hat kollationieren lassen; diese Helfer läßt er dann zu Wort kommen, um über die weiteren von ihnen angebrachten Verbesserungen zu berichten.

[64] Zu seinem Amtsantritt ließ J. G. van de Poll, ,S. S. Th. studiosus' auf einem ungefalzten Druckbogen ein schwülstiges Gedicht drucken: ,Aan den wydberoemden en doorgeleerden Heer Johannes Ortwinus Westenberg tot Hoogleeraar der beide Regten in Frieslands Opperschoole binnen Franeker ingehuldigt...' (Franeker, by François Halma, 1716).

[65] Diese Oratio ist zuerst 1717 in Franeker erschienen und dann 1795 in Leipzig im zweiten Heft der Opuscula (unten Anm. 101), mit zusätzlichen Anmerkungen von Püttmann, neu herausgegeben worden, siehe *Ahsmann/Feenstra* Nr. 1151 u. 1161.

[66] Insoweit ist ein Vorwurf, den Van Oven Westenberg macht, nicht ganz gerecht; siehe *J. C. van Oven,* Le droit romain aux Pays-Bas (in Atti del Congresso internazionale di diritto romano, Bologna e Roma, 17–27 Aprile 1933, Bologna II, Pavia 1935, 23–55) 51–52. Das Thema hatte Westenberg auch schon in seiner Rede ,De jure civili ad fontem

Vergebens versuchte 1720 die Universität Groningen, Westenberg für sich zu gewinnen; die Friesen wußten ihn durch Erhöhung seines Gehaltes für Franeker zu behalten. Im akademischen Jahr 1721–1722 bekleidete er das Rektorat; beim Abschied hielt er eine Rede, die unter dem Titel ‚Paulus Tarsensis jurisconsultus seu dissertatio de jurisprudentia Pauli Apostoli' veröffentlicht wurde[67].

Von den in Franeker abgehaltenen Disputationen über die Konstitutionen von Mark Aurel war schon die Rede[68]. Wahrscheinlich waren es deren 24, doch haben wir nur die Nummern 1^1, 2^1, 2^2, 6, 7 und 11 in der Form einer Disputation mit eigener Titelseite aufgefunden; diese waren 1717 (Nr. 1^1), 1718 (Nr. 2^1, 2^2 und 6), 1719 (Nr. 7) und 1720 (Nr. 11) verteidigt worden, alle ‚in auditorio privato'[69].

Vier weitere private Disputationen aus Franeker unter Westenbergs Präsidium sind uns erhalten[70]. Es handelt sich dabei jedoch um einen ganz anderen Typus als bei den Disputationen über die Konstitutionen von Mark Aurel: sie bestehen nur aus je 10 kurzen ‚Positiones' mit 4 ‚Annexa defendentis', und sie sind auf einem ungefalzten Druckbogen gedruckt. Sie gehören einer Reihe von ‚Positiones juridicae controversae secundum ordinem Pandectarum' an, deren 6., 8., 12. und 13. ‚Decas' sie bilden[71]. Die 6. und 13. ‚Decas' wurden, am 24. Februar 1717 und am 23. März 1718, von dem späteren Franekeraner und Utrechter Professor Jacobus Voorda (1698–1768) verteidigt[72].

Am 16. Juli 1723 wurde Westenberg zum ‚Professor iuris civilis et hodierni vel practici' in Leiden ernannt. Zwar gab es dort keine Vakanz, doch meinten die Curatoren, seine Ernennung sei erwünscht ‚wegen hohen Alters und Schwäche einiger Professores juris'[73]. So kam er als vierter Professor neben Noodt, Schulting und J. J. Vitriarius nach

juris naturalis redigendo' (siehe oben Anm. 43) gestreift. Er hat übrigens in Franeker auch eine Vorlesung über Grotius' De jure belli ac pacis gehalten, siehe Hs. Leeuwarden, Hof 12 (vgl. oben Anm. 50).

67 Franeker 1722; ein Nachdruck erschien in Bayreuth 1738 und die Rede wurde schließlich mit zusätzlichen Anmerkungen von Püttmann im ersten Heft der Opuscula neu herausgegeben, siehe *Ahsmann/Feenstra*, Nr. 1153 u. 1160.

68 Oben bei Anm. 39.

69 Für weitere Daten siehe den Zettelkatalog Van der Woude (oben Anm. 15).

70 Daneben ist eine öffentliche Disputation unter seinem Präsidium erhalten: Gosen Walschartz, Dissertatio juridica de sterilitate, Franequerae 1722. Walschartz bezeichnet sich auf der Titelseite ausdrücklich nur als ‚Auctor'.

71 Einzelheiten im Zettelkatalog Van der Woude.

72 Voorda las später jedenfalls in Utrecht Pandekten nach den Principia von Westenberg, siehe oben Anm. 55.

73 Bronnen (oben Anm. 4) IV, 344; vgl. auch 340. Der Ernennung war ein Briefwechsel mit Petrus Burmannus vorangegangen, siehe Briefe von W. in Hs. Leiden, Burman Q 27 (11. Juni, 2. Juli und 2. August 1723).

Leiden. Von seiner Antrittsvorlesung ‚De philosophia jurisconsultorum et imprimis ea quae circa legum collisionem versatur', die er am 27. September 1723 gehalten hat, ist uns kein Exemplar in die Hände gekommen[74]. Seine zwei Rektoratsreden sind uns hingegen erhalten: ‚Rhadamanthus seu dissertatio de jure Rhadamanthi' (1726)[75] und ‚Quintus Cerbidius Scaevola seu dissertatio de jurisprudentia Q. Cerbidii Scaevolae' (1734)[76].

Aus Leiden ist nur eine Disputation unter seinem Präsidium bekannt geworden[77]. Weil sich jedoch der Respondent als ‚Auctor' bezeichnet, handelt es sich wohl nicht um eine Schrift von Westenberg selbst.

Es ist nicht ausgeschlossen, daß Westenberg privat noch über die Konstitutionen von Mark Aurel hat disputieren lassen, doch haben wir davon keine Spuren angetroffen[78]. Aus den Vorlesungsverzeichnissen wissen wir hingegen, daß er von September 1731 bis Sommer 1733 oder Januar 1734 öffentliche Vorlesungen über dieses Thema gehalten hat[79].

Seine weiteren öffentlichen Vorlesungen von Februar 1724 bis September 1736 sind den Verzeichnissen zu entnehmen. Angefangen hat er mit ‚caput de actionibus' (Februar 1724 bis Januar 1725)[80]; dann las er ‚controversiae illustres et selectae pro re nata leges' (Februar 1725 bis Sommer 1729)[81], ‚rationes veterum Iurisconsultorum' und ‚controversiae illustres' (September 1729 bis Sommer 1731)[82] und – nach den Vorlesungen über die Konstitutionen von Mark Aurel kombiniert mit ‚illustres controversiae'[83] – ‚Papirii Iusti constitutiones' und ‚controversiae illu-

[74] Wahrscheinlich existiert aber eine Edition davon. Vriemoet (oben Anm. 4) 781 zitiert sie, mit Angabe des Formates, bei den Arbeiten, die gedruckt worden sind. Und auch Jungius scheint sie ausweislich der Praefatio zu den Opera (oben Anm. 4), fol. C 4 v°, zu kennen.

[75] Nach der Ausgabe Leiden 1726 wurde sie 1794 in Leipzig, im ersten Heft der Opuscula (oben Anm. 4), mit zusätzlichen Anmerkungen von Püttmann herausgegeben, siehe *Ahsmann/Feenstra* Nr. 1155 u. 1160.

[76] Zuerst Leiden 1734, dann Leipzig 1795, im zweiten Heft der Opuscula (unten Anm. 101), mit zusätzlichen Bemerkungen von Püttmann, siehe *Ahsmann/Feenstra* Nr. 1156 u. 1161.

[77] Franciscus Cornelius Denick, Dissertatio juridica ad Sexti Pomponii fragmentum ex libro 22 ad Quintum Mucium (quod in extat in l. 45 Π de usuris etc.), Lugduni Batavorum 1736 (Verteidigung am 18. April 1736).

[78] Siehe oben Anm. 34.

[79] Bronnen (oben Anm. 4) V, 37* Anm. 1, 40* (u. 39* Anm. 1) u. 44* (er las in dieser Zeit jedoch auch, an anderen Wochentagen, ‚illustres controversiae').

[80] Bronnen IV, 168* u. 189*.

[81] Bronnen V, 2*, 6* u. Anm. 1, 14* u. Anm. 1.

[82] Bronnen V, 21*, 24* (u. 23* Anm. 1) und 38*.

[83] Oben Anm. 79.

stres' (Februar 1734 bis zu seinem Tode, Juni 1737; ab September 1735 auch ‚leges fugitivae')[84].

Das ‚ius hodiernum', das auch in seinem Lehrauftrag stand, kommt nicht in seinen öffentlichen Vorlesungen vor. Von privaten Kollegien darüber haben wir keine Nachricht gefunden.

Am 14. März 1733 ernennen die Curatoren wegen des hohen Alters von Schulting und Westenberg sowie wegen Erkrankung von Vitriarius J. C. Rücker zum Praelector im ius civile[85]; de facto wird Rücker Stellvertreter von Schulting und nach dessen Tod – am 12. März 1734 – selbst Professor[86]. Westenbergs Honorar wird am 19. August 1733 erhöht[87]. Am 30. Oktober 1734 erkrankt er schwer[88]. Am 28. Januar 1735 wird er aber noch zum actuarius des Senats ernannt[89].

Nachdem seine Gesundheit ab 1734 viel zu wünschen übrig gelassen hatte, starb er in der Nacht vom 30. Juni auf den 1. Juli 1737[90]. Am 5. Juli wurde er beerdigt[91]. Die Leichenrede von seinem Kollegen Rücker fand erst am 23. September statt[92].

Als seinen Nachfolger versuchte man vergebens Heineccius zu gewinnen. Dieser mußte aber ablehnen, weil der König von Preußen ihm keine Erlaubnis erteilen würde, Halle zu verlassen[93]. Schließlich wurde Gerlach Scheltinga (1708–1765) Westenbergs Nachfolger[94].

Kinder hat Westenberg aus keiner seiner zwei Ehen hinterlassen[95].

Sein Leidener Schüler Johann Heinrich Jung (1715–1799)[96] hat 1746 angefangen, Westenbergs ‚Opera omnia juridica' herauszugeben; zwei Bände erschienen 1746 und 1747 in Hannover und Lüneburg[97]. Die Ausgabe blieb jedoch unvollständig; 1758 erschien – in Hannover und Bremen – nur noch eine Titelausgabe des ‚Divus Marcus'[98].

[84] Bronnen V, 45* (u. 44* Anm. 1), 48* (u. 47* Anm. 1).
[85] Bronnen V, 132.
[86] Bronnen V, 140.
[87] Bronnen V, 134 (auch Schultings Honorar wird erhöht).
[88] Bronnen V, 138; über seine Krankheit in dieser und späterer Zeit siehe den Bericht seines Kollegen H. Oosterdijk Schacht bei *Rücker* 40 ff.
[89] Bronnen V, 138.
[90] Bronnen V, 171, und Oosterdijk Schacht bei *Rücker* 42.
[91] Bronnen V, 172.
[92] Bronnen V, 176, und Titelblatt von Rücker.
[93] Bronnen V, 58*–61*.
[94] Bronnen V, 184.
[95] *Rücker* 39.
[96] Über ihn siehe *Eisenhart* in Allgemeine Deutsche Biographie 14 (1881) 695–696; er war u. a. nach 1751 einige Jahre Lehrer der Rechtswissenschaft, der Geschichte und der Beredsamkeit am Gymnasium in Rotterdam. Ab 1762 war er hannoverischer Bibliothekar.
[97] *Ahsmann/Feenstra* Nr. 1159; vgl. auch oben Anm. 4, 30, 33, 47 u. 56.
[98] Oben Anm. 40.

Ebenfalls unvollständig blieb eine Ausgabe von Westenbergs ‚Opuscula academica', welche von J. L. E. Püttmann (1730–1796)[99] begonnen wurde. Der erste Fasciculus erschien 1794 in Leipzig[100]; der zweite – der auf Wunsch des neuen Verlegers nicht so genannt, sondern als ‚Opusculorum academicorum trias' bezeichnet wurde – erschien 1795, ebenfalls in Leipzig[101].

Westenbergs Bekanntheit bei der Nachwelt beruht wohl einerseits auf seinen beiden Kompendien, andererseits auf seinen ‚antiquarischen' Schriften, wie ‚De calculo Minervae', ‚Paulus Tarsensis', ‚Rhadamanthus', ‚Quintus Cerbidius Scaevola' und – vor allem – ‚Divus Marcus'. Letztere sollten uns jedoch nicht vergessen lassen, daß er sich bisweilen auch als ein Mann des Naturrechts und des Usus modernus zeigt.

Dieser Aspekt kommt besonders in den Disputationen ‚De causis obligationum' zum Vorschein; er zitiert hier auch die üblichen Autoren des Usus modernus und zeigt sich keineswegs als ein hochnäsiger antiquarischer Jurist[102]. Man lese z. B.[103] seine Ausführungen in der ‚Dissertatio tertia' über die Obligationen, die auf Grund von D. 12,1,32 aus der aequitas entstehen können, und vor allem diejenige in der ‚Dissertatio quinta' über die actio in factum auf Grund der Lex Aquilia. Diese actio bezeichnet er als eine actio subsidiaria, welche weder auf delictum noch auf quasi delictum zurückgeführt werden kann; sie entsteht ‚ex sola aequitate'. Darum kann sie im Fall der Tötung eines freien Mannes auch dessen Kindern und Witwe als Schadensersatzklage gegeben werden[104]; er verweist dabei u. a. auf Vinnius und stützt hier also indirekt auf Grotius[105]. Die These wird, unter Hinweis auf diese Disser-

[99] Über ihn siehe *Eisenhart* in Allgemeine Deutsche Biographie 26 (1888) 779.

[100] *Ahsmann/Feenstra* Nr. 1160; vgl. Anm. 4, 67 u. 75.

[101] A. a. O. Nr. 1161; vgl. oben Anm. 41, 65 u. 76.

[102] Aus seiner Harderwijker Zeit ist auch ein Gutachten von ihm überliefert für einen Neffen von Constantin und Christian Huygens über die Güter Zuylichem und het Monnikenlandt (1702), siehe Hs. Leiden, BPL 191 J, Nr. 15. Nach weiteren Gutachten – welche wahrscheinlich in den gedruckten Sammlungen zu finden sind – habe ich nicht gesucht; leider hat Fischer ihn nicht in seine Untersuchungen über Gutachten von Leidener Professoren einbezogen: siehe H. F. W. D. *Fischer*, De adviezen van de Leidse professoren, in het bijzonder tijdens het professoraat van Everardus Bronchorst (1587–1627) (in Tijdschrift voor Rechtsgeschiedenis 29 [1961] 463–483) 478.

[103] Vgl. auch seine Haltung dem Konsens-Prinzip gegenüber, Diss. 1, cap. 4, § 28 (Ed. 1704, 38–39); diese Stelle zitiert er in seinen Principia juris secundum ordinem Digestorum, Lib. 2, tit. 14, § 21 (Ed. 1823, 93).

[104] Diss. 5, cap. 4, §§ 35–36 (Ed. 1704, 180–181), zitiert in Principia, Lib. 9, tit. 2, § 41 (Ed. 1823, 238).

* [105] *Vinnius*, In quatuor libros Institutionum commentarius, ad lib. 4, tit. 3 pr. (Ed. Amstelodami 1655, 734); er zitiert ‚Grot. lib. 3 introd. c. 33', also Inleidinge tot de Hollandsche rechtsgeleerdheid 3, 33. Siehe dazu meine Aufsätze Théories sur la responsa-

tatio, von ihm auch in seinen ‚Principia juris secundum ordinem Digestorum' vertreten[106].

Was die beiden Kompendien anbelangt, so sind die ‚Principia juris secundum ordinem Institutionum' wohl ein sehr einfaches Lehrbuch, das sich nicht wesentlich von ähnlichen Werken unterscheidet; anspruchsvoller sind hingegen die ‚Principia iuris secundum ordinem Digestorum', welche dann auch außerhalb der Niederlande einen gewissen Erfolg gehabt haben. Daß er Ediktsrestitutionen zum Ausgangspunkt für seine Kommentierungen nahm, ist wohl die Hauptursache für das Entstehen einer Geschichte, die Hommel[107] erzählt: Noodt hätte Westenberg beschuldigt, seine ‚Principia' aus Noodts Vorlesung geschöpft zu haben. Haubold[108] und Hugo[109] distanzieren sich von dieser Verdächtigung, wie mir scheint mit Recht[110]. Der Erfolg von Westenbergs Werk beruht übrigens wahrscheinlich nicht sosehr auf diesen Ediktsrestitutionen als vielmehr gerade darauf, daß es sich, wie Hugo sagt[111], ‚um den Sprachgebrauch der Alten nicht viel bekümmer[t]', obwohl es ‚für sehr textualisch [gilt]'[112]. Westenberg gibt bisweilen

bilité civile en cas d'homicide et en cas de lésion corporelle avant Grotius (in Etudes d'histoire du droit privé offertes à Pierre Petot ([Paris] 1959) 157–171; mit einigen zusätzlichen Anmerkungen in meinen Fata iuris romani, Etudes d'histoire du droit (Leyde 1974) 323–337) und Over de oorsprong van twee omstreden paragrafen uit de Inleidinge van Hugo de Groot (III, 33,2 en III,34,2) (in Acta juridica 1958 [In Memory of Robert Warden Lee; Cape Town etc.] 27–42; vgl. jetzt auch mein Vergelding en vergoeding, Enkele grepen uit de geschiedenis van de onrechtmatige daad (= Rechtshistorische Cahiers, 6; Deventer 1982) 18–23).

106 Lib. 9, tit. 2, § 41 (Ed. 1823, 238).

107 *C. F. Hommel*, Litteratura juris, 2. Aufl., Lipsiae 1779, cap. 20 § 7, S. 258 (*Landsberg* (oben Anm. 53) [Noten] 109 zitiert versehentlich ‚*Haubold*, Litteratura juris'). Der bezügliche Passus steht in dem Kapitel ‚De furtis litterariis iureconsultorum aliisque fraudibus' zwischen vielen anderen Verdächtigungen. Nach der Erwähnung einer Beschuldigung, daß Heineccius für seine Elementa Pandectarum reichlich aus Westenbergs Principia geschöpft habe, sagt Hommel: ‚Sed hunc ipsum Westenbergium Pandectas suas ex Praelectionibus Noodtii hausisse atque hunc saepius de eo conquestum esse mihi per litteras significavit Uhlius'.

108 Über die Versuche das Prätorische Edict herzustellen (in Civilistisches Magazin von Hofrat Hugo, 2. Band, zweite abgekürzte Ausgabe, Berlin 1804, 289–328) 311–313; er weist darauf hin, daß Westenberg selbst in der Vorrede zur 2. Ausgabe seiner Principia (1732) von Verleumdungen durch einen Ungenannten spricht.

109 Lehrbuch der Geschichte des römischen Rechts seit Justinian, Dritter Versuch (Berlin 1830) 465–466.

110 Vgl. was oben, Anm. 12, zum Verhältnis von Westenberg zu Noodt gesagt worden ist. *Püttmann* in Opuscula I (oben Anm. 4), S. IV sagt übrigens, daß er Westenberg über Noodt setze.

111 A. a. O. (oben Anm. 105).

112 Vgl. dazu oben Anm. 62.

naturrechtliche Interpretationen des römischen Rechts, die man in einem ‚textualischen' Kompendium kaum erwarten würde[113].

Ob wir Westenberg wirklich in einem Atemzug mit Vinnius, Huber, Voet, Noodt und Schulting nennen sollen[114], wage ich nicht zu entscheiden. Der Einfluß seines Pandektenkompendiums ist jedoch offenbar nicht nur in den Niederlanden, sondern auch in Deutschland und Österreich groß gewesen. Und schließlich verdienen auch seine anderen Schriften mehr Beachtung, als sie bis jetzt gefunden haben[115].

[113] Vgl. oben Anm. 106.

[114] Vgl. *Wieacker*, oben Anm. 3.

[115] Bei der Vorbereitung und der Abfassung dieses Aufsatzes ist mir von vielen Seiten Hilfe geboten worden. Außer den in den Anmerkungen 27, 28, 31 u. 50 schon genannten Personen möchte ich hier noch danken: Frau Margreet Ahsmann (Leiden), Frl. Marguerite Duynstee (Leiden), Herrn M. Engels (Leeuwarden), Herrn Prof. Dr. R. Knütel (Bonn), Herrn W. R. H. Koops (Groningen), Herrn Prof. Dr. K. Luig (Passau), Herrn Dr. F. Ranieri (Frankfurt), Frau Dr. C. M. Ridderikhoff (Diemen) und Herrn F. P. W. Soetermeer (Utrecht).

XVI

SCOTTISH-DUTCH LEGAL RELATIONS
in the Seventeenth and Eighteenth Centuries *

The subject of Scottish-Dutch legal relations in the seventeenth and eighteenth centuries* has been already considered; we may especially note an important article by Sir Thomas Smith: Scots Law and Roman-Dutch Law, A Shared Tradition, published in 1959[1], and another by Professor Peter Stein: The Influence of Roman Law on the Law of Scotland (1963)[2], which gave special attention to the influence of some Dutch writers, particularly Johannes Voet, on the judgements of the Scottish courts. Most earlier contributions have been written by Scotsmen. It would seem difficult and dangerous for a Dutchman, unfamiliar with Scots law and Scottish legal history, to pretend to give much more information on the Scottish side. Here an attempt will be made to add material from Dutch sources and to consider aspects with which the author is more familiar.

Before entering on an examination of developments in the seventeenth and eighteenth centuries, it is worth considering the earlier history of the 'shared tradition' of Scots and Dutch Law. In both countries there had been a considerable influence of Roman law from the end of the Middle Ages. The seventeenth-century English civilian, Arthur Duck, says in the chapter on Scotland in his treatise on the 'Use and Authority of the Civil Law of the Romans in the dominion of Christian Princes'[3] that it is generally recognised abroad that 'whereas the English decide their disputes

---

* This is a revised and edited version of the article first published in T.C. Smout ed.: Scotland and Europe, Edinburgh, 1986. We are grateful for the permission of the publishers, John Donald of Edinburgh, to use this material.

1 *Acta Juridica,* Capetown, 1959: 36-46; reprinted in T. B. Smith: *Studies critical and comparative,* Edinburgh, 1962: 46-61.

2 *The Juridical Review,* N.S. 8(1963): 205-45.

3 *De usu et authoritate juris civilis Romanorum in dominiis principum Christianorum libri duo,* 2:10 (first ed. London, 1653; I have used the ed. Lugduni Batavorum, 1654).

according to their own municipal law alone, the Scots, like the other nations of Europe, use the civil law'[4]. As Professor Stein states, the extensive adoption of Roman ideas over the whole field of Scots law did not begin until the second half of the fifteenth century. At that time 'the need for more trained lawyers, both as judges and advocates, became acute'[5]. With the re-establishment of the Court of Session in 1532 this need was further increased.

A similar development is to be seen in the Netherlands, especially in the province of Holland. It should be recalled that the term 'Nederlanden' or 'Pays Bas' (which means literally 'Low Countries') has been used since the fifteenth century. In the middle of the sixteenth century it signified nearly all the principalities in what is now the territory of the kingdoms of the Netherlands and of Belgium. As a result of the Revolt of the Northern Provinces the Republic of the United Provinces was established between 1579 and 1588. This Republic, like its successor, the Kingdom of the Netherlands, is often named Holland. This is due to the outstanding importance of the province of Holland in the seventeenth and eighteenth centuries. It is clear, however, that this terminology should not be used in historical discussions, where a distinction should always be made between Holland and the United Provinces. In Holland, then, a Provincial Court was first established in 1428; it encouraged the use of Roman law and created a need for judges and advocates trained at the universities.

In the thirteenth and fourteenth centuries lawyers from the Netherlands, like their Scottish colleagues, studied abroad, at first in Italy, later in France. The university of Orléans attracted most of the law students from both countries; the *natio Germanica* (to which the students from the Netherlands mainly belonged) and the *natio Scotica* played a very important part in university life at Orléans[6]. In the fifteenth century universities were

---

4 De usu, 2:10, 15 (ed. 1654:429); translation taken from Stein: Influence of Roman Law: 205.

5 Stein: Influence of Roman Law: 213. On the reception of Roman Law in Scotland see also Stein: Roman Law in Scotland, *Ius Romanum Medii Aevi*, Pars V, 13 b, Milan, 1968, and A. Watson: *Legal Transplants*, Charlottesville, [1974]: 44ff.

6 On Scottish students in Orléans see T.B. Smith: The influence of the 'Auld Alliance' with France on the Law of Scotland, in his *Studies critical and*

founded both in Scotland and in the Netherlands, all offering teaching in canon and civil law. But while at the universities of St Andrews and Glasgow this teaching soon languished[7], it proved a success at the university of Louvain, founded in 1425 on the model of that of Cologne. Louvain even attracted many Scottish law students. Among the first of these was William Elphinstone, the father of the founder of the university of Aberdeen[8]; in the library of that university there are three manuscripts with his lecture notes taken at Louvain in 1431-1433[9]. When the author first came to Scotland in 1959, his attention was drawn to these manuscripts by Dr Leslie Macfarlane of the department of history at Aberdeen; he is still under an obligation to * publish a study of these documents, which not only can be considered as an illustration of the influence that Louvain university may have had on Scots Law in the fifteenth century, but which also contain a very important addition to our knowledge of the position of civil law at Louvain university itself.

In the sixteenth century many Scottish law students continued to go to France. From the 1530s they seem to have preferred the university of Bourges, the centre of humanist jurisprudence, where Roman Law was studied according to the *mos gallicus,* as distinct from the traditional Italian method, *mos italicus.* Bourges also attracted students from the Netherlands. In 1572, the heyday of Bourges came to an abrupt end with the flight of prominent Huguenots such as Hotman and Donellus during the Massacre of St

---

comparative, Edinburgh, 1962: 28-45 (French version, L'influence de la Vieille Alliance sur le droit écossais, in *Actes du congrès sur l'ancienne Université d'Orléans,* Orléans, 1962: 107-21). Smith quotes earlier studies on the subject; add C. Duveau: Les suites de la 'vieille alliance': Orléans et l'Ecosse, *Bulletin de la Société archéologique et historique de l'Orléanais,* N.S. vol. VII (1976-1980), Nr. 49(année1978): 153-71.

7 Cf. Stein: Influence of Roman Law: 214; in Aberdeen, the third Scottish university founded in the 15th century, teaching in law did not begin until the 16th century. On the study of law at Scottish universities see also Stein: *Roman Law in Scotland* : 42ff.

8 William Elphinstone junior studied law at Orléans in 1470, cf. Duveau: Les suites de la 'vieille alliance': 154, and L. Macfarlane: *William Elphinstone and the Kingdom of Scotland, 1431-1514,* Aberdeen, 1986: ch. 1. For Scottish students at Louvain in general see R.J. Lyall: Scottish Students and Masters at the Universities of Cologne and Louvain in the Fifteenth Century, *The Innes Review,* 36(1985): 55-73.

9 MSS 195, 196 and 197; see L. Macfarlane: William Elphinsone's Library, * *Aberdeen University Review,* 37(1958): 253-71, at 264ff.

Bartholomew's Day. The part France and Bourges had played in the development of jurisprudence was taken over by the Republic of the United Provinces and by Leyden in particular, where a university was founded in 1575[10]. To quote a much used cliché: the torch of European jurisprudence, which had been lit in Italy, from where it had gone to France, was taken over in the seventeenth century by the Dutch Republic, which finally passed it on to Germany at the end of the following century[11]. The link is shown *inter alia* by the Leiden preference for Protestant humanist lawyers who had taught at Bourges, which made itself felt in the invitation of Hotman to Leiden and, after Hotman's refusal, in the appointment of Hugo Donellus in 1579.

It would seem that the Scottish law students did not switch allegience as quickly as Donellus. It should be remembered, however, that Donellus, who between 1572 and 1579 had taught at Heidelberg, did not stay long at Leiden: he was discharged in 1587 because he had repeatedly voiced his opinions on topics of a religious and political nature. His enforced departure had a markedly negative affect on interest in the study of law at Leiden. His successor, Everardus Bronchorst, who had studied at Marburg, Erfurt and Wittenberg, introduced German teaching methods and was not at all in the French tradition of humanist jurisprudence. However, in this period none of the European universities was prospering. In Germany especially universities declined. Leiden soon managed to overcome the crisis, whereas in Germany no revival occurred until the second half of the seventeenth century. In the first half of that century, Leiden had already a well-governed university, in which the study of law was well organised. Credit for this should be given, among others, to Bronchorst, who had initiated this organisation. However, despite this, Leiden did not immediately attract Scottish law students. They only arrived in larger numbers from the middle of the seventeenth century; the peak of their inscription at Leiden lies in the last quarter of that century and the first four decades of the eighteenth.

---

10 For the early history of the Leyden Law Faculty see R. Feenstra and C.J.D. Waal: *Seventeenth-Century Leiden Law Professors and their Influence on the Development of the Civil Law, A Study of Bronchorst, Vinnius and Voet,* Amsterdam and Oxford, 1975: 16ff, from which some of the following passages have been taken and where further references are given.

11 Cf. F. Wieacker: *Privatrechtsgeschichte der Neuzeit,* 2nd ed., Göttingen, 1967: 169.

There is some confusion as to the number of Scottish law students at Leiden university[12]. J.C. Gardner, in the chapter on 'French and Dutch influences' in *An Introductory Survey of the Sources and Literature of Scots Law* [13], writes that E.M. Meijers, a well-known professor of law of Leiden university, gave him the information that 'between 1600 and 1800 some sixteen hundred Scottish students studied law at Leyden University'. This must be a mistake; sixteen hundred might perhaps be right for the total number of Scottish students at Leiden in these two centuries since not all were matriculated; the number of matriculations being only about 1440, but not for the law students only. Sir Thomas Smith, in his article already mentioned, tacitly amended Gardner's statement in this way[14]; however, he does not give a number for Scottish law students. Figures were published in 1976 by N.T. Phillipson for the period 1660-1800[15]; he divided this period into ten-year sections. The author had made some calculations at an earlier date[16], breaking up the period 1675-1800 into twenty-five-year sections. This periodisation was preferred because it allowed a comparison with the total

---

[12] See Feenstra and Waal: *Leyden Law Professors* : 82ff. and footnote 404 at 81.

[13] Edinburgh, 1936: 233-34.

[14] Smith: Shared Tradition: 40 [=51]. Watson: *Legal Transplants* : 46, speaks of matriculation in the Law Faculty.

[15] Lawyers, Landowners and the Civic Leadership of Post-Union Scotland: An Essay on the Social Role of the Faculty of Advocates 1661-1830 in 18th Century Scottish Society, *The Juridical Review*, N.S. 21(1976): 97-120 (also in D.N. MacCormick ed.: *Lawyers in Their Social Setting*, Edinburgh, 1976: 171-94), at 120 (cf. 107, where, however, there is a misleading printing error: 'Between 1690 and 1730' should be read as 'Between 1660 and 1730'). On Phillipson's sources, see below, n. 29.

[16] Cf. Feenstra and Waal: *Leyden Law Professors* : 82 n. 405. Use was made of a manuscript list, 'Schotse studenten in de rechten te Leiden', made by Mrs O.C.D. Idenburg-Siegenbeek van Heukelom in the early 1950s (a copy is available in the Academisch Historisch Museum, Leiden university; another copy should be at the Signet Library in Edinburgh, but it could not be found in 1983). This list was also used by W.F. de Waal: Hands across the Herringpond, Scotsmen at the Dutch Law Schools, *New Zealand Law Journal*, 30(1954): 384-85. An earlier manuscript list of *all* Scottish students - 'Names of Scottish Students who studied at Leiden' - is to be found in Edinburgh, National Library of Scotland, MS Adv. 20.2.12; on the title-page are two notes: 'Deposited 17 Dec. 1908' and 'M.P. Rooseboom, 10 Buccleuch Place'. Unlike the later list - which is in chronological order - this list is in alphabetical order. Both lists are excerpted from the *Album studiosorum Academiae Lugduno Batavae 1575-1875*, The Hague, 1875.

number of Scottish students at Leiden, as given in a table by H.T. Colenbrander[17]. The result is shown in Table 1[18]:

* Table 1.

Scottish law students at the university of Leiden 1575-1800 (figures in brackets refer to the total number of Scottish students at Leiden)

1575-1600	9 (21)	1701-1725	187 (406)
1601-1625	10 (35)	1726-1750	115 (252)
1626-1650	24 (72)	1751-1775	26 (55)
1651-1675	89 (188)	1776-1800	1 (12)
1676-1700	235 (419)		

This gives a total number of 696 law students, but these figures are very approximate. On the one hand it should be kept in mind that the matriculation lists are far from complete; on the other, some matriculations may have been made by people who did not in fact study law for any length of time in Leiden.

Are any checks on these figures possible from other sources? At first sight one would be tempted to look at the numbers of degrees in law that were conferred on Scots in Leiden. Counting these degrees is not very easy. There are lists of Leiden degrees in general, but they are incomplete[19], and the law degrees are confused with other degrees. On the basis of these lists,

---

17 De herkomst der Leidsche studenten, in *Pallas Leidensis MCMXXV*, Leyden, 1925: 273-303, at 294-295; cf. Feenstra and Waal: *Leyden Law Professors* : 81 n. 404 (where, due to a printing error, 'for 1676-1700, 419,' had been omitted). I have not checked Colenbrander's figures.

18 My calculations are based on the list of Mrs Idenburg (see above, n. 16). Checking this list against a list of members of the Faculty of Advocates I found some omissions (cf. below, n. 26); I also added four students matriculated in 1683 whom I believe to have been Scottish law students (Mrs Idenburg's list gives no names for 1683 because for that year indications of town and/or country of origin are lacking). On the other hand I counted only once the students who matriculated twice. This may explain the differences between the figures given in Feenstra and Waal: *Leyden Law Professors* and those in the present table.

19 For the period 1610-54 no list is available.

total numbers of Leiden degrees acquired by Scots have been published[20]; these numbers are very small in comparison with the matriculations. They appear to include practically no law degrees. Scottish law students, therefore, do not seem to have taken a degree at Leiden[21]; some may have taken it elsewhere on the continent, but many would appear not to have troubled to take a degree of any kind.

This leads us to the only possible check that would seem more or less reliable: the number of Scottish law students at Leiden who were later admitted to the Faculty of Advocates in Edinburgh. This admission usually took place after examination on a title of the Digest by a committee of examiners appointed by the Faculty[22]; there was thus no advantage in obtaining a law degree abroad. Records of these admissions for the period 1661-1750 can be found in the *Minute Book of the Faculty of Advocates,* an edition of which has been published by the Stair Society[23]. It is easier, for checking the names of the lawyers who had studied at Leiden, to use the alphabetical list of members of the Faculty of Advocates that was published in 1944 by the Scottish Record Society and which covers the period 1532-

---

20 Colenbrander: Leidsche studenten: 298-99: 1575-1600: 2; 1601-25: 4; 1626-50: 2; 1651-75: 12; 1676-1700: 19; 1701-25: 10; 1726-50: 13; 1751-75: 9; 1776-94: 4.

21 I may mention one of the few exceptions: John Murdison, who matriculated as a law student at Leiden in 1599, became a lecturer in physics at the university in the same year and a professor of logic in 1603; in 1604 he took a law degree. I may return elsewhere to this interesting man, whose fate after 1604 is somewhat mysterious. *

22 For the historical development of the admission procedure see *The Minute Book of the Faculty of Advocates,* 1, 1661-1712, ed. John Macpherson Pinkerton, Edinburgh, 1976: IX-X. Cf. Nan Wilson: The Scottish Bar: the Evolution of the Faculty of Advocates in its Historical Social Setting, *Louisiana Law Review* 28(1968): 235-57, at 237, and J.W. Cairns, in his article quoted below, n. 54, at 95ff. Until 1692 candidates could also be admitted simply by bill, without examination; from that year candidates wishing to be admitted by bill were to be examined by the Faculty on the municipal law. In 1750 examination in Scots law was also made obligatory for those who had taken an examination in civil law. From 1692 the Latin theses on civil law, upon which the examination took place, had to be printed, see *Minute Book,* I: 119-21. Before 1692 these theses may have been presented only in manuscript; I found such a copy by chance in the National Library of Scotland, MS 1101 (John Mackenzie, admitted to the Faculty on 6 December 1681, see *Minute Book,* I: 58). *

23 Cf. the preceding note; vol. II, 1713-1750, was published in 1980.

1943[24]. In 1973 J. Yokoyama, a young Japanese scholar who studied for a short period at the university of Glasgow[25] , began research on this subject, but unfortunately did not bring it to a conclusion. He has made available to me a provisional list, established by identifying names of Scottish law students found in the *Album Studiosorum* of Leiden university with names of advocates shown in the publication of the Scottish Record Society. The results[26] are shown in Table 3 below, in which I have incorporated figures from other Dutch universities.

For universities other than Leiden no previous research of any importance has been undertaken. J.C. Gardner did not give any numbers for Scottish students outside Leiden, although this might have been possible to a limited extent for the universities of Groningen and Utrecht, for which matriculation lists had been published[27]; this was not the case for the university of Franeker, whose *Album studiosorum* appeared only in 1968[28].

---

24 *The Faculty of Advocates in Scotland 1532-1943, with genealogical notes,* ed. by Francis J. Grant, Edinburgh, 1944. On the imperfection of this genealogical dictionary, see N.T. Phillipson: The Social Structure of the Faculty of Advocates in Scotland 1661-1840, in A. Harding ed.: *Law-Making and Law-Makers in British History, Papers presented to the Edinburgh Legal History Conference, 1977,* London, 1980: 146-56, at 147.

25 He visited Leiden university in March-April 1974.

26 I checked Mr Yokoyama's list against Mrs Idenburg's list of Scottish law students; in this way I found some omissions in the latter. I rejected some of Mr Yokoyama's identifications and made some corrections; I did not, however, re-check the list of the Scottish Record Society against the Leiden *Album Studiosorum* (as I did for the matriculation lists of the other Dutch Universities, see below).

* 27 *Album studiosorum Academiae Groninganae,* Groningen, 1915; *Album studiosorum Academiae Rheno-Traiectinae 1636-1886,* Utrecht, 1886. The Utrecht matriculation list is rather defective; one of the inconveniences is that as a rule it does not specify the faculty in which the student was enrolled. A matriculation list has also been published for the university of Harderwijk: *Album studiosorum Academiae Gelro-Zutphanicae, 1648-1848,* The Hague, 1904; the list, however, does not seem to contain any names of Scottish law students.

28 *Album studiosorum Academiae Franekerensis (1585-1811, 1816-1844),* I: *Naamlijst der studenten,* ed. S.J. Fockema Andreae and T.J. Meijer, Franeker, 1968. Vol. II, which is to give biographical annotations, has not yet been prepared. Cf. H. de Ridder-Symoens: Buitenlandse studenten aan de Franeker Universiteit 1585-1811, in G.T. Jensma, F.R.H. Smit and F. Westra eds: *Universiteit te Franeker 1585-1811. Bijdragen tot de Geschiedenis van de Friese Hogeschool,* Leeuwarden, 1985: 75, 80-81.

Phillipson adds figures of Scottish law students at Groningen and Utrecht for the period 1660-1800 to those for Leiden mentioned before[29]. He drew all these figures from lists which were prepared for him 'on the instructions of the Deans of the three Law Schools'. Unfortunately, only from Leiden did he get a list limited to Scottish students in the Law Faculty[30]. Utrecht and Groningen would seem to have provided him with lists of Scottish students in all faculties[31]. For Utrecht there was no other solution because the faculty is not mentioned in the matriculation lists[32]. The Groningen matriculation list, however, usually adds the faculty, so further specification would have been possible. The same holds true for the university of Franeker, which was not dealt with by Phillipson. This was a mistake because, for law students, Franeker was at least as important as Groningen in the period covered by Phillipson's lists[33]; the fact that the university of Franeker did not survive after the Napoleonic wars[34] and that its matriculation list was only recently published may, however, account for this omission.

In an attempt to remedy these deficiencies, the author has himself noted Scottish students[35] in the Franeker *Album studiosorum,* and used a manuscript list of English and Scottish students at Groningen which was very kindly made available by the Groningen University Museum[36]. An attempt has been made to correlate the names of the Scottish students, together with those of Scottish students at Utrecht[37], with names of

29 Above, n. 15.

30 Probably he received a copy of Mrs Idenburgh's list, cf. above, n. 16.

31 Cf. below, nn. 36 and 37.

32 Cf. above, n. 27.

33 Cf. the figures, given below, n. 40.

34 From 1816 to 1844 there was, however, an *Athenaeum,* where law and other disciplines could be studied but which could not confer degrees.

35 Not only those who were matriculated as law students but others also who were enrolled without indication of a faculty; the list of advocates has enabled me to identify some of the latter as law students.

36 This list may have been the basis of the list sent to Dr Phillipson, cf. above at n. 31.

37 A list of Scottish students at Utrecht seems to have been drawn in the early 1950s, at the same time as Mrs Idenburg's list for Leiden (cf. above, n. 16); no copy could be found, however, in the Utrecht University Museum. This list, which might have been sent to Dr Phillipson (cf. above, at n. 31), will only have been a list of *all* Scottish students, as the faculty is

members of the Faculty of Advocates at Edinburgh, in the same way as had been done for Leiden[38]. The results for all four universities in the period 1661-1750[39] are given in Tables 2 and 3.

Table 2.

Scottish law students matriculated (figures in brackets indicate the number of students later admitted to the Faculty of Advocates)

	at Leiden		at Franeker		at Groningen		at Utrecht	
1661-1670	34	(17)	2	(0)	-		-	
1671-1680	72	(25)	10	(6)	-		-	
1681-1690	94	(33)	10	(6)	-		4	(3)
1691-1700	103	(39)	5	(5)	-		13	(13)
1701-1710	63	(37)	-		5	(3)	3	(1)
1711-1720	76	(30)	2	(1)	2	(2)	3	(3)
1721-1730	90	(32)	3	(2)	12	(8)	2	(0)
1731-1740	61	(22)	-		11	(4)	1	(1)
1741-1750	11	(3)	-		2	(1)	1	(1)
	604	(238)	32	(20)	32	(18)	27	(22)

not mentioned in the matriculation register. I went through the *Album studiosorum* myself, in the same way as I did for Franeker (cf. above, n. 35).

38 Above, at nn. 25 and 26.

39 The main reason for limiting both tables to this period has been that before 1661 and after 1750 matriculation of Scottish law students at Dutch universities apart from Leiden as well as admission to the Faculty of Advocates of former law students in the Netherlands (Leiden included) was very occasional.
In Leiden 64 Scottish law students were matriculated before 1661, 27 after 1750. In Franeker there were no Scottish law students outside the period 1661-1750, in Groningen 1 before 1661 and 2 after 1750, in Utrecht 2 before 1661 and none after 1750.
At the Faculty of Advocates before 1661 only 4 or 5 possible former Leiden students were admitted, after 1750 only 7. From Franeker, Groningen and Utrecht there are no possible candidates at all outside the period 1661-1750.
In Table 2 I have added in brackets the numbers of students who were later admitted to the Faculty of Advocates. These numbers do not correspond with the numbers given in Table 3, because usually admission to the Faculty took place a few years later than matriculation at the Dutch universities; there are only a few exceptional cases in which Dutch universities were visited after admission.

Table 3.

Admitted to the Faculty of Advocates (figures in brackets followed by a letter L indicate the number of students at Franeker, Groningen and Utrecht who were also matriculated at Leiden)

	from Leiden	from Franeker	from Groningen	from Utrecht
1661-1670	16	-	-	2
1671-1680	19	5 (4L)	-	-
1681-1690	28	3 (2L)	-	2
1691-1700	34	4 (3L)	-	11 (1L)
1701-1710	50	3 (2L)	2 (1L)	4
1711-1720	34	2 (1L)	3 (2L)	3 (1L)
1721-1730	34	1 (1L)	7 (6L)	-
1731-1740	16	-	2 (1L)	1
1741-1750	10	-	3	1
	214	18 (13L)	17 (10L)	24 (2L)

The total number of Scottish law students is given as far as it can be determined: the number is more or less reliable only for Leiden; for Franeker and Groningen there may have been additional law students under those for whom no faculty is given, and for Utrecht it was not possible to give any figures except those of students who could be identified as law students by using the list of the Faculty of Advocates or, exceptionally, by other means. Some Scottish law students were matriculated in more than one university; there were several examples among the future advocates as well as among the other law students[40]. No column 'total' has been added, as Phillipson

40 I may give, with all reserve, the following figures of Scottish law students visiting more than one university; figures in brackets indicate future members of the Faculty of Advocates: Leiden and Franeker: 20 (13); Leiden, Franeker and Groningen: 2 (0); Leiden and Groningen: 14 (10); Leiden, Groningen and Utrecht: 2 (0); Leiden and Utrecht: 5 (2); Franeker and Groningen: 1 (0); Groningen and Utrecht: 1 (0). All these figures concern

supplied. Of course many more law students may have visited the universities in addition to those who matriculated[41].

In the period 1661-1750 the total number of candidates admitted to the Faculty of Advocates was 663[42], of whom 275 candidates, or about two-fifths, are known to have studied in the Netherlands.

What lies behind a simple entry in sources such as matriculation registers and minute books can be illustrated by individual cases where material has survived in the form of letters[43] and diaries[44].

An example from the seventeenth century is to be found in the letters of Colin Mackenzie of Coul to his uncle John Mackenzie, one of the

---

the period 1661-1750; outside that period there are only two cases, these are for Leiden-Groningen: 1 before 1661, 1 after 1750.

* 41 Phillipson: Lawyers, Landowners: 107, thinks that 'at least as many more' (as the 658 Scotsmen he supposes to have matriculated in the law schools of Utrecht, Groningen and Leiden between 1660 - not 1690, cf. above, n. 15 - and 1730) 'paid private visits to those cities'. I have some doubt whether it would really have been 'as many'.

42 My calculation is based on Grant's list (cf. above, n. 24).

43 Of course fictitious letters should be excluded. It is tempting, however, to quote John Buchan's novel *John Burnett of Barns* (first published 1898; I used the Edinburgh and Vancouver edition of 1978). John Burnett, who stays in Leiden for the study of law during the time of Lord Stair's exile there (between 1682 and 1688), writes in a letter, after having mentioned the presence of Stair: 'There were also not a few Scots Lords of lesser fame and lesser fortune, pensioners many of them on a foreign king, exiles from home for good and evil causes. As one went down the Breedestraat of a morning he could hear much broad Scots spoken on the causeway, and find many fellow countrymen in a state ill-befitting their rank' (94).

* 44 I have refrained from doing systematic research on the subject of lecture notes from Scottish law students who studied at Dutch universities. My attention has been drawn to manuscripts 887 and 888 of the St Andrews University Library, which were bought in 1949; they contain 'Notes of lectures on Books 28-39 of the Digesta [and on Book 2 of the Institutes] of Justinian, delivered by A. Rotgersh at the University of Leyden, 1716-1717, and taken down by Alexander Leslie, later 5th Earl of Leven and 4th Earl of Melville'. I hope to come back to these manuscripts on another occasion. Alexander Leslie was also owner of notes of lectures by Gerard Noodt: National Library of Scotland, Adv. MS 28.4.9.

Clerks of Session[45]. Colin first studied at the university of Utrecht[46]; in * May 1692 he wrote to his uncle: 'our professour[47] has been thir two year bygone offering our countrymin for whom he pretends to have kindnes, a colledge off Feudal Law, with a strict inquirie into Craig whom he sayes he studied upon our accounts; but for me I think it not convenient to mix different studies till I come some greater lenth then the next colledge (which he designes to begin) will bring me...'. In 1698 he writes from Leiden[48]. 'If you pleased I should wish all ye books I have treates of ye feues were sent to me some time or the nixt spring, that (if it pleases God we live) I may heard a colledge of them then; for my professor is thought very good on that subject and pretends to correct Craig, tho he hes a vast opinion of him'.

The reference is to the *Jus Feudale* by Sir Thomas Craig of Riccarton (1538-1608), who in 1563 was admitted a member of the Faculty of Advocates and for a period of more than forty years applied himself to the study and practice of law[49]. The book was published for the first time in 1655, nearly fifty years after his death. It became well known on the Continent; in 1716 a second edition was published at Leipzig by Luther Mencken, a Leipzig professor. The Leiden professor to whom Colin

---

45 Quoted in the Translator's Note in *The Jus Feudale by Sir Thomas Craig of Riccarton,... A Translation by James Avon Clyde,* I, Edinburgh and London, 1934: XVII-XVIII.

46 His name, however, does not figure in the matriculation register.

47 Two Utrecht professors could be meant here: Lucas van de Poll (1630-1713, * professor at Utrecht since 1670) and Johannes van Muyden (1652-1729; professor at Utrecht since 1680). Probably the former is the more likely candidate.

48 The name Colin Mackenzie does not occur in the Leiden matriculation register but we do find there 'Catenus Mackenizie (*sic*), Scotus, juris studiosus annor. 21' (I quote from the original manuscript), who matriculated on 21 February 1698. It is not impossible that the inscription is wrong; in the so-called 'recensie-lijsten' there is a 'Cholinus', who might have been Colin Mackenzie.

49 See A.C. Black in *An Introductory Survey of the Sources and Literature of Scots Law,* by various authors, Edinburgh, 1936: 61. On Craig and his *Jus Feudale* see also J.W. Cairns, in his article quoted below, n. 54, at 99ff and, particularly, The Breve Testatum and Craig's Jus Feudale, *Tijdschrift voor Rechtsgeschiedenis,* 56(1988): 311-32, A. Watson: *The Making of the Civil Law,* Cambridge, Mass. and London, 1981: 46ff and 56ff., and J.J. Robertson: The Illusory Breve Testatum, in *The Scottisch Tradition, Essays in honour of Ronald Gordon Cant,* Edinburgh, 1974: 84-90.

* Mackenzie refers may have been Johannes Voet (1647-1713), who in his *Commentary on the Pandects,* which is the result of his lectures on Roman and Roman-Dutch law, inserts a *Digressio de feudis* of more than fifty pages; we find him indeed citing 'Thomas Cragius in tractatu juris feudalis'[50].

The courses given by the Utrecht and Leiden professors on feudal law were probably private courses; they would seem to have been general courses on feudal law, not special ones on Scots law, as has been suggested by Sir Thomas Smith[51].

Another example from a later period might be James Boswell who studied law in Utrecht in 1763-64[52]. On the advice of Sir David Dalrymple he had chosen Utrecht instead of Leiden:'... it was hoped that he might also improve himself generally in culture and manners; and for this purpose Utrecht was thought to offer advantages over Leiden'[53]. While studying in Utrecht with Professor Trotz (a German who taught there from 1754 to 1773) he had the idea of translating into Latin the *Principles* of John Erskine[54]. The plan was never accomplished, despite the encouragement of Trotz, who

---

50 See Feenstra and Waal: *Leyden Professors:* 85 n. 421; on Voet's influence on judgments of the Scottish courts see Stein: Influence of Roman Law: 231ff.

51 Smith: Shared Tradition: 41[=53]; cf., however, Stein: Influence of Roman Law: 218.

52 Cf. Smith: Shared Tradition: 41[=52-53].

53 *Boswell in Holland 1763-1764, including his correspondence with Belle de Zuylen (Zélide),* ed. by F.A. Pottle, Melbourne-London-Toronto (Heinemann), [1952]: 3 (another edition, typographically different, was published by McGraw-Hill, New York-London-Toronto, [1952]; in that edition the quoted passage is also on p. 3., but for other references - cf. below, notes 54 and 55 - there is a difference in pagination, which is indicated by quoting in brackets the pages of the McGraw-Hill edition).

54 *Boswell in Holland:* 239[=245]; cf. also 196[=201] and 200 [=205]. Boswell speaks of translating 'the *Institutes of the Law of Scotland'* without mentioning the name of Erskine; Pottle, however, rightly identifies the work to be translated as Erskine's *Principles of the Law of Scotland* (196 n.1[=201 n.4]). This work is elsewhere referred to as Erskine's *Institutes,* by James Boswell himself (31[=32]) and by his father, Alexander Boswell (53[=65]); Erskine's larger work, *An Institute of the Law of Scotland,* was not published till 1773; cf. Pottle: 31 n.1[=32 n.5]. It seems not improbable that *Institutes* was used as referring to an elementary introduction to the law, cf. J.W. Cairns: Institutional Writings in Scotland Reconsidered, *The Journal of Legal History,* 4(1983) [number 3, reprinted by A. Kiralfy and H.L. MacQueen eds: *New Perspectives in Scottish Legal History,* London, 1984]: 76-117, at 79.

was prepared to discuss the Latin text with Boswell and to write notes to Erskine's text. Boswell wrote in his diary: 'Consider: it is a plan that may be of use to you for a whole life. It is to take a *privatissimum* on the law of your country with one of the ablest lawyers in Europe, who by comparing it with the Civil and Dutch, will give you a complete knowledge of law. It is only remaining here a month longer'[55].

Apart from these examples taken from letters and diaries there are two cases of Scottish lawyers who spent a number of years in Holland for other purposes than studying at a university. The first is that of the great Scottish jurist James Dalrymple, Viscount of Stair. He came to Holland as a political refugee in 1682 and lived in Leiden until about 1688. At that time he already had a twenty-years' career as a judge behind him and had just published his major work, *Institutions of the Law of Scotland* (1681). He was well acquainted with Dutch legal science. Among the authorities which were being quoted by him as a judge in the period from 1660 to 1680 we repeatedly encounter Dutch authors, above all Arnold Vinnius, who was a Leiden professor from 1633 to 1657 and whose most important work was a commentary on the Institutes of Justinian[56]. In his *Institutions* Stair often quotes Hugo Grotius's *De iure belli ac pacis,* a work that was less adapted for use in the courts. At a number of places he disagrees with Grotius's view, but gives an impression at other places that he is often inspired by Grotius even when he does not quote him. This would seem to be confirmed by what Professor Gordon has written[57]; he suggests that insufficient stress has been laid on the role of natural law and equity in the *Institutions,* in mediating Roman Law. No evidence has been found that Stair also used Grotius's *Inleidinge tot de Hollandsche Rechtsgeleerdheid* directly; the fact that this book was written in Dutch might have made it less accessible to him. However, indirect influence is possible. A number of ideas and definitions of Grotius penetrated into the writings of jurists outside the Netherlands through

---

55 *Boswell in Holland* : 200[=205].

56 Feenstra and Waal: *Leyden Law Professors:* 84 and *passim.*

57 W.M. Gordon: Stair's Use of Roman Law, in *Law Making and Law-Makers* : 120-26, at 121. On Stair's use of Grotius see W.M. Gordon: Stair, Grotius and the Sources of Stair's Institutions', in *Satura Roberto Feenstra oblata,* Fribourg, 1985: 571-83.

the medium of other Dutch authors who wrote in Latin and quoted Grotius. In that way they may also have reached Stair. This would seem more probable than that he had indeed read the *Inleidinge,* as was suggested by Sir Thomas Smith[58], who otherwise rightly drew a parallel between the two authors[59]:

> Each - Grotius and Stair - had considerable experience of law in action: Grotius as Advocaat-Fiscaal of Holland, Stair as Lord President of the Court of Session. Both men were widely read and deeply learned - Grotius the greater scholar, Stair the more experienced Court lawyer. The great institutional works on their countries' laws which they produced were written - not in Latin - but in the everyday language of their countrymen. These works were written as creative treatises set out according to original schemes of arrangement and were not overloaded with citations after the fashion of some of their contemporaries.

Whatever the influence of Grotius and other Dutch jurists on Stair may have been, there is no evidence that later jurists in the Netherlands took notice of Stair's work. This is not surprising since Professor Luig has recently pointed out that no copy of Stair's work was available in the older contents of any of the European libraries of the eighteenth century[60].

This consideration may lead us to discuss the second case of a Scottish lawyer who spent a part of his life, indeed much longer than Stair, in Holland: Alexander Cunningham. He did not write a book on law as Stair did, but he planned to do so and his name appears not only in the contemporary correspondence of Dutch legal scholars but also in the *Commentary on the Pandects* of Johannes Voet. It is apposite to quote the

58 Smith: Shared Tradition: 39[=50].

59 Smith: Shared Tradition: 38[=49].

60 K. Luig: Stair from a foreign standpoint, in *Stair Tercentenary Studies,* by various scholars, ed. David M. Walker, Edinburgh, 1981: 239-50, at 239.

passage in Voet which has already been used by Sir Thomas Smith, though his interpretation may not be completely correct[61]:

> This is in accord with a conjecture suggested to me quite lately in a friendly conversation by the distinguished Scot named Cunningham. He was formerly one of the most beloved attendants at my lectures, and is now keenly bent on the embellishment of our civil jurisprudence, and on cleansing the Corpus of the Roman law still more from faults[62].

The name Cunningham without a Christian name might at first sight present problems of identification, since during the period in question at least three law students by the name of Cunningham were enrolled. None of these, however, is a likely candidate for the person named by Voet[63]. On the other hand there is overwhelming evidence in favour of identification with someone whose name cannot be traced in the Leiden matriculation register[64], namely Alexander Cunningham, born between 1655 and 1660, son of the Rev. John *

---

61 Smith: Shared Tradition: 40[=51]; cf. Feenstra and Waal: *Leyden Law Professors* : 86. The passage is also quoted by Cornelis van Bynkershoek in a letter of 2 June 1705; see below, n. 74.

62 Johannes Voet: *Commentarius ad Pandectas,* 48, 19, 2 *in fine* (ed. Hagae Comitum, 1731), II: 1096; the passage already occurs in the first edition of 1704. Voet proposes to read in D. 48, 19, 7 *'vincula, verberatio',* instead of *'vinculorum verberatio'* and continues: 'prout conjecturam illam nuperrime mihi colloquio familiari suggessit Clarissimus Cuninghamius, Scotus, auditor olim inter primos charus, jurisprudentiae civilis ulterius exornandae Corporique juris Romani magis adhuc a mendis expurgando incumbens acerrime'. The translation has been taken - with slight improvements - from Gane: *The Selective Voet;* cf. Feenstra and Waal: *Leyden Law Professors* : 86.

63 Details in Feenstra and Waal: *Leyden Law Professors* : 86 n. 428. D. Irving: *Lives of Scottish Writers,* II, Edinburgh, 1851: 220 n. 3, says of John Cunningham, an advocate who gave lectures on Scots Law and who had also studied at Leiden, that 'he kept up a constant correspondence with the celebrated Dutch lawyer Voet'; this might be a confusion with Alexander Cunningham.

64 Nor in that of the university of Utrecht. For Leiden see Feenstra and Waal: *Leyden Law Professors* : 87 n. 430.

Cunningham, minister of Cumnock in Ayrshire[65]. After having been * educated, probably both in Holland and at Edinburgh, he was selected by the first Duke of Queensberry to be tutor to his youngest son, Lord George Douglas. He accompanied the latter on his grand tour[66], which began in April 1686 with a stay of nearly a year af the university of Utrecht. There most of the time was spent on private lessons in Roman law which Lord George received from Cunningham; traces of this instruction[67] can be found in a copy of Arnoldus Vinnius's edition of Justinian's Institutes (Leiden, 1646) with numerous marginal notes in the hands of both Lord George and Cunningham, which is now among the Advocates' Manuscripts in the National Library of Scotland[68]. There is no record of the matriculation of either of them at Utrecht[69]. In the spring of 1687, they left to continue their tour around Europe[70] from which they returned in January 1693. Lord George died soon afterwards, probably in July 1693. Cunningham was appointed by * the Crown to be professor of civil law in the university of Edinburgh about * 1698. No trace has been found of his teaching, and it may be doubted whether he did teach at all[71]. From correspondence between Dutch scholars, it can be inferred that he travelled around Europe for several years in the first decade of the eighteenth century. He may have obtained the appointment as a protégé

65 See *Dictionary of National Biography,* XIII, London, 1888: 306, and Irving: *Scottish Writers,* II: 220-33. Further references in Feenstra and Waal: *Leyden Law professors* : 87 n. 429.

* 66 This tour has been described by W.A. Kelly in his unpublished thesis: The Library of Lord George Douglas (*c.* 1667/8-1693?) (submitted to the University of Strathclyde for the Degree of Master of Arts, 1975). Mr Kelly kindly gave me permission to use his thesis, from which the details following in the text, to the year 1693, have been taken.

67 Which may have been continued at places other than Utrecht.

* 68 Cf. already Feenstra and Waal: *Leyden Law Professors* : 88 n. 431 (where, however, no mention is made of the fact that a part of the manuscript notes is not written by Cunningham).

69 Nor at Leiden, to which they may have passed; cf. a letter of Jacobus Gronovius of 9th May 1687, quoted by Irving: *Scottish Writers:* 224 n. 2.

70 Among many other places they visited Florence, where Lord George 'gave a good account of himself in reading the Florentine Pandects' (Kelly); Cunningham himself may have used this visit for his own critical studies.

71 Cf. Irving: *Scottish Writers* : 221-22. Recently, new information about Cunningham's professorship has been given by D.M. Walker: *The Scottish Jurists,* Edinburgh, 1985: 203.

of the Duke of Queensberry; he lost it in 1709, when the Duke was out of favour. He then established himself at The Hague, where he lived until his death in 1730, supported by the rents of his estate and probably by an annuity from the Queensberry family. He devoted himself to chess[72] and to the study of classical authors; he would also have continued his work on an edition of the *Corpus iuris civilis*. This work had already been begun at the time of his tutorship of Lord George; it is mentioned in a letter of 1689[73]. In 1705 he dealt with Amsterdam publishers; one of them asked the advice of Cornelis van Bynkershoek and of two Dutch law professors, Noodt and van Eck, as we know from a letter of Bynkershoek, dated The Hague 10 January 1705[74], in which mention is also made of Cunningham's close friendship with Johannes Voet, who was not to be asked as an adviser because the publisher did not have a high opinion of his critical competence. In 1708 he was again in

---

72 He should not, however, be confused with another chess-player called Alexander Cunningham (1654-1737), a historian who also resided in The Hague, see *Dictionary of National Biography,* XIII, London, 1888: 306, and H.J.R. Murray: *A History of Chess,* Oxford, 1913: 844. *

73 From Robert Moray to Cornelius van Eck, dated Edinburgh 23 August 1689 (Utrecht, University Library, MS 1000): 'Nihil hic novi quod sciam molitur Minerva praeterquam quod de Cuningamo quodam Scoto dicitur, quem aiunt commentarium in universum jus Romanum esse editurum, in quo statuit, totam jurisprudentiam in meliorem ordinem redigere, quin etiam omnia juris aenigmata crucesque se clare et distincte explicaturum legesque contrarias explicaturum pollicetur. Quod certe si effecerit opus erit utile. Ipsum ego Cuninghamum non novi sed non mediocris esse doctrinae fertur'. This letter was kindly brought to my attention by my Utrecht colleague G.C.J.J. van den Bergh, who quotes it in *The Life and Work of Gerard Noodt (1647-1725),* Oxford, 1988: 78. Cf. already B.H. Stolte Jr: *Henrik Brenkman (1681-1736), Jurist and Classicist,* Thesis, Utrecht, 1981: 14 n. 49, who, however, wrongly gives '31 August' instead of '23 August'.

74 From Cornelis van Bynkershoek to Cornelius van Eck (Utrecht, University Library, MS 1000): 'Cunninghamus ille, quem nosti, jam serio agit cum bibliopolis Amsterdammensibus de nova editione Corporis Juris; constituit primum solas Pandectas edere cum notis criticis, duobus voluminibus in 8°, deinde universum Corpus, tribus aut quatuor tomis in folio cum observationibus quibuscumque. Bibliopolus Amsterdammensis de eo opere explorare jussit judicium tuum, Noodtii meumque. Voetium adiri noluit, utpote cui in re critica nihil tribuit, quamvis eius quondam praeceptor et etiamnum amicus sit. Laudavit quoque Voetius, Tom. II ad ff., Cunninghami conjecturam quandam criticam ad l. 7 ff. de poenis'. This letter is also quoted by G.C.J.J. van den Bergh: *Gerard Noodt* : 78.

Holland for a few months[75]; he asked Bynkershoek for the use of his manuscript of the Digest and other materials from his library. Bynkershoek had no great confidence in the realisation of Cunningham's project. The edition is even mentioned in a letter of 1709 from Leibniz[76], who, however, does not seem to have had direct knowledge of Cunningham's work. The

75 See a letter of Bynkershoek to van Eck, dated The Hague, 6 September 1708 (Utrecht, University Library, MS 1000): 'Novarum rerum hic nihil est nisi scire attinet, huc iterum appulisse illum Coningham, Scotum, de quo nos nuper adhuc sermonem habuisse recordor. Per quinquennium abfuit in Italia, Hispania, Gallia, nunc aliquot menses hic morabitur et pollicetur, se diu cogitatum opus de nova editione Corporis Juris porro esse absoluturum eoque fini usum manuscripti Pandectarum et alia bibliothecae meae instrumenta expetiit. Est tamen, cur credam id opus numquam ad umbilicum deductum iri'. For knowledge of this letter also I am indebted to my colleague van den Bergh; cf. as well Bynkershoek to van Eck, The Hague 21 February 1709: 'Alexander Cunningham, quem novisti, promittit se brevi edicturum specimen criticae suae'.

76 G.W. Leibniz to Gisbert Cuper, dated Hanover 26 October 1709, in a P.S. (The Hague, Royal Library, MS 72 H 17, f. 151v-152v). Having mentioned J. Gothofredus' statement that a true palingenesy of the Digest is still wanted, Leibniz writes: 'Id quod Gothofredus desiderat, a me factum esse, opera aliorum non indiligenti adhibita, tibi rem (opinor) non ingratam nuntio, ut aliquem vicem reddam pro laetis literariae rei novis quae significasti. Nempe cuique autoris libro sua reddita sunt verba in Pandectas Justiniani relata. Tantum jam reliquum est ut edantur haec Redigesta, sed non sine aliquo cultu, itaque optandum foret emendationes ex Pandectis Florentinis accedere, quarum specimen dedit doctissimus Gronovius Junior. Et cum intellexerim D. Cunninghamum Scotum doctrina et ingenio valentem multum in constituendo textu laborasse, non video ubi melius uterque emendationes vel collationes suas collocare possit...'. The original text of the letter is mentioned by Stolte: Brenkman: 14. n. 48, but he does not quote the passage concerning Cunningham. From 'Tibi rem' to 'collocare possit' the text of Leibniz's letter is quoted in a published letter of Cuper to l'Abbé Bignon, dated 12 November 1709 (G. Cuper: *Lettres,* Amsterdam, 1742: 233), of which an extract occurs in G.W. Leibniz: *Opera Omnia,* V, Genevae, 1768: 571; cf. Irving: *Scottish Writers* : 229, who gives the passage on Cunningham. These editions, however, are not without errors: they read 'sed sine aliquo cultu' and omit the mention of Gronovius Junior. In his reply to Leibniz from 12 November 1709 (MS 72 H 17, f. 155v-156v, see also his quoted letter to l'Abbé Bignon from the same date) Cuper mentions Henrik Brenkman's project for a palingenesy (cf. Stolte: *Brenkman* : 13 n. 47) and says that he will try to contact Cunningham who is reported to be in Holland. On 27 February 1710 Leibniz writes to Cuper (MS 72 H 17, f. 179): 'Cunninghamum consulam per amicos Anglos'.

edition was never finished[77], and no traces have been found of Cunningham's interleaved copy with all his notes[78]. In 1725 Cunningham is mentioned by Everardus Otto in the preface to the first volume of his *Thesaurus juris romani* : together with Henricus Brenkman he is thanked for his help.

Scottish-Dutch legal relations thus appear to have been of the greatest importance in the last quarter of the seventeenth century and in the first quarter of the eighteenth. The influence of Roman-Dutch law on Scots law, however, continued after the period in which personal contacts were frequent. That influence has been thoroughly dealt with in the studies of Sir Thomas Smith and Professor Stein, to which the reader is referred. One legacy remaining to the present day is the great significance of Scottish * libraries for studies in the history of Dutch law.

---

77 For further details on the project see Feenstra and Waal: *Leyden Law Professors* : 88 n. 431.

78 Other pieces are now in the Advocates Library, see Irving: *Scottish Writers* : 231; cf. above, n. 68, and Feenstra and Waal: *Leyden Law Professors* : 88 n. 431.

ADDENDA

Abbreviations

T.v.R. *Tijdschrift voor Rechtsgeschiedenis*

ZSS *Zeitschrift der Savigny-Stiftung für Rechtsgeschichte*

I. L'Ecole de droit d'Orléans au treizième siècle et son rayonnement dans l'Europe médiévale

p. 24 n. 1: Gouron's article *Le rôle des maîtres français dans la renaissance juridique du XIIe siècle* has been reprinted in his *Droit et coutume en France aux XIIe et XIIIe siècles* [= Variorum Collected Studies Series CS 422], Aldershot 1993, No. XV; in this volume there are several other studies of interest in the present context.

p. 25 n. 3: For a short survey of studies on the Orléans Law School see G. Giordanengo, *Studium Aurelianense: Les Ecoles et l'Université de droit (XIIIe - XIVe siècles) d'après des recherches récentes des historiens néerlandais* (in Perspectives médiévales, no. 18, juin 1991, p. 8-21). An important doctoral thesis was submitted recently: Ch. Vulliez, *Des écoles de l'Orléanais à l'université d'Orléans (Xe - début XIVe siècle)*, Université de Paris X - Nanterre, 20 January 1994 (not published). As far as we are concerned the following thesis does not contribute anything new: Anne M. Halley, *Arts, law and other studies in Orleans in the twelfth, thirtheenth and fourteenth centuries*, City University of New York Ph. D. 1979 [University Microfilms International].

p. 26, on Jacobus Balduini: See recently Nicoletta Sarti, *Un giurista tra Azzone e Accursio: Iacopo di Balduino (... 1210-1235) e il suo "Libellus instructionis advocatorum"* [= Seminario giuridico della Università di Bologna, 137], Milano 1990; G. Dolezalek, *The Lectura Codicis of Odofredus, recensio I, and Jacobus Balduini* (in The Two Laws, Studies in Medieval Legal History Dedicated to Stephan Kuttner, ed. by L. Mayali and Stephanie A.J. Tibbetts, Washington D.C. 1990, p. 97-120), p. 105 ff.; F.P.W. Soetermeer, *Une catégorie de commentaires peu connue: Les "commenta" ou "lecturae" inédits des précurseurs d'Odofrède* (in Rivista internazionale di diritto comune, 2 (1991), p. 47-67), p. 57 et s.

p. 27, 'Simon de Paris ... chancelier du Royaume de Sicile': In my article *Influence* (above n. 3), p. 48, second paragraph, there is an annoying misprint which has not been corrected in my *Le droit savant au moyen âge et sa vulgarisation*,

London 1986, nr. II: instead of 'membre du Parlement de Sicile' read 'membre du Parlement [de Paris] et chancelier du Royaume de Sicile'.

p. 28 n. 9, on Jean de Monchy: Add Nicoletta Sarti, *Sulla obbligatorietà del Libellus conventionis nella lettura di Jean de Monchy (ms. B.V. Reg. lat. 1120)* (in Torricelliana, 42 (1991), p. 139-161).

p. 28 n. 12: My article *Dominium* is reprinted in this volume as No. III.

p. 29 n. 13, on 'Meijers, Etudes, III, p. 46-52': Meijers' attribution to Pierre Peregrossi of a treatise in Ms. Paris, Bibl. Nat., lat. 4489, fol. 101 v° sqq., has been refuted by F.P.W. Soetermeer, *L'ordre chronologique des apparatus d'Accurse sur les libri ordinarii* (in Historia del derecho privado, Trabajos en homenaje a Ferran Valls i Taberner, X, Barcelona 1989, p. 2867-2892), p. 2888-2889.

p. 29 n. 13, on the Bolognese taxation list: Add F.P.W. Soetermeer, *La "taxatio peciarum et quaternorum" de l'Université de Bologne* (in Estudis de Dret Romà i d'Historia del Dret Comparat en homenatge a Ramon d'Abadal i de Vinyals pel seu Centenari, ed. by J. Sobrequés and M.J. Peláez [= Annals of the Archiv of "Ferran Valls i Taberner's Library", 6], Barcelona 1989, p. 175-192), p. 178-179, 190 and 192; cf. also his *L'édition de lecturae par les stationnaires bolonais* (in T.v.R. 59 (1991), p. 333-351), p. 343.

p. 29 n. 17: Add Soetermeer, *L'ordre chronologique* (above ad p. 29 n. 13), p. 2871 sqq., dealing with Ms. Vat. Reg. Lat. 1120; this manuscript contains inter alia an opinion of a hitherto unknown Orléans jurist, Gerardus Invernensis, who might be the same as a Gerardus mentioned for Orléans in other manuscripts.

p. 30, on *Glossa Aurelianenis*: See also No. II in this volume, p. 495-496, and in particular n. 178 at p. 509.

p. 31, 'Revigny-en-Vermantois': There exists no locality of that name. The place meant is the municipality of Revigny, not far from the municipality of Ver*n*antois.

p. 34 n. 39: Waelkens' article *La Lecture* is to be found at p. 79-91 of vol. 3 (1992) of the Rivista internazionale di diritto comune.

p. 35 n. 45: Add K.[=C.H.] Bezemer, *French customs in the commentaries of Jacques de Revigny* (in T.v.R. 62 (1994), p. 81-112); W.M. Gordon, *Going to the fair: Jacques de Révigny on possession* (in The Roman Law Tradition, ed. by A.D.E. Lewis and D.J. Ibbetson, Cambridge 1994, p. 73-97).

p. 39 n. 69, on Lambert de Salins: Add R. Feenstra and Marguerite Duynstee, *Une quaestio disputata de Jean de la Ferté, professeur à Orléans au XIVe siècle* (in T.v.R. 60 (1992), p. 311-362), p. 318-319. In a booklist of 1407 at Avignon a manuscript of 'Distinctiones Lamberti super jure civili' is mentioned, see P. Pansier, *Histoire du livre et de l'imprimerie à Avignon du XIVme au XVIme siècle*, I, Avignon 1922 (reprinted Nieuwkoop 1966), p.42. It is not known whether there is any relationship between him and the canonist Pierre de Salins, mentioned as *doctor decretorum* and canon of Besançon in 1254; for the latter I gave references in T.v.R. 63 (1995), p. 192 and n. 8.

p. 40, on Raoul de Chennevières: See for his commentary on the Decretals also Feenstra-Duynstee (above ad p. 39 n. 69), p. 314 n. 21; cf. below Add. ad II 491.

p. 40, 'un jurisconsulte dont les avis étaient sollicités': On legal opinions given by Raoul de Chennevières and other Orléans professors to inhabitants of Flanders and other parts of the Netherlands see D. van den Auweele and M. Oosterbosch, *Consilia iuridica Lovaniensia, A propos de trois recueils d'avis juridiques du XVe siècle* (in 'Houd voet bij stuk', Xenia iuris historiae G. van Dievoet oblata, ed. by F. Stevens and D. van den Auweele, Leuven 1990, p. 105-148), p. 115 sqq.

p. 41 n. 77: My article *Fourteenth Century Orléans Glosses* was not published in Index 21 (1993) but in Index 22 (1994), p. 481-509, which had already appeared, however, in 1993; the article is reprinted in this volume as No. II.

II. Fourteenth Century Orléans Glosses in an Oxford Manuscript of the "Infortiatum": Gilles Bellemère as a Romanist

p. 483, on the cardinal Amédée de Saluces: See my article *Un manuscrit et une édition peu connus du Corpus iuris civilis: L'Archion Avenionense et l'Editio Sennetoniana* (in T.v.R. 61 (1993), p. 277-295), p. 281 sqq.

p. 483, 'the names of Regnaut de Reims [etc.]': Most of these 13 jurists are dealt with elsewhere in this article (see Index). This is not the case for Jean Cati, Jean Vaalin, Pierre Hélie and Regnaut de Reims. For Jean Cati see Addenda to my *Le droit savant* (above ad I 27), p. 11. Jean Vaalin and Pierre Hélie are only mentioned obiter in *Le droit savant*, III, p. 24. Only for Regnaut (Renaud) de Reims is some new information to be found in Feenstra-Duynstee (above ad I 39 n. 69), p. 320-322.

p. 483, on Gaufredus de Salagniaco: I have not yet come back to him in a more extended study. For some occasional citations see Feenstra-Duynstee (above ad I 39 n. 69), p. 321-322 and 362, addendum ad n. 67.

p. 488, 'a rotulus adressed to the pope on May 22nd': It should be 'May 23rd', see below ad p. 500 n. 68.

p. 489, 'a *reportatio* of his uncle's lecture': It could also have been a copy of the *Infortiatum* with glosses giving his uncle's opinions.

p. 489, 'In the course of 1336 he left Orléans': From the materials mentioned below in the addendum to n. 86 on p. 502 it can be inferred that he was still lecturing in Orléans in October 1337.

p. 491, 'Jean de la Ferté, an Orléans professor between 1323 and 1333': For details on his life and works see Feenstra-Duynstee (above ad I 39 n. 69), *passim*, where it is pointed out that this 14th century Orléans professor should not be confounded with a homonym who is known as a *clericus regis* in 1291 and who probably taught law at Orléans in the 1280s. Some corrections should be made in the text and notes of this article. In 1993 I was able to check the passage in Ms. Paris, Bibl. Nationale, lat. 14328, cited p. 314 n. 21. Apart from the spelling of the name — the ms. has 'Feritate' and not 'Ferritate' — the reasoning of Chennevières seems to be different from what we understood in 1992: he follows Jean de la Ferté's opinion and criticizes an opinion which is also rejected by Jean; the passage remains, however, corrupt. In 1994 I was also able to check Ms. Berlin 884 [= lat. fol. 14], used by Meijers and by us mainly by means of a few photocopies, see our article, p. 320-321. The additional glosses in the manuscript would all seem to date from the end of the 13th century. The 'Jo. de Fir.' mentioned on fol. 180 r — I found another mention on fol. 105 r — cannot have been the 14th century professor: it certainly was his 13th century homonym. Accordingly not only the text on p. 320-321 but also the end of note 21 on p. 314 should be corrected: the Berlin manuscript is a second trace — besides the passage in Chennevières — of the teaching of Jean de la Ferté senior.

p. 495, 'glosa Aurelianensis': Cf. also above No. I, p. 30.

p. 500 n. 68: A better edition of the rotulus of 1349 is to be found in *Suppliques de Clément VI (1342-1352)*, ed. by U. Berlière [= Analecta Vaticano-Belgica, I], Rome-Bruges-Paris 1906, p.450 (No. 1731). This edition has the right date: 23rd May 1349.

p. 500 n. 69: For Jean Masuer see also A. Tardif, *Notes biographiques sur le jurisconsulte Jean Masuer (1394-1432)* (in Annales du Midi, 8 (1896), p. 361-362).

p. 502 n. 86, 'two indications concerning a homonym': The Raimondus de Salgis, canon of Tournai, is not a homonym but the Orléans canonist himself. Of the documents mentioned by Jullien de Pommerol on the authority of a typewritten text of J. Pycke a more extended quotation is to be found in J. Pycke, *Les chanoines de Tournai aux études, 1330 - 1340* (in The Universities in the Late Middle Ages, ed. by J. IJsewijn and J. Paquet [= Medievalia Lovaniensia, Series I, Studia 6], Leuven 1978, p. 598-613) p. 612. From the second document, dated 14 October 1337, it becomes clear that the Tournai canon was *lecturing* in Orléans ('lecturam suam ordinariam continuando'). I am indebted to Professor Pycke not only for giving me this reference but also for referring me to two unpublished memoirs for the licentiate in history mentioning Raymundus de Salgis (by Sophie Goethals, Rijksuniversiteit Gent 1987-1988, and Cl. Simoulin, Université Catholique de Louvain 1988-1989).

p. 503 n. 103: On Jean Nicot see also an occasional remark in Feenstra-Duynstee (above ad I 39 n. 69), p. 362, addendum ad n. 59a.

p. 504 n. 108: Instead of 'May 22nd 1349' read 'May 23rd 1349', see above ad p. 500 n. 68.

p. 505 n. 123 (at the end): For Bertrand Chabrol see also Feenstra-Duynstee (above ad I 39 n. 69), p. 320-322 and p. 362, addendum ad n. 57. In an addendum to my *Le droit savant* (above ad I 27), p. 11, I made a mistake in stating that parts of his *lectura* on the *Digestum Novum (De iure fisci*, D. 49, 14) are to be found in ms. Brussels 11565-11566; this manuscript contains his *lectura* on the beginning of the *Tres libri* (C. 10,1, *De iure fisci*), see Duynstee, *loc. cit.*, p. 105 and 106 n. 25.

p. 509 n. 180, 'I hope to come back to this text': This has not yet been the case.

III. *Dominium* and *ius in re aliena*: The Origins of a Civil Law Distinction

p. 112 n. 4: For *iura in re* cf. also P. Grossi, *Il dominio e le cose, Percezioni medievali e moderne dei diritti reali* [= Per la storia del pensiero giuridico moderno, 41], Milano 1992.

p. 112 n. 7: My article *Les origines du dominium utile* has to be corrected and completed on various points. The main corrections are needed as a result of P. Weimar's new theses on the authorship of the *Glossa ordinaria* on the *Libri Feudorum* and of the *Summa feudorum* attributed to Jacobus Columbi, see P. Weimar, *Die Handschriften des Liber Fendorum und seiner Glossen* (in Rivista internazionale di diritto comune, I (1990), p. 31-98); cf. provisionally my review of E. Conte, *Tres Libri Codicis: la ricomparsa del testo e l'esegesi scolastica prima di Accursio* (1990), in ZSS Rom. Abt. 111 (1994), p. 583-593, at p. 589-590. Completions are *inter alia* to be found in recent studies by A. Gouron, see his *Droit et coutume* (above ad I 24 n. 1), No. XII, p. 17-19 and Add. ad p. 19, and No. II, p. 1342.

p. 113, 'paragraph 584 (of book III) of the Dutch Civil Code': This paragraph was repealed in 1992, on the occasion of the introduction of a new Civil Code for this part of the law.

p. 113 n. 11: My article *Real rights* is reprinted in this volume as No. XIII.

p. 116 n. 29: Cairns' article has been published in the same volume as my present article, i.e. in New perspectives in the Roman Law of Property, Essays for Barry Nicholas, Oxford 1989, p. 75-84.

p. 117 n. 40: The concept *ius in re aliena* is used, however, by Samuel Pufendorf in his *De iure naturae et gentium libri octo* (1672): in this work chapter 8 of book IV is entitled 'De iure in res alienas' and in § 2 of this chapter an enumeration of five *iura in re aliena* is given which exactly corresponds to that of Donellus (who may be meant where Pufendorf says: 'aliqui solent numerare quinque'); see ed. Francofurti et Lipsiae 1744, I, p. 581.

p. 118 n. 43: My article *Hugues Doneau* is reprinted in this volume as No. IV.

p. 118 n. 44: My article *La systématique du droit* is reprinted in this volume as No. VII.

p. 120 n. 65: Grossi's article in 'Quaderni fiorentini' is reprinted in his *Il dominio e le cose* (above ad p. 112 n. 4), p. 191-215.

p. 121 n. 68: Instead of 'Eigentumsegriff' read 'Eigentumsbegriff'.

p. 122, 'the early German Pandectists, who were prepared to accept the full implications of Donellus' concept of *ius in re aliena*': These implications had already been accepted by Pufendorf, see above ad p. 117 n. 40.

p. 122 n. 76: Instead of 'Enantiophan' read 'Enantiophanon'.

p. 122 n. 80, 'a Munich dissertation by Berndt-Busz': I was able to see a copy of this dissertation (by Berndt Busz, not 'Berndt-Busz'). It discusses Thibaut's article but brings nothing new to the problem dealt with in my article.

IV. Hugues Doneau et les juristes néerlandais du XVIIe siècle

p. 231 ff.: An Italian version of this article was published shortly before the original French text, under the title *Donello e Grozio: L'influenza dei loro "sistemi" sull'evoluzione del diritto privato in Europa* (in Atti della Accademia Peloritana dei Pericolanti, Classe di scienze giuridiche, economiche e politiche, 58 [Anno Accademico 260 (1989], Messina 1991, p. 15-30). Some studies by other authors on Donellus' 'system' appeared at the same time or shortly after the present article: C.A. Cannata, *Systématique et dogmatique dans les Commentarii Iuris Civilis de Hugo Donellus* (in the same volume as our article, p. 217-230); P. Stein, *Donellus and the origins of the modern civil law* (in Mélanges Felix Wubbe, Fribourg/Suisse 1993, p. 439-452); an earlier and much shorter essay by Stein was published later: *Donellus and Procedure* (in L'educazione giuridica, VI: Modelli storici della procedura continentale, vol. I, Napoli 1994, p. 73-80; cf. also B. Schmidlin, *Gibt es ein gemeineuropäisches System des Privatrechts?* (in Vers un droit commun européen? Skizzen zum gemeineuropäischen Privatrecht [= Beiheft 16 zur Zeitschrift für schweizerisches Recht], Basel 1994, p. 33-56), p. 37 f. and 41 f.

p. 231 n. 1: A German version of Ahsmann's thesis *Collegia en colleges* will be published in the series 'Ius commune, Sonderhefte' (Frankfurt am Main). For a change in her opinions see below ad p. 238 n. 19a.

p. 236 n. 17: My article *Pact and Contract* is reprinted in this volume as No. VIII. Cf. also the German version *Die Klagbarkeit der pacta nuda* (in Das römisch-holländische Recht, Fortschritte des Zivilrechts im 17. und 18. Jahrhundert [= Schriften zur Europäischen Rechts- und Verfassungsgeschichte, 7], Berlin 1992, p. 123-144).

p. 237, on the transmission by Vinnius of the heritage of Doneau and Grotius: For Vinnius' rôle in France see Chr. Chêne, *L'enseignement du droit français en pays de droit écrit* (1679-1793) [= Travaux d'histoire éthico-politique, 39], Genève 1982, p. 275-276, 291 and 310; his conclusion on p. 320-321 is: 'Vinnius ... poursuit l'oeuvre de Doneau et diffuse la pensée de Grotius' (in France).

p. 238 n.19a: In contradistinction to what is stated here, the *Compendium iuris civilis* dictated by Doneau must have been completely different from the manuscript Leiden BPL 40B mentioned in n. 9. Mrs. Ahsmann, whose conclusions in her

1990 thesis had inspired my footnote, changed her opinion to that effect in the German version of her book (cf. above ad p. 231 n. 1).

p. 239 n. 24: My article *La systématique du droit* was published in 1991 and is reprinted in this volume as No. VII.

p. 242, on 'la conception de la responsabilité civile': For more details see my article *Das Deliktsrecht bei Grotius, inbesondere der Schadensersatz bei Tötung und Körperverletzung* (in Das römisch-holländische Recht (above ad p. 236 n. 17), p. 429-454), p. 433 ff.

p. 242, on 'lésions à un droit subjectif': For the concept of subjective right in Doneau's and Grotius' work see below No. VII, p. 336 and 340, with addenda.

p. 242 n. 30: My article *Dominium* is reprinted in this volume as No. III.

V. Notice sur Pierre Corneille de Brederode (1558[?] - 1637)

p. 245 n. 1: One more addition should be made to my 1959 article: on p. 426 n. 55, concerning Franciscus Modius, a reference should occur to P. Lehmann, *Franciscus Modius als Handschriftenforscher*, München 1908. On later editions of Modius' notes on the Gothofredus-edition of the Corpus iuris civilis see my remarks in the introduction to the Dutch translation of books 1-10 of the Digest (*Corpus iuris civilis, Tekst en Vertaling*, II, edited by J.E. Spruit et al., Zutphen - 's Gravenhage 1994), p. XLIII.

As to Paulus Merula, see Ahsmann, *Collegia* (above No. IV, p. 231 n. 1), p. 21-23 and passim. A letter of Brederode to Merula, dated 18 September 1587, is to be found in Ms. Leiden, BPL 1744.

VI. Ius commune et droit comparé chez Grotius

p. 7 ff.: This article has previously been reprinted in Miscellanea Domenico Maffei dicata, cur. A. García y García [et] P. Weimar, III, Goldbach 1995, p. 513-542.

For additional remarks on the sources cited in *De iure belli ac pacis* see my article *De nieuwe Nederlandse vertaling van Hugo de Groot's De iure belli ac pacis door J.F. Lindemans* (in T.v.R. 63 (1995), p. 143-160), in particular p. 151-153 on *Constitutiones Apostolorum* and *Canones Apostolorum.*

p. 7 n. 2: For other studies on particular aspects of Grotius' sources see in this volume Nos. III, IV and IX; add *Das Deliktsrecht* (above ad IV 242), *De pecuniaire bescherming* (cited in No. IX, p. 218 n. 138) and *Vindikation von Mobilien und Lösungsrecht in den nördlichen Niederlanden im 17. Jahrhundert* (in T.v.R. 63 (1995), p. 355-375), p. 360-364.

p. 9 n. 6: Ter Meulen and Diermanse's *Bibliographie* was reprinted in Zutphen 1995.

p. 12 and n. 16: The new edition appeared in 1993, not in 1992.

p. 17 n. 41: Rabbie's study has appeared in a volume with a different title and date: Bibliothecae selectae da Cusano a Leopardi, ed. E. Canone, Firenze 1993, p. 119-137.

p. 31 n. 138: The article is reprinted in this volume as No. IV.

p. 32 n. 140: For *Das Deliktsrecht* see above ad IV 242; the passage meant is on p. 438-439.

p. 35 n. 157: I have come back to the subject in *Revendication de meubles et "Lösungsrecht" de tiers acquéreurs (droit romain, droit wisigothique, droit coutumier médieval en Espagne et dans le Midi de la France)* (in Collatio iuris Romani, Etudes dédiées à Hans Ankum, Amsterdam 1995, p. 87-104), p. 92 ff.

VII. La systématique du droit dans l'oeuvre de Grotius

p. 334, on Voet's lectures on Grotius' *Inleidinge*: See my article *Dictata van Johannes Voet en Gerlach Scheltinga op de Inleidinge van Hugo de Groot* (in T.v.R. 56 (1988), p. 93-133), p. 94-111.

p. 335 n. 8: Stein's article has been reprinted in his *The Character and Influence of the Roman Civil Law, Historical Essays*, London etc. 1988, p. 73-82.

p. 336, on the obligations *ex lege*: In *De iure belli ac pacis* II,1,2,1 Grotius seems to limit this category to *ex quasi contractu et quasi maleficio*, but in II,18,1, where he comes to an elaboration of the obligations *ex lege*, he only mentions special obligations arising from the *ius gentium voluntarium*, such as those connected with 'the right of legation' and 'the right of sepulchre'; for details see below No. IX, p. 209 n. 74.

p. 336 n. 10: For the history of the concept of subjective right add W. Grahn, *Das subjektive Recht bei Hugo Grotius* (in Wissenschaftliche Zeitschrift der Wilhelm-Pieck-Universität Rostock, Gesellschaftswissenschaftliche Reihe, 32 (1983), Heft 10, p. 27-29; it gives only a Marxist view of the subject, without any discussion of earlier studies); K.W. Nörr, *Zur Frage des subjektiven Rechts in der mittelalterlichen Rechtswissenschaft* (in Festschrift für Hermann Lange, Stuttgart etc. 1992, p. 193-204; cf. also P.C. Klemm, *Eigentum und Eigentumsbeschränkung in der Doktrin des usus modernus pandectarum* [= Baseler Studien zur Rechtswissenschaft, Reihe A: Privatrecht, 10], Basel und Frankfurt am Main 1984, p. 41 ff., and J.W. Tellegen, *Roerende/onroerende rechten en het ius commune* (in Tertium datur, Drie opstellen aangeboden aan Prof. Mr. J.A. Ankum, Tilburg 1995, p. 59-87), p. 72 ff.

p. 338, 'Nous ne nous arrêterons pas aux chapitres 18 et 19': cf., however, above addendum to p. 336.

p. 338, 'inspiré par la méthode ramiste, notamment par l'utilisation d'une division dichotome [read 'dichotomique'] des concepts': Doubts on the influence of Ramism on Grotius are expressed by P. Haggenmacher, *Grotius et la doctrine de la juste guerre*, Paris 1983, p. 64 n. 52.

p. 340, *'ius in personam'* (*'inschuld'*): On 'inschuld' see my article *"Inschuld", "Schuld" en "Verbintenisse" bij Hugo de Groot* (in "Houd voet bij stuk", Xenia iuris historiae G. van Dievoet oblata, Leuven 1990, p. 455-470).

p. 340 n. 14: Cf. also above ad p. 336 n. 10 and No. IV, p. 242. Add my *Das Deliktsrecht* (above Add. ad No. IV, p. 242), p. 434 f.; the text of Donellus cited p. 434 n. 31, is quoted in extenso by Schmidlin (above ad IV 231 ff.), p. 41-42.

p. 340 n. 15: More details are now given in No. IX, p. 201 ff.

p. 341, on *Inleidinge*, III, chapters 32-38: Cf. also *Das Deliktsrecht* (above Add. ad No. IV, p. 242), p. 432 ff.

p. 341 n. 17: See also below No. VIII, p. 205 ff.

p. 342, 'Grotius avait fait l'éloge de Doneau dans *Annales* [read: 'dans ses *Annales*']': The full text of the passage in Grotius' *Annales et historiae de rebus belgicis* is given above No. IV, p. 239 n. 13.

p. 342 n. 20: My article *Hugues Doneau* is reprinted in this volume as No. IV.

VIII. Pact and Contract in the Low Countries from the 16th to the 18th century

p. 197 ff.: A German version of this article has been published under the title *Die Klagbarkeit der pacta nuda* (in Roman Dutch law), see above Add. ad No. IV, p. 236 n. 17.

p. 198 n. 3: I have reviewed Nanz's book in T.v.R. 58 (1990), p. 196-199. Further studies on the history of pact and contract in general are mentioned in *Die Klagbarkeit*, p. 123 n. 2.

p. 199, 'Bâle 1568': Read 'Bâle 1566'.

p. 199 n. 5: Neither Stintzing nor other authors seem to have known the Bâle 1566 edition which I discovered myself only in May 1991; for details see *Die Klagbarkeit*, p. 124 n. 5.

p. 199 n. 8: For Brederodius see also above No. V.

p. 199 n. 11: An in extenso quotation of the ed. Basileae 1568 is to be found in *Die Klagbarkeit*, p. 125 n. 10. There is not much difference from the text of the 1568 edition as far as the passage here quoted is concerned. Nor is this the case for the passages which I omitted in the 1990 version, cf. below.

p. 200: An annoying printing error occurs in the third line: between *'iudicatur'* and *'arbitratorum'* should be inserted: *'ut sunt curiae summorum principum'*, cf. above n. 11.

p. 200, *'hodie detur actio'*: This should be continued by '*Quod verum puto et sequendum*', cf. the addendum to n. 12. There follows a further motivation by Wesenbecius, which is fully printed in *Die Klagbarkeit*, p. 125 n. 10; cf. also p. 126.

p. 200 n. 12: '*Quod verum puto et sequendum'* should be deleted or at least not be printed in italics: these words occur already in both the 1566 and 1568 editions. The only new element in the 1575 edition remains 'serio et deliberate initis'; this addition could have been inspired by a moral theologian source, cf. *Die Klagbarkeit*, p. 128 and n. 23.

p. 201 n. 17 (at the end) 'particularly in Spanish law': Garcia refers to a Castilian statute of 1386, according to which a contract is also valid without the formalities of a *stipulatio*, see *Die Klagbarkeit*, p. 128 and n. 121, cf. also p. 140 n. 82.

p. 202 n. 23: See also Ahsmann, *Collegia* (above No. IV, p. 231 n. 1), p. 115-117.

p. 202 n. 27: The double motivation given by Gudelinus would seem a clear indication that he followed Wesenbecius, cf. the latter's motivation in the passage given in *Die Klagbarkeit*, p. 125 n. 10 (cf. above ad p. 200).

p. 203, 'Paulus Christinaeus ... published a work': Read 'published the first volumes of a work'.

p. 203 n. 29: Paulus Busius did not publish his work in 1608-1609. The first volume did appear in 1608 in Zwolle when he still was an advocate but the second volume was only published in 1614 in Franeker, where he then was a professor of law (the title page has '1514' but that is a printing error). Inbetween an *editio aucta* of the first volume had appeared, Zwolle 1610. For further details see below No. XI, p. 128.

p. 204, 'six years older': Read 'four years older', cf. above ad p. 199 n. 5.

p. 206-207: For Grotius' concept of obligation ('verbintenisse') see my article "*Inschuld*" (above ad No. VII, p. 340), in particular p. 465-466 and p. 466 n. 31.

p. 206 n. 51: Petronio's report was published under the title *Sinallagma e analisi strutturale dei contratti all'origine del sistema contrattuale moderno* in Towards a General Law of Contract, ed. by J. Barton, Berlin 1990, p. 215-247; the passage cited occurs on p. 242-243.

p. 207 n. 54: Petronio's statement is to be found in the printed text (cf. above) at p. 244.

p. 208 n. 63: In line 9 should be read 'of a nature to induce'. As to Lee's interpretation of Grotius' text cf. R. Zimmermann, *The Law of Obligations, Roman Foundations of the Civilian Tradition*, Capetown etc. 1990 (reprint Deventer 1993), p. 558-559; he follows Lee with some nuances and gives further references.

p. 210 n. 70: Instead of 'Gomezius, lib. 2, cap. 11' read 'Gomezius, tom. 2, cap. 11'.

p. 210 n. 72: For the various editions of *Examen juridicum* see Ahsmann-Feenstra (above n. 9), Nrs. 564-578.

p. 210 n. 73: Instead of 'Lambertus (ante, n. 43)' read 'Lambertus Goris (ante, n. 43)'. On Wissenbach see below No. XIV, p. 613 ff.

IX. Grotius' Doctrine of Unjust Enrichment as a Source of Obligation: its Origin and its Influence in Roman-Dutch Law

p. 197 ff.: For the origins of Grotius' doctrine see now also J. Hallebeek, *The concept of unjust enrichment in Late Scholasticism* [= Rechtshistorische reeks van het Gerard Noodt Instituut, 35], Nijmegen 1996.

p. 198 n. 4: Reprinted in this volume as No. VII.

p. 198 n. 7: Hallebeek's chapter has been published under the title *Developments in Mediaeval Roman Law* in Unjust Enrichment, The Comparative Legal History of the Law of Restitution, ed. by E.J.H. Schrage, Berlin 1995, p. 59-120. Cf. also his book, mentioned above ad p. 197 ff.

p. 200 n. 15: My article *Dominium* is reprinted in this volume as No. III.

p. 203, 'probably taken from one of the theological sources used by Grotius': Hallebeek, *The concept* (above ad p. 197 ff.) doubts this statement and thinks that the example may have been derived from the civilian tradition. His arguments have not convinced me.

p. 204, 'may have been inspired by an opinion of the glossator Martinus': Hallebeek, *The concept*, p. 89-90, doubts this statement also and thinks that Grotius refers to the opinion of Cujas. This is not to be excluded; I hope to come back to this problem.

p. 204 n. 45: Of my article *Hugo de Groot's eerste beschouwingen* a French version will appear under the title *Les origines du dominium d'après Grotius et notamment dans son Mare liberum* in a volume in memory of Antonio García Gallo.

p. 207 n. 66: MacQueen and Sellar's contribution has appeared under the title *Unjust Enrichment in Scots Law*, in Unjust Enrichment *cit.*, p. 289-321; the passages referred to occur on p. 289-291.

p. 208 n. 67: An annoying printing error has occurred in lines 13 and 14: the text of these lines should be deleted except the word 'see' at the end of line 14. Accordingly the phrase should read: 'for some flaws in this translation see Grotiana 11 (1990), p. 67-68 ...'

p. 218 n. 138: Add my articles *Revendication* (above ad No. VI, p. 35 n. 157) and *Vindikation* (ad VI, p. 7 n. 2).

p. 219, 'probably following the opinion of the glossator Martinus': See above ad p. 204.

p. 224 n. 173: Schultzius (1599-1634) was professor of law in Wittenberg. The first edition of his *Synopsis* was published there in 1628; one of the later editions appeared in Frankeker in 1660 (copy in Harvard Law School Library: not 1600 as the National Union Catalogue has; for information and photocopies I am indebted to Mr. David A. Ferris, Curator of Rare Books). The work was apparently popular in the Netherlands: Groenewegen also refers to it, see *Vindikation* (above ad VI 7 n. 2), p. 369 and n. 80.

p. 236 n. 227: E.J.H. Schrage, *The Law of Restitution: the History of Dutch Legislation*, in Unjust Enrichment (above ad p. 198 n. 7), p. 323-333.

p. 236 n. 228: Read 'Van Zyl *and* others' and 'W.A. Joubert (ed.)'

X. Family, Property and Succession in the Province of Holland during the Sixteenth, Seventeenth and Eighteenth Centuries

p. 37, 'Professor Godding has taken account of all the Southern Provinces': See his article *Le droit au service du patrimoine familial: les Pays-Bas méridionaux (12e-18e siècles)* (in Marriage, Property, and Succession, ed. by L. Bonfield, Berlin 1992, p. 15-35).

p. 44 n. 30: Add C.M. Cappon, *De opkomst van het testament in het Sticht Utrecht, Een studie op grond van Utrechtse rechtsbronnen van het begin van de achtste tot het midden van de veertiende eeuw* [thesis University of Amsterdam 1992 (= Ars Notariatus, 57)], Deventer 1992.

XI. Canon Law at Dutch Universities from 1575 to 1811

p. 123 n. 1: Witte's article was published *after* (not before) mine in Canon Law in Protestant Lands, ed. by R.H. Helmholz, Berlin 1992, p. 135-164.

p. 123 n. 3: A German version of Ahsmann's *Collegia en colleges* will be published, see above ad IV 231 n. 1.

p. 123 n. 4: My *Les juristes de l'ancienne Université de Franeker* is reprinted in this volume as No. XIV.

p. 125, 'In 1634 he took his degree of *doctor utriusque iuris* at Leyden': In my *Jacobus Maestertius* (cited in n. 17), p. 301 n. 21, I wrote that a copy of his 'Theses pro gradu' had not been found; shortly after I discovered a copy in the University Library of Göttingen.

p. 128 n. 30: Cf. above addendum ad VIII 203 n. 29.

p. 129 n. 36: A good bibliography is now given in Margeet Ahsmann, *Bibliografie van hoogleraren in de rechten aan de Utrechtse Universiteit tot 1811*

[Geschiedenis der Nederlandsche rechtswetenschap, deel VII afl. 2 (= Verhandelingen Koninklijke Nederlandse Akademie van Wetenschappen, Afd. Letterkunde, Nieuwe reeks, deel 154)], Amsterdam etc. 1993, Nos. 308-310 and 315-320.

p. 129 n. 39: Cf. Ahsmann, No. 303.

p. 130, 'In the last three decades': As an example of interest in canon law before 1670 could be mentioned an inaugural 'Disputatio canonica legalis de iure connubiorum', defended at Leyden by Ioannes Christian (from Cleves) on 19 August 1664 (kindly brought to my attention by Dr. Margreet Ahsmann).

p. 130 n. 43: For the first two pamphlets see now Ahsmann, Nos. 312 and 313 (with some corrections in the spelling of the titles; in No. 312, however, instead of 'et.' read 'etc.'). The third pamphlet is mentioned in a note above No. 312.

p. 130 n. 44: A better bibliography of Paulus Voet is now provided in Ahsmann, Nos. 379-413.

p. 131 n. 49: Bibliography of van Eck in Ahsmann, Nos. 65-103.

p. 131 n. 50: Cf. also my *Die an niederländische Universitäten berufenen Steinfurter Professoren der Rechte, insbesondere Alexander Arnold Pagenstecher* (in Die rechtswissenschaftlichen Beziehungen zwischen den Niederlanden und Deutschland in historischer Sicht, Vorträge gehalten auf dem 28. Deutschen Rechtshistorikertag in Nimwegen am 25. September 1990, hrsg. von R. Feenstra und Chr. Coppens [= Rechtshistorische reeks van het Gerard Noodt Instituut, 24], Nijmegen 1991, p. 39-58).

p. 131 n. 52: See Ahsmann (above ad p. 129 n. 36), No. 277.

p. 131 n. 56: See Ahsmann, No. 278. A complete bibiography of Everhardus Otto is given in Nos. 204-279.

p. 132, on Voet's *Differentiae iuris civilis et canonici*: This elementary text was probably used by Voet for his private instruction to students, see van Strien-Ahsmann (cited below ad XVI 25 ff.), p. 297 n. 84.

p. 132 n. 60: Instead of 'erroneously a copy' read 'erroneously only a copy'.

p. 132 n. 62: Samuel Maresius has not only added notes to the manual of Cucchus but also a *Dissertatio theologica de iure canonico* of his own.

The earlier edition of Cucchus' manual by Hermannus Vultejus was first published in Frankfurt in 1598 (with a preface, dated Marburg 31 August); the ed. 1628 (published in Rostock) is only an unchanged reprint of the 1598 edition. For this information I am indebted to Dr. Werner Kundert (Arlesheim, Switzerland), who saw a copy in the Herzog August Bibliothek in Wolfenbüttel (letter of 5 June 1993).

p. 133 n. 65: For a bibliography of Jacobus Voorda see Ahsmann (above ad p. 129 n. 36), Nos. 414-429. An edition of his 'until now unpublished' lectures on the

Differentiae is now appearing under the title *Dictata ad ius hodiernum*: pars I, ed. by Ph. J. Thomas and P. van Warmelo, was published in Pretoria 1992, see my — substantial — review in T.v.R. 62 (1994), p. 214-218, with a 'rectification' in T.v.R. 63 (1995), p. 215 (which probably has to be rectified in its turn because ms. Utrecht 7 N 28-31 might not contain the *dictata* of Jacobus but those of his Bavius).

p. 133 n. 67: Wieling's bibliography has now been published in Ahsmann, Nos. 433-484.

XII. Un manuscrit de la Bibliothèque Nationale faussement attribué à Vinnius: les *Variae lectiones in Institutiones iuris* de Jean Cabillau (1600-1652)

p. 206 n. 12: A German version of Ahsmann's *Collegia en colleges* will be published, see above ad IV 231 n. 1.

XIII. Real rights and their classification in the 17th century: the rôle of Heinrich Hahn and Gerhard Feltmann

p. 106 n. 5: Cf. also my article *Dominium and ius in re aliena*, reprinted in this volume as No. III.

p. 108 n. 20: Add T. Ahrens, *Aus der Lehr- und Spruchtätigkeit der alten Duisburger Juristen-fakultät* [= Duisburger Forschungen, 4. Beiheft], Duisburg-Ruhrort 1962, p. 123-126 (bibliography p. 178-180).

p. 109, 'paragraph 584 of the Dutch Civil Code': This paragraph was repealed in 1992, see above ad III 113.

p. 110, 'The original doctoral thesis at Orleans of 1660': It is doubtful whether the original thesis was ever printed. For the scarcity of printed theses submitted at French universities see my contribution in J.-R. Armogathe, V. Carraud, R. Feenstra, *La licence en droit de Descartes: un placard inédit de 1616* (in Nouvelles de la République des lettres, 1988 II [Napoli 1989], p. 122-145), p. 139-140: French students at Orleans did not have their theses printed, but German and Dutch students sometimes did, in conformity with the traditions in their own countries.

p. 111 n. 36: Cf. also Vinnius' commentary on Inst. 4,6,1, no. 2.

p. 116, 'This is indeed done by Johannes Voet': Cf. also Pufendorf, *De iure naturae et gentium*, IV, 8 (above ad III 117 n. 40), § 5 (ed. p. 583).

p. 117, 'the idea of the division came from Weccius': Cf. below p. 120.

p. 119, '§ 584 of the present Civil Code': Repealed, see above ad p. 109.

p. 119 n.87: On Böckelmann see my article cited above XI 131 n. 47.

XIV. Les juristes de l'ancienne Université de Franeker et leurs recueils de *disputationes*

p. 604 n. 2, 'pour la plus grande partie une version française': There are two parts of the original Dutch text which have not been taken over in the French version. The first part concerns an enumeration of less important Franeker professors (of German as well as of Dutch origin), see p. 291-292 of the original text; this omission is mentioned below p. 612 n. 42. The second omission — which is not mentioned — is that of the final paragraph (p. 298-299) on two series of disputations under Chr.H. Trotz, cf. below, addendum ad p. 609 n. 24.

p. 605 n. 3: A list of additions to Ahsmann-Feenstra, *BGNR Leiden*, is to be found in Ahsmann, *BGNR Utrecht* (full title above in Add. ad XI 129 n.36), p. 33-52. Further information on the period 1575-1630 of the Leyden Law Faculty in Ahsmann, *Collegia en colleges*, see above IV, p. 231 n. 1 and addendum.

p. 605 n. 4, 'un fascicule consacré aux professeurs de Franeker est en préparation': unfortunately this volume is still in preparation and it is uncertain when it will appear. Meanwhile the bibliographies of Franeker professors who ended their careers at Utrecht University have been published in Ahsmann, *BGNR Utrecht*: among them are those of van Eck and Wieling.

As to the card index of *disputationes* and related publications at Dutch universities which I have consulted, for the University of Franeker it has now been superseded by F. Postma and J. van Sluis, *Auditorium Academiae Franekerensis, Bibliographie der Reden, Disputationen und Gelegenheitsdruckwerke der Universität und des Athenäums in Franeker 1585-1843* [= Fryske Akademy, Nr. 760], Leeuwarden 1995. With one exception I have abstained from adding references to this work which should be consulted continuously for the disputations mentioned in my article.

p. 607 n. 13: For Nos. 435 and 451 see additions in Ahsmann, *BGNR Utrecht*, p. 41-42.

p. 608 n. 14: Bibliography of van Eck in Ahsmann, *BGNR Utrecht*, Nos. 65-103.

p. 608 n. 15: For corrections see below, p. 627 n. 95 and 96 (with addendum).

p. 608 n. 18: My article is reprinted in this volume as No. XV. For additions to Westenberg's bibliography see Ahsmann, *BGNR Utrecht*, p.51-52.

p. 609 n. 23: A recent bibliography of Wieling in Ahsmann, *BGNR Utrecht*, Nos. 433-484.

p. 609 n. 24: For Trotz and his works see now Ahsmann, *BGNR Utrecht*, Nos. 340-359. For his disputations, in particular those contained in his *Jus agrarium* (3 vol., 1751- 1754), see the original Dutch version of the present article, p. 299: from a speech to his students it appears that he allowed them to discuss in Dutch (instead of Latin).

p. 609 n. 25: The second version of my *Scottish-Dutch legal relations* has appeared in Academic Relations between the Low Countries and the British Isles 1450-1700 [not: '1400-1700'], p. 25-45, and is reprinted in the present volume as No. XVI; for Franeker see p. 32 sqq.

p. 610 n. 26: Add Ahsmann, *Collegia* (above IV 231 n.1), p. 286, 307-308, 317, 500, 517 and 540.

p. 610 n. 27: For a bibliographical correction on Ahsmann see above, addendum ad VIII, p. 203 n. 29.

p. 610 n. 28: For van Glins' study at the Athenaeum in Deventer, where he acted as a *respondens* in a *disputatio*, see A.A.M. de Haan and J. van Sluis in their contributions to *Deventer denkers, De geschiedenis van het wijsgerig onderwijs te Deventer* (edd. H.W. Blom, H.A. Krop and M.R. Wielema), Hilversum 1993, p. 73 n. 136 and p. 218.

p. 611 n. 31: For more details on Jacobus Voorda and his works see above XI, p. 133 n. 65 and addendum, in particular on his *Jus hodiernum*.

p. 611 n. 32: Add L. van Poelgeest, *Mr. Bavius Voorda (1729-1799), Een rechtlijnig Fries jurist aan de Leidse Academie* (in Jaarboekje voor geschiedenis en oudheidkunde van Leiden en omstreken, 79 (1987), p. 96-123). Cf. also my remarks on him in T.v.R. 62 (1994), p. 215 n. 14, and T.v.R. 63 (1995), p. 240, as well as my addendum above ad XI, p. 133 n. 65.

p. 611 n. 35: Add Margreet J.A.M. Ahsmann, *Henricus Schotanus (1548-1605), Franekers eerste juridische hoogleraar* (in Gens Schotana III [No. 16 (1995)], p. 205-256). One of Schotanus' pupils was Hero a Schingen, the author of a Dutch summary of the Corpus iuris civilis, on which see my remarks in the Dutch translation of books 1-10 of the Digest (above ad V, p. 245 n. 1), p. XLV-XLVI. Some more details on him in Postma - van Sluis, *Auditorium* (above ad p. 605 n. 4), see index.

p. 612 n. 41: For disputations under him see the original Dutch version of this article, p. 299 and n. 118.

p. 612 n. 42: For Beyma see also Ahsmann, *Collegia* (above IV 231 n. 1), *passim* (see index); incidentally Andreae and Reifenberg are mentioned as well.

p. 613 n. 44: Add Ahsmann, *Collegia*, p. 141-150, 360-361 and 371.

p. 615 n. 52: 'Nous espérons revenir sur ce texte': This has not yet been the case.

p. 615 n. 53: Add Ahsmann, *Collegia*, p. 33, 327 and 493.

p. 616, '*disputationes* publiques *exercitii gratia*, qui suivaient souvent l'ordre des matières traitées aux cours': This is denied — for the law faculties — by Ahsmann, *Collegia*, p. 291-292.

p. 616, on *collegia*: See, apart from Ahsmann's book on *Collegia* (above IV 231 n. 1), her article *Teaching in collegia: the organization of disputationes at Universities in the Netherlands and in Germany during the 16th and 17th centuries* (in Università in Europa, Le istituzioni universitarie dal Medio Evo ai nostri giorni: strutture, organizzazione, funzionamento, Atti del Convegno internazionale di studi, Milazzo 28 Settembre — 2 Ottobre 1993, a cura di A. Romano, [Messina] 1995, p. 99-114).

p. 621 n. 71: Add my article *Het tractaat de pactis van Vinnius en de strijdschriften tegen Maestertius uit 1640* (in T.v.R. 56 (1988), p. 199-208).

p. 624, on *Eunomia Romana*: On the differences between the text of the *disputationes* and that of the posthumous edition see above No. IX, p. 226-227.

p. 624 n. 81: Cf. Ahsmann, *Teaching* (above ad p. 616), p. 112 f., where is mentioned also a fragment of the *Institutiones iuris Frisici* which I found in the University Library in Cologne.

p. 624 n. 84: See the illustrations in the original Dutch version of my article, p. 297.

p. 625, 'deux ouvrages ... destinés à l'enseignement sous forme de *disputationes*': This is not correct as far as *Principia iuris civilis* is concerned, see Ahsmann, *Teaching* (above ad p. 616), p. 112 n. 44: this book was meant for a *collegium explicationum.*

p. 626, 'deux séries de *disputationes* sur la *prima pars* du Digeste': This is wrong. Only the second series was limited to the *prima pars* (Books I-IV); the first series was on Books I to XXII (title 5) of the Digest.

p. 627 n. 95: See also Ahsmann, *BGNR Utrecht* (above p. 605 n. 3), p. 44, corrections on Nos. 616 and 623 of *BGNR Leiden*; cf. the correction in the preceding addendum.

p. 628, '*disputationes* d'Abraham Wieling ... encore mal étudiées': See now, however, Ahsmann, *BGNR Utrecht*, Nos. 443 ff.

p. 628, '*Positiones* sur le droit naturel d'après Grotius': Details now in Ahsmann, *BGNR Utrecht*, No. 464 (with note).

XV. Ein später Vertreter der niederländischen Schule: Johann Ortwin Westenberg (1667-1737)

p. 47 n. 4: Add Ahsmann, *BGNR Utrecht* (above ad XIV 605 n. 3), p. 51-52.

p. 50, 'Im Jahre 1688': The letter of appointment is dated 9 April 1688, see my article *Steinfurter Professoren* (above ad XI 132 n. 50), p. 45 n. 10.

p. 50, 'Von zweien haben wir Exemplare gefunden': In 1986 I found copies of another three disputations, see the following addendum.

p. 50 n.20: Copies of the first three disputations have been found in Schloss

Steinfurt; the *respondentes* were respectively J.J. de Famars (1690), J.H. Cloppenborgius (1691) and J. Cromholt (1693).

p. 51 n. 29: I have found a copy of Jacobus a Sevenaer's disputation in the University Library in Göttingen; it was held in June 1696. Cf. *Steinfurter Professoren*, p. 46 n. 11.

p. 60 n. 105: A second edition of *Vergelding en vergoeding* was published in 1993, see there p. 21-26. A German version of *Over de oorsprong* is now to be found in *Das Deliktsrecht* (above ad IV 242), p. 439 ff.

XVI. Scottish-Dutch Legal Relations in the Seventeenth and Eighteenth Centuries

p. 25 ff.: Several important new contributions on the subject have appeared since 1989 or are currently in the press: P. Nève, *Disputations of Scots Students Attending Universities in the Northern Netherlands* (in Legal History in the Making, Proceedings of the Ninth British Legal History Conference, Glasgow 1989, ed. by W.M. Gordon and T.D. Fergus, London 1991, p. 95-108; K. van Strien and Margreet Ahsmann, *Scottish Law Students in Leiden at the End of the Seventeenth Century: The Correspondence of John Clerk, 1694-1697* (in Lias, 19 (1992), p. 271-330, and 20 (1993), p. 1-65); D.J. Osler, *Scoto-Dutch Law Books of the Seventeenth and Eighteenth Centuries* (in Lines of Contact, Proceedings of the Second Conference of Belgian, British, Irish and Dutch Historians of Universities Held at St. Anne's College Oxford 15-17 September 1989, ed. by J.M. Fletcher and H. de Ridder-Symoens [= Studia Historica Gandensia, 279], Gent 1994, p. 57-74; J.W. Cairns, *Importing our Lawyers from Holland: Netherlands' Influences on Scots Law and Lawyers in the Eighteenth Century* (to appear in Scotland and the Low Countries, ed. by G.G. Simpson, [= Mackie Monograph 3], East Linton 1996 [?]).

p. 27, 'he is still under an obligation to publish a study': A part of this obligation has been honoured by the publication of my article *Henricus Brunonis de Piro († 1473), Professeur de droit civil et Chartreux* (in T.v.R. 64 (1996), p. 3-46); hopefully it will soon be followed by a study on the other Louvain professors represented in the Aberdeen manuscripts.

p. 27 n. 9: Add L. Macfarlane, *William Elphinstone's Library Revisited* (in The Renaissance in Scotland, Studies in Literature, Religion, History and Culture offered to John Durkan, Leiden 1994, p. 66-81), p. 80.

p. 30, Table I: Nève (above ad p. 25 ff.), p. 96, gives a version of this table with medical students added; see also Nève's commentary, p. 96 n. 1 and p. 97.

p. 31 n. 21: I have not returned to John Murdison, but see now Ahsmann, *Collegia* (above IV 231 n. 1), p. 273, and cf. p. 500, 553, 579 f.; cf. also Nève, p. 103 n. 34.

p. 31 n. 22: On the admission see now in particular J.W. Cairns, *The formation of the Scottish Legal Mind in the Eighteenth Century: Themes of Humanism and*

Enlightenment in the Admission of Advocates (in The Legal Mind, Essays for Tony Honoré, ed. by N. MacCormick and P. Birks, Oxford 1986, p. 253-277).

Ms. 1101 of the National Library of Scotland does not contain a copy of a thesis for admission. It is the text of the speech John Mackenzie made just shortly before his admission. I am indebted to Dr. John W. Cairns for his criticism of what I wrote in 1986 and 1989. The catalogue of the National Library misled me; I checked the manuscript again in March 1996.

p. 32 n. 27: For corrections concerning Utrecht see van Strien-Ahsmann (above ad p. 25 ff.) p. 280-282.

p. 36 n. 41: My doubts whether it would really have been 'as many' are not shared by van Strien-Ahsmann, p. 281 n. 27.

p. 36 n. 44: I have not come back to the St. Andrews manuscripts; perhaps Dr. van Strien will do research on them.

p. 37, 'Colin first studied at the university of Utrecht': The letter of 1692 from a Scottish law student at the University of Utrecht, quoted in the text, is not from Colin Mackenzie but from Alexander Mackenzie of Coull; the Translator's Note in *The Jus Feudale* (see n. 45) is wrong. The letter from Leiden, however, is indeed from Colin Mackenzie. For this information I am indebted to Dr. John W. Cairns.

p. 37 n. 47: According to Dr. Cairns (in a letter to me of 12 March 1996) it is Johannes van Muyden — not Lucas van de Poll — who gave this course on feudal law on which Craig was described.

p. 38, 'may have been Johannes Voet': According to van Strien-Ahsmann (above ad p. 25 ff.), p. 296 n. 83, and to Dr. Cairns (in his letter) it was Ph.R. Vitriarius who gave the class on feudal law, to which Colin Mackenzie refers.

p. 41-42, 'Alexander Cunningham ... son of the Rev. John Cunningham, minister of Cumnock in Ayrshire': On this Alexander Cunningham Dr. Cairns will publish an article in the T.v.R. under the title *Alexander Cuningham's proposed edition of the Digest*. I am indebted to him for sending me a draft.

p. 42, 'both in Holland and at Edinburgh': According to Dr. Cairns (see the previous addendum) Cunningham probably studied in Glasgow and not in Edinburgh. As to 'Holland', Cunningham must have been Voet's pupil in Utrecht (where Voet was a professor from 1674 to 1680 before he came to Leiden); so it would be better to say 'in the Netherlands'.

p. 42, 'professor of civil law in the University of Edinburgh': The appointment was to be professor of civil law in Scotland, not in the University of Edinburgh (Dr. Cairns in his forthcoming article).

p. 42, 'it may be doubted whether he did teach at all': Indeed Cunningham never taught; he got his appointment to allow him to pursue his studies abroad for his edition of the Digest.

p. 42 n. 66: Add W.A. Kelly, *Lord George Douglas (1667/1668? - 1693?) and his Library* (in The Stair Society, Miscellany Three by various authors, ed. by W.M. Gordon, Edinburgh 1992, p. 160-172).

p. 42 n. 68: The shelfmark of the manuscript is Adv. 28.7.3.

p. 43 n. 72: Cairns (above ad p. 41-42) doubts that Alexander Cunningham the historian (1654-1737) played chess at all: in any case it was the jurist who was the famous chess-player.

p. 45, 'the great significance of Scottish libraries for studies in the history of Dutch law': Cf. Osler (above ad p. 25 ff.).

INDEX OF AUTHORS AND SOURCES

The table gives references only to those passages in which the source or author mentioned is the subject of an interpretation or observation which may interest the non-specialist as well as the specialist reader. In general, they are cited as they appear in the text or notes, but because of the different languages used it has been necessary to normalise them to some extent. The table also includes some persons who are not known as authors, but who have played a part as copyists, publishers, or the like.

The references are to the pages of the original editions. If there are *addenda* (printed above after the last article) upon the places where the passages indicated may be found, the page number is followed by the indication '(and Add.)'. If an author or source is mentioned only in an *addendum* and not in the passage to which it is an addition, the reference is in the form 'Add. ad ...'.

INDEX OF MANUSCRIPTS

The table gives a complete list of the manuscripts which the author has cited. He has ordinarily seen them himself, either in the original or in microfilm, but in certain cases they are known to him only through an edition or from information furnished by a colleague.

Lost Manuscript:

For Product Safety Concerns and Information please contact our EU representative GPSR@taylorandfrancis.com Taylor & Francis Verlag GmbH, Kaufingerstraße 24, 80331 München, Germany

Batch number: 10704002

Printed by Printforce, the Netherlands